# Großes Übungsbuch Italienisch

3000 Übungssätze zu allen wichtigen Grammatikthemen

Anna Colella

Hueber Verlag

*Grazie a mio marito, a mia madre e a Herbert ed Helga Grohmann.*



6. 5. 4. | Die letzten Ziffern
2016 15 14 13 12 | bezeichnen Zahl und Jahr des Druckes.
Alle Drucke dieser Auflage können, da unverändert,
nebeneinander benutzt werden.
1. Auflage

Umschlaggestaltung: creative partners gmbh, München
Fotogestaltung Cover: wentzlaff | pfaff | güldenpfennig gmbh, München
Coverfoto: Getty Images / Stockbyte
Redaktion: Jürgen Frank, Hueber Verlag, Ismaning
Layout: Cihan Kursuner, Hueber Verlag, Ismaning
DTP: Satz+Layout Fruth GmbH, München
Druck und Bindung: Auer Buch + Medien GmbH, Donauwörth
Printed in Germany
ISBN 978-3-19-007905-6

# Vorwort

Das **Große Übungsbuch Italienisch** richtet sich an Lernende mit Grundkenntnissen, die sich die italienische Grammatik intensiv aneignen und sie vertiefen wollen. Das Buch lädt außerdem zur Auffrischung und Wiederholung ein.

Das **Große Übungsbuch Italienisch** kann sowohl im Selbststudium als auch kursbegleitend in Schulen, Sprachenschulen, Volkshochschulen und Hochschulen eingesetzt werden.

Das **Große Übungsbuch Italienisch** umfasst alle wichtigen Themen der italienischen Gegenwartsgrammatik, die in 300 kompakten Übungen abgehandelt werden. Das Buch geht dabei gezielt auf die Probleme und Schwierigkeiten ein, die sich einem Italienischlernenden stellen.

Das **Große Übungsbuch Italienisch** bietet eine Vielzahl unterhaltsamer, didaktisch sinnvoller Übungstypen, die je nach Thema gezielt ausgewählt wurden: Lückentexte, Satzrekonstruktionen, Zuordnungsübungen, Vervollständigung von Tabellen, Multiple Choice, Übersetzungen, Kreuzworträtsel.
Anschauliche Beispiele zeigen, wie bestimmte Übungen funktionieren.
Neue, dem Alltagsleben entnommene Vokabeln werden automatisch über die Übungen vermittelt.
Jede Lerneinheit beginnt mit einer knappen einleitenden Erklärung zu dem jeweiligen Grammatikthema. Die angehängte Wortschatzliste am Ende jeder Übung erspart ein langes Nachschlagen in Wörterbüchern.
Selbstverständlich enthält das Buch auch die Lösungsschlüssel zu allen Übungen und eine Liste der gebräuchlichsten grammatischen Fachbegriffe.

Das **Große Übungsbuch Italienisch** bietet Ihnen so die Möglichkeit, Ihr Italienisch konsequent zu verbessern.

Die Autorin und die Redaktion wünschen Ihnen viel Vergnügen, Ausdauer und Kurzweil.

*Buon lavoro!*

# Lerntipps

Wie arbeiten Sie optimal mit diesem Buch?

- Sie wollen ein bestimmtes Thema üben, das Sie schon gelernt haben?
  Lesen Sie zunächst die Einleitung am Anfang einer Lerneinheit und wiederholen Sie dadurch Ihr Grundwissen. Bearbeiten Sie dann die dazu gehörigen Übungen und vergleichen Sie anschließend Ihre Lösungen mit dem Schlüssel im Buch.

- Sie wollen ein bestimmtes Thema üben, das Sie noch nie gelernt haben?
  Studieren Sie hierzu das Thema zuallererst ausführlich in Ihrem Grammatikbuch. Nehmen Sie anschließend Ihr **Großes Übungsbuch Italienisch** zur Hand und lesen Sie aufmerksam die Grammatik-Erklärung zu dem von Ihnen ausgewählten Thema durch. Dann bearbeiten Sie die zu dem jeweiligen Thema passenden Übungen. Überprüfen Sie anschließend Ihre Lösungen anhand des Schlüssels im Buch. Eventuell müssen Sie eine Übung mehrmals machen. Auch ist es sinnvoll, eine gewisse Zeit verstreichen zu lassen, bis sich die Lerninhalte „gesetzt haben“, und dann eine Übung zu einem späteren Zeitpunkt noch einmal zu machen.

- Sie wollen sich den Wortschatz zu den Übungen einprägen?
  Da es sinnvoller ist, Vokabeln im Kontext zu lernen, empfiehlt es sich, zuerst die Übung zu machen. Lesen Sie danach die dazugehörige Vokabelliste zwei bis drei Mal durch. Dann decken Sie die deutsche Spalte ab und versuchen, die italienischen Wörter zunächst ins Deutsche zu übersetzen. Später decken Sie die italienische Spalte ab und verfahren umgekehrt. Wiederholen Sie diesen Vorgang ruhig mehrmals. Gehen Sie auch die Vokabeln von unten nach oben durch, um sie nicht immer in derselben Reihenfolge zu üben. Schließlich markieren Sie die Wörter, die Ihnen am meisten Schwierigkeiten bereiten, und wiederholen diese gesondert.

- Beachten Sie auch den folgenden Hinweis:
  Im gesamten Übungsbuch wird auf die *Große Lerngrammatik Italienisch* von Hueber mit der Abkürzung *Gr LGr* verwiesen.

# Inhalt

# Inhalt

# Inhalt

# Aussprache

◄ Gr LGr S. 19 ff. ►

Die italienische Aussprache bereitet deutschsprachigen Lernenden im Allgemeinen wenig Schwierigkeiten. Einige Buchstaben-Laut-Beziehungen sowie einige Laute unterscheiden sich jedoch in beiden Sprachen:

| | | |
|---|---|---|
| *c* wird vor *a, o, u, hi, he* | [k] | wie in „**K**arte" ausgesprochen |
| *c* wird vor *i, e* | [tʃ] | wie in „**Tsch**üs" ausgesprochen |
| *g* wird vor *a, o, u, hi, he* | [g] | wie in „**G**arten" ausgesprochen |
| *g* wird vor *i, e* | [dʒ] | wie in „**G**in" ausgesprochen |
| *gl* wird vor *a, o, u* | [gl] | wie in „**Gl**ück" ausgesprochen |
| *gl* wird vor *i* in der Regel | [ʎ] | wie in „bri**ll**ant" ausgesprochen |
| *sc* wird vor *a, o, u, hi, he* | [sk] | wie in „**Sk**andal" ausgesprochen |
| *sc* wird vor *i, e* | [ʃ] | wie in „**Sch**iff" ausgesprochen |

1 ***Ordnen Sie die Wörter je nach Aussprache der markierten Buchstabengruppen in die richtigen Spalte ein.***

~~mangiare~~ · ciao · correre · gatto · famiglia · scherzo · asciugamano · scuola · cena · pesca · occhiali · funghi · gloria · perché · abbigliamento · gelato · luglio · mucca · rischio · Grecia · giorno · chi · pesce · Inghilterra · lungo · portoghese · pregare · pomeriggio · glassa · dischi · scarpa · vivace

| [k] | [tʃ] | [g] | [dʒ] | [gl] | [ʎ] | [sk] | [ʃ] |
|---|---|---|---|---|---|---|---|
| | | | *mangiare* | | | | |

| | | | |
|---|---|---|---|
| **asciugamano** | Handtuch | **pesca** | Pfirsich, Fischen |
| **occhiali** | Brille | **pesce** | Fisch |
| **gloria** | Ruhm | **pregare** | bitten, beten |
| **abbigliamento** | Kleidung | **glassa** | Zuckerguss |
| **mucca** | Kuh | **vivace** | lebendig |

In der nächsten Übung können Sie besonders schwierige Laute mit Hilfe von amüsanten italienischen *scioglilingua* (Zungenbrecher) trainieren. Nachdem Sie die Übung gemacht haben, lesen Sie die Zungenbrecher so oft wie möglich laut vor. Wenn Sie wollen, können Sie auch versuchen, die kürzesten auswendig zu lernen. Das macht Spaß!

# Aussprache

2 ***Finden Sie heraus, welche Laute in jedem Zungenbrecher überwiegen. Kreuzen Sie sie an, wenn nötig auch mehrmals.***

| | | | | |
|---|---|---|---|---|
| 1. Sopra la panca la capra campa, sotto la panca la capra crepa. | [tʃ] | [k] | [g] | [dʒ] |
| 2. Sul tagliere l'aglio taglia, non tagliare la tovaglia. La tovaglia non è aglio, se la tagli fai uno sbaglio. | [gl] | [ʎ] | [sk] | [dʒ] |
| 3. Sotto un uscio, tutto liscio, cade a strisce un grosso guscio. | [ʃ] | [sk] | [tʃ] | [k] |
| 4. Ciò che è, è. Ciò che non è, non è. Ciò che è, non è ciò che non è. Ciò che non è, non è ciò che è. | [tʃ] | [sk] | [dʒ] | [k] |
| 5. Ho in tasca l'esca ed esco per la pesca, ma il pesce non s'adesca, c'è l'acqua troppo fresca. Conviene che la finisca, non prenderò una lisca. Mi metto in tasca l'esca e torno dalla pesca. | [sk] | [ʃ] | [tʃ] | [k] |
| 6. Verso maggio con un paggio vado in viaggio. Non vaneggio né motteggio: forse è peggio. Se mi seggo più non reggo: mangio o leggo. Se non fuggo qui mi struggo, ma se fuggo vado al peggio e un alloggio là mi foggio sotto un faggio con coraggio. | [k] | [dʒ] | [g] | [tʃ] |

| | | | |
|---|---|---|---|
| **panca** | Bank | **esca** | Köder |
| **capra** | Ziege | **adescare** | ködern |
| **campare** | leben | **convenire** | sich lohnen |
| **crepare** | *hier* sterben | **lisca** | Fischgräte |
| **tagliere** | Schneidebrett | **paggio** | junger Diener |
| **aglio** | Knoblauch | **vaneggiare** | phantasieren |
| **tagliare** | schneiden | **motteggiare** | bespötteln |
| **tovaglia** | Tischdecke | **peggio** | schlimmer |
| **sbaglio** | Fehler | **mi seggo (sedersi)** | ich setze mich |
| **uscio** | Tür | **reggere** | halten |
| **liscio** | glatt | **fuggire** | fliehen |
| **cadere** | fallen | **struggersi** | vergehen |
| **a strisce** | gestreift | **alloggio** | Unterkunft |
| **guscio** | Schale | **foggiare** | bilden, gestalten |
| **ciò che** | das, was | **faggio** | (die) Buche |
| **tasca** | Tasche | **coraggio** | Mut |

# Substantive

◄ Gr LGr S. 36–37 ►

### Regelmäßige Substantive

In den folgenden drei Aufgaben werden Genus und Pluralbildung der regelmäßigen Substantive geübt. Am schwierigsten sind die Substantive auf *-e*, da sie männlich oder weiblich sein können.

| Singular | Genus | Plural | Beispiel |
|---|---|---|---|
| auf *-**o*** | männlich | *-**i*** | *lett**o*** ➛ *lett**i*** |
| auf *-**a*** | weiblich | *-**e*** | *bors**a*** ➛ *bors**e*** |
| auf *-**e*** | männlich<br>weiblich | *-**i*** | *mobil**e*** ➛ *mobil**i***<br>*legg**e*** ➛ *legg**i*** |

**3** ***Männlich oder weiblich? Ordnen Sie die Substantive dem passenden Feld zu.***

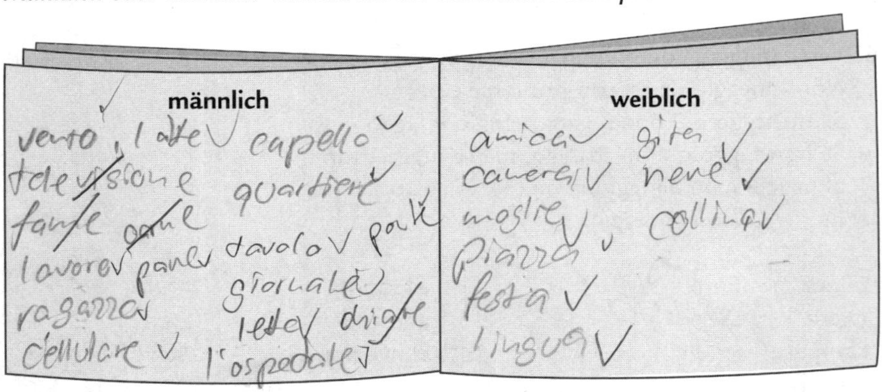


vento camera televisione quartiere lingua pane
amica fame lavoro cellulare festa letto gita collina
ragazzo moglie cappello tavolo ospedale neve chiave
latte piazza giornale carne ponte

| | | | |
|---|---|---|---|
| **cappello** | Hut | **gita** | Ausflug |
| **cellulare** | Handy | **lingua** | Sprache, Zunge |
| **chiave** | Schlüssel | **neve** | Schnee |
| **collina** | Hügel | **quartiere** | Viertel |
| **fame** | Hunger | **vento** | Wind |

# Substantive

**4** ***Finden Sie zu den deutschen Wörtern die passende Übersetzung. Setzen Sie dann die italienischen Substantive in den Plural.***

luce · ~~notte~~ · porta · limone · profumo · stagione · pesce · mela · libro · coltello · albero · spumante

| | | | |
|---|---|---|---|
| 1. Nacht | *notte – notti* | 7. Tür | porta – porte |
| 2. Baum | albero – alberi | 8. Apfel | mela – mele |
| 3. Sekt | spumante – spumanti | 9. Duft | profumo – profumi |
| 4. Messer | coltello – coltelli | 10. Buch | libro – libri |
| 5. Licht | luce – luci | 11. Fisch | pesce – pesci |
| 6. Zitrone | limone – limoni | 12. Jahreszeit | stagione – stagioni |

***Welche der oben stehenden Substantive auf -e sind männlich?*** ______________
***Welche der oben stehenden Substantive auf -e sind weiblich?*** ______________

**5** ***Vervollständigen Sie die Sätze mit dem passenden Substantiv. Setzen Sie es dabei in den Plural. Kreuzen Sie auch an, ob die Substantive männlich (m) oder weiblich (w) sind.***

mare · piatto · fiume · montagna · isola · nome · nazione · torre · opera · museo

| | | **m** | **w** |
|---|---|---|---|
| 1. | Maria, Marta, Ludovico e Paolo sono nomi. | ☒ | ☐ |
| 2. | Il Po, il Tevere e l'Arno sono fiumi. | ☒ | ☐ |
| 3. | La Germania, l'Italia, la Francia e l'Olanda sono nazioni. | ☐ | ☒ |
| 4. | Quella pendente di Pisa e quella di Parigi sono torri. | ☐ | ☒ |
| 5. | Le Alpi e gli Appennini sono formati da montagne. | ☐ | ☒ |
| 6. | La Sardegna, la Sicilia, Capri e Ischia sono isole. | ☐ | ☒ |
| 7. | Il ragù alla bolognese e la pizza margherita sono piatti. | ☒ | ☐ |
| 8. | La Divina Commedia e il Convivio sono opere di Dante Alighieri. | ☐ | ☒ |
| 9. | Il Tirreno, l'Adriatico e lo Ionio sono mari. | ☒ | ☐ |
| 10. | Quelli Vaticani di Roma e gli Uffizi di Firenze sono musei. | ☒ | ☐ |

| | | | |
|---|---|---|---|
| **quello/-a/-i/-e** | der, die, das | **essere formato da** | bestehen aus |
| **pendente** | *hier* schief | **Dante Alighieri** | *Dichter (1265–1321)* |

◄ Gr LGr S. 38–40, 42–43 ►

### Besonderheiten der Substantive

Einige Substantive weichen bezüglich Genus und Pluralbildung von den oben dargestellten Regeln ab. Das folgende Schema wird Ihnen die kommenden Aufgaben erleichtern.

| Singular | Genus | Plural | Beispiel |
|---|---|---|---|
| auf ***-ma*** | meist männlich | ***-i*** | *proble**ma*** ➛ *proble**mi*** |
| auf Konsonant | meist männlich | = Singular | *fil**m*** ➛ *fil**m*** |
| auf ***-ista*** | männlich / weiblich | ***-i/-e*** | *tur**ista*** ➛ *turist**i*** / *turist**e*** |
| auf ***-i*** | meist weiblich | = Singular | *cris**i*** ➛ *cris**i*** |
| auf ***-o*** | manchmal weiblich | = Singular | *radi**o*** ➛ *radi**o***, <br>aber *man**o*** ➛ *man**i*** |

**6** *Hier sind 12 Substantive senkrecht oder waagerecht versteckt, die auf Konsonant,* -ma, -ista *oder* -i *enden. Suchen Sie sie und tragen Sie sie in die passende Spalte ein, wenn nötig auch mehrmals.*

| | | | | | | | | | |
|---|---|---|---|---|---|---|---|---|---|
| C | I | D | E | N | T | I | S | T | A |
| C | R | I | S | I | A | R | R | O | R |
| P | S | P | O | R | T | K | L | E | T |
| O | U | L | A | N | A | L | I | S | T |
| E | C | O | M | P | U | T | E | R | S |
| M | I | M | D | E | S | S | E | R | T |
| A | B | A | R | I | O | A | S | I | A |
| E | P | A | N | O | R | A | M | A | F |

| männlich | weiblich |
|---|---|
| | |

**7** *Kreuzen Sie an, ob die Substantive männlich (m) oder weiblich (w) sind, wenn nötig auch mehrmals. Setzen Sie sie dann in den Plural.*

| | Singular | m | w | Plural |
|---|---|---|---|---|
| 1. | tema | ☐ | ☐ | temi |
| 2. | foto | ☐ | ☒ | foto |
| 3. | giornalista | ☒ | ☒ | giornalisti /-e |
| 4. | moto | ☐ | ☒ | moto |
| 5. | yogurt | ☒ | ☐ | yogurt |

# Substantive

| | Singular | m | w | Plural |
|---|---|---|---|---|
| 6. | metropoli | ☐ | ☐ | ________ |
| 7. | sintesi | ☐ | ☐ | ________ |
| 8. | telegramma | ☐ | ☐ | ________ |
| 9. | musicista | ☐ | ☐ | ________ |
| 10. | cronista | ☐ | ☐ | ________ |
| 11. | biberon | ☐ | ☐ | ________ |
| 12. | ipotesi | ☐ | ☐ | ________ |

| | | | |
|---|---|---|---|
| **giornalista** | Journalist/-in | **biberon** | Babyflasche |
| **musicista** | Musiker/-in | **ipotesi** | Hypothese |

◄ Gr LGr S. 42–45 ►

In diesem Abschnitt geht es ausschließlich um Substantive mit Besonderheiten bei der Pluralbildung. Folgendes Schema hilft Ihnen bei den nächsten beiden Übungen.

| Singular | | Plural | Beispiel |
|---|---|---|---|
| Betonung auf dem Endvokal | | = Singular | *caffè* (m) → *caffè* |
| einsilbig | | = Singular | ***gru*** (w) → ***gru*** |
| auf ***-io*** | mit betontem **-i** | ***-ii*** | *pend**io*** → *pend**ii*** |
| | mit unbetontem **-i** | ***-i*** | *fig**lio*** → *fig**li*** |
| auf ***-co*** | Betonung: vorletzte Silbe | ***-chi*** | *tedes**co*** → *tedes**chi*** |
| | Betonung: drittletzte Silbe | ***-ci*** | *medi**co*** → *medi**ci*** |
| auf ***-go*** | | ***-ghi*** | *bor**go*** → *bor**ghi*** |
| auf ***-logo*** | Person | ***-logi*** | *cardio**logo*** → *cardio**logi*** |
| | Sache | ***-loghi*** | *dia**logo*** → *dia**loghi*** |
| auf ***-cia/-gia*** | mit betontem **-i** | ***-cie/-gie*** | *bu**gia*** → *bu**gie*** |
| | mit unbetontem **-i** | | |
| | • nach Konsonant | ***-ce*** | *provin**cia*** → *provin**ce*** |
| | | ***-ge*** | *spiag**gia*** → *spiag**ge*** |
| | • nach Vokal | ***-cie*** | *cami**cia*** → *cami**cie*** |
| | | ***-gie/-ge*** | *vali**gia*** → *vali**gie*** / *vali**ge*** |
| auf ***-ca*** | | ***-che*** | *epo**ca*** → *epo**che*** |
| auf ***-ga*** | | ***-ghe*** | *spi**ga*** → *spi**ghe*** |

# Substantive

| | | | |
|---|---|---|---|
| **gru** | Kran | **bugia** | Lüge |
| **pendio** | Abhang | **camicia** | Hemd |
| **borgo** | Dorf | **spiga** | Ähre |

8 *Setzen Sie die Substantive in den Plural bzw. in den Singular.*

| Singular | Plural | Singular | Plural |
|---|---|---|---|
| viaggio | viaggi | zio | zii |
| città | città | età | età |
| psicologo | psicologi | diplomatico | diplomatici |
| impiego | impieghi | catalogo | cataloghi |
| giacca | giacche | esca | esche |
| gioco | giochi | re | re |
| farmacia | farmacie | arancia | arancle |
| pioggia | pioage | ciliegia | ciliege/ciliegie |

| | | | |
|---|---|---|---|
| **impiego** | Arbeitsstelle | **esca** | Köder |
| **zio** | Onkel | **re** | König |
| **età** | Alter | **ciliegia** | Kirsch |

9 *Vervollständigen Sie das Kreuzworträtsel mit den italienischen Entsprechungen der deutschen Wörter. Setzen Sie sie danach in den Plural.*

1. Kollegin
2. Hotel
3. Monolog
4. Bürgermeister
5. Schleife
6. Mund
7. Wahrheit
8. Kuss

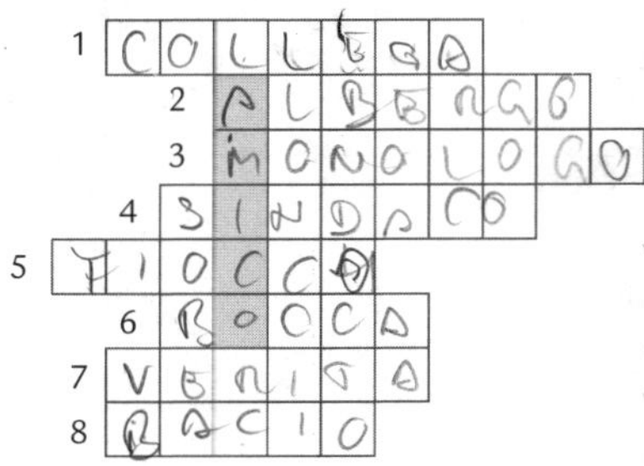

Colleghe
Aberghi
monologhi
sindaci
Fiocchi
Bocche
verità
BACI

*Aus den markierten Kästchen ergibt sich ein Substantiv. Welches? Geben Sie seinen Plural an.*

Lösungswort: Amico ➔ Amici ci

*Dieser Plural ist übrigens eine Ausnahme!*

◄ Gr LGr S. 45–46 ►

Einige Substantive weisen Besonderheiten auf, von denen sich keine Regel ableiten lässt:

- Substantive mit einer unregelmäßigen Pluralform, z. B. *uomo* ➛ *uomini*;
- Substantive mit zwei Pluralformen, die meistens unterschiedliche Bedeutungen haben, z. B. *muro* ➛ *muri / mura*;
- Substantive, die nur im Singular oder im Plural verwendet werden, z. B. *capelli*.

**10** ***Bilden Sie den Plural der Substantive aus den Wortsegmenten. Achtung: Einige Substantive können zwei Pluralformen haben.***

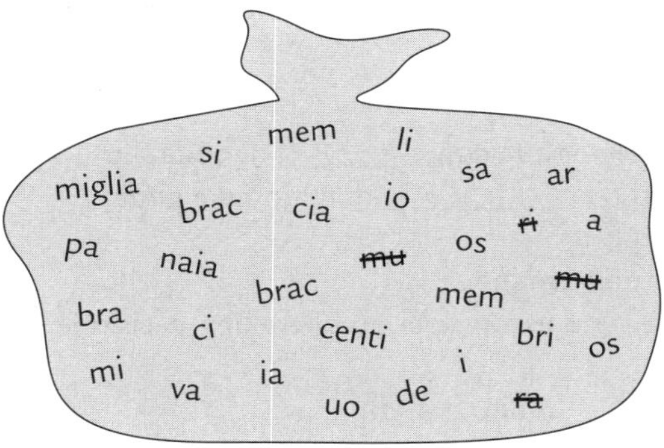


1. muro ➛ <u>*muri / mura*</u>
2. membro ➛ ___________
3. dio ➛ ___________
4. ala ➛ ___________
5. migliaio ➛ ___________
6. centinaio ➛ ___________
7. osso ➛ ___________
8. braccio ➛ ___________
9. uovo ➛ ___________
10. arma ➛ ___________

***Aus den verbleibenden Wortsegmenten ergibt sich ein Substantiv. Welches? Und wie lautet seine Pluralform?***

Lösungswort: ___________ ➛ ___________

| | | | |
|---|---|---|---|
| **muro** | Mauer | **centinaio** | Hundert |
| **membro** | Mitglied | **osso** | Knochen |
| **ala** | Flügel | **braccio** | Arm |
| **migliaio** | Tausend | **arma** | Waffe |

11 *Tragen Sie alle Wortpaare der vorhergehenden Übung in die passenden Felder ein.*

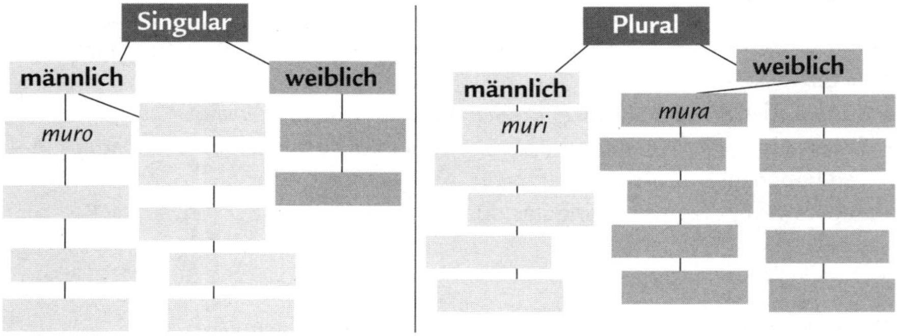


12 ***Folgende Substantive haben zwei Pluralformen mit unterschiedlicher Bedeutung. Setzen Sie sie (mit den Artikeln) ein.***

1. il braccio ➛ i bracci / le braccia
   a. Ho comprato una bellissima lampada con __________ snodabili.
   b. I bambini si sentono protetti tra __________ di mamma e papà.
2. il membro ➛ i membri / le membra
   a. __________ sono parti del corpo umano.
   b. Oggi __________ della giuria si riuniscono per prendere una decisione.
3. l'osso ➛ gli ossi / le ossa
   a. Mario è massiccio, ha __________ molto grandi.
   b. I cani hanno l'abitudine di nascondere __________.
4. il muro ➛ i muri / le mura
   a. Devo assolutamente rinfrescare __________ di casa.
   b. La città conserva ancora __________ del periodo medioevale.
5. il labbro ➛ i labbri / le labbra
   a. Rosa muove __________ proprio come sua madre.
   b. __________ della ferita devono ancora rimarginarsi.

| | | | |
|---|---|---|---|
| **snodabile** | schwenkbar | **abitudine** | Gewohnheit |
| **sentirsi** | sich fühlen | **nascondere** | verstecken |
| **protetto** | geschützt | **assolutamente** | unbedingt |
| **umano** | menschlich | **rinfrescare** | erneuern, restaurieren |
| **giuria** | Juri | **medioevale** | mittelalterlich |
| **riunirsi** | sich versammeln | **muovere** | bewegen |
| **decisione** | Entscheidung | **ferita** | Wunde |
| **massiccio** | kräftig | **rimarginarsi** | vernarben |

**13** ***Vervollständigen Sie die Redewendungen mit dem jeweils richtigen Wort. Verbinden Sie sie anschließend mit der deutschen Entsprechung.***

fame · soldi · miele · redini · viveri · coraggio

1. essere tutto __________ con qualcuno
2. prendere il __________ a due mani
3. tagliare i __________ a qualcuno
4. tenere le __________
5. avere una __________ da lupi
6. vendere qualcosa per quattro __________

a. jemandem Honig um den Mund schmieren
b. das Heft in die Hand nehmen
c. etwas für ein Butterbrot verkaufen
d. einen Bärenhunger haben
e. sich ein Herz fassen
f. jemandem den Geldhahn zudrehen

***Die oben einzutragenden Wörter werden entweder nur im Singular oder nur im Plural verwendet. Fügen Sie sie in die passende Spalte ein.***

| nur im Singular | nur im Plural |
|---|---|
| | |

◄ Gr LGr S. 40–41 ►

Wie im Deutschen haben auch im Italienischen Substantive, die Personen oder Tiere bezeichnen, sowohl eine männliche als auch eine weibliche Form. Einige Substantive unterscheiden sich nur in der Endung. Manche Substantive haben dagegen zwei unterschiedliche Formen, andere nur eine.

bambin**o** ➛ bambin**a**
signor**e** ➛ signor**a**
scrit**tore** ➛ scrit**trice**

leon**e** ➛ leon**essa**
**uomo** ➛ **donna**
**nipote** ➛ **nipote**

**scrittore** Schriftsteller
**leone** Löwe
**nipote** Enkelkind, Neffe, Nichte

**14** ***Vervollständigen Sie die Tabelle mit der männlichen bzw. weiblichen Form der Substantive.***

| männlich | weiblich | männlich | weiblich |
| --- | --- | --- | --- |
| padre | ___________ | ___________ | artista |
| ___________ | sorella | ___________ | cameriera |
| amico | ___________ | pittore | ___________ |
| gatto | ___________ | cantante | ___________ |
| ___________ | presidentessa | ___________ | attrice |
| ___________ | regina | studente | ___________ |

| | | | |
| --- | --- | --- | --- |
| **regina** | Königin | **pittore** | Maler |
| **artista** | Künstler/-in | **cantante** | Sänger/-in |
| **cameriera** | Zimmermädchen, Kellnerin | **attrice** | Schauspielerin |

◄ Gr LGr S. 36 ff. ►

In den beiden letzten Übungen geht es um die Frage: Ist das Substantiv regelmäßig oder handelt es sich um einen Sonderfall? Alles, was Sie in den vorherigen Aufgaben geübt haben, wird Ihnen dieses Mal „gemischt“ vorgestellt. Also, testen Sie sich!

**15** ***Tragen Sie die Wörter – auch mehrmals – in die richtige Spalte ein.***

~~tabù~~ · smog · ~~finestre~~ · paralisi · marito · record · clima · coperta · mani · funghi · colleghe · teoremi · unità · bocche · latte · novità · teppisti · bicchiere · libri · canzone · patata · informazione · auto · giorno · domande · hotel · oculista

| männlich | | weiblich | |
| --- | --- | --- | --- |
| **Singular** | **Plural** | **Singular** | **Plural** |
| *tabù* | *tabù* | | *finestre* |

*Welche der oben stehenden Substantive sind regelmäßig, was das Geschlecht und/oder die Pluralbildung angeht?*

*finestre,* ______________________________

______________________________

| | | | |
|---|---|---|---|
| **unità** | Einheit | **teppista** | Rowdy |
| **novità** | Neuigkeit | **oculista** | Augenarzt/-ärztin |

16 *Lesen Sie die Sätze. Unterstreichen Sie die Substantive und setzen Sie sie anschließend in den Plural.*

ESEMPIO

Il cugino di Ilaria lavora alla Fiat. *cugini*

1. Io prendo spesso il tram, e tu? ________
2. Franco è sociologo. ________
3. Domani dobbiamo andare in banca. ________
4. Questo schema grammaticale è molto utile. ________
5. Gennaro e Marilena frequentano l'università. ________
6. Ti piace il tuo nuovo lavoro? ________
7. La lezione finisce alle dieci. ________
8. Devo ancora preparare il sugo. ________
9. Domenico fa l'autista. ________
10. Che uomo affascinante! ________

| | | | |
|---|---|---|---|
| **cugino** | Cousin | **sugo** | Sauce |
| **utile** | nützlich | **autista** | Kraftfahrer |
| **frequentare** | besuchen | **affascinante** | bezaubernd |

# Artikel

◄ Gr LGr S. 49–51 ►

**Bestimmter Artikel: Formen**

Der italienische bestimmte Artikel (der, die, das) richtet sich in Geschlecht und Zahl nach dem Substantiv, das er begleitet: Er kann männlich oder weiblich sein (im Italienischen gibt es kein Neutrum) und im Singular oder im Plural stehen.
Im Deutschen sind die Formen des bestimmten Artikels außerdem vom Fall (Nominativ, Dativ usw.) abhängig. Das Italienische hingegen kennt keine Fälle, doch die unterschiedlichen Formen des bestimmten Artikels hängen u. a. vom Anfangsbuchstaben – Konsonant oder Vokal – des folgenden Wortes ab. Bei den nächsten Übungen achten Sie also besonders auf das nachfolgende Wort!

| | | Singular | | Plural | |
|---|---|---|---|---|---|
| **männlich** | vor Konsonant | *il* | *treno* | *i* | *treni* |
| | vor *s* + Konsonant, | *lo* | *sport* | *gli* | *sport* |
| | *ps, x, z, gn, y* | | *psicologo* | | *psicologi* |
| | | | *xilofono* | | *xilofoni* |
| | | | *zaino* | | *zaini* |
| | | | *gnocco* | | *gnocchi* |
| | | | *yogurt* | | *yogurt* |
| | vor Vokal | *l'* | *elefante* | *gli* | *elefanti* |
| **weiblich** | vor Konsonant | *la* | *donna* | *le* | *donne* |
| | vor Vokal | *l'* | *ora* | *le* | *ore* |

| | | | |
|---|---|---|---|
| **zaino** | Rucksack | **ora** | Stunde |
| **donna** | Frau | | |

17 ***Fügen Sie zu den folgenden Substantiven im Singular den passenden bestimmten Artikel hinzu:*** il, lo, la *oder* l'.

| | | |
|---|---|---|
| 1. ____ porta | 5. ____ testa | 9. ____ sgabello |
| 2. ____ tavolo | 6. ____ acqua | 10. ____ parola |
| 3. ____ problema | 7. ____ sci | 11. ____ zoccolo |
| 4. ____ pseudonimo | 8. ____ aperitivo | 12. ____ olio |

| | | | |
|---|---|---|---|
| **testa** | Kopf | **sgabello** | Hocker |
| **sci** | Ski | **zoccolo** | Holzschuh |

# Artikel

**18** *Setzen Sie die Substantive in den Plural und fügen Sie den passenden bestimmten Artikel hinzu:* i, gli *oder* le.

| Singular | Plural | Singular | Plural |
|---|---|---|---|
| la penna | *le penne* | il telefono | ________ |
| lo scialle | ________ | l'abito | ________ |
| l'ombrello | ________ | lo zingaro | ________ |
| la sedia | ________ | l'azienda | ________ |
| l'insalata | ________ | il pavimento | ________ |

| | | | |
|---|---|---|---|
| **scialle** | Schal | **azienda** | Betrieb, Firma |
| **zingaro** | Zigeuner | **pavimento** | Boden |

**19** *Verbinden Sie die Artikel mit den passenden Substantiven, wenn nötig auch mehrmals.*

burro | zero | lampada | amici | mele | foto

il | lo | l' | la | i | gli | le

società | giornalista | giornali | aula | squillo | amore

| | | | |
|---|---|---|---|
| **aula** | Klassenzimmer | **squillo** | Schall, Klang |
| **società** | Gesellschaft | **zero** | Null |

**20** *Kreuzen Sie die richtige Form des bestimmten Artikels an. Setzen Sie dann die Substantive mit den passenden Artikeln in den Plural bzw. Singular.*

| | | | | |
|---|---|---|---|---|
| l' | la | cucina | → | *le cucine* |
| il | lo | quadro | → | ________ |
| i | gli | scavi | → | ________ |
| la | le | pianta | → | ________ |
| i | gli | ragazzi | → | ________ |
| il | l' | ospite | → | ________ |
| il | lo | sciroppo | → | ________ |
| il | le | fragole | → | ________ |
| il | lo | pranzo | → | ________ |
| il | l' | ape | → | ________ |

| | | | |
|---|---|---|---|
| **quadro** | Bild | **ospite** | Gast |
| **scavi** | Ausgrabungen | **fragole** | Erdbeeren |
| **pianta** | Pflanze | **ape** | Biene |

Wenn zwischen dem Artikel und dem Substantiv ein Adjektiv steht, richtet sich der Artikel nicht nach dem Anfangsbuchstaben des Substantivs, sondern nach dem des darauf folgenden Adjektivs: ***gli** scrupoli*, aber: ***i** tipici scrupoli*.

21 ***Vervollständigen Sie die Sätze mit der richtigen Form des bestimmten Artikels.***

1. ___ amore fa gioire e soffrire milioni di persone.
2. Roberto è stato ___ grande amore della mia vita.
3. Abbiamo diversi problemi con ___ inquilini del primo piano.
4. Chi si è lamentato questa volta? – ___ soliti inquilini del primo piano.
5. ___ specchio che hai nell'ingresso è molto bello.
6. È già ___ terzo specchio che compro!
7. ___ mese di febbraio è stato molto piovoso.
8. ___ scorso mese ho sostenuto due esami all'università.
9. Ti vengo a prendere con ___ auto di mio padre.
10. Questa è ___ vecchia auto di mio padre.

| | | | |
|---|---|---|---|
| **gioire** | sich freuen | **volta** | Mal |
| **soffrire** | leiden | **solito** | derselbe |
| **è stato (essere)** | ist gewesen | **specchio** | Spiegel |
| **diverso** | verschieden | **ingresso** | Eingang |
| **inquilino** | Mieter | **piovoso** | regnerisch |
| **piano** | Stockwerk | **ho sostenuto (sostenere)** | *hier* (ich) habe abgelegt |
| **si è lamentato (lamentarsi)** | hat sich beschwert | **venire a prendere** | abholen |

◄ Gr LGr S. 52–54 ►

**Bestimmter Artikel: Gebrauch**

Grundsätzlich wird der bestimmte Artikel wie im Deutschen verwendet und weist auf etwas Bekanntes oder bereits im Kontext Erwähntes hin:

| | |
|---|---|
| ***La ragazza** di mio fratello si chiama Teresa.* | **Die Freundin** meines Bruders heißt Teresa. |

Im Italienischen wird der bestimmte Artikel jedoch auch verwendet bei: Stoffen und Sportarten, Titel- und Berufsbezeichnungen, Namen von Ländern und Regionen, Krankheiten, Uhrzeiten, Körperteilen, Sprachen und Farben.
Im Folgenden einige Beispiele:

| | |
|---|---|
| • ***La seta*** *è un tessuto delicato.* aber: *Ho comprato una camicetta* ***di seta****.* | **Seide** ist ein empfindlicher Stoff. Ich habe eine Bluse **aus Seide** gekauft. |
| • *Amo* ***la pallavolo****.* aber: ***Gioco a pallavolo*** *in una squadra.* | Ich liebe **Volleyball**. **Ich spiele Volleyball** in einer Mannschaft. |
| • *Non conosco* ***il signor Rossi****.* aber: ***Signor Rossi****, come sta?* | Ich kenne **Herrn Rossi** nicht. **Herr Rossi**, wie geht es Ihnen? |
| • ***L'Italia*** *è una penisola.* aber: *Andiamo* ***in Italia****.* | **Italien** ist eine Halbinsel. Wir fahren **nach Italien**. |
| • *I bambini hanno* ***la febbre****.* | Die Kinder haben **Fieber**. |
| • *Sono* ***le dieci****.* | Es ist **zehn Uhr**. |
| • *Marina ha* ***le mani*** *affusolate.* | Marina hat schlanke **Hände**. |
| • *Parli* ***il tedesco****?* | Sprichst du **Deutsch**? |
| • *Mi piace* ***il giallo****.* | Ich mag **Gelb**. |

**22** ***Setzen Sie die Artikel, wo erforderlich, ein. Achtung: Sie können nicht überall verwendet werden.***

le · lo · l' · il · la · la · il

1. Gigi e Vincenza vanno a vivere in ___ Spagna.
2. Ti va di giocare a ___ tennis domani?
3. ___ spagnolo è una lingua romanza come ___ italiano.
4. Oh, sono ___ nove! Devo tornare a casa.
5. Che ne dici di questo pullover di ___ cotone?
6. Conoscete ___ dottoressa Bellini?
7. ___ Francia confina con diverse nazioni.
8. Ti senti meglio? - Veramente no, ho ancora ___ raffreddore.
9. Rossella, ___ verde ti dona molto.
10. ___ professor Amato, come si trova all'università?

| | | | |
|---|---|---|---|
| **ti va ...** | hast du Lust ... | **meglio** | besser |
| **lingua romanza** | romanische Sprache | **veramente no** | eigentlich nicht |
| **che ne dici di ...** | was hältst du von ... | **raffreddore** | Schnupfen |
| **confinare** | grenzen | **donare** | *hier* stehen |
| **sentirsi** | sich fühlen | **trovarsi** | *hier* sich fühlen |

23 *Artikel: ja oder nein? Vervollständigen Sie die Sätze, wo erforderlich, mit dem passenden bestimmten Artikel.*

1. ___ calcio è lo sport più amato dagli italiani.
2. Giovanni mi ha regalato una catenina di ___ oro.
3. Perché non andate in vacanza in ___ Egitto?
4. ___ Lombardia è una regione dell'Italia settentrionale.
5. Non conosco né ___ inglese né ___ francese.
6. Monica ha ___ occhi azzurri e ___ capelli biondi.
7. ___ signora Frattini, prego si accomodi!
8. Alla fermata dell'autobus incontro sempre ___ dottor Vespa.
9. Lo sai che i figli di Nora hanno ___ varicella?
10. Sono ___ sei e mezza. Presto, comincia la partita!

| | | | |
|---|---|---|---|
| **calcio** | Fußball | **né ... né** | weder ... noch |
| **amato** | beliebt | **si accomodi (accomodarsi)** | nehmen Sie Platz |
| **ha regalato (regalare)** | (er) hat geschenkt | **fermata** | Haltestelle |
| **catenina** | Kettchen | **varicella** | Windpocken |
| **oro** | Gold | **presto** | los, schnell |
| **settentrionale** | nördlich | **partita** | Spiel |

◄ Gr LGr S. 54 ff. ►

**Unbestimmter Artikel: Formen**

Wie der bestimmte Artikel richtet sich auch der unbestimmte Artikel (ein, eine) in Geschlecht und Zahl nach dem Substantiv, auf das er sich bezieht. Seine Formen hängen ebenfalls vom Anfangsbuchstaben des darauf folgenden Wortes ab. Im Gegensatz zum bestimmten Artikel wird aber der unbestimmte Artikel nur im Singular bei zählbaren Substantiven verwendet.

# Artikel

| | männlich | | weiblich | |
|---|---|---|---|---|
| vor Konsonant | *un* | *treno* | *una* | *donna* |
| vor Vokal | | *elefante* | *un'* | *ora* |
| vor *s* + Konsonant, | *uno* | *sport* | | |
| *ps, x, z, gn, y* | | *psicologo* | | |
| | | *xilofono* | | |
| | | *zaino* | | |
| | | *gnocco* | | |
| | | *yogurt* | | |

**Achtung:** Wenn zwischen Artikel und Substantiv ein Adjektiv steht, richtet sich der Artikel nicht nach dem Anfangsbuchstaben des Substantivs, sondern nach dem des darauf folgenden Adjektivs: ***uno st****ereo*, aber: ***un v****ecchio stereo*.

**24** *Ordnen Sie die Substantive der richtigen Spalte zu.*

scoperta · elica · nome · autografo · aranciata · spazio · cortile · gnomo · idea · vestito · lezione · orto · zucchino · cravatta

| un | uno | una | un' |
|---|---|---|---|
| | | | |

| | | | |
|---|---|---|---|
| **scoperta** | Entdeckung | **cortile** | Hof |
| **elica** | Schraube | **gnomo** | Zwerg |
| **autografo** | Autogramm | **orto** | Gemüsegarten |
| **spazio** | Raum, Platz | | |

**25** *Ersetzen Sie die bestimmten Artikel durch die entsprechenden unbestimmten Artikel.*

ESEMPIO

lo yogurt ➛ *uno yogurt*

1. lo stadio ➛ ____________
2. la macelleria ➛ ____________
3. l'odore ➛ ____________
4. l'isola ➛ ____________
5. lo zio ➛ ____________
6. la commessa ➛ ____________
7. il vocabolario ➛ ____________
8. lo straccio ➛ ____________
9. l'arancia ➛ ____________
10. il kiwi ➛ ____________

| | | | |
|---|---|---|---|
| **macelleria** | Metzgerei | **vocabolario** | Wörterbuch |
| **odore** | Duft | **straccio** | Lumpen |
| **commessa** | Verkäuferin | | |

26 *In jeder Wörterreihe stimmt ein Artikel zu einem Substantiv nicht. Suchen Sie den Fehler und korrigieren Sie ihn.*

ESEMPIO

un uovo – un cane – ~~un auto~~ – un piatto *un'auto*

1. uno straniero – uno sciatore – uno scuola – uno scisma ____________
2. un'affare – un'ipotesi – un'accusa – un'orchidea ____________
3. una bandiera – una chiave – una mano – una pettine ____________
4. un notte – un mobile – un pianoforte – un teatro ____________

| | | | |
|---|---|---|---|
| **straniero** | Ausländer | **accusa** | Beschuldigung |
| **sciatore** | Skiläufer | **bandiera** | Flagge |
| **scisma** | Schisma | **pettine** | Kamm |
| **affare** | Geschäft | **mobile** | Möbelstück |

27 *Vervollständigen Sie die Sätze mit dem passenden unbestimmten Artikel.*

1. Mi scusi, mi può aiutare? Cerchiamo ___ albergo qui in zona.
2. Signori, è ___ onore avervi a cena da noi stasera.
3. Questa è ___ scelta difficile.
4. Ho freddo ai piedi, probabilmente da sotto la porta viene ___ spiffero.
5. Riccardo è violinista e suona in ___ orchestra.
6. Ogni sera seguo ___ trasmissione molto interessante alla TV.
7. Senta, mi può portare ___ bicchiere pulito, per favore?
8. Nella strada dove abita Lucia c'è tutto: ___ edicola, ___ supermercato, ___ studio legale, ___ banca e perfino ___ ospedale.

| | | | |
|---|---|---|---|
| **zona** | *hier* Gegend | **spiffero** | Luftzug |
| **onore** | Ehre | **pulito** | sauber |
| **scelta** | Wahl | **edicola** | Kiosk |
| **ho freddo ...** | es ist mir kalt ... | **studio legale** | Kanzlei |
| **probabilmente** | möglicherweise | **perfino** | sogar |
| **da sotto la porta** | unter der Tür | **ospedale** | Krankenhaus |

**28** *Setzen Sie den passenden unbestimmten Artikel ein. Achten Sie dabei genau auf das nachfolgende Wort.*

1. ___ auto
2. ___ nuova auto
3. ___ spavento
4. ___ brutto spavento
5. ___ biglietto
6. ___ solo biglietto
7. ___ segreto
8. ___ piccolo segreto
9. ___ incontro
10. ___ strano incontro
11. ___ attesa
12. ___ breve attesa
13. ___ yacht
14. ___ nuovo yacht

| | | | |
|---|---|---|---|
| **spavento** | Schreck | **strano** | seltsam |
| **segreto** | Geheimnis | **attesa** | Warten |

**Bestimmter und unbestimmter Artikel: Gebrauch in der Gegenüberstellung**

Der **bestimmte Artikel** wird im Italienischen abgesehen von einigen Ausnahmen wie im Deutschen gebraucht, um sich auf etwas Bekanntes zu beziehen:

| | |
|---|---|
| ***Il cane*** *del mio vicino abbaia in continuazione.* | **Der Hund** meines Nachbars bellt ständig. |
| Eine Ausnahme: *Parlo **l'inglese**.* | Ich spreche **Englisch**. |

Will man sich auf etwas beziehen, was nicht bekannt ist oder zum ersten Mal erwähnt wird, dann muss man im Italienischen, wie im Deutschen, den **unbestimmten Artikel** verwenden:

| | |
|---|---|
| *Ieri ho mangiato **una pizza**.* | Gestern habe ich **eine Pizza** gegessen. |

In der nächsten Aufgabe müssen Sie sich zwischen dem bestimmtem Artikel, dem unbestimmtem Artikel oder der Auslassung des Artikels entscheiden. Achten Sie also auf den richtigen Gebrauch.

**29** *Bestimmter oder unbestimmter Artikel? Vervollständigen Sie die Sätze mit den Artikeln. Achtung: In einigen Fällen wird kein Artikel gebraucht.*

il · una · le · lo · gli · l' · uno · la · il · il · un · l' · una · un · un'

1. Domani c'è ___ sciopero dei treni.
2. Questi sono ___ amici di Patrizia.
3. ___ attacco terroristico alle torri gemelle è stato ___ shock per tutti.
4. ___ liceo "Alessandro Manzoni" si trova in ___ strada principale.
5. Scusate, c'è ___ edicola da queste parti?

6. ___ signora Bianconi, Le presento ___ signor D'Amico.
7. Voglio comprare ___ maglione di ___ lana.
8. Ti piace ___ vino o preferisci ___ birra?
9. ___ invenzione dell'aspirina è stata ___ scoperta formidabile.
10. Sono ___ nove, devo andare. Ho ___ appuntamento importante.

| | | | |
|---|---|---|---|
| **sciopero** | Streik | **è stato (essere)** | (er) ist gewesen |
| **attacco terroristico** | Terroranschlag | **trovarsi** | sich befinden |
| **torri gemelle** | Twin Towers | **strada principale** | Hauptstraße |
| **da queste parti** | in dieser Gegend | **invenzione** | Erfindung |
| **Le presento** | ich stelle Ihnen vor | **scoperta** | Entdeckung |
| **maglione** | Pulli | **formidabile** | großartig |
| **lana** | Wolle | **appuntamento** | Termin |

◄ Gr LGr 58–61 ►

**Teilungsartikel: Formen und Gebrauch**

*Devo comprare **delle mele**.* Ich muss **Äpfel** kaufen.

Für unbestimmte Mengenangaben wird im Italienischen der Teilungsartikel benutzt, der aus der Präposition *di* und dem bestimmten Artikel besteht. Im Deutschen gibt es dafür keine Entsprechung, das Substantiv wird ohne Artikel gebraucht. In der folgenden Übersicht finden Sie sämtliche Formen des Teilungsartikels:

| | | | |
|---|---|---|---|
| *di + il* | ➛ | ***del** pane* | Brot |
| *di + lo* | ➛ | ***dello** zucchero* | Zucker |
| *di + l' (m)* | ➛ | ***dell'**aceto* | Essig |
| *di + la* | ➛ | ***della** carne* | Fleisch |
| di + *l' (w)* | ➛ | ***dell'**insalata* | Salat |
| *di + i* | ➛ | ***dei** pomodori* | Tomaten |
| *di + gli* | ➛ | ***degli** asparagi* | Spargel |
| *di + le* | ➛ | ***delle** patate* | Kartoffeln |

Beachten Sie die folgenden Sätze:
*Devo comprare **delle mele.*** Ich muss **Äpfel** kaufen.
*Devo comprare **un chilo di mele**.* Ich muss **ein Kilo Äpfel** kaufen.
Will man im Italienischen eine bestimmte Menge angeben, so wird ebenfalls die Präposition *di* (nach der Mengenangabe) verwendet, allerdings ohne Artikel!

**30** *Verbinden Sie die oben stehenden Teilungsartikel mit den passenden Substantiven, wenn nötig auch mehrmals.*

della | dell' | dello | del | degli | dei | delle

acqua | spumante | ombrelloni | sigarette | carte | spinaci | vino | cerini | mandarini | frutta | aglio

| | | | |
|---|---|---|---|
| **aglio** | Knoblauch | **ombrellone** | Sonnenschirm |
| **cerino** | Streichholz | **spinaci** | Spinat |

**31** *Vervollständigen Sie den Dialog mit den Formen des Teilungsartikels.*

▶ Maria, esco un attimo a comprare le sigarette. Ci serve qualcosa?
■ Sì, senti, compri _____ elastici?
▶ Va bene.
■ Ah, aspetta, ci servono anche _____ cerotti.
▶ Sì, certo ...
■ Eh ... se passi dal fruttivendolo, compri _____ albicocche? Lo sai che mi piacciono da morire.
▶ Ah, sì ...
■ Un momento, aspetta, se vai al supermercato, prendi _____ pasta corta? Mangiamo sempre spaghetti! E poi compra pure _____ olio, che è finito, olio extravergine, mi raccomando! Ah, e anche _____ zucchero. Se poi passi in panetteria, prendi anche _____ pane fresco? Eh ...
▶ Maria, io vado all'angolo a comprare le sigarette, non faccio mica il giro della città!

| | | | |
|---|---|---|---|
| **attimo** | Augenblick | **da morire** | *hier* über alles, sehr |
| **Ci serve qualcosa?** | Brauchen wir etwas? | **mi raccomando** | *hier* bitte |
| **elastico** | Gummiband | **panetteria** | Bäckerei |
| **cerotto** | Pflaster | **all'angolo** | um die Ecke |
| **fruttivendolo** | Gemüsehändler | **fare il giro** | herumgehen |
| **albicocca** | Aprikose | **mica** | doch nicht |

32 ***Bestimmte oder unbestimmte Menge? Ergänzen Sie die Präposition* di *mit oder ohne Artikel.***

1. Stasera abbiamo _____ ospiti a cena.
2. Vorrei mezzo chilo _____ carne macinata.
3. Eleonora ha sempre _____ idee geniali.
4. Per l'esame di storia devo leggere _____ libri molto interessanti.
5. Prendi una bottiglia _____ vino rosso in cantina?
6. Mi dà due etti _____ prosciutto crudo, per cortesia?
7. Ci serve _____ zafferano per il risotto alla milanese.
8. Ho sete. Mi puoi dare _____ acqua, per favore?
9. C'è ancora un po' _____ birra. Chi la vuole?
10. Antonietta mi ha regalato una scatola _____ cioccolatini.

| | | | |
|---|---|---|---|
| **mezzo chilo** | Pfund | **zafferano** | Safran |
| **carne macinata** | Hackfleisch | **ha regalato (regalare)** | (sie) hat geschenkt |
| **cantina** | Keller | | |
| **etto** | 100 g | **scatola** | Schachtel |
| **prosciutto crudo** | Rohschinken | **cioccolatino** | Praline |
| **per cortesia** | bitte | | |

# Adjektive

◄ Gr LGr S. 64–66 ►

## Adjektive: regelmäßige Formen

Adjektive beschreiben die Eigenschaften von Lebewesen, Dingen und Begriffen. Mit Adjektiven können Sie Ihren sprachlichen Ausdruck im Italienischen erweitern und verfeinern. Das folgende Schema erklärt die Bildung italienischer Adjektive:

| Gruppe | **Adjektive auf *-o/-a*** | | **Adjektive auf *-e*** | |
|---|---|---|---|---|
| | männlich | weiblich | männlich | weiblich |
| Singular | *il ragazzo* ***alto*** | *la ragazza* ***alta*** | *il tavolo* ***verde*** | *la casa* ***verde*** |
| Plural | *i ragazzi* ***alti*** | *le ragazze* ***alte*** | *i tavoli* ***verdi*** | *le case* ***verdi*** |

Italienische Adjektive richten sich also in Geschlecht und Zahl nach den Substantiven, auf die sie sich beziehen. Und ganz wichtig: Im Unterschied zum Deutschen stehen sie gewöhnlich hinter den Substantiven, nicht davor:

**Deutsch:** Adjektiv + Substantiv — der große Junge
**Italienisch:** Substantiv + Adjektiv — *il ragazzo alto*

**33** ***Suchen Sie im Kasten – waagerecht oder senkrecht – die italienischen Bezeichnungen für die folgenden deutschen Adjektive. Ordnen Sie die gefundenen Adjektive dann in die richtige Spalte ein, wenn nötig auch mehrmals.***

typisch · dunkel · zentral · glücklich · blond · groß · traurig · rot · heiß · kurz · reizend · streng

| | | | | | | | | | |
|---|---|---|---|---|---|---|---|---|---|
| P | E | R | T | I | H | E | F | S | O |
| F | C | E | N | T | R | A | L | E | N |
| E | O | P | T | I | O | Q | M | V | G |
| L | R | L | B | P | S | I | D | E | R |
| I | T | T | R | I | S | T | E | R | A |
| C | A | R | T | C | A | L | D | O | N |
| E | L | P | U | O | F | L | A | G | D |
| I | R | R | I | T | A | N | T | E | E |
| B | O | L | B | I | O | N | D | A | A |
| S | C | U | R | O | I | S | P | O | T |

| männlich | weiblich |
|---|---|
| | |

# Adjektive

34 *Vervollständigen Sie die Tabelle mit der männlichen bzw. weiblichen Form der Adjektive im Singular.*

| **männlich** | **weiblich** |
|---|---|
| un uomo affascinante | una donna ________ |
| un divano comodo | una poltrona ________ |
| un fiore ________ | una rosa profumata |
| un libro ________ | una storia particolare |
| un pranzo squisito | una torta ________ |
| un bambino ________ | una bambina capricciosa |
| un giorno speciale | una vacanza ________ |
| uno studente ________ | una studentessa inglese |
| un caffè freddo | una birra ________ |
| un treno ________ | un'auto veloce |

| | | | |
|---|---|---|---|
| **affascinante** | faszinierend | **profumata** | duftend |
| **il divano** | die Couch | **particolare** | besondere/-r/-s |
| **comodo** | bequem | **squisito** | köstlich |
| **la poltrona** | der Sessel | **capricciosa** | launisch |
| **il fiore** | die Blume | **veloce** | schnell |

35 *Suchen Sie das Gegenteil: Verbinden Sie die Adjektive der linken Spalte mit denen der rechten. Übersetzen Sie dann die Gegenteilpaare und vervollständigen Sie anschließend die Tabelle.*

| | | |
|---|---|---|
| 1. facile | noioso | 1. *einfach – schwierig* |
| 2. grande | pesante | 2. ________ |
| 3. leggero | difficile | 3. ________ |
| 4. freddo | amaro | 4. ________ |
| 5. dolce | piccolo | 5. ________ |
| 6. divertente | caldo | 6. ________ |

| **männlich** | | **weiblich** | |
|---|---|---|---|
| **Singular** | **Plural** | **Singular** | **Plural** |
| l'esame facile | gli esami *facili* | la parola *facile* | le parole *facili* |
| il vaso grande | i vasi ________ | la casa ________ | le case ________ |
| il piatto leggero | i piatti ________ | la tazza ________ | le tazze ________ |
| il tè freddo | i tè ________ | la bibita ________ | le bibite ________ |
| il vino dolce | i vini ________ | l'aranciata ________ | le aranciate ________ |

# Adjektive

| männlich | | weiblich | |
|---|---|---|---|
| **Singular** | **Plural** | **Singular** | **Plural** |
| il film divertente | i film ______ | la storia ______ | le storie ______ |
| il libro noioso | i libri ______ | la persona ______ | le persone ______ |
| il mobile pesante | i mobili ______ | la scatola ______ | le scatole ______ |
| il tema difficile | i temi ______ | la questione ______ | le questioni ______ |
| il caffè amaro | i caffè ______ | la mandorla ______ | le mandorle ______ |
| il naso piccolo | i nasi ______ | la bocca ______ | le bocche ______ |
| il clima caldo | i climi ______ | la stagione ______ | le stagioni ______ |

| | | | |
|---|---|---|---|
| **la bibita** | das Getränk | **la questione** | die Angelegenheit |
| **l'aranciata** | die Orangenlimonade | **la mandorla** | die Mandel |
| **il mobile** | das Möbelstück | **la bocca** | der Mund |
| **la scatola** | die Schachtel, der Karton | **la stagione** | die Jahreszeit |

36 *Ergänzen Sie die Endungen der Adjektive.*

1. "Ballarò" è una trasmissione televisiva veramente interessant___.
2. Garibaldi e Mazzini sono due personaggi popolar___ della storia.
3. Mi piace il caffè fredd___.
4. Io compro solo scarpe italian___.
5. Silvana preferisce gli uomini sportiv___.
6. I miei amici alloggiano in un albergo economic___.
7. Tuo figlio ha gli occhi molto espressiv___.
8. Wanda è una ragazza solar___.
9. Quest'anno i turisti giappones___ hanno affollato le città d'arte.
10. Davide porta sempre una giacca ner___ di pelle.

| | | | |
|---|---|---|---|
| **la trasmissione televisiva** | die Fernsehsendung | **la storia** | die Geschichte |
| **Giuseppe Garibaldi** | *Militär und Politiker* *(1807–1882)* | **preferire** | bevorzugen |
| **Giuseppe Mazzini** | *Politiker* *(1805–1872)* | **alloggiare** | wohnen |
| **il personaggio** | die Person | **hanno affollato (affollare)** | *hier* (sie) haben überschwemmt |
| | | **espressivo** | ausdrucksvoll |
| | | **solare** | sonnig |

In der folgenden Aufgabe haben Sie die Möglichkeit, den Plural der Adjektive, der Substantive und des bestimmten Artikels in einer Übung zu trainieren.

37 ***Bilden Sie den Plural.***

1. il tavolo rotondo → *i tavoli rotondi*
2. l'esercizio complicato → ________________
3. la macchina lenta → ________________
4. la ragazza allegra → ________________
5. la colazione abbondante → ________________
6. il bambino pigro → ________________
7. il calciatore portoghese → ________________
8. la sciarpa colorata → ________________
9. la persona previdente → ________________
10. la città francese → ________________

| | | | |
|---|---|---|---|
| **rotondo** | rund | **pigro** | faul |
| **lento** | langsam | **il calciatore** | der Fußballspieler |
| **allegro** | fröhlich | **la sciarpa** | der Schal |
| **la colazione** | das Frühstück | **colorato** | bunt |
| **abbondante** | reichlich | **previdente** | vorsorglich |

◄ Gr LGr S. 72–74 ►

**Adjektive: Sonderformen bei der Pluralbildung**

Adjektive auf *-go/-ga*, *-co/-ca* und *-ista* verhalten sich wie die Pluralformen der Substantive mit denselben Endungen (→ S. 12, 13). Im Folgenden einige Beispiele:

| | **Singular** | | **Plural** |
|---|---|---|---|
| **Adjektive auf *-go/-ga*** | *lar**go*** | → | *lar**ghi*** |
| | *lar**ga*** | → | *lar**ghe*** |
| **Adjektive auf *-co/-ca*** | *fresco* | → | *fre**schi*** (Betonung: vorletzte Silbe) |
| | *tipi**co*** | → | *tipi**ci*** (Betonung: drittletzte Silbe) |
| | *fres**ca** / tipi**ca*** | → | *fres**che** / tipi**che*** |
| **Adjektive auf *-ista*** | *ottimi**sta*** (m/w) | → | *ottimi**sti*** (m) / *ottimi**ste*** (w) |

Es gibt auch unveränderliche Adjektive, die nur eine einzige Form haben.
Zum Beispiel: *il vestito **blu*** ➛ *i vestiti **blu***
*la gonna **blu*** ➛ *le gonne **blu***

Beachten Sie auch folgende Beispiele:
*i vestiti **rossi*** aber *i vestiti **rosso scuro***

In den nächsten Aufgaben werden Sie üben, wie man zwischen „regelmäßigen Adjektiven“ und „Sonderformen“ unterscheidet.

**38** ***Vervollständigen Sie die Sätze, indem Sie die rechts stehenden Adjektive in die passende Form setzen.***

1. La gioielleria in centro ha degli anelli ______________ in vetrina! — magnifico
2. Fate mai delle cene ______________ a lume di candela? — romantico
3. Sul balcone ho tante piante ______________. — verde
4. Come mai hai gli occhi ______________ ? Hai pianto? — lucido
5. Il ristorante all'angolo prepara piatti ______________ della cucina toscana. — tipico
6. Chi frequenta persone ______________ è fortunato. — altruista
7. In estate porto spesso magliette ______________ . — rosa
8. Mio figlio odia il latino perché ha un'insegnante ______________. — severo
9. Nel centro storico della città ci sono tanti palazzi ______________. — antico
10. Per la laurea mi metto una giacca______________. — grigio chiaro

| | | | |
|---|---|---|---|
| **la gioielleria** | der Juwelierladen | **portare** | tragen |
| **la vetrina** | das Schaufenster | **la maglietta** | das T-Shirt |
| **l'anello** | der Ring | **severo** | streng |
| **magnifico** | herrlich | **chi** | wer, derjenige |
| **mai** | *hier* jemals | **altruista** | selbstlos |
| **a lume di candela** | bei Kerzenlicht | **essere fortunato** | Glück haben |
| **come mai** | wieso | **la laurea** | der Universitätsabschluss |
| **Hai pianto? (piangere)** | Hast du geweint? | **mettersi** | anziehen |
| **lucido** | feucht, glänzend | **grigio chiaro** | hellgrau |

**39** ***Setzen Sie das passende Adjektiv in der korrekten Form ein.***

simpatico · lungo · largo · egoista · americano · verde bottiglia · pari · magro · avvincente · vago

1. Sono così contento! I miei compagni di scuola sono dei ragazzi proprio ____________.
2. Noi mangiamo solo carne ____________.
3. Pietro e Saverio pensano sempre e solo a sé stessi. Sono due ragazzi ____________.
4. Mi piacciono i libri ricchi di "suspense". – Ah, quindi ti piacciono i libri ____________!
5. No, guardi, le scarpe così ____________ non mi stanno bene. Ho i piedi sottili.
6. Il due è un numero ____________.
7. Mi dispiace, non so molto dell'incidente. Ho solo notizie ____________.
8. Fa così caldo e porti ancora i pantaloni ____________!
9. John viene da New York. È uno studente ____________.
10. Per l'inverno ho comprato dei guanti ____________ al centro commerciale.

| | | | |
|---|---|---|---|
| **verde bottiglia** | flaschengrün | **sé stesso** | sich selbst |
| **pari** | gleich | **quindi** | *hier* also |
| **magro** | mager, schlank | **sottile** | dünn, schmal |
| **avvincente** | spannend | **l'incidente** | der Unfall |
| **vago** | unbestimmt, dunkel | **il guanto** | der Handschuh |
| **il compagno di scuola** | der Schulkamerad | **il centro commerciale** | das Einkaufszentrum |

In der nächsten Übung geht es nicht nur um Adjektive, sondern auch um den unbestimmten Artikel, den Teilungsartikel und um Substantive. Es handelt sich also um vier wichtige Themen, die hier zusammengefasst sind.

# Adjektive

**40** *Bilden Sie den Plural bzw. Singular.*

| Singular | Plural |
|---|---|
| una vicenda unica | *delle vicende uniche* |
| un manuale pratico | ______________ |
| ______________ | dei politici corrotti |
| una ragazza snob | ______________ |
| ______________ | dei turisti inglesi |
| ______________ | delle tende rosso scuro |
| una finestra aperta | ______________ |
| un lavoratore stanco | ______________ |
| una gamba lunga | ______________ |
| un problema banale | ______________ |
| ______________ | delle borse bianche |

| | | | |
|---|---|---|---|
| **la vicenda** | das Ereignis | **le tende** | die Vorhänge |
| **unico** | einmalig, einzigartig | **stanco** | müde |
| **il manuale** | das Handbuch | **le borse** | die Taschen |

◄ Gr LGr S. 66–67 ►

### Adjektive: Übereinstimmung nach dem Verb *essere*

Sowohl wenn das Adjektiv hinter dem Substantiv steht, als auch wenn es nach dem Verb *essere* (sein) gebraucht wird, wird es im Italienischen an das Substantiv angeglichen. Im Deutschen hingegen nicht, das Adjektiv bleibt nach dem Verb „sein" in der Grundform!

| | |
|---|---|
| *una bambin**a** allegr**a*** | ein **frohliches** Mädchen |
| *La bambin**a** è allegr**a**.* | Das Mädchen ist **fröhlich**. |

**41** *Bilden Sie Sätze nach dem folgenden Muster.*

ESEMPIO

| | |
|---|---|
| porta / chiuso | *La porta è chiusa.* |

1. commessa / gentile ______________
2. bicchieri / rotto ______________
3. bambino / intelligente ______________
4. sciarpe / caldo ______________

5. dipinto / famoso ______________________
6. bottiglia / vuoto ______________________
7. studenti / diligente ______________________
8. lavoro / stancante ______________________
9. turisti / tedesco ______________________
10. ragazze / italiano ______________________

| | | | |
|---|---|---|---|
| **commessa** | Verkäuferin | **dipinto** | Gemälde |
| **gentile** | nett | **vuoto** | leer |
| **rotto** | kaputt | **diligente** | fleißig |
| **sciarpa** | Schal | **stancante** | ermüdend |

42 *Übersetzen Sie die Sätze ins Italienische.*

1. Die Fernseher sind alt. ______________________
2. Der Fluss ist lang. ______________________
3. Die Signale sind schwach. ______________________
4. Die Straße ist stark befahren. ______________________
5. Die Handys sind klein. ______________________
6. Der Schriftsteller ist Franzose. ______________________
7. Der Berg ist hoch. ______________________
8. Die Ingenieure sind kompetent. ______________________
9. Die Moderatorin ist elegant. ______________________
10. Die Nachrichten sind aktuell. ______________________

| | | | |
|---|---|---|---|
| **il segnale** | das Signal | **la montagna** | der Berg |
| **debole** | schwach | **l'ingegnere** | der Ingenieur |
| **trafficato** | stark befahren | **la conduttrice** | die Moderatorin |
| **il cellulare** | das Handy | **la notizia** | die Nachricht |

43 *Ergänzen Sie die Adjektive der Sätze mit der richtigen Endung. Achten Sie dabei auch auf die Sonderformen.*

1. La nostra insegnante di fisica è giovan__ e carin__!
2. Oggi papà va al mercato a comprare il pesce fresc__.
3. Le figlie dei signori Verdoni sono proprio grazios__.
4. Nella mia città ci sono due chiese barocc__.
5. I miei amici hanno tante qualità: sono generos__, sono sempre disponibil__ e soprattutto sono sincer__.

6. Il tuo amico Romeo, invece, ha tanti difetti: è opportunist__ e soprattutto è avar__.
7. Mi posso mettere i tuoi stivali marron__ scuro stasera?
8. In vacanza conosco sempre gente interessant__.
9. Ieri, alla festa, abbiamo mangiato delle tartine veramente gustos__!
10. Gli attacchi sono opera di gruppi estremist__!

| | | | |
|---|---|---|---|
| **carino** | hübsch | **il difetto** | der Fehler |
| **grazioso** | hübsch, niedlich | **avaro** | geizig |
| **la qualità** | die Eigenschaft | **lo stivale** | der Stiefel |
| **generoso** | großherzig | **la tartina** | die Brotschnitte |
| **disponibile** | hilfsbereit | **veramente** | wirklich |
| **soprattutto** | vor allem | **gustoso** | köstlich |
| **sincero** | ehrlich | **l'opera** | *hier* die Tat |

◄ Gr LGr S. 68 ►

**Adjektive: Besonderheiten bei der Übereinstimmung**

Bezieht sich ein Adjektiv auf mehrere Substantive, so wird es wie in den folgenden Beispielen angeglichen:

| | |
|---|---|
| *il tavol**o** e il divan**o** ner**i*** | der schwarze Tisch und die schwarze Couch |
| *la sedi**a** e la poltron**a** ner**e*** | der schwarze Stuhl und der schwarze Sessel |
| *il tavol**o** e la sedi**a** ner**i*** | der schwarze Tisch und der schwarze Stuhl |

Achten Sie dabei besonders auf das dritte Beispiel: Bezieht sich ein Adjektiv auf ein männliches und ein weibliches Substantiv, so wird es in der männlichen Form in den Plural gesetzt.

44 *Übersetzen Sie die Sätze ins Italienische.*

1. Vittorio und Rodolfo sind sympathisch.
2. Ich möchte einen sportlichen Pulli und einen sportlichen Rock.
3. Herr und Frau Lanza haben ein neues Auto und ein neues Haus!
4. Matteo und Carla sind schlank.
5. Wir trinken einen heißen Kaffee und einen heißen Tee.
6. Ich kenne einen spanischen Jungen und ein spanisches Mädchen.
7. Raffaella und Bianca sind nicht klein.

8. Tommaso und Giuliana, die Kinder von Gabriella, sind wohlerzogen und gehorsam.
9. Das T-Shirt von Lucia und die Tasche von Pina sind grün.
10. Ich gehe immer in eine italienische Bar und in ein italienisches Restaurant.

| | | | |
|---|---|---|---|
| **sportivo** | sportlich | **educato** | wohlerzogen |
| **magro** | schlank | **ubbidiente** | gehorsam |
| **i figli** | die Kinder | **andare in** | *hier* gehen in |

◄ Gr LGr S. 76 ►

Im Italienischen gibt es einige Adjektive, deren Bedeutung sich ändert je nachdem, ob sie vor oder hinter dem Substantiv stehen: So ist z. B. *una sola donna* „eine einzige Frau", *una donna sola* jedoch „eine allein stehende Frau".

45 ***Vervollständigen Sie die Sätze mit den angegebenen Adjektiven – jeweils zweimal – in der richtigen Form. Setzen Sie die Adjektive je nach Kontext vor oder hinter das Substantiv.***

1. povero: bedauenswert, arm
   a. Quel __________ ragazzo __________ ha perso i genitori in un incidente stradale.
   b. Quando ho dei vestiti che non porto più, li do ad una __________ famiglia __________.
2. caro: lieb, teuer
   a. Roberto è un __________ amico __________.
   b. Attenzione! Quella lampada è un __________ oggetto __________ e sopratutto è antico!
3. semplice: einfach, nur
   a. L'insegnante di matematica ci ha dato un __________ compito __________ oggi.
   b. Se non ti va di andare al cinema, non fa niente. Era una __________ idea __________!
4. solo: einzig, einsam
   a. Il professore mi ha fatto una __________ domanda __________, io non ho saputo rispondere e lui mi ha bocciato!
   b. Ernesto non ha amici e nemmeno parenti. È un __________ uomo __________.

5. vecchio: alt, langjährig
   a. Con queste cose ci puoi giocare. È __________ roba __________ che non mi serve più.
   b. Chi sono quelle persone? – Sono __________ amici __________ dei miei genitori.

| | | | |
|---|---|---|---|
| **ha perso (perdere)** | (er) hat verloren | **mi ha bocciato (bocciare)** | (er) hat mich durchfallen lassen |
| **l'incidente stradale** | der Verkehrsunfall | **nemmeno** | auch nicht |
| **il compito** | die Aufgabe | **il parente** | der Verwandte |
| **se non ti va** | wenn du keine Lust hast | **la roba** | das Zeug |
| **era (essere)** | es war | **servire** | brauchen |
| **ci** | *hier* damit | | |

◄ Gr LGr S. 75 ►

**Die Adjektive *bello* und *buono***

Das Adjektiv *bello* (*bella, belli, belle*) kann vor oder hinter dem Substantiv stehen. Wenn es vor dem Substantiv steht, erscheint *bello* verändert, nämlich verschmolzen mit den Formen des bestimmten Artikels.

| | | | |
|---|---|---|---|
| *Il tappeto è bello.* | aber: | *il **bel** tappeto* | (***be-*** + ***il*** *tappeto* ➛ *bel tappeto*) |
| *I tappeti sono belli.* | aber: | *i **bei** tappeti* | (***be-*** + ***i*** *tappeti* ➛ *bei tappeti*) |
| *L'orologio è bello.* | aber: | *il **bell'**orologio* | (***be-*** + ***l'****orologio* ➛ *bell'orologio*) |
| *Lo scialle è bello.* | | *il **bello** scialle* | (***be-*** + ***lo*** *scialle* ➛ *bello scialle*) |
| *Gli orologi sono belli.* | aber: | *i **begli** orologi* | (***be-*** + ***gli*** *orologi* ➛ *begli orologi*) |
| *La ragazza è bella.* | | *la **bella** ragazza* | (***be-*** + ***la*** *ragazza* ➛ *bella ragazza*) |
| *Le ragazze sono belle.* | | *le **belle** ragazze* | (***be-*** + ***le*** *ragazze* ➛ *belle ragazze*) |

Dasselbe gilt für das Adjektiv *buono (buona, buoni, buone)*. Wenn es vor dem Substantiv steht, werden seine Formen im Singular vom unbestimmten Artikel abgeleitet.

| | | | |
|---|---|---|---|
| *Il pranzo è buono.* | aber: | *un **buon** pranzo* | (***buo-*** + ***un*** *pranzo* ➛ *buon pranzo*) |
| *L'amico è buono.* | aber: | *un **buon** amico* | (***buo-*** + ***un*** *amico* ➛ *buon amico*) |
| *Lo yogurt è buono.* | | *un **buono** yogurt* | (***buo-***+ ***uno*** *yogurt* ➛ *buono yogurt*) |
| *L'arancia è buona.* | aber: | *una **buon'**arancia* | (***buo-*** + ***un'****arancia* ➛ *buon'arancia*) |
| *La ricetta è buona.* | | *una **buona** ricetta* | (***buo-*** + ***una*** *ricetta* ➛ *buona ricetta*) |

# Adjektive

**46** *Wandeln Sie die Sätze wie in den Beispielen um.*

ESEMPI

| | |
|---|---|
| Il tappeto di Teo è proprio bello. | *Teo ha proprio un bel tappeto.* |
| Gli stivali di Luigia sono proprio belli. | *Luigia ha proprio dei begli stivali.* |

1. La casa di Francesco è proprio bella. ____________
2. Il cappotto di Roberto è proprio bello. ____________
3. Gli orecchini di Sofia sono proprio belli. ____________
4. L'auto di Leonardo è proprio bella. ____________
5. I capelli di Massimo sono proprio belli. ____________
6. La pelliccia di Simona è proprio bella. ____________
7. Le gambe di Giuliana sono proprio belle. ____________
8. Gli occhi di Daniele sono proprio belli. ____________
9. L'anello di Patrizia è proprio bello. ____________
10. Il giardino di Vittorio è proprio bello. ____________

| | | | |
|---|---|---|---|
| **il cappotto** | der Mantel | **la gamba** | das Bein |
| **l'orecchino** | der Ohrring | **l'anello** | der Ring |
| **la pelliccia** | der Pelz | | |

**47** *Vervollständigen Sie die Ausdrücke mit den Formen von* buono. *Verbinden Sie sie anschließend mit der passenden deutschen Übersetzung.*

| | | | |
|---|---|---|---|
| 1. | ____________ Natale! | a. | Viel Glück! |
| 2. | ____________ compleanno! | b. | Herzlichen Glückwunsch zum Namenstag! |
| 3. | ____________ fortuna! | c. | Guten Appetit! |
| 4. | ____________ Pasqua! | d. | Frohe Ostern! |
| 5. | ____________ viaggio! | e. | Gute Nacht! |
| 6. | ____________ feste! | f. | Frohe Weihnachten! |
| 7. | ____________ onomastico! | g. | Guten Tag! |
| 8. | ____________ giorno! | h. | Gute Reise! |
| 9. | ____________ notte! | i. | Herzlichen Glückwunsch zum Geburtstag! |
| 10. | ____________ appetito! | j. | Frohes Fest! |

**48** *Ergänzen Sie die Adjektive* bello (be-) *und* buono (buo-) *mit der richtigen Endung.*

1. Che be___ fiori! Grazie!
2. Rosa è veramente una buo___ amica.
3. I quadri di Guttuso sono molto be___.

4. Il ristorante vicino a casa mia fa un tiramisù particolarmente buo___.
5. Renato è un padre premuroso e indulgente. È sicuramente un buo___ padre.
6. Ehi, guarda quello! Che be___ tipo! Lo conosci?
7. Facciamo una grigliata stasera? - Sì, questa è proprio una buo___ idea!
8. Quel negozio d'abbigliamento in centro ha tante be___ cose: dei be___ cappotti, delle be___ giacche, dei be___ impermeabili.
9. Orlando e Alessandro sono buo___ amici.
10. Barbara, le tue torte sono be___ e buo___!

| | | | |
|---|---|---|---|
| **che** | *hier* was für ein | **sicuramente** | sicherlich |
| **il quadro** | das Bild | **quello** | *hier* den da |
| **Renato Guttuso** | *Maler (1912–1987)* | **la grigliata** | das Grillfest, das Grillen |
| **vicino a** | in der Nähe von | | |
| **particolarmente** | besonders | **il negozio d'abbigliamento** | das Bekleidungsgeschäft |
| **premuroso** | behütend | | |
| **indulgente** | nachsichtig | **l'impermeabile** | der Regenmantel |

◄ Gr LGr S. 77 ►

### Steigerung des Adjektivs: Komparativ

Beim Komparativ geht es um Strukturen wie „schöner als" (= *più bello di / che*), „weniger schön als" (= *meno bello di / che*) und „so schön wie" (= *bello come / quanto*). Wichtig ist die Wiedergabe von „als". Im Italienischen gibt es dafür zwei Möglichkeiten: *di* und *che*. Die Wahl zwischen *di* und *che* ist vom nachfolgenden Wort abhängig. Beachten Sie dabei folgende Beispiele:

| | |
|---|---|
| *Rossana è più bella* ***di Letizia****.* | Rossana ist schöner als Letizia. |
| *Il cellulare è più pratico* ***del telefono*** *fisso.* | Das Handy ist praktischer als das Festnetz-Telefon. |
| *Anna è più bassa* ***di me****.* | Anna ist kleiner als ich. |
| *Questa poltrona è meno comoda* ***di quella****.* | Dieser Sessel ist bequemer als der da. |
| *Sei ancora più nervoso* ***di ieri****.* | Du bist noch nervöser als gestern. |
| *Rossana è più attraente* ***che bella****.* | Rossana ist eher attraktiv als schön. |
| *È più bello studiare* ***che lavorare****.* | Es ist schöner zu lernen als zu arbeiten. |
| *È meno bello vivere in campagna* ***che in*** *città.* | Es ist weniger schön auf dem Land als in der Stadt zu leben. |
| *È più conveniente partire* ***domani che dopodomani****.* | Es ist günstiger morgen zu fahren als übermorgen. |

**49** *Vervollständigen Sie die Sätze anhand der Angaben mit* più … di *(eventuell mit Artikel) oder mit* come *und setzen Sie das passende Adjektiv dazu.*

bruno · toscano · alto · piccolo · magro · grande · lungo · popoloso · basso · giovane · veloce · tedesco

1. Andrea: 1.70 m • Lia: 1.60 m
   Andrea è _________________________ Lia.
2. Vincenzo: 1.65 m • Gianna: 1.55 m • Teresa 1.72 m
   Vincenzo e Gianna sono _________________________ Teresa.
3. Sara: 49 kg • Rita: 68 kg
   Sara è _________________________ Rita.
4. Marina: 24 anni • Massimiliano 30 anni
   Massimiliano è _________________________ Marina.
5. Giuseppe: 52 anni • Francesco: 41 anni
   Francesco _________________________ Giuseppe.
6. Carmela: capelli scuri • Vera: capelli scuri
   Carmela è _________________________ Vera.
7. Serena e Anna: Firenze • Davide: Pisa
   Serena e Anna sono _________________________ Davide.
8. l'Arno: 250 km • il Tevere: 405 km
   Il Tevere _________________________ Arno.
9. Roma: 2.546.804 abitanti • Napoli: 1.004.500 abitanti
   Roma è _________________________ Napoli.
10. la Sicilia: 25.708 $km^2$ • la Sardegna: 24.090 $km^2$
    La Sardegna è _________________________ Sicilia.
11. Jürgen: Berlino • Hans: Francoforte • Gabi: Amburgo
    Jürgen e Hans sono _________________________ Gabi.
12. l'auto di Giulio: 160 km/h • l'auto di Aurelio: 180 km/h
    L'auto di Aurelio è _________________________ quella di Giulio.

| | | | |
|---|---|---|---|
| **bruno** | *hier* dunkelhaarig | **Arno** | *Fluss in der Toskana* |
| **alto** | *hier* groß | **Tevere** | *Fluss in Mittelitalien* |
| **magro** | schlank | **l'abitante** | der Einwohner |
| **grande** | *hier* alt | **$km^2$ = chilometro quadrato** | Quadratkilometer |
| **popoloso** | stark bevölkert | **km/h = chilometro orario** | Stundenkilometer |
| **basso** | klein | | |

**50** *Ergänzen Sie* di *(eventuell mit Artikel) oder* che.

1. Attualmente viaggiare in aereo è più conveniente ____ andare in treno.
2. Ieri ha fatto molto più caldo ____ oggi.
3. Il nuoto è sicuramente uno sport più completo ____ tennis.
4. Tuo fratello Daniele è meno disordinato ____ te.
5. Tra poco comincia a piovere. Mi sembra più sensato cenare in tinello ___ in giardino.
6. Gli uomini sono più legati alla mamma ____ donne. Sarà vero?
7. Il supermercato in piazza è più economico ____ quello lì all'angolo.
8. Amedeo è più suscettibile ____ sensibile.

| | | | |
|---|---|---|---|
| **attualmente** | zur Zeit | **sensato** | vernünftig |
| **il nuoto** | das Schwimmen | **il tinello** | das Esszimmer |
| **completo** | vielseitig | **legato** | gebunden |
| **disordinato** | unordentlich | **Sarà vero?** | Ist das wahr? |
| **tra poco** | in Kürze, bald | **suscettibile** | empfindlich |

**51** *Ergänzen Sie den Text mit der passenden Endung des Adjektivs und mit* di *oder* che.

**Due sorelle a confronto**

Marisa e Loredana sono sorelle, eppure hanno veramente poco in comune. Marisa è più alt__ ____ Loredana e anche più robust__ ____ lei. Loredana invece è più sportiv__ ____ Marisa. Loredana ama sciare, nuotare e fare jogging. Per Marisa è più interessant__ leggere un libro ____ sciare o fare jogging! E poi Marisa adora l'opera. Invece Loredana trova più eccitant__ andare in discoteca ____ a teatro. E all'università? Beh, certamente Marisa è più studios__ ____ sua sorella. Loredana però non è meno intelligent__ ____ Marisa. Anche di carattere sono diverse. Marisa appare più riflessiv__ ____ intuitiv__. Loredana è una persona sveglia ed è sicuramente più apert__ ____ Marisa. Loredana, infatti, ha tanti amici ed è sempre in movimento. Sua sorella Marisa è meno vivac__ ____ lei. Marisa preferisce andare al cinema e ci va anche da sola. Ma allora cosa hanno in comune queste due sorelle? ... Beh, sono gemelle!

| | | | |
|---|---|---|---|
| **il confronto** | die Gegenüberstellung | **adorare** | besonders lieben |
| **eppure** | dennoch | **l'opera** | *hier* die Oper |
| **comune** | gemeinsam | **eccitante** | aufregend |
| **robusto** | stämmig | **studioso** | fleißig |

# Adjektive

| | | | |
|---|---|---|---|
| **riflessivo** | besinnlich | **il movimento** | die Bewegung |
| **intuitivo** | intuitiv | **da solo** | allein |
| **sveglio** | pfiffig | **il gemello** | der Zwilling |

◄ Gr LGr S. 81–82 ►

**Steigerung des Adjektivs: Superlativ**

*Tesoro, sei bellissima!* — Schatz, du bist sehr schön!

Das ist wohl eines der schönsten Komplimente, das ein Mann machen kann. Grammatisch gesehen handelt es sich um die höchste Steigerungsform des Adjektivs: den Superlativ.

Im Italienischen unterscheidet man zwischen dem relativen Superlativ und dem absoluten Superlativ. Im Folgenden einige Beispiele:

**Relativer Superlativ**

| | |
|---|---|
| *Tesoro, sei **la più bella** di/fra tutte.* | Schatz, du bist die Schönste von allen. |
| *Lilli è **la donna più bella** della città.* | Lilli ist die schönste Frau der Stadt. |

**Absoluter Superlativ**

| | |
|---|---|
| *Tesoro, sei **bellissima**!* | Schatz, du bist sehr schön! |
| *Lilli è **molto bella**.* | Lilli ist sehr schön. |
| *Questa storia è **assai strana**.* | Diese Geschichte ist äußerst komisch. |
| *Ho comprato una borsa **piccola piccola**.* | Ich habe eine sehr, sehr kleine Tasche gekauft. |

52 *Vervollständigen Sie die Sätze mit den Angaben.*

molto interessante · più riservato · assai impegnativa · sottile sottile · più bella · più calda · stretti stretti · meno adatta · meno flessibili · puntualissime

1. Senta, vorrei due etti di prosciutto San Daniele tagliato _____________, per cortesia.
2. Conosci il romanzo “Due di due” di Andrea De Carlo? Secondo me è un libro _____________. Lo devi leggere!
3. Oggi Giovanna si è messa dei pantaloni _____________. Mamma mia, le stanno proprio male.
4. Quest’anno abbiamo avuto l’estate _____________ degli ultimi dieci anni.

5. Tra Eduardo, Mimmo, Alba e Maurizio probabilmente sono Mimmo e Alba i ____________, perché hanno due figli.
6. Secondo Francesco, Monica Bellucci è la donna ____________ del mondo!
7. Tommaso è il ____________ fra tutti i miei colleghi. Non dice mai una parola!
8. Vuoi preparare la "torta mimosa"? Attenta, però, la ricetta è ____________.
9. Ehi, ragazze, oggi siete ____________? Come mai?
10. Tuo fratello Gigi è sicuramente la persona ____________ per quel lavoro.

| | | | |
|---|---|---|---|
| **riservato** | zurückhaltend | **per cortesia** | bitte |
| **impegnativo** | stark beanspruchend | **mettersi** | *hier* anziehen |
| **adatto** | geeignet | **stare** | stehen |
| **etto** | 100 g | **ultimo** | letzte/-r/-s |
| **tagliato** | geschnitten | **Monica Bellucci** | *Schauspielerin (1969)* |
| **secondo me** | meiner Meinung nach | **la torta mimosa** | *Ananaskuchen* |
| **Andrea De Carlo** | *Schriftsteller (1952)* | **attento** | *hier* Vorsicht |
| | | **come mai** | wieso |

**53** *Bilden Sie Fragen wie im Beispiel und kreuzen Sie die richtige Antwort an. Wenn Sie die Fragen richtig beantwortet haben, ergeben die Buchstaben neben den richtigen Antworten den Namen des ersten Staatspräsidenten der italienischen Republik (1.1.–11.5.1948).*

1. regione / esteso
   *Qual è la regione più estesa d'Italia?* — La Lombardia. PA  La Sicilia. EN
2. lago / grande
   ______________________________ — Il lago Maggiore. OL  Il Lago di Garda. RI
3. fiume / lungo
   ______________________________ — Il Po. CO  Il Tevere. PI
4. città / popoloso
   ______________________________ — Roma. DE  Milano. LO
5. vulcano / attivo
   ______________________ *d'Europa?* — Il Vesuvio. TE  L'Etna. NI
6. montagna / alto
   ______________________________ — Il Gran Paradiso. BA  Il Monte Bianco. CO
7. lago / profondo
   ______________________________ — Il lago di Como. LA  Il lago di Garda. NO

Lösungswort: _ _ _ _ _ _  _ _  _ _ _ _ _ _

| | | | |
|---|---|---|---|
| **esteso** | (flächenmäßig) groß | **attivo** | aktiv |
| **popoloso** | stark bevölkert | **profondo** | tief |

**54** *Wandeln Sie die Sätze wie im Beispiel um.*

ESEMPIO

| | |
|---|---|
| Lilli è molto bella. | *Lilli è bellissima.* |

1. Io sono molto ordinato. ________________
2. Beatrice mette sempre gonne molto corte. ________________
3. Ugo ha un cellulare molto moderno. ________________
4. Mm! queste tagliatelle sono molto buone! ________________
5. Veronica, oggi sei molto elegante! ________________
6. I miei amici sono molto affidabili. ________________
7. Abbiamo un'insegnante molto preparata. ________________
8. "La dolce vita" è un film molto famoso. ________________
9. Bianca porta scarpe molto particolari. ________________
10. La mia lavatrice è molto silenziosa. ________________

| | | | |
|---|---|---|---|
| **ordinato** | ordentlich | **particolare** | außergewöhnlich |
| **il cellulare** | das Handy | **la lavatrice** | die Waschmaschine |
| **affidabile** | zuverlässig | **silenzioso** | leise |
| **preparato** | vorbereitet | | |

◄ Gr LGr S. 82–83 ►

**Steigerung des Adjektivs: unregelmäßige Formen**

Einige Adjektive haben im Komparativ und im Superlativ neben regelmäßigen auch unregelmäßige Formen. Zum Beispiel:

- *La tua idea è **più buona** della mia.* — Deine Idee ist besser als meine.
  *La tua idea è **migliore** della mia.*
- *Fabio e Remo sono **i** miei fratelli **più grandi**.* — Fabio und Remo sind meine ältesten Brüder.
  *Fabio e Remo sono **i** miei fratelli **maggiori**.*

In der folgenden Übersicht sind die häufigsten unregelmäßigen Fälle aufgelistet. Achtung: Es ist jeweils nur die männliche Form Singular angegeben.

## Adjektive

| | Komparativ | relativer Superlativ | absoluter Superlativ |
|---|---|---|---|
| ***buono*** (gut) | *migliore* | *il migliore* | *ottimo* |
| ***cattivo*** (schlecht) | *peggiore* | *il peggiore* | *pessimo* |
| ***grande*** (groß) | *maggiore* | *il maggiore* | *massimo* |
| ***piccolo*** (klein) | *minore* | *il minore* | *minimo* |

**55** ***Vervollständigen Sie die Sätze mit den unregelmäßigen Komparativen der Adjektive in Klammern.***

1. Speriamo di avere un futuro (buono) ____________.
2. Io non ho fratelli (piccolo) ______________.
3. Devo assolutamente ritornare in banca perché ho bisogno di una somma di denaro (grande) _____________.
4. L'insegnante del mio amico non ha un buon metodo d'insegnamento, ma la mia insegnante ha un metodo ancora (cattivo) ______________.
5. Ecco, queste sono le mie sorelle (grande) ______________.
6. Gli studenti della vostra scuola sono (buono) _____________ di quelli della nostra scuola.
7. Anche quest'anno ci sono state alluvioni, ma i danni sono stati (piccolo) ______________ dell'anno scorso.
8. Questa stoffa è di qualità (cattivo) ______________ dell'altra.

| | | | |
|---|---|---|---|
| **sperare** | hoffen | **il denaro** | das Geld |
| **il futuro** | die Zukunft | **il metodo di insegnamento** | die Lehrmethode |
| **assolutamente** | unbedingt | **l'alluvione** | die Überschwemmung |
| **ritornare** | zurückgehen | **il danno** | der Schaden |
| **avere bisogno** | brauchen | | |
| **la somma** | der Betrag | | |

**56** ***Vervollständigen Sie die Sätze mit den in Klammern stehenden unregelmäßigen Superlativen der Adjektive. Treffen Sie die Entscheidung, ob es sich um einen relativen oder um einen absoluten Superlativ handelt.***

1. "I promessi sposi" sono l'opera (grande) ______________ di Alessandro Manzoni.
2. Per questo esame lo sforzo è stato (piccolo) ______________.
3. Una cena (buono) _____________! Complimenti!
4. L'incidente d'auto è stata una delle esperienze (cattivo) ______________ della mia vita.

5. Quest'estate abbiamo avuto una temperatura (grande) ______________ di 37 gradi.
6. No, guarda, lasciami in pace! Oggi sono di (cattivo) ______________ umore.
7. In quel ristorante fanno il (buono) ______________ ragù della zona!
8. Giorgio è il (piccolo) ______________ dei miei fratelli.

| | | | |
|---|---|---|---|
| **I promessi sposi** | Die Verlobten | **l'esperienza** | die Erfahrung |
| **l'opera** | *hier* das Werk | **Lasciami in pace!** | Lass mich in Ruhe! |
| **Alessandro Manzoni** | *Schriftsteller (1785–1873)* | **l'umore** | die Laune |
| **lo sforzo** | die Mühe, die Anstrengung | **il ragù** | Fleischsoße mit Tomaten |
| **l'incidente d'auto** | der Autounfall | | |

# Adverbien

◄ Gr LGr S. 369 ff. ►

**Adverbien: Bildung und eigene Formen**

Adverbien dienen zur näheren Bestimmung eines Verbs, eines anderen Adverbs, eines Adjektivs oder eines ganzen Satzes:

| | | |
|---|---|---|
| Verb + Adverb: | *Marta cammina **velocemente**.* | Marta läuft schnell. |
| Adverb + Adverb: | *Marta cammina **così** velocemente!* | Marta läuft so schnell! |
| Adverb + Adjektiv: | *Sei **veramente** simpatico.* | Du bist echt sympathisch. |
| Adverb + Satz: | ***Sicuramente** supero l'esame.* | Sicherlich bestehe ich die Prüfung. |

Adverbien sind grundsätzlich unveränderlich. Einige Adverbien werden von Adjektiven abgeleitet, andere haben eine eigene Form. Hier ein paar Beispiele:

| **Ableitung von Adjektiven** | | **eigene Formen** |
|---|---|---|
| ver*o* ➤ ver*a* ➤ ver*a***mente** | (-o ➤ -a + -mente) | ieri, oggi, domani<br>subito, spesso |
| veloc*e* ➤ veloc*e***mente** | (-e ➤ -e + -mente) | davanti, dietro, sotto<br>sopra, qui, là |
| fina*le* ➤ fina*l***mente** | (-le ➤ -l + -mente) | molto, poco, troppo<br>abbastanza |
| regola*re* ➤ regola*r***mente** | (-re ➤ -r + -mente) | forse, quasi, nemmeno |
| **Beachten Sie:** | | |
| legger*o* ➤ legger*r***mente** | buono ➤ **bene** | |
| violent*o* ➤ violent*e***mente** | cattivo ➤ **male** | |

| | | | |
|---|---|---|---|
| **vero** | wahr, echt | **sotto** | unten |
| **veramente** | wirklich | **sopra** | oben |
| **veloce** | schnell | **qui** | hier |
| **violento** | gewalttätig, heftig | **là** | dort |
| **domani** | morgen | **abbastanza** | ziemlich |
| **subito** | sofort | **forse** | vielleicht |
| **spesso** | oft | **quasi** | fast |
| **davanti** | vorn | **nemmeno** | nicht einmal |
| **dietro** | hinten | | |

# Adverbien

57 ***Hier sind einige Adverbien durcheinander geraten. Bringen Sie die Wörter wieder in Ordnung und verbinden Sie sie dann mit der deutschen Entsprechung.***

| | | |
|---|---|---|
| 1. ri · tie · len · vo | *volentieri* | übermorgen |
| 2. vi · im · sa · prov · te · men | ________ | in der Nähe |
| 3. s · d · e · a · s · o | ________ | jetzt |
| 4. men · sa · in · ten · te | ________ | unbedingt |
| 5. do · do · po · ni · ma | ________ | gerne |
| 6. a · l · n · n · o · o · t | ________ | weit |
| 7. tu · at · te · al · men | ________ | plötzlich |
| 8. a · d · r · t · i | ________ | spät |
| 9. n · v · i · i · o · c | ________ | intensiv |
| 10. so · as · men · lu · ta · te | ________ | derzeit |

58 ***Bilden Sie aus dem jeweiligen Adjektiv das entsprechende Adverb.***

ESEMPIO

veloce ➝ *velocemente*

| | **Adjektiv** | | **Adverb** |
|---|---|---|---|
| 1. | urgente | ➝ | ________ |
| 2 | antico | ➝ | ________ |
| 3. | profondo | ➝ | ________ |
| 4. | debole | ➝ | ________ |
| 5. | particolare | ➝ | ________ |
| 6. | attento | ➝ | ________ |
| 7. | felice | ➝ | ________ |
| 8. | raro | ➝ | ________ |
| 9. | finale | ➝ | ________ |
| 10. | prudente | ➝ | ________ |

| | | | |
|---|---|---|---|
| **urgente** | dringend | **attento** | aufmerksam |
| **antico** | alt, antik | **felice** | glücklich |
| **profondo** | tief | **raro** | selten |
| **debole** | schwach | **finale** | letzte/-r/-s |
| **particolare** | besondere/-r/-s | **prudente** | vorsichtig |

# Adverbien

**59** ***Vervollständigen Sie die Sätze, indem Sie die Adverbien in den Klammern übersetzen.***

1. (Heute) _____________ non sono andato in ufficio, ma (morgen) _____________ ci vado.
2. Riccardo, puoi venire (hier) _____________, per piacere? Ho bisogno di aiuto.
3. Vado (selten) _____________ al cinema, preferisco prendere in affitto un DVD.
4. Frequentiamo un corso d'inglese e ci andiamo (regelmäßig) _____________.
5. (Vielleicht) _____________ l'anno prossimo vado a fare un master a Bruxelles.
6. Le lasagne che fa mia moglie sono (wirklich) _____________ buone, ma le lasagne di mia madre sono migliori!
7. Ragazzi, dovete partecipare (aktiv) _____________ alla lezione, (sonst) _____________ vi annoiate!
8. Sono un po' preoccupato perché mio figlio Mariano mangia (wenig) _____________.
9. (Endlich) _____________ siete arrivati!
10. C'è una farmacia (hier in der Nähe) ___________? – Sì, guardi, è (dort) _________.

| | | | |
|---|---|---|---|
| **l'ufficio** | das Büro | **che** | *hier* die |
| **andarci** | hingehen | **partecipare** | teilnehmen |
| **avere bisogno** | brauchen | **annoiarsi** | sich langweilen |
| **l'aiuto** | die Hilfe | **preoccupato** | besorgt |
| **prendere in affitto** | ausleihen, mieten | **guardi (guardare)** | schauen Sie |

**Adjektiv oder Adverb?**

Im Deutschen haben Adjektiv und Adverb in einigen Fällen die gleiche Form:
**Adjektiv**: Marta ist **schnell**.
**Adverb**: Marta läuft **schnell**.

Im Italienischen dagegen haben Adjektiv und Adverb in der Regel nicht die gleiche Form:
**Adjektiv**: *Marta è* ***veloce***.
**Adverb**: *Marta cammina* ***velocemente***.

Für deutschsprachige Lerner kann es daher schwierig sein, das Adverb vom Adjektiv zu unterscheiden. Folgende Gegenüberstellung ist dabei hilfsreich:

- **Adjektive** beziehen sich auf Substantive (oder Personen).

| | |
|---|---|
| *La pizza è **buona**.* | Die Pizza ist gut. |
| *Lorenzo è **felice**.* | Lorenzo ist glücklich. |

- **Adverbien** beziehen sich nicht auf Substantive (oder Personen), sondern auf Verben, andere Adverbien, Adjektive oder ganze Sätze.

| | |
|---|---|
| *In questo ristorante si mangia **bene**.* | In diesem Restaurant isst man gut. |
| *In questo ristorante si mangia **proprio** bene.* | In diesem Restaurant isst man echt gut. |
| *Lorenzo è **veramente** felice.* | Lorenzo ist wirklich glücklich. |
| ***Probabilmente** l'anno prossimo ci sposiamo.* | Wahrscheinlich heiraten wir nächstes Jahr. |

**60** ***Passt ein Adjektiv oder ein Adverb? Kreuzen Sie die richtige Form an.***

| | |
|---|---|
| 1. La nonna di Luciana è ______________ ammalata. | ☐ grave<br>☐ gravemente |
| 2. Stamattina sull'autostrada c'è stato un ______________ scontro tra un camion e un furgoncino. | ☐ violento<br>☐ violentemente |
| 3. Eugenio, che brutta faccia! Stai ______________? | ☐ cattivo<br>☐ male |
| 4. Aspetto ______________ una conferma dalla banca. | ☐ paziente<br>☐ pazientemente |
| 5. I miei genitori sono ______________ sposati da 40 anni! | ☐ felici<br>☐ felicemente |
| 6. Per il pranzo di domani voglio preparare delle pietanze ______________ della nostra cucina locale. | ☐ tipiche<br>☐ tipicamente |
| 7. Ho ereditato una scrivania ______________ del 1800. | ☐ autentica<br>☐ autenticamente |
| 8. Ieri ho incontrato un vecchio compagno di scuola, ma lui mi ha trattato ______________. Non capisco perché! | ☐ freddo<br>☐ freddamente |
| 9. I bambini sono ______________ di rivedere i genitori. | ☐ impazienti<br>☐ impazientemente |

10. Linda, c'è qualcosa che non va? – Eh, insomma, sono ____________ influenzata.

☐ leggera
☐ leggermente

| | | | |
|---|---|---|---|
| **ammalato** | krank | **ereditare** | erben |
| **grave** | ernst | **la scrivania** | der Schreibtisch |
| **l'autostrada** | die Autobahn | **il compagno di scuola** | der Schulkamerad |
| **lo scontro** | der Zusammenstoß | **trattare** | behandeln |
| **il camion** | der Lastwagen | **rivedere** | wieder sehen |
| **il furgoncino** | der Lieferwagen | **impaziente** | ungeduldig |
| **la faccia** | das Gesicht | **C'è qualcosa che non va?** | Stimmt was nicht? |
| **la conferma** | die Bestätigung | **insomma** | *hier* na ja |
| **paziente** | geduldig | **influenzato** | erkältet |
| **la pietanza** | das Gericht | | |
| **locale** | lokal, Orts- | | |

**61** *Adjektiv oder Adverb? Vervollständigen Sie die Sätze. Benutzen Sie dabei die rechts stehenden Adjektive in der richtigen Form oder leiten Sie die entsprechenden Adverbien von den Adjektiven ab.*

1. Oh, queste rose sono ____________ belle. — vero
2. Per piacere, può parlare ____________? Sono straniero. — lento
3. Adesso arriva una curva ____________, perciò cerca di andare piano. — pericoloso
4. Alberto e Dino vincono ogni settimana al totocalcio. Sono ____________. — fortunato
5. Mio figlio è bilingue, parla ____________ l'italiano e il tedesco. — perfetto
6. Devo tornare ____________ a casa. — urgente
7. Ci hanno regalato un vaso davvero ____________. — particolare
8. ____________ mi alzo alle sei ed esco di casa prima delle sette. — generale
9. Gli inquilini del piano di sopra sono ____________, soprattutto di notte! — rumoroso
10. Corrado è un tipo ____________. Non si arrabbia mai. — tranquillo
11. Ti piace la frutta? – Sì, mi piace ____________ la frutta estiva. — speciale
12. Mi sa dire ____________ dov'è il prossimo distributore di benzina? — cortese

| | | | |
|---|---|---|---|
| **cercare** | versuchen | **il piano** | *hier* das Stockwerk |
| **vincere** | *hier* gewinnen | **rumoroso** | laut |
| **bilingue** | zweisprachig | **arrabbiarsi** | sich ärgern |
| **urgente** | dringend | **estivo** | Sommer-, sommerlich |
| **davvero** | wirklich | | |
| **prima** | vor | **il distributore di benzina** | die Tankstelle |
| **l'inquilino** | der Hausbewohner | | |

62 **Buono *oder* bene? *Vervollständigen Sie die Sätze mit dem Adjektiv* buono *in der richtigen Form oder mit dem entsprechenden Adverb* bene.**

1. Emilio non può giocare con noi a calcio perché non si sente __________.
2. Va __________, allora ti aspetto come sempre per le cinque.
3. Allora, com'è lo spezzatino? – Veramente __________!
4. Catia, questo vestito ti sta proprio __________.
5. Signori, tutto __________? – Sì, grazie.
6. Assunta è una __________ madre.
7. Tesoro, mi vuoi __________? – Ma certo, lo sai che ti amo!
8. Stasera vengono a cena Ennio e Oscar, due __________ amici di mio marito.

| | | | |
|---|---|---|---|
| **il calcio** | der Fußball | **per** | *hier* um ... herum |
| **sentirsi** | sich fühlen | **lo spezzatino** | das Gulasch |
| **aspettare** | warten | **il marito** | der Ehemann |

◄ Gr LGr S. 69 und 372 ►

### *Molto, tanto, troppo, poco* und *parecchio*: Adjektive und Adverbien

Sie haben gelernt, dass Adjektive und Adverbien im Italienischen im Gegensatz zum Deutschen unterschiedliche Formen haben.
Keine Regel ohne Ausnahme: Einige Adverbien haben nämlich dieselbe Form wie die Adjektive, z. B. ***molto*** (sehr, viel), ***tanto*** (so sehr, so viel), ***troppo*** (zu viel), ***poco*** (wenig) und ***parecchio*** (ziemlich viel). Hier einige Beispiele:

# Adverbien

| Adjektive | Adverbien |
|---|---|
| *Ho **molta** fortuna.*<br>Ich habe viel Glück. | *Lia è **molto** bella.*<br>Lia ist sehr schön. |
| *Ho **tanto** tempo.*<br>Ich habe so viel Zeit. | *Lia studia **tanto.***<br>Lia lernt so viel. |
| *Ho **troppi** vestiti.*<br>Ich habe zu viele Kleider. | *Lia studia **troppo**.*<br>Lia lernt zu viel. |
| *Ho **poche** scarpe.*<br>Ich habe wenige Schuhe. | *Lia si diverte **poco**.*<br>Lia amüsiert sich wenig. |
| *Ho **parecchie** borse.*<br>Ich habe ziemlich viele Taschen. | *Lia mangia **parecchio**.*<br>Lia isst ziemlich viel. |

**Achtung:** Die Adjektive werden an die Substantive angepasst, deshalb erhalten sie unterschiedliche Endungen (*-o, -a, -i, -e*). Die Adverbien dagegen enden immer auf *-o*!

63 *Ergänzen Sie den Text mit den richtigen Endungen der Adjektive oder der Adverbien.*

**Roma, la città eterna**

Roma è una città molt___ famosa, è forse la città più famosa del mondo. Ogni anno molt___ turisti la affollano per ammirare le sue bellezze. A Roma ci sono infatti tant___ cose da vedere. Chi ha poc___ giorni a disposizione, ha sicuramente l'imbarazzo della scelta.
Ti affascina molt___ il periodo romano? Beh, allora a Roma trovi per esempio tant___ acquedotti, l'anfiteatro Flavio noto come Colosseo, molt___ ponti e le terme.
Se invece ti piace tant___ l'età rinascimentale, allora puoi ammirare parecchi___ chiese e molt___ palazzi come i Palazzi Capitolini, i Palazzi Vaticani, Palazzo Farnese. Chi ama particolarmente la cultura, può anche visitare tant___ musei e molt___ gallerie.
L'arte e la cultura ti interessano poc___? Allora puoi fare shopping, e chiaramente devi andare a Via Condotti, ma fai attenzione a non spendere tropp___!
Naturalmente è bello girare la città a piedi, così si possono conoscere molt___ strade e si possono attraversare tant___ piazze. Ovviamente si cammina parecchi___, perché la città è molt ___ grande.
Se poi sei tropp___ stanco e hai tant___ sete perché fa molt___ caldo, ti puoi sedere in un bar a bere un buon cappuccino o una bibita fresca. Così puoi anche osservare la vitalità della città: tant___ gente indaffarata, molt___ turisti in giro, parecchi___ auto e soprattutto tropp___ motorini!
Allora, vuoi fare una vacanza speciale? ... Quo vadis?

| | | | |
|---|---|---|---|
| **eterno** | ewig | **l'età** | *hier* die Zeit |
| **il mondo** | die Welt | **rinascimentale** | Renaissance |
| **affollare** | *hier* überschwemmen | **fare attenzione** | acht geben |
| **ammirare** | bewundern | **spendere** | ausgeben |
| **la bellezza** | *hier* die Sehenswürdigkeit | **si** | *hier* man |
| | | **attraversare** | überqueren |
| **infatti** | in der Tat | **ovviamente** | selbstverständlich |
| **la disposizione** | die Verfügung | **camminare** | laufen |
| **l'imbarazzo della scelta** | die Qual der Wahl | **osservare** | beobachten |
| | | **la vitalità** | die Lebenskraft |
| **affascinare** | faszinieren | **indaffarato** | beschäftigt |
| **il periodo** | die Zeit | **in giro** | unterwegs |
| **l'acquedotto** | der Aquädukt | **soprattutto** | vor allem |
| **l'anfiteatro** | das Amphitheater | **il motorino** | das Moped |
| **noto** | bekannt | **Quo vadis? *(Latein)*** | Wo gehst du hin? |
| **le terme (pl)** | die Therme | | |

◄ Gr LGr S. 367 ff. ►

**Steigerung des Adverbs: Komparativ und Superlativ**

Da die Steigerung der Adjektive bereits bekannt ist, sollte dieses Thema keine großen Schwierigkeiten bereiten. Für die Bildung des Komparativs und des Superlativs der Adverbien gelten nämlich dieselben Regeln wie für die Steigerung der Adjektive (➛ S. 43, 46).

Hier einige Beispiele:

**Komparativ**

| | |
|---|---|
| *Arrivo **più tardi**.* | Ich komme später. |
| *Incontro Vincenzo **meno spesso di** suo fratello.* | Ich treffe Vincenzo weniger häufig als seinen Bruder. |
| *Vado **più spesso** in discoteca **che** al cinema.* | Ich gehe öfter in die Disco als ins Kino. |
| *Lucia studia **molto come** / **quanto** Valentina.* | Lucia lernt so viel wie Valentina. |

**Superlativ**

| | |
|---|---|
| *Ida studia* ***più diligentemente di*** *tutti.* | Ida lernt von allen am fleißigsten. |
| *Cammino* ***pianissimo*** */* ***molto piano*** */* ***assai piano****.* | Ich laufe sehr langsam. |
| *Cammino* ***velocissimamente*** */* ***molto velocemente.*** | Ich laufe sehr schnell. |

**64** *Bilden Sie den Komparativ mit* più (+) / meno (–) ... di/che *oder mit* come (=) *und mit der italienischen Entsprechung der rechts stehenden deutschen Adverbien.*

**ESEMPIO**

| | |
|---|---|
| Esco *più spesso di* te. | + oft |
| 1. Mia madre cucina ______________________ mio padre. | – gern |
| 2. L'anno scorso l'inverno è arrivato ______________________ quest'anno. | + spät |
| 3. A letto guardo la TV ______________________ in poltrona. | + bequem |
| 4. Michele naviga su Internet ______________________ i suoi amici. | = selten |
| 5. Alberto, bravo! ti sei comportato ______________________ Nando! | + klug |
| 6. Adesso faccio sport ______________________ prima. Non ho tempo! | – oft |
| 7. Olga e Salvatore parlano il francese ______________________ l'inglese. | = fließend |
| 8. Stanotte abbiamo dormito ______________________ ieri. | + tief |

| | | | |
|---|---|---|---|
| **l'inverno** | der Winter | **la poltrona** | der Sessel |
| **arrivare** | kommen | **navigare** | *hier* surfen |
| **il letto** | das Bett | **comportarsi** | sich benehmen |

65 ***Vervollständigen Sie die Sätze mit den Superlativen.***

lontanissimo · lentissimamente · molto tardi · prestissimo · più velocemente · vicinissimo · molto gentilmente · più raramente · spessissimo · meno accuratamente

1. Mio padre torna a casa, la sera, ________________ e quindi non possiamo cenare tutti insieme.
2. Alessandra è una studentessa molto in gamba. Risponde alle domande ________________ di tutti.
3. Abito ________________ al mio nuovo posto di lavoro. Ci vogliono cinque minuti d'auto.
4. Sono solo le 5.00. È ________________ ! Possiamo dormire ancora un po'.
5. Ieri sono arrivato all'ufficio postale un attimo prima della chiusura, ma per fortuna l'impiegata ________________ mi ha fatto entrare lo stesso.
6. Orlando ha una salute di ferro. Sta a letto con la febbre ________________ di tutti.
7. Andiamo a piedi? – No, dai, il cinema si trova ________________ da qui. Prendiamo la macchina!
8. Il nostro insegnante di filosofia ci fa addormentare durante la lezione perché parla ________________.
9. In ufficio abbiamo un collega un po' superficiale. Lavora ________________ di tutti.
10. Mi piace molto la pittura, infatti vado ________________ a vedere delle mostre.

| | | | |
|---|---|---|---|
| **accuratamente** | sorgfältig | **fare entrare** | herein lassen |
| **in gamba** | tüchtig | **lo stesso** | trotzdem |
| **il posto di lavoro** | die Arbeitsstelle | **avere una salute di ferro** | kerngesund sein |
| **ci vogliono** | man braucht | | |
| **l'ufficio postale** | das Postamt | **la febbre** | das Fieber |
| **l'attimo** | der Augenblick | **addormentare** | einschlafen |
| **la chiusura** | die Schließung | **superficiale** | oberflächig |
| **per fortuna** | zum Glück | **la pittura** | die Malerei |
| **l'impiegato** | der Angestellte | **la mostra** | die Ausstellung |

# Adverbien

◄ Gr LGr S. 381 ►

### Steigerung des Adverbs: unregelmäßige Formen

Wie einige Adjektive (➛ S. 48) haben auch einige Adverbien unregelmäßige Formen des Komparativs und des Superlativs. Hier die häufigsten:

| | **Komparativ** | **Superlativ** |
|---|---|---|
| **bene** (gut) | meglio | ottimamente / benissimo / molto bene |
| **male** (schlecht) | peggio | pessimamente / malissimo / molto male |
| **molto** (sehr) | (di) più | moltissimo |
| **poco** (wenig) | (di) meno | pochissimo |

66 ***Vervollständigen Sie den Dialog entweder mit dem Komparativ (+) oder mit dem Superlativ (+ +) der rechts stehenden Adverbien. Achtung: Es handelt sich um unregelmäßige, aber auch um regelmäßige Adverbien.***

| | |
|---|---|
| ► Io lavoro ___________ in estate, con il caldo, che in inverno, con il freddo. | + bene |
| ■ Veramente io lavoro ___________ soprattutto in inverno. | + + bene |
| ● A me, invece, non interessa com'è il tempo. Io lavoro ___________ con la musica in sottofondo. | + volentieri |
| ■ No, no, macché! io rendo ___________ se c'è silenzio assoluto! | + molto |
| ► Sì, anche io mi concentro ___________ con la musica in sottofondo. | + + poco |
| ■ Mia sorella, che studia ancora, si concentra ___________ di notte. | + + molto |
| ► Anche mio fratello va ancora a scuola, lui studia ___________ con un compagno. | + + spesso |
| ● Sì, anche a mia cugina piace studiare in due, secondo lei ci si distrae ___________. | + poco |
| ■ Non sono per niente d'accordo, in due si perde tempo e si impara ___________. | + + lentamente |
| ► Vabbè, ... andiamo al mare, che è ___________! | + bene |

| | | | |
|---|---|---|---|
| **il sottofondo** | der Hintergrund | **ci si distrae (distrarsi)** | man ist abgelenkt |
| **macché!** | ach was! | **vabbè** | ja gut |
| **rendere** | *hier* leisten | **che** | *hier bleibt es unübersetzt* |
| **il silenzio** | die Stille | | |

67 ***Vervollständigen Sie die Sätze mit dem Komparativ der passenden Adverbien wie in den Beispielen. Achtung: Es handelt sich um unregelmäßige und regelmäßige Adverbien.***

ESEMPI

L'anno scorso a Vilma gli affari andavano male, ma adesso le vanno *meglio*.
Vivi sempre lontano dai tuoi genitori? – Purtroppo, ora, vivo ancora *più lontano*.

1. Fulvio, esci troppo raramente, dovresti uscire ______________.
2. L'anno scorso guadagnavo poco, adesso invece mi hanno dato un aumento e quindi guadagno ______________.
3. Vanno bene le scarpe? – Sì, queste qui vanno ______________.
4. I figli dei vicini si comportano sempre male, ma oggi si sono comportati ______________ del solito!
5. Mamma mia! ho mangiato troppo. Domani devo mangiare ______________.
6. Senti, ma perché cammini così lentamente? Io ho fretta, potresti camminare ______________?
7. Signora Rocchetta, si sente ancora male? – No, ora mi sento molto ______________.
8. Abitate ancora così lontano dal centro? – No, ora abitiamo ______________.
9. Allora, vengo verso le sette. – No, è troppo presto. Puoi venire ______________?
10. Prima mio padre fumava molto. Adesso, per fortuna, fuma ______________.

| | | | |
|---|---|---|---|
| **l'affare** | das Geschäft | **comportarsi** | sich benehmen |
| **raramente** | selten | **solito** | gewöhnlich |
| **guadagnare** | verdienen | **avere fretta** | es eilig haben |

# Adverbien

In der nächsten Aufgabe werden Sie noch einmal den Unterschied zwischen Adjektiv und Adverb üben (S. ➛ 53). Nun werden jedoch die gesteigerten Formen der Adjektiven *buono / cattivo* ➛ ***migliore*** / ***peggiore*** und der Adverbien *bene / male* ➛ ***meglio*** / ***peggio*** geübt.

**68** Migliore/-i *oder* meglio? Peggiore/-i *oder* peggio? ***Fügen Sie die richtige Form ein.***

migliore/-i – meglio

1. Vorrei avere una vita ____________.
2. Si è fatto buio, è ____________ tornare a casa.
3. Stanotte con le finestre aperte abbiamo dormito ____________.
4. Gli alunni ____________ hanno avuto un premio.
5. Bravo, hai agito nel modo ____________.

peggiore/-i – peggio

6. Oreste ha preso la decisione ____________.
7. Ma come è possibile!? Dopo l'intervento Gabriella sta ____________.
8. Il 2004 e il 2005 sono stati gli anni ____________ per lui.
9. La nuova lavastoviglie funziona ____________ della vecchia.
10. Con l'orecchio sinistro sento ____________ che con il destro.

| | | | |
|---|---|---|---|
| **farsi buio** | dunkel werden | **la decisione** | die Entscheidung |
| **aperto** | offen | **l'intervento** | der Eingriff, die Operation |
| **l'alunno** | der Schüler | **la lavastoviglie** | die Spülmaschine |
| **il premio** | der Preis | **l'orecchio** | das Ohr |
| **agire** | handeln | | |
| **ha preso (prendere)** | *hier* (er) hat getroffen | | |

◄ Gr LGr S. 87 ff. ►

### Possessiva: Formen

Possessiva sind besitzanzeigende Wörter:
*mio, tuo, suo, nostro, vostro, loro* mein, dein, sein/ihr, unser, euer, ihr
Possessiva haben männliche und weibliche Formen im Singular und männliche und weibliche Formen im Plural, denn sie richten sich in Geschlecht und Zahl nach ihrem Bezugswort:

| | | | |
|---|---|---|---|
| *il **mio** gatto* | mein Kater | *la **tua** città* | deine Stadt |
| *i **suoi** amici* | seine/ihre Freunde | *la **Sua** borsa* | Ihre Tasche |
| *i **nostri** parenti* | unsere Verwandte | *le **vostre/Vostre** case* | eure/Ihre Häuser |
| *il **loro** cane* | ihr Hund | *le **loro** famiglie* | ihre Familien |

Mit Hilfe der Beispiele lassen sich folgende Regeln ableiten:
- Die besitzanzeigenden Wörter enden wie die Adjektive auf *-o*, *-a*, *-i* und *-e*.
- Nur das Possessivum *loro* ist unveränderlich, behält also immer seine Form.
- Im Unterschied zum Deutschen werden die besitzanzeigenden Wörter in der Regel vom bestimmten Artikel begleitet.
- Das Possessivum *suo* kann im Deutschen sowohl „sein" als auch „ihr" bedeuten.
- *Suo* (großgeschrieben) wird für die Höflichkeitsform im Singular verwendet. Will man mehrere Personen formell ansprechen, so benutzt man *Vostro* (ebenfalls großgeschrieben).

**69** ***Vervollständigen Sie die Tabelle.***

| männlich | | | | weiblich | | | |
|---|---|---|---|---|---|---|---|
| Singular | | Plural | | Singular | | Plural | |
| ______ | cappello | i miei | cappelli | la mia | cintura | ______ | cinture |
| il tuo | orologio | ______ | orologi | ______ | borsa | le tue | borse |
| ______ | bicchiere | i suoi | bicchieri | ______ | tazza | ______ | tazze |
| ______ | amico | ______ | amici | ______ | amica | le nostre | amiche |
| il vostro | giornale | ______ | giornali | ______ | rivista | ______ | riviste |
| ______ | cuscino | ______ | cuscini | la loro | coperta | ______ | coperte |

| | | | |
|---|---|---|---|
| **il cappello** | der Hut | **la cintura** | der Gürtel |
| **l'orologio** | die Uhr | **la borsa** | die Tasche |
| **il bicchiere** | das Glas | **la tazza** | die Tasse |

| | | | |
|---|---|---|---|
| **il giornale** | die Zeitung | **la rivista** | die Zeitschrift |
| **il cuscino** | das Kissen | **la coperta** | die Decke |

**70** *Kreuzen Sie die passende Form an.*

| | | |
|---|---|---|
| 1. Come si chiama ______ insegnante d'inglese? – Mary. | ☐ il tuo | ☐ la tua |
| 2. ______ vicini hanno deciso di cambiare casa. | ☐ Il nostro | ☐ I nostri |
| 3. Vivo con ______ famiglia a Treviso. | ☐ la mia | ☐ la sua |
| 4. Ti piace ______ lavoro? – Sì, abbastanza. | ☐ il nostro | ☐ il tuo |
| 5. ______ auto è molto veloce e confortevole. | ☐ La vostra | ☐ Il vostro |
| 6. Ieri sono andato a trovare Arturo e Clelia. ______ nuova casa è bellissima. | ☐ La loro | ☐ La sua |
| 7. Emanuela è simpatica, ma ______ amiche sono invadenti. | ☐ le loro | ☐ le sue |
| 8. Diego, Margherita, allora! com'è ______ direttore? | ☐ il tuo | ☐ il vostro |
| 9. Ecco, guarda, qui tengo tutti ______ libri dell'università. | ☐ i miei | ☐ le mie |
| 10. Flora e Manlio sono molto saggi, io seguo sempre ______ consigli. | ☐ i loro | ☐ i suoi |

| | | | |
|---|---|---|---|
| **hanno deciso (decidere)** | (sie) haben entschieden | **il direttore** | der Chef |
| **confortevole** | bequem | **tenere** | halten, haben |
| **invadente** | aufdringlich | **saggio** | weise |
| | | **il consiglio** | der Ratschlag |

**71** *Übersetzen Sie die in Klammern angegebenen Satzteile ins Italienische.*

1. Una volta al mese mi incontro con (meine Arbeitskollegen) ________________ in un locale vicino all'ufficio.
2. Sì, d'accordo, dottor Carrara, accetto (Ihren Vorschlag) ________________.
3. A volte i politici mi danno ai nervi, (ihre Reden) ________________ sono incomprensibili.
4. Finalmente Liliana mi ha risposto. Ho ricevuto (ihr E-Mail) ________________ proprio ieri sera.
5. (Dein Engagement) ________________ per i problemi sociali è lodevole.

6. Leonardo da Vinci era un noto artista e scienziato. (Seine Interessen) ________________ erano estremamente vasti.
7. Bambini, avete messo a posto (eure Spielzeuge) ________________?
8. Prego, signori, (Ihr Tisch) ________________ è qui.
9. Conosci i signori Ferrara? (Ihr Villa) ________________ è quella a due piani con i tetti rossi e le persiane bianche.
10. Vittoria, (deine Partys) ________________ hanno sempre molto successo!

| | | | |
|---|---|---|---|
| **il collega (di lavoro)** | Arbeitskollege | **lodevole** | lobenswert |
| **la proposta** | der Vorschlag | **Leonardo da Vinci** | *Künstler und Wissenschaftler (1452–1519)* |
| **dare ai nervi** | auf die Nerven gehen | **noto** | berühmt |
| | | **lo scienziato** | der Wissenschaftler |
| **il discorso** | die Rede | **l'interesse** | das Interesse |
| **incomprensibile** | unverständlich | **estremamente** | äußerst |
| **ha risposto (rispondere)** | (sie) hat geantwortet | **vasto** | umfangreich |
| | | **mettere a posto** | zurückstellen |
| **ricevere** | bekommen | **il tetto** | das Dach |
| **l'impegno** | das Engagement | **la persiana** | der Fensterladen |

◄ Gr LGr S. 89 ff. ►

### Possessiva: Gebrauch

Wie bereits erwähnt, werden die Possessiva im Gegensatz zum Deutschen vom bestimmten Artikel begleitet: ***la mia** casa* (mein Haus).
Die wichtigste Ausnahme: In Verbindung mit Verwandtschaftsbezeichnungen im Singular wird der Artikel weggelassen (außer bei *loro*).

• Verwandtschaftsbezeichnungen im Singular ➛ kein Artikel, außer bei *loro*

| | |
|---|---|
| ***mio** fratello, **tua** madre, **sua** sorella* | mein Bruder, deine Mutter, seine/ihre Schwester |
| ***nostro** zio, **vostra** figlia* | unser Onkel, eure Tochter |
| aber: ***il loro** nonno* | ihr Großvater |

• Verwandtschaftsbezeichnungen im Plural ➛ mit Artikel

| | |
|---|---|
| ***i miei** fratelli, **le tue** sorelle* | meine Brüder, deine Schwestern |
| ***i vostri** zii, **i loro** nonni* | euer Onkel und eure Tante, ihre Großeltern |

# Possessiva

**Achtung:** Der Artikel wird außerdem in den folgenden Fällen verwendet:

| | |
|---|---|
| ***la mia*** *mamma* | meine Mutti |
| ***la vostra*** *sorella maggiore* | eure ältere/älteste Schwester |
| ***la mia*** *sorellina,* ***la tua*** *cuginetta* | mein Schwesterchen, dein Kusinchen |
| ***il mio*** *ragazzo,* ***la sua*** *fidanzata* | mein Freund, seine Verlobte |

Der bestimmte Artikel entfällt außerdem in einigen festen Wendungen. Schauen Sie sich die folgenden Beispiele an. Beachten Sie dabei, dass die Possessiva in einigen Ausdrücken nachgestellt werden.

| | |
|---|---|
| *figlio* ***mio****!, mamma* ***mia****!* | mein liebes Kind!, meine Güte! |
| *per colpa* ***mia****, a casa* ***mia*** | meinetwegen, bei mir zu Hause |
| ***un mio*** *amico,* ***alcune mie*** *amiche* | ein Freund von mir, einige Freundinnen von mir |
| ***quel tuo*** *amico,* ***due tue*** *amiche* | jener Freund von dir, zwei deiner Freundinnen |

**72** ***Mit oder ohne Artikel? Ergänzen Sie die Possessiva mit der richtigen Endung und fügen Sie, wo nötig, den bestimmten Artikel hinzu.***

1. Ieri ho visto ____ tu__ sorella in biblioteca. Era insieme ad un'amica, credo.
2. ____ mamma mi__, che hai combinato!
3. Chi sono questi nella foto? – Questa è Paola e quello è ____ su__ fratellino.
4. Wanda è pittrice. ____ su__ ultimo quadro rivela uno stile più maturo dei quadri precedenti.
5. Vai ancora in vacanza con ____ tuo__ genitori? Ma hai 30 anni!
6. Per ____ colpa vostr__, stasera non posso andare alla partita! Uffa!
7. Questo fine settimana andiamo a trovare due ____ nostr__ ex-compagni di scuola.
8. Forza! ____ figlia mi__! Sono sicuro che ce la fai.
9. Enzo sta giocando con ____ suo__ cugini in giardino.
10. Oggi pomeriggio abbiamo incontrato Ivana e Barbara che ci hanno invitato a ____ casa lor__.
11. Scusa, hai visto per caso ____ mi__ occhiali?
12. Gennaro ha prestato alcuni ____ suo__ cd a Roberta, ma lei non li trova più!

| | | | |
|---|---|---|---|
| **insieme** | zusammen | **forza!** | los! |
| **combinare** | anstellen | **sicuro** | sicher |
| **la pittrice** | die Malerin | **ce la fai (farcela)** | (du) schaffst es |

| | | | |
|---|---|---|---|
| **il quadro** | das Bild | **sta giocando (giocare)** | (er) spielt gerade |
| **rivelare** | zeigen | **che** | *hier* die, welche |
| **maturo** | reif | **per caso** | zufällig |
| **precedente** | vorherig | **gli occhiali *(pl)*** | die Brille |
| **la partita** | das Spiel | **prestare** | leihen |
| **ex-** | ehemalig | **il cd (compact disc)** | die CD |

**73** *Setzen Sie die Sätze in den Plural bzw. in den Singular. Beachten Sie:* **mio ➛ nostro, tuo ➛ vostro, suo ➛ loro.**

ESEMPIO

| | |
|---|---|
| Suo fratello studia volentieri. | *I loro fratelli studiano volentieri.* |

1. Le loro sorelle amano la musica. ______
2. Mia cognata parla bene l'inglese. ______
3. I vostri nipoti hanno molti giocattoli. ______
4. Mio zio lavora in banca. ______
5. Suo padre non sa nuotare. ______ *genitori* ______
6. Dove abita tuo nonno? ______
7. I nostri cugini vengono domani. ______
8. Quanti anni hanno le vostre mamme? ______

| | | | |
|---|---|---|---|
| **la cognata** | die Schwägerin | **nuotare** | schwimmen |
| **il giocattolo** | das Spielzeug | **i genitori** | die Eltern |
| **sapere** | *hier* können | **Quanti anni hanno ...?** | Wie alt sind ...? |

**74** *Vervollständigen Sie den Text mit den passenden Possessiva und ergänzen Sie, wo nötig, den bestimmten Artikel.*

Ciao a tutti!
Mi chiamo Sebastiano e abito in una cittadina vicino a Napoli. ______ famiglia non è molto numerosa, ma non è nemmeno tanto piccola. Ho un fratello e una sorella. Io sono il secondo, ho 33 anni. ______ fratello è il maggiore, si chiama Matteo e ha 36 anni. ______ sorella minore, Stefania, ha 25 anni. ______ fratelli e io non abitiamo più con ______ genitori da qualche anno. Matteo si è sposato sette anni fa e vive a Milano. ______ moglie, Nicoletta, è

milanese, si sono conosciuti in vacanza. Loro hanno un figlio di tre anni che si chiama Simone: ______ primo nipotino! Il piccolo Simone viene a trovarci con ______ madre e ______ padre tre volte all'anno. Anche Stefania abita fuori perché studia medicina a Pavia. Lei non è sposata e non è nemmeno fidanzata. Io, invece, sono fidanzato e mi sposo fra pochi mesi. ______ fidanzata si chiama Orsola ed è molto più giovane di me. Orsola ha 22 anni ed è la primogenita. ______ sorella, Angela, ha 16 anni e naturalmente va ancora a scuola. E voi? Com'è ______ famiglia?

| | | | |
|---|---|---|---|
| **numeroso** | *hier* groß | **viene a trovarci** | (er) kommt uns besuchen |
| **nemmeno** | auch nicht | **tre volte all'anno** | drei Mal im Jahr |
| **maggiore** | älterer/ältester | **fuori** | *hier* auswärts |
| **minore** | jüngerer/jüngster | **essere fidanzato** | verlobt sein |
| **qualche** | einige | **primogenito** | erstgeboren |
| **sposarsi** | heiraten | **il parente** | der Verwandte |
| **conoscersi** | sich kennen lernen | | |
| **il nipotino** | der kleine Neffe | | |

◄ Gr LGr S. 87 ff. ►

**Possessivpronomen**

Bis jetzt haben wir die Possessiva im Zusammenhang mit ihren Bezugswörtern geübt. In solchen Fällen verhalten sie sich wie Adjektive:
*la mia casa* (mein Haus).
Possessiva können aber auch allein stehend als Pronomen verwendet werden. In diesem Fall ersetzen sie ihr Bezugswort.
***La mia casa*** *è grande.* ***La tua*** *com'è?* Mein Haus ist groß. Wie ist deins?
[Adjektiv] [Pronomen]
Gemeint ist: ***La mia casa*** *è grande.* ***La tua casa*** *com'è?*
Um die Wiederholung des Substantivs zu vermeiden, wird also *casa* (das zweite Mal) weggelassen und nur das Possessivpronomen mit dem entsprechenden Artikel verwendet. Ganz wichtig: Der Artikel ist in diesem Fall immer dabei.
Die Possessiva, die pronominal verwendet werden, haben dieselben Formen wie die Possessiva, die adjektivisch gebraucht werden. Sie müssen daher keine neuen Formen lernen!

75 ***Vervollständigen Sie die Mini-Dialoge mit den passenden Possessivpronomen.***

1. Alice, non so più dove ho messo gli occhiali. – Nemmeno io trovo __________.
2. Ehi, Gianni, queste sono le mie chiavi! – No, guarda, queste non sono __________!
3. Ma questo non è il cellulare di Liana? – Sì, è vero. È proprio __________.
4. Scusi, qual è il Suo cappotto? – Eccolo là, quello è __________.
5. Il nostro insegnante di matematica è il più severo della scuola. – Sì, è vero. __________ è il più severo ma è anche il più bravo.
6. Ma perché prendi sempre la mia roba? – E tu, perché prendi sempre __________?
7. Scusi, sono questi i miei documenti? – No, signora ... Ecco, prego, questi sono __________.
8. Guarda, quella è la barca di Rosario e Gina! – No, __________ è più piccola!
9. Ecco, ragazzi, finalmente vi restituisco i vostri libri. – Eh ... questi, però, non sono __________.
10. Veramente ... questa è la mia borsa. – Hai ragione. È vero, è __________.

| | | | |
|---|---|---|---|
| **mettere** | *hier* ablegen, hinlegen | **bravo** | *hier* gut |
| **la chiave** | der Schlüssel | **la roba** | die Sachen |
| **il cellulare** | das Handy | **il documento** | die Unterlagen, das Dokument |
| **proprio** | wirklich | **la barca** | das Boot |
| **il cappotto** | der Mantel | **restituire** | zurückgeben |
| **eccolo là** | da ist er | **avere ragione** | Recht haben |
| **severo** | streng | **è vero** | *hier* das stimmt |

# Demonstrativa

Demonstrativa weisen auf etwas hin. Es ist, als würde man sprachlich auf etwas zeigen.
Die wichtigsten und gebräuchlichsten Demonstrativa sind im Italienischen ***questo*** (dieser/-e/-s) und ***quello*** (jener/-e/-es; der/die/das da).
Mit *questo* weist man auf Personen oder Sachen hin, die sich sowohl räumlich als auch zeitlich in unmittelbarer Nähe des Sprechenden befinden, und mit *quello* auf Personen oder Sachen, die weiter von ihm entfernt sind.
Sowohl *questo* als auch *quello* können als Adjektiv – direkt vor dem Substantiv – oder als Pronomen – anstelle eines Substantivs – verwendet werden. In beiden Fällen richten sich *questo* und *quello* in Geschlecht und Zahl nach ihrem Bezugswort:

| | | | |
|---|---|---|---|
| **Adjektiv:** | ***Questa*** *penna costa molto.* | (mit Substantiv) | Dieser Kuli kostet viel. |
| **Pronomen:** | ***Quello*** *è un mio amico.* | (ohne Substantiv) | Der da ist ein Freund von mir. |

◄ Gr LGr S. 96 ff. ►

***Questo***

In den kommenden drei Übungen werden Sie zuerst die Formen von *questo* (dieser/-e/-s) üben.

76 *Ordnen Sie die Substantive der passenden Spalte zu. Beachten Sie: Vor Vokal können* questo *und* questa *apostrophiert werden* (quest').

cane · indicazioni · problema · matita · cavallo · suggerimenti · atmosfera · uccello · scoperte · salame · mano · uova · bambini · ora · posta · pentole

| questo/quest' | questa/quest' | questi | queste |
|---|---|---|---|
| | | | |

| | | | |
|---|---|---|---|
| **il cane** | der Hund | **l'uccello** | der Vogel |
| **l'indicazione *(w)*** | die Anweisung, der Hinweis | **la scoperta** | die Entdeckung |
| | | **la mano** | die Hand |
| **la matita** | der Bleistift | **l'uovo** | das Ei |
| **il cavallo** | das Pferd | **la pentola** | der Topf |
| **il suggerimento** | die Anregung, der Tipp | | |

# Demonstrativa

**77** *Vervollständigen Sie das Schema, indem Sie die Formen von* questo *und die dazu gehörigen Substantive in den Plural bzw. in den Singular setzen.*

| **Singular** | **Plural** |
|---|---|
| questa candela | ________ |
| ________ | questi regali |
| ________ | questi temi |
| questo pacco | ________ |
| ________ | queste margherite |
| quest'orchestra | ________ |
| questo vestito | ________ |
| ________ | queste pantofole |
| ________ | questi ingegneri |
| quest'odore | ________ |
| ________ | queste foto |
| questa collana | ________ |

| | | | |
|---|---|---|---|
| **la candela** | die Kerze | **i regali** | die Geschenke |
| **l'odore** | der Duft | **le margherite** | die Margeriten |
| **la collana** | die Halskette | | |

**78** *Vervollständigen Sie die Sätze mit den Formen von* questo.

1. Sono incinta. - Amore mio, ________ è la notizia più bella del mondo!
2. Ma come sono buoni ________ cioccolatini! Chi ce li ha regalati?
3. Stasera cosa metto? Il solito vestito bianco o ________ qui a righe?
4. Chi sono ________ ragazze nella foto?
5. Allora, quale cappello mi compro? - Io ti consiglio ________ di lana a tinta unita.
6. Mi dispiace, ________ proposta non è proprio accettabile.
7. ________ anno mi laureo e poi faccio uno stage all'estero.
8. ________ esercizi sono tutti sbagliati! Li devi rifare.
9. Scusa, dove possiamo sederci? - Ecco! ________ sono i vostri posti.
10. Dunque, io vorrei delle pesche. Mi dà un chilo di ________ da 3 euro?

*In welchen Sätzen steht* questo *vor einem Substantiv und wird daher als Adjektiv verwendet? Geben Sie die Nummern an:* ____________________
*Und in welchen Sätzen steht* questo *für ein Substantiv und wird daher als Pronomen verwendet? Geben Sie die Nummern an:* ____________________

| | | | |
|---|---|---|---|
| **incinta** | schwanger | **accettabile** | annehmbar |
| **la notizia** | die Nachricht | **laurearsi** | das Studium abschließen |
| **il cioccolatino** | die Praline | **lo stage** | das Praktikum |
| **a righe** | gestreift | **sbagliato** | falsch |
| **il cappello** | der Hut | **rifare** | wieder machen |
| **consigliare** | empfehlen | **sedersi** | sich setzen |
| **la lana** | die Wolle | **la pesca** | der Pfirsich |
| **a tinta unita** | einfarbig | | |
| **la proposta** | der Vorschlag | | |

◄ Gr LGr S. 98 ff. ►

### *Quello*

In den nächsten vier Übungen werden Sie sich mit den Formen von *quello* (jener/-e/-es; der/die/das da) beschäftigen.
Hier sollten Sie auf Folgendes achten: *quello* hat im Gegensatz zu *questo* unterschiedliche Formen je nachdem, ob es als Adjektiv oder als Pronomen gebraucht wird.
Die Formen von *quello* als Adjektiv werden vom bestimmten Artikel abgeleitet (wie *bello* ➛ S. 41): *quel, quell', quello, quella, quei, quegli, quelle.*

| | |
|---|---|
| *il libro* ➛ ***quel*** *libro* | das Buch da |
| *gli stivali* ➛ ***quegli*** *stivali* | die Stiefel da |

*Quello* als Pronomen hingegen hat nur vier Formen: *quello, quella, quelli, quelle.*
**Beispiele:**

| | |
|---|---|
| ***Quella*** *è mia figlia.* | Die da ist meine Tochter. |
| ***Quelli*** *sono i miei libri.* | Das da sind meine Bücher. |

# Demonstrativa

**79** *Verbinden Sie die links stehenden Formen von* quello *– auch mehrmals – mit den passenden Substantiven. Setzen Sie beide danach in den Plural bzw. in den Singular.*

quei
quella
quel
quell'
quello
quegli
quelle

costume
esperienza
albicocche
spettacolo
palla
commedia
coltelli
aceto
antipasti
scivoli
romanzo
chiavi

*quei costumi*
______________
______________
______________
______________
______________
______________
______________
______________
______________
______________
______________

| | | | |
|---|---|---|---|
| **il costume** | der Badeanzug, die Sitte | **i coltelli** | die Messer |
| **l'esperienza** | die Erfahrung | **l'aceto** | der Essig |
| **le albicocche** | die Aprikosen | **gli scivoli** | die Rutschen |
| **lo spettacolo** | die Vorstellung | **le chiavi** | die Schlüssel |

**80** *Ergänzen Sie die Sätze mit den Formen von* quello *als Adjektiv:* quel, quell', quello, quella, quei, quegli *und* quelle.

1. Anna! Pensi ancora a __________ ragazzo? E basta! È passato un anno!
2. Scusi, posso provare __________ occhiali da sole con la montatura marrone?
3. No, senti, __________ tende a pois sono orribili! Non le vuoi mica comprare?
4. Come si chiama __________ sport, tanto alla moda, che fa tua cugina? – Spinning.
5. Ti piace __________ giacca nera in vetrina? È in svendita.
6. Ho incontrato __________ amico di Patrizia che studia informatica. È un tipo simpatico.
7. Mi passi __________ piatto, per piacere?
8. Non ho più visto __________ dottoressa che abbiamo conosciuto in treno l'anno scorso.
9. Come sono belli __________ pantaloni! Chissà quanto costano!?
10. Di chi sono __________ asciugamani? – Uno è di Alessandro, l'altro è il mio.

# Demonstrativa

| | | | |
|---|---|---|---|
| **E basta!** | Schluss damit! | **la svendita** | der Schlussverkauf |
| **la montatura** | das Gestell | **passare** | *hier* reichen, geben |
| **la tenda** | der Vorhang | **chissà** | wer weiß |
| **a pois** | gepunktet | **quanto** | wie viel |
| **mica** | doch nicht | **di chi** | von wem |
| **alla moda** | modisch | **l'asciugamano** | das Handtuch |
| **la vetrina** | das Schaufenster | **altro** | andere/-r/-s |

**81** *Adjektiv oder Pronomen? Kreuzen Sie die richtige Form an.*

| | | |
|---|---|---|
| 1. Quali scarpe vuole provare? – __________ blu. | ☐ Quelli | ☐ Quelle |
| 2. Chi sono __________? – Sono i figli di Tiberio e Linda. | ☐ quegli | ☐ quelli |
| 3. Da dove vengono __________ turisti? | ☐ quelli | ☐ quei |
| 4. Enza ha un bel naso, ma __________ di Cinzia è perfetto! | ☐ quello | ☐ quel |
| 5. Volete la granita di limone o __________ di caffè? | ☐ quella | ☐ quell' |
| 6. Prendi l'ombrello, per piacere? – Quale? __________ nero? | ☐ Quell' | ☐ Quello |
| 7. Vedete __________ biciclette laggiù? | ☐ quelle | ☐ quella |
| 8. Ma perché grida tanto __________ uomo? | ☐ quell' | ☐ quello |
| 9. Puoi togliere __________ arnesi, per piacere? Sono pericolosi. | ☐ quelli | ☐ quegli |
| 10. __________ è il nuovo collega di mio padre. | ☐ Quel | ☐ Quello |

*In welchen Sätzen steht* quello *<u>vor</u> einem Substantiv und wird daher als Adjektiv verwendet? Geben Sie die Nummern an:* __________________

*Und in welchen Sätzen steht* quello *<u>anstelle</u> eines Substantivs und wird daher als Pronomen verwendet? Geben Sie die Nummern an:* __________________

| | | | |
|---|---|---|---|
| **la granita** | die Gramolate | **l'arnese** | das Gerät, das Werkzeug |
| **gridare** | schreien | | |
| **togliere** | wegnehmen | **pericoloso** | gefährlich |

# Demonstrativa

◄ Gr LGr S. 100 ff. ►

***Questo* oder *quello*?**

In der folgenden Übung geht es um den richtigen Gebrauch von *questo* und *quello*. Schauen Sie sich zuerst die Übersicht an.

| | |
|---|---|
| **räumliche Nähe**<br>***Questo*** *è mio figlio.*<br>Das ist mein Sohn. | **räumliche Entfernung**<br>*Mi prendi* ***quella*** *penna?*<br>Holst du mir den Kuli dort? |
| **zeitliche Nähe**<br>***Quest'****estate vado in Spagna.*<br>Diesen Sommer fahre ich nach Spanien. | **zeitliche Entfernung**<br>***Quella*** *volta ho avuto paura.*<br>Damals habe ich Angst gekriegt. |

**Beachten Sie:** Die Demonstrativa *questo* und *quello* können auch in Gegenüberstellungen gebraucht werden.

*Vuoi* ***questa*** *maglietta blu o* ***quella*** *rossa?* — Willst du dieses blaue T-Shirt oder das rote da?

82 *Vervollständigen Sie die Sätze mit der passenden Form von* questo *oder* quello.

1. Mi sono diplomato nel 1995. __________ anno per me è stato bellissimo.
2. Quale pigiama ti vuoi mettere? __________ a maniche lunghe o __________ a maniche corte?
3. Ieri siamo andati in __________ ristorante in via de Carolis con la vista sul lago.
4. Chi sono __________ ragazze qui nella foto?
5. Ecco qua, __________ sono proprio gli stivali che fanno per me!
6. Allora, __________ inverno vogliamo fare la settimana bianca a Livigno?
7. Guarda qui, ti piacciono __________ guanti di pelle? – No, sinceramente io preferisco __________ di lana.
8. Li vedi __________ due soldati laggiù? Che carini!
9. Ti ricordi __________ volta in Grecia ... – Quando abbiamo perso le chiavi dell'auto?
10. __________ qui sono i miei genitori e __________ lì dietro sono le mie sorelle.

| | | | |
|---|---|---|---|
| **diplomarsi** | Abitur machen | **la pelle** | das Leder |
| **la manica** | der Ärmel | **la lana** | die Wolle |
| **la settimana bianca** | Skiurlaub | **Che carini!** | Wie hübsch! |
| **il guanto** | der Handschuh | **dietro** | hinten |

# Demonstrativa

◄ Gr LGr S. 102 ff. ►

**Weitere Demonstrativa**

Neben *questo* und *quello* gibt es noch weitere Demonstrativa im Italienischen, z. B. *ciò* (das), *stesso* und *medesimo* (derselbe), *codesto* (dieser da), *costui* und *colui* (der da). Die meisten werden ausschließlich in der literarischen Sprache verwendet. In der gesprochenen Sprache benutzt man in der Regel nur *ciò* und *stesso*. Diese werden wir zusammen mit *questo* und *quello* in der nächsten Aufgabe üben. Beachten Sie aber vorher die folgenden Beispiele.

***ciò* anstatt *questo / quello***

| | |
|---|---|
| ***Questo*** *è giusto.* ➛ ***Ciò*** *è giusto.* | Das ist richtig. |
| *Io dico* ***quello*** *che voglio.* ➛ *Io dico* ***ciò*** *che voglio.* | Ich sage, was ich will. |
| aber: ***Questa*** *è una bella storia.* | Das ist eine schöne Geschichte. |
| (nicht ~~*Ciò è una bella storia.*~~) | |

**Artikel + *stesso***

| | |
|---|---|
| *Noi abbiamo* ***gli stessi*** *gusti.* | Wir haben denselben Geschmack. |
| *Sei sempre* ***lo stesso****!* | Du bist immer derselbe! |

**83** *Setzen Sie die Demonstrativa an der richtigen Stelle ein.*

la stessa · ciò · la stessa · quelle · ciò · gli stessi · ciò · questa · gli stessi · lo stesso · le stesse

1. __________ è vero.
2. Mamma mia! ripetete sempre __________ cose!
3. Ehi, guarda che combinazione! Abbiamo avuto __________ voti.
4. Sabina e sua sorella hanno __________ bocca e __________ occhi.
5. __________ tovaglia è sporca. La devo lavare.
6. Possiamo vederci stasera o rimandare a domani, per me è __________.
7. Fate __________ che vi sembra più giusto.
8. __________ sono delle care amiche di Teresa.
9. __________ non mi interessa per niente.
10. Mia madre e mio padre svolgono __________ professione.

| | | | |
|---|---|---|---|
| **ripetere** | wiederholen | **rimandare** | verschieben |
| **Che combinazione!** | Was für ein Zufall! | **sembrare** | scheinen |
| **il voto** | *hier* die Note | **giusto** | richtig |
| **la tovaglia** | die Tischdecke | **svolgere** | ausüben |

# Indefinita

◄ Gr LGr S. 108 ff. ►

Indefinita sind Wörter wie „jeder“, „einige“, „alle“, „viele“, „etwas“ usw. Sie bezeichnen nicht näher bestimmte Personen, Sachen oder Begriffe. Um Sie nicht mit seltenen Sonderfällen zu verwirren, werden wir uns nur mit den Indefinita beschäftigen, die am häufigsten gebraucht werden und die sich von den deutschen unterscheiden.

***Tutto* (alle, ganz, jeder) und *ogni* (jeder)**
Bevor Sie die folgenden zwei Übungen machen, schauen Sie sich bitte die Beispiele mit den entsprechenden Übersetzungen genau an.

| | |
|---|---|
| *Ho letto **tutti i** libri di Camilleri.* | Ich habe **alle** Bücher von Camilleri gelesen. |
| *Conosci **tutte queste** persone?* | Kennst du **alle diese** Leute? |
| *Hai studiato **tutti e quattro i** libri?* | Hast du **alle vier** Bücher studiert? |
| *Ho letto **tutto il** libro in due ore.* | Ich habe **das ganze** Buch in zwei Stunden gelesen. |
| *Hai studiato **tutto questo** libro?* | Hast du **dieses ganze** Buch studiert? |
| *So **tutto**.* | Ich weiß **alles**. |
| *Lavoro **tutti i** giorni.* | Ich arbeite **jeden Tag**. |
| *Lavoro **ogni** giorno.* | Ich arbeite **jeden Tag**. |
| *L'autobus passa **ogni cinque** minuti.* | Der Bus kommt **alle fünf Minuten**. |

**84** *Vervollständigen Sie die Sätze mit* tutto/-a/-i/-e *und setzen Sie, wo nötig, die dazu gehörigen Artikel ein. Anschließend übersetzen Sie die hervorgehobenen Teile.*

1. Sono stato malato __________ settimana. __________________
2. Capisci sempre __________ tu! __________________
3. Mia madre conosce a memoria __________ poesie di Leopardi. __________________
4. Abbiamo provato __________ e tre le ricette che ci hai dato. __________________
5. Oggi ho lavorato al computer __________ giorno. __________________
6. Hai comprato __________ questi vestiti? __________________
7. Hanno usato __________ frutta che era in frigo per fare la macedonia. __________________
8. Ragazzi, siete __________ d'accordo con me? __________________
9. Come sempre, anche quest'anno andiamo in vacanza __________ mese di agosto. __________________
10. Ho scritto __________ lettera, l'ho messa in busta, ho incollato il francobollo e poi ho dimenticato di spedirla. __________________

| | | | |
|---|---|---|---|
| **malato** | krank | **d'accordo** | einverstanden |
| **la settimana** | die Woche | **come sempre** | wie immer |
| **a memoria** | auswendig | **mettere** | *hier* hingeben |
| **la poesia** | das Gedicht | **la busta** | der Umschlag |
| **Giacomo Leopardi** | *Dichter (1798–1837)* | **incollare** | aufkleben |
| | | **il francobollo** | die Briefmarke |
| **la ricetta** | das Rezept | **dimenticare** | vergessen |
| **il frigo(rifero)** | der Kühlschrank | **spedire** | abschicken |
| **la macedonia** | der Obstsalat | | |

85 *Setzen Sie* tutto/-a/-i/-e *oder* ogni *ein. Ergänzen Sie, wo nötig, den Artikel des Substantivs.*

1. __________ sei mesi mi incontro con i miei ex-compagni di liceo.
2. __________ anni, in primavera, andiamo a trovare gli zii di Lecce.
3. Quando vai a fare fisioterapia? – __________ giorni.
4. __________ lingua straniera ha le sue difficoltà.
5. __________ sera, alle 19.00, vediamo il telegiornale di RAI tre.
6. Da bambino andavo a pranzo dai miei nonni, insieme a mamma e papà, __________ domeniche.
7. Se avete veramente finito __________ compiti potete andare in cortile a giocare.
8. Signora, deve prendere l'antibiotico __________ otto ore.
9. Hai mangiato __________ pasta! 300 grammi di pasta! E io che mangio adesso?
10. Prima andavamo al cinema __________ settimana, adesso che abbiamo due figli ci andiamo una volta all'anno!

| | | | |
|---|---|---|---|
| **l'ex-compagno** | der ehemalige Kamerad | **da bambino** | als Kind |
| | | **il pranzo** | das Mittagessen |
| **il liceo** | das Gymnasium | **il compito** | *hier* die Hausaufgabe |
| **andare a trovare** | besuchen gehen | | |
| **la lingua straniera** | die Fremdsprache | **il cortile** | der Hof |
| **la difficoltà** | die Schwierigkeit | **l'antibiotico** | das Antibiotikum |
| **il telegiornale** | die Nachrichten | **prima** | früher |
| **la RAI** | *öffentlich-rechtliches Fernsehen in Italien* | | |

### *Alcuno/-a/-i/-e* (einige, kein, jeder) und *qualche* (einige)

Die Singularformen *alcun(o)* und *alcuna* werden nur in verneinten Sätzen oder nach *senza* verwendet. Dabei haben sie im Deutschen die Bedeutung „kein" oder „jeder".

| | |
|---|---|
| ***Non** ho **alcun aiuto**.* | Ich habe **keine Hilfe**. |
| *Ho superato l'esame **senza alcuna difficoltà**.* | Ich habe die Prüfung **ohne jede Schwierigkeit** bestanden. |

Die Pluralformen *alcuni* und *alcune* hingegen werden sowohl in normalen Aussagesätzen als auch in verneinten Sätzen verwendet. Sie bedeuten dann „einige".
*Qualche* bedeutet ebenfalls „einige", wird aber im Italienischen mit Substantiven im Singular verwendet. Beachten Sie auch: *qualche* hat nur eine einzige Form!

| | |
|---|---|
| *Ho letto **alcuni libri**.* | Ich habe **einige Bücher** gelesen. |
| *Ho letto **qualche libro**.* | Ich habe **einige Bücher** gelesen. |
| *Scrivo **alcune lettere**.* | Ich schreibe **einige Briefe**. |
| *Scrivo **qualche lettera**.* | Ich schreibe **einige Briefe**. |

**Achtung:** *Alcuni* und *alcune* können auch Substantive ersetzen (pronominaler Gebrauch) und deshalb im Satz alleine stehen, *qualche* dagegen nicht.

| | |
|---|---|
| *Hai dei libri? –* | Hast du Bücher? – |
| *Ne ho **alcuni**. (nicht ~~qualche~~!)* | Ich habe **einige**. |

86 *Setzen Sie* alcun(o)/-a/-i/-e *oder* qualche *ein.*

1. I ladri hanno rubato __________ oggetti di valore.
2. __________ piante fioriscono tutto l'anno.
3. Avete __________ domanda?
4. Ho portato __________ vestiti dalla sarta per farli stringere.
5. L'insegnante mi ha rimproverato senza __________ motivo.
6. Durante la finale c'era solo __________ persona per la strada.
7. Ho comprato delle fragole e ne ho mangiate __________ subito.
8. Non ti preoccupare, non ho __________ fretta.
9. Ho tutti i cd di Celentano. – Io ne ho solo __________.
10. Avete capito la regola o avete ancora __________ dubbio?

# Indefinita

| | | | |
|---|---|---|---|
| **il ladro** | der Dieb | **la finale** | das Endspiel |
| **rubare** | stehlen | **per la strada** | unterwegs |
| **l'oggetto di valore** | die Wertsache | **la fragola** | die Erdbeere |
| | | **ne** | davon |
| **la pianta** | die Pflanze | **non ti preoccupare** | mach dir keine Sorgen |
| **fiorire** | blühen | | |
| **la sarta** | die Schneiderin | **la fretta** | die Eile |
| **per farli stringere** | um sie enger machen zu lassen | **Adriano Celentano** | *Sänger (1938)* |
| | | **la regola** | die Regel |
| **rimproverare** | vorwerfen | **il dubbio** | der Zweifel, das Bedenken |
| **il motivo** | der Grund | | |

**Weitere Indefinita**

Die kommenden beiden Übungen behandeln den Gebrauch weiterer Indefinita, die keine großen Schwierigkeiten bereiten sollten. Es handelt sich um gebräuchliche Formen wie *altro* (anderer, noch ein), *diverso* (mehrere, verschiedene), *poco* (wenig), *tanto* ([so] viel), *troppo* (zu viel), *certo* (gewisser), *parecchio* (ziemlich viel), *molto* (viel).
Alle diese Indefinita können – als Adjektiv – zusammen mit einem Substantiv gebraucht werden. Sie können aber auch – als Pronomen – ein Substantiv ersetzen.

| | | |
|---|---|---|
| **Adjektiv:** | *Hai **tanti** amici?* | Hast du viele Freunde? |
| **Pronomen:** | *No, ne ho **pochi**.* | Nein, ich habe wenige (wörtlich: davon). |

87 *Übersetzen Sie die Satzteile in Klammern ins Italienische.*

1. Allo stadio c'è (zu viele Leute) ______________. Non ci vengo.
2. In questa situazione ci vuole coraggio e tu ne hai (ziemlich viel) ______________!
3. L'accusa ha fornito (mehrere Beweise) ______________ contro di lui.
4. Hai degli elastici? – Sì, ne ho (so viele) ______________. Se ti servono, li vado a prendere.
5. In vacanza, quest'anno, ho speso (wenig Geld) ______________.
6. Papà ha invitato a cena (gewisse Kollegen) ______________ dell'ufficio.
7. Scusi, ci può portare (noch zwei Gläser) ______________?
8. Tu hai molta fortuna, io invece ne ho (wenig) ______________.
9. Questo libro non mi piace! Me ne presti (ein anderes) ______________?
10. L'insegnante deve correggere (viele Aufsätze) ______________.

| | | | |
|---|---|---|---|
| **ci** | *hier* (dort)hin | **ho speso (spendere)** | (ich) habe ausgegeben |
| **il coraggio** | der Mut | **i soldi** | das Geld |
| **l'accusa** | *hier* der Staatsanwalt | **la fortuna** | das Glück |
| **fornire** | liefern | **invece** | dagegen |
| **la prova** | der Beweis | **me ne presti** | leihst du mir |
| **contro** | gegen | **il tema** | *hier* der Aufsatz |
| **l'elastico** | das Gummiband | | |
| **servire** | *hier* benötigen | | |

88 ***Verbinden Sie die linke Spalte mit der rechten zu sinnvollen Sätzen.***

| | | | |
|---|---|---|---|
| 1. | Marcello! tu mangi troppi ... | a. | altro lavoro che le piace molto. |
| 2. | A pranzo non beviamo molto ... | b. | proprio pochi. |
| 3. | Lina ha trovato un ... | c. | piante per il giardino. |
| 4. | Quando si gioca a scacchi ci vuole tanta ... | d. | dolci. Guarda che ti fanno male! |
| 5. | Io ho molti capelli, invece Pio ne ha ... | e. | esami di filosofia. |
| 6. | All'università ho sostenuto diversi ... | f. | calma per poter ragionare bene. |
| 7. | La vita è così: alcuni sono più fortunati ... | g. | formulari complicatissimi. |
| 8. | Soffro di mal di testa. Mi viene parecchie ... | h. | vino. Preferiamo bere l'acqua. |
| 9. | Luisa ha comprato molte ... | i. | volte al mese. |
| 10. | Prima di firmare il contratto devo compilare certi ... | j. | di altri. |

| | | | |
|---|---|---|---|
| **gli scacchi** | das Schach | **mi viene** | ich bekomme |
| **ci vuole** | man braucht | **firmare** | unterschreiben |
| **sostenere** | *hier* ablegen | **il contratto** | der Vertrag |
| **La vita è così ...** | Das Leben ist halt so ... | **far male** | *hier* schaden |
| **soffrire di** | leiden unter | **la calma** | die Ruhe |
| **il mal di testa** | der Kopfschmerz | **per poter ragionare** | um nachdenken zu können |
| | | **la volta** | das Mal |

# Relativpronomen

◄ Gr LGr S. 119 ff. ►

*Ho due figli. I miei figli si chiamano Alberto e Antonio.*

Ich habe zwei Söhne. Meine Söhne heißen Alberto und Antonio.

Wie Ihnen sicher aufgefallen ist, erscheint das Wort *figli* in den beiden Sätzen zweimal. Aus stilistischen Gründen, um die Wiederholung des Wortes *figli* zu vermeiden, ist es nun vernünftig, aus diesen zwei Sätzen einen Einzigen zu machen. Dafür benutzt man ein Relativpronomen. Es ersetzt das zweite *figli* und verbindet die zwei Sätze miteinander.

*Ho due figli **che** si chiamano Alberto e Antonio.*

Ich habe zwei Söhne, **die** Alberto und Antonio heißen.

## ***Che*** **und** ***cui***

Die wichtigsten Relativpronomen sind *che* und *cui*. Sie sind in der Form unveränderlich (ihre deutschen Entsprechungen hingegen nicht!): *che* wird als Subjekt und als direktes Objekt (Akkusativobjekt) verwendet, *cui* nach einer Präposition.
Ganz wichtig: Im Italienischen wird das Verb eines Relativsatzes nicht nachgestellt, im Deutschen dagegen schon. Außerdem kennt das Italienische im Gegensatz zum Deutschen in solchen Fällen meist keine Kommasetzung.

### ***che*** **als Subjekt**

*Ho un amico **che** viene dalla Polonia.*

Ich habe einen Freund, **der** aus Polen kommt.

### ***che*** **als direktes Objekt (Akkusativobjekt)**

*Vado da un amico **che** ho conosciuto in Olanda.*

Ich fahre zu einem Freund, **den** ich in Holland kennen gelernt habe.

### ***cui*** **nach Präpositionen**

*L'amico **con cui** esco si chiama Luca.*

Der Freund, **mit dem** ich ausgehe, heißt Luca.

# Relativpronomen

**89** *Verbinden Sie die Sätze mit dem Relativpronomen* che.

ESEMPIO

La geografia è una materia. Questa materia mi interessa molto.
*La geografia è una materia che mi interessa molto.*

1. Federica è un'amica. Non vedo Federica da tanti anni.
   ___
2. Il professore ha elogiato gli studenti. Gli studenti hanno superato l'esame.
   ___
3. Non mi piacciono i sandali. Hai comprato i sandali.
   ___
4. Hai trovato il telecomando? Cercavi il telecomando.
   ___
5. Al corso ho conosciuto un ragazzo. Questo ragazzo parla cinque lingue.
   ___
6. Il ciclismo è uno sport. Amo molto questo sport.
   ___
7. Avete bevuto il vino? Vi ho regalato questo vino.
   ___
8. Il presidente ha tenuto un discorso. Questo discorso è durato due ore.
   ___

| | | | |
|---|---|---|---|
| **la geografia** | die Erdkunde | **il telecomando** | die Fernsteuerung |
| **la materia** | das Fach | **il ciclismo** | der Radsport |
| **elogiare** | loben | **tenere un discorso** | eine Rede halten |
| **superare** | bestehen | **durare** | dauern |

**90** *Verbinden Sie die Sätze mit dem Relativpronomen* cui.

ESEMPIO

Questa è la casa. In questa casa abito.
*Questa è la casa in cui abito.*

1. Questo è il ragazzo. Con questo ragazzo ho litigato.
   ___
2. Il vigile era molto simpatico. Ho chiesto l'informazione a questo vigile.
   *Il vigile a ...*
3. Il problema è serio. Ci hai parlato di questo problema.
   ___

4. Devo chiamare Concetta. A Concetta ho prestato la friggitrice.

_______________________________________________

5. La malattia è molto rara. Milena soffre di questa malattia.

_______________________________________________

6. Questa è la ragazza. Alberto si è innamorato di questa ragazza.

_______________________________________________

7. L'albergo era carissimo. In questo albergo abbiamo pernottato.

_______________________________________________

8. Mio nonno è morto nel 1996. Ho imparato tante cose da mio nonno.

_______________________________________________

9. Il ragazzo era francese. Ho dato il mio primo bacio a questo ragazzo.

_______________________________________________

10. La città è abbastanza grande. Vivo in questa città.

_______________________________________________

| | | | |
|---|---|---|---|
| **litigare** | streiten | **raro** | selten |
| **il vigile** | der Verkehrspolizist | **soffrire** | leiden |
| **prestare** | ausleihen | **innamorarsi** | sich verlieben |
| **la friggitrice** | die Fritteuse | **pernottare** | übernachten |

**91** Che *oder* cui? *Bilden Sie sinnvolle Sätze aus den Satzteilen.*

1. Quello è il negozio in •
2. Gli amici con •
3. Puoi accendere la lampada •
4. Qual è il porto in •
5. Hai messo in frigorifero la torta •
6. Come si chiama la città in •
7. Guarda com'è carino il vestitino •
8. Il salmone e la trota sono due pesci •
9. Ho incontrato Antonio da •
10. Qual è l'argomento su •

cui

che

• è nata Tiziana?
• ho comprato il regalo per gli sposi.
• ti ha cucito la nonna!
• faccio il viaggio sono di Firenze.
• dobbiamo portare stasera alla festa?
• mangio molto volentieri.
• ho saputo che Gino si trasferisce.
• avete fatto scalo?
• Renata ha discusso la tesi di dottorato?
• è vicino alla finestra?

| | | | |
|---|---|---|---|
| **accendere** | anschalten | **nascere** | geboren werden |
| **la lampada** | die Lampe | **gli sposi** | die Brautleute |
| **il porto** | der Hafen | **cucire** | nähen |
| **il vestitino** | das Kleidchen | **trasferirsi** | umziehen |
| **il salmone** | der Lachs | **fare scalo** | zwischenlanden |
| **la trota** | die Forelle | **discutere** | besprechen |
| **l'argomento** | das Thema | **la tesi di dottorato** | die Doktorarbeit |

92 *Vervollständigen Sie die Sätze mit den Angaben.*

su cui · a cui · che · che · da cui · a cui · con cui · che · di cui · che

1. Lì c'è una vecchietta __________ sta attraversando la strada, la vedi? Dobbiamo aiutarla.
2. Purtroppo non ho raggiunto l'obiettivo __________ miravo.
3. La cassa __________ cerchi di sollevare è troppo pesante per te!
4. Rosalba è una vecchia amica __________ posso sempre contare.
5. Ho fatto un errore __________ mi pento molto.
6. Il medico __________ ha curato mia madre è molto in gamba.
7. Il paese __________ provengono i miei nonni si trova in Calabria.
8. L'automobilista __________ ha provocato il tamponamento si è ferito.
9. Mi dispiace, non sono al corrente della questione __________ Lei si riferisce.
10. I ragazzi __________ divido l'appartamento sono due.

| | | | |
|---|---|---|---|
| **attraversare** | überqueren | **provenire** | herkommen |
| **raggiungere** | erreichen | **l'automobilista** | der Autofahrer |
| **l'obiettivo** | das Ziel | **provocare** | verursachen |
| **mirare** | zielen | **il tamponamento** | das Auffahren |
| **la cassa** | die Kiste | **ferirsi** | sich verletzen |
| **sollevare** | heben | **essere al corrente** | auf dem Laufenden sein |
| **contare** | zählen | | |
| **pentirsi** | bereuen | **la questione** | die Angelegenheit |
| **curare** | behandeln, heilen | **riferirsi (a)** | sich beziehen (auf) |
| **in gamba** | tüchtig | **dividere** | teilen |
| **il paese** | *hier* das Dorf | | |

**93** ***Ergänzen Sie*** che ***oder*** cui ***mit der passenden Präposition.***

1. Verbania, la città __________ vive Ugo, si trova sul lago Maggiore.
2. Hai preso tu il mazzo di chiavi __________ era sul tavolo della cucina?
3. Sebastiano __________ ho raccontato la mia esperienza è rimasto molto colpito.
4. Loredana, __________ sono stato fidanzato dieci anni, all'improvviso mi ha lasciato è ha preso i voti.
5. Le due ditte __________ ho mandato il curriculum non mi hanno ancora contattato.
6. Il Trentino-Alto Adige, __________ è una regione dell'Italia nordorientale, confina con l'Austria, la Svizzera, la Lombardia e il Veneto.
7. Siamo stati in Liguria e abbiamo visitato quel paesino __________ ci hai tanto parlato.
8. Volevo cambiare la lampadina ma la sedia __________ sono salito si è rotta, allora sono caduto e mi sono fatto male al piede.
9. Il treno delle 7.00 __________ prendo per andare al lavoro è sempre affollatissimo.
10. "La traviata" e "Rigoletto", __________ sono due capolavori di Giuseppe Verdi, sono opere di grande concentrazione drammatica.

| | | | |
|---|---|---|---|
| **trovarsi** | liegen, sich befinden | **confinare** | grenzen |
| **il mazzo di chiavi** | der Schlüsselbund | **la lampadina** | die Glühbirne |
| **rimanere colpito** | beeindruckt sein | **salire** | steigen |
| **essere fidanzato** | verlobt sein | **rompersi** | brechen |
| **prendere i voti** | ein Gelübde ablegen | **cadere** | fallen, stürzen |
| **la ditta** | die Firma | **farsi male** | sich weh tun |
| **il curriculum (vitae)** | der Lebenslauf | **affollato** | überfüllt |
| **contattare** | Kontakt aufnehmen | **il capolavoro** | das Meisterwerk |
| **nordorientale** | nordöstlich | **Giuseppe Verdi** | *Komponist (1813–1901)* |
| | | **la concentrazione drammatica** | die dramatische Dichte |

# Relativpronomen

◄ Gr LGr S. 122 ff. ►

***Il quale***

*Il quale* ist ein weiteres Relativpronomen, das *che* oder *cui* ersetzen kann. *Il quale* hat im Gegensatz zu *che* und *cui* vier Formen, die sich in Geschlecht und Zahl unterscheiden: *il quale*, *la quale*, *i quali* und *le quali*.
Dieses Relativpronomen wird im Italienischen vor allem in der geschriebenen Sprache verwendet oder in Fällen, in denen *che* oder *cui* nicht eindeutig genug sind.

| | |
|---|---|
| *La ditta* ***con la quale*** *collaboriamo ha sede a Torino.* | Die Firma, **mit der** wir zusammenarbeiten, hat ihren Sitz in Turin. |
| *Ti prego di non raccontare a nessuno il problema* ***del quale*** *ti ho parlato.* | Erzähl bitte niemandem das Problem, **über das** ich mit dir gesprochen habe. |
| *I figli di Carlo,* ***il quale*** *ho incontrato ieri sera, sono ormai tutti sposati.* | Die Kinder von Carlo, **den** ich gestern Abend getroffen habe, sind nun alle verheiratet. |

**Beachten Sie:** Wenn man im letzten Fall *che* statt *il quale* verwendet hätte, wäre aus dem italienischen Kontext nicht klar hervorgegangen, ob man *i figli di Carlo* oder *Carlo* selbst getroffen hat.

94 ***Schreiben Sie die Sätze um, indem Sie*** **il quale, la quale, i quali** ***oder*** **le quali** ***anstatt*** **che** ***und*** **cui** ***verwenden.***

1. Il paese in cui abitiamo conta poco più di mille abitanti.

   ______________________________________________

2. I miei genitori a cui ho raccontato delle nostre difficoltà vogliono aiutarci.

   ______________________________________________

3. Niccolò Ammaniti ha scritto il libro di cui parla tanto Sabina.

   ______________________________________________

4. Immacolata e Antonella, che lavorano alla Rinascente, vorrebbero cambiare lavoro.

   ______________________________________________

5. Ho comunicato personalmente le dimissioni al direttore che è stato molto sorpreso.

   ______________________________________________

6. Serena con cui ho parlato ieri ha deciso di acquistare una casa al mare.

   ______________________________________________

7. Le persone per cui i soldi non sono tutto vivono forse più felicemente.

_______________

8. Ho ricevuto un'e-mail dalla mia amica Grazia che vive in Svizzera con suo marito.

_______________

| | | | |
|---|---|---|---|
| **contare** | zählen, haben | **la dimissione** | die Kündigung |
| **l'abitante** | der Einwohner | **sorpreso** | überrascht |
| **la difficoltà** | die Schwierigkeit | **decidere** | entscheiden |
| **Niccolò Ammaniti** | *Schriftsteller (1966)* | **acquistare** | kaufen, erwerben |
| **la Rinascente** | *Name einer Kaufhaus-Kette* | **tutto** | alles |
| | | **ricevere** | bekommen |
| **comunicare** | mitteilen | | |

**95** *Verbinden Sie die Sätze mit* il quale, la quale, i quali *oder* le quali.

ESEMPIO

Giuseppe lavora come infermiere. Giuseppe mi ha salvato la vita.
*Giuseppe il quale lavora come infermiere mi ha salvato la vita.*

1. Sono tornati i miei cugini. I miei cugini hanno fatto il giro del mondo.

_______________

2. Ho invitato Rosa a cena. A Rosa ho promesso di preparare la parmigiana di melanzane.

_______________

3. Marcello è un caro amico. Su Marcello posso sempre contare.

_______________

4. Hai detto una bugia. Di questa bugia devi vergognarti.

_______________

5. Purtroppo devono vendere la casa. Il nonno aveva costruito la casa dopo la guerra.

_______________

6. Il fiume che attraversa la città si chiama Volturno. Nella città sono nata.

_______________

7. Scusi, dov'è diretto il treno? Lei è appena sceso dal treno.

_______________

8. Lo sai che il fratello di Eugenia non ha ancora preso la patente? Al fratello di Eugenia ho venduto la mia vecchia auto.

_______________

# Relativpronomen

| | | | |
|---|---|---|---|
| **l'infermiere** | der Krankenpfleger | **vergognarsi** | sich schämen |
| **salvare** | retten | **vendere** | verkaufen |
| **la vita** | das Leben | **costruire** | bauen |
| **il giro del mondo** | die Weltreise | **guerra** | der Krieg |
| **promettere** | versprechen | **attraversare** | überqueren |
| **la parmigiana di melanzane** | der Auberginenauflauf | **nascere** | geboren werden |
| **contare** | zählen | **essere diretto** | hinfahren |
| **la bugia** | die Lüge | **scendere** | aussteigen |
| | | **la patente (di guida)** | der Führerschein |

◄ Gr LGr S. 126 ►

### *Chi*

*Chi* bedeutet „wer" oder „derjenige, der" und ist unveränderlich. *Chi* kann auch mit einer Präposition verwendet werden. In der nächsten Übung lernen Sie, zwischen *chi*, *che* oder *cui* zu unterscheiden.

| | |
|---|---|
| *Vorrei sapere **chi** mi ha graffiato l'auto.* | Ich würde gern wissen, **wer** mir das Auto zerkratzt hat. |
| *Vorrei conoscere la persona **che** mi ha graffiato l'auto.* | Ich würde gern die Person kennen lernen, **die** mir das Auto zerkratzt hat. |
| *Perché non mi vuoi dire **con chi** stavi parlando al telefono?* | Warum willst du mir nicht sagen, **mit wem** du gerade telefoniert hast? |
| *Perché non mi vuoi dire il nome della persona **con cui** stavi parlando al telefono?* | Warum willst du mir nicht den Namen der Person sagen, **mit der** du gerade telefoniert hast? |

**96** *Setzen Sie* chi, che *oder* cui *ein.*

1. Vorrei sapere _____ ha bussato alle due di notte!
2. Non conosco la ragazza _____ hai appena salutato.
3. _____ disprezza vuol comprare.
4. Il medico da _____ sono andato due giorni fa mi ha consigliato queste pillole.
5. Non mi ricordo più da _____ ho sentito questa barzelletta.
6. Quanto costa la scrivania antica _____ hanno comprato i tuoi genitori?

7. _____ tace acconsente.
8. Non vi dovete fidare di _____ vi ha già tradito una volta.
9. Come si chiama l'aeroporto di Londra da _____ siete partiti?
10. _____ tardi arriva, male alloggia.
11. Io esco con _____ voglio! Hai capito?
12. Il mio migliore amico a _____ confido tutti i miei segreti si chiama Michele.

***Unter den Sätzen, die Sie mit* chi *ergänzt haben, sind drei Sprichwörter. Finden Sie heraus, welche. Schreiben Sie sie neben die deutschen Entsprechungen.***

| | |
|---|---|
| Wer schweigt, stimmt zu. | ______________________ |
| Wer die Ware schilt, hat Lust zu kaufen. | ______________________ |
| Wer nicht kommt zur rechten Zeit, | ______________________ |
| der muss sehen, was übrig bleibt. | ______________________ |

| | | | |
|---|---|---|---|
| **bussare** | klopfen | **acconsentire** | zustimmen |
| **disprezzare** | verachten | **fidarsi** | trauen |
| **vuol = vuole (volere)** | (er) will | **tradire** | betrügen |
| | | **l'aeroporto** | der Flughafen |
| **consigliare** | empfehlen | **partire** | abfahren, abfliegen |
| **la pillola** | die Kapsel | **alloggiare** | unterbringen, wohnen |
| **ricordarsi** | *hier* nicht wissen | **migliore** | bester |
| **la barzelletta** | der Witz | **confidare** | anvertrauen |
| **la scrivania** | der Schreibtisch | **il segreto** | das Geheimnis |
| **tacere** | schweigen | | |

◄ Gr LGr S. 120 ►

### *Il che*

Wenn sich das Relativpronomen *che* auf einen ganzen Satz bezieht, hat es eine neutrale Bedeutung und wird vom Artikel *il* begleitet: *il che* (was). Vergleichen Sie:

| | |
|---|---|
| *Riccardo,* ***che*** *conosco da venti anni, mi ha soffiato la ragazza.* | Riccardo, **den** ich seit zwanzig Jahren kenne, hat mir die Freundin weggenommen. |
| *Il mio vecchio amico Riccardo mi ha soffiato la ragazza,* ***il che*** *non è bello.* | Mein alter Freund Riccardo hat mir die Freundin weggenommen, **was** nicht gerade schön ist. |

# Relativpronomen

**97** ***Setzen Sie*** **che** ***oder*** **il che** ***ein und suchen Sie die passende Fortsetzung des Satzes.***

1. Voglio smettere di fumare, _____ non è facile, ...
2. Cecilia, _____ ha una grande forza di volontà, ...
3. Per arrivare a casa mia dovete prendere la strada _____ da Capua ...
4. Pina ha bisogno di soldi, _____ mi sembra strano ...
5. Dobbiamo provare a convincere tuo padre, _____ è forse impossibile ...
6. Volete provare a convincere mio padre _____ è più testardo ...
7. Giampiero ha frainteso le mie parole, _____ non mi meraviglia ...
8. Attilio, _____ ha derubato un conoscente per procurarsi la droga, ...
9. Alfredo si è rivolto a diversi avvocati per la difesa di suo figlio, _____ è stato del tutto inutile, ...
10. Mio cugino dice che ha sostenuto tutti gli esami della sessione, _____ non mi convince ...

conoscendo la sua suscettibilità.

conoscendo la sua testardaggine.

data la sua pigrizia.

poiché lei guadagna bene.

è riuscita a smettere di fumare.

è sotto processo.

di un mulo?

ma devo assolutamente riuscirci.

infatti lo hanno condannato a due anni di reclusione.

porta a Caiazzo.

| | | | |
|---|---|---|---|
| **smettere** | aufhören | **procurarsi** | besorgen, verschaffen |
| **la forza di volontà** | die Willenskraft | **rivolgersi** | sich wenden |
| **avere bisogno** | brauchen | **l'avvocato** | der Rechtsanwalt |
| **sembrare** | scheinen | **la difesa** | die Verteidigung |
| **strano** | komisch | **sostenere** | ablegen |
| **convincere** | überzeugen | **la sessione** | die Zeit der Prüfungen |
| **testardo** | stur | | |
| **fraintendere** | missverstehen | **la suscettibilità** | die Empfindlichkeit |
| **meravigliare** | wundern | **conoscendo la sua testardaggine** | in Anbetracht seiner Sturheit |
| **derubare** | bestehlen | | |
| **il conoscente** | der Bekannte | **dato** | in Anbetracht |

# Relativpronomen

| | | | |
|---|---|---|---|
| **la pigrizia** | die Faulheit | **assolutamente** | unbedingt |
| **guadagnare** | verdienen | **riuscirci** | es schaffen |
| **il processo** | der Prozess | **condannare** | verurteilen |
| **il mulo** | der Maulesel | **la reclusione** | die Haft |

◄ Gr LGr S. 124–125 ►

***Il cui***

Bei *il cui* handelt es sich um einen Genitiv. Wenn das Relativpronomen *cui* vom Artikel begleitet wird (*il cui, la cui, i cui, le cui*), entspricht es im Deutschen „dessen“ oder „deren“.

**Wichtig:** Der Artikel ändert sich, je nachdem ob das darauf folgende Substantiv männlich oder weiblich ist und im Singular oder im Plural steht.

*La Lombardia, **il cui** capoluogo è Milano, è una regione dell'Italia settentrionale.* — Die Lombardei, **deren** Hauptstadt Mailand ist, ist eine Region Norditaliens.

In der folgenden Übung sollen Sie zwischen Präposition + *cui*, Artikel + *cui* und Präposition + Artikel + *cui* unterscheiden. Vergleichen Sie aber zuerst die folgenden Beispiele:

- **Präposition + *cui***
  *Maria **con cui** lavoro alla Fiat ha tre figli.* — Maria, **mit der** ich bei Fiat zusammenarbeite, hat drei Kinder.
- **Artikel + *cui***
  *Maria, **i cui** figli vanno a scuola con mia sorella, lavora alla Fiat.* — Maria, **deren** Kinder mit meiner Schwester in die Schule gehen, arbeitet bei Fiat.
- **Präposition + Artikel + *cui***
  *Maria, **con i cui** figli va a scuola mia sorella, lavora alla Fiat.* — Maria, **mit deren** Kindern meine Schwester in die Schule geht, arbeitet bei Fiat.

# Relativpronomen

98 *Vervollständigen Sie die Sätze mit einem Relativpronomen.*

le cui · al cui · i cui · da cui · tra le cui · per cui · il cui · la cui · della cui · in cui

1. Conosci bene la persona __________ hai appreso la notizia?
2. Il Monte Bianco, __________ vetta è di 4810 metri, fa parte delle Alpi occidentali.
3. Giuliano, __________ umorismo è notorio, mette in risalto gli aspetti divertenti di ogni vicenda.
4. Nando, __________ bravura eravamo tutti convinti, non ha superato il concorso notarile.
5. Cesare Pavese, __________ opere ricordiamo “Paesi tuoi”, “La bella estate” e “Lavorare stanca”, è morto suicida.
6. Dimmi un po’, Lorena, ti piace veramente la casa __________ abiti? Non è troppo buia?
7. L’avvocato Grosso, __________ studio mi sono rivolto in diverse occasioni, non vuole interessarsi del mio caso questa volta.
8. Sai che Vincenza, __________ genitori si sono separati poco tempo fa, ha lasciato suo marito e adesso vive con un altro?
9. Le presento il dottor Pirlo, l’ingegnere __________ lavoro.
10. Eros Ramazzotti, __________ canzoni sono famosissime dappertutto, è nato a Roma nel 1963.

| | | | |
|---|---|---|---|
| **apprendere** | erfahren | **l’opera** | das Werk |
| **la notizia** | die Nachricht | **morire suicida** | Selbstmord begehen |
| **la vetta** | der Gipfel | **buio** | dunkel |
| **le Alpi occidentali** | die westlichen Alpen | **lo studio** | *hier* die Kanzlei |
| **l’umorismo** | der Humor | **rivolgersi** | sich wenden |
| **notorio** | bekannt | **l’occasione** | die Gelegenheit |
| **mettere in risalto** | hervorheben | **il caso** | der Fall |
| **la vicenda** | das Ereignis | **separarsi** | sich trennen |
| **la bravura** | die Tüchtigkeit | **lasciare** | *hier* verlassen |
| **convinto** | überzeugt | **presentare** | vorstellen |
| **superare** | bestehen | **dappertutto** | überall |
| **il concorso notarile** | die staatliche Zulassungsprüfung für den Notarberuf | **Eros Ramazzotti** | *Sänger (1963)* |
| **Cesare Pavese** | *Schriftsteller (1908–1950)* | **la canzone** | das Lied |
| | | **nascere** | geboren werden |

# Interrogativa (Fragewörter)

◄ Gr LGr S. 130 ff. ►

In diesem Kapitel geht es um Wörter, mit denen man Fragen stellen kann, z. B. *chi* (wer, wen), *che cosa* (was), *quando* (wann) usw. Diese Fragen verlangen keine Ja-/Nein-Antworten, sondern eine bestimmte Information als Antwort. Lesen Sie die folgenden Beispiele und achten Sie besonders auf die deutsche Übersetzung der Fragewörter.

| | |
|---|---|
| ***Chi*** *viene con me? – Vengo io!* | **Wer** kommt mit? - Ich komme mit! |
| ***Chi*** *vuoi invitare? – Poche persone.* | **Wen** willst du einladen? - Wenige Leute. |
| ***A chi*** *regali questi orecchini? – A mia madre.* | **Wem** schenkst du diese Ohrringe? - Meiner Mutter. |
| ***Di chi*** *sono queste chiavi? – Sono le mie.* | **Wessen** Schlüssel sind das? / **Wem** gehören diese Schlüssel? - Sie gehören mir. |
| ***Con chi*** *parli? – Con Vincenzo.* | **Mit wem** sprichst du? - Mit Vincenzo. |
| ***Da chi*** *vai? – Dal dottore.* | **Zu wem** gehst du? - Zum Arzt. |
| ***Che cosa/Che/Cosa*** *stai mangiando? – Solo un po' di frutta.* | **Was** isst du gerade? - Nur ein bisschen Obst. |
| ***Che*** *musica ti piace? – La musica classica.* | **Welche/Was für** Musik magst du? - Klassische Musik. |
| ***Quale*** *vestito compro? – Compra questo.* | **Welches** Kleid soll ich kaufen? - Kauf dieses hier. |
| ***Quali*** *scarpe compro? – Queste nere.* | **Welche** Schuhe soll ich kaufen? - Die Schwarzen hier. |
| ***Qual*** *è il tuo indirizzo? – Via Manzoni 3.* | Wie lautet (*wörtl.* **Welches** ist) deine Adresse? - Manzoni-Straße 3. |
| ***Quanta*** *pasta devo cuocere? – Mezzo chilo.* | **Wie viel** Pasta soll ich kochen? - Ein Pfund. |
| ***Da quanti*** *anni lo conosci? – Da tanto.* | **Seit wie vielen** Jahren kennst du ihn? - Seit langem. |
| ***Come*** *ti chiami? – Rosamaria.* | **Wie** heißt du? - Rosamaria. |
| ***Di dove*** *sei? – Sono di Siena.* | **Woher** kommst du? - Ich komme aus Siena. |
| ***Perché*** *piangi? –* ***Perché*** *mi sento sola.* | **Warum** weinst du? - **Weil** ich mich alleine fühle. |
| ***Quando*** *parti? – Domani.* | **Wann** fährst du ab? - Morgen. |

# Interrogativa (Fragewörter)

**Beachten Sie:** Fragewörter werden auch in so genannten indirekten Fragen verwendet, also Sätzen, die indirekt eine Frage beinhalten:

| | |
|---|---|
| *Non so **a chi** ti riferisci.* | Ich weiß nicht, **auf wen** du dich beziehst. |

Fragewörter können außerdem einen Ausruf einleiten:

| | |
|---|---|
| ***A chi** lo dici!* | **Wem** sagst du das! |

99 *Setzen Sie* chi *oder die richtige Präposition* + chi *ein.*

1. ______ è venuto alla riunione? – Solo tre colleghi.
2. ______ hai appena telefonato? – Al mio ragazzo.
3. Allora, ______ ha vinto le elezioni? – La coalizione di centro-sinistra.
4. Ragazzi, ______ è questo telefonino? – È il mio.
5. ______ hanno avuto la notizia? – Attilio gli ha raccontato tutta la vicenda.
6. ______ sei andato in vacanza? – Sono andato da solo.
7. La mia migliore amica non mi vuole dire ______ è innamorata. – Beh, sono fatti suoi.
8. E voi ______ siete? – Siamo gli amici di Eugenio.
9. ______ hai conosciuto in discoteca? – Un ragazzo carinissimo!
10. Sai ______ hanno mandato le partecipazioni Antonella e Silverio? – No, non lo so.

| | | | |
|---|---|---|---|
| **la riunione** | die Sitzung | **la notizia** | die Nachricht |
| **appena** | gerade | **da solo** | allein |
| **vincere** | gewinnen | **essere innamorato** | verliebt sein |
| **le elezioni** | die Wahlen | **Sono fatti suoi.** | Es ist ihre Sache. |
| **centro-sinistra** | Mitte-links | **la partecipazione** | *hier* die Hochzeitseinladung |
| **il telefonino** | das Handy | | |
| **la vicenda** | das Ereignis, die Angelegenheit | | |

## Interrogativa (Fragewörter)

**100** Chi *oder* che cosa? ***Vervollständigen Sie die Sätze mit den Fragewörtern.***

Per chi · Che cosa · Chi · Che cosa · A chi · Con chi · Di che cosa · Di chi · Con che cosa · A che cosa

1. ________ hai mangiato, oggi, a pranzo? – Solo un piatto di spaghetti aglio e olio.
2. ________ vi ha consigliato questo albergo? – Un amico che ci è già stato.
3. ________ parla il romanzo che stai leggendo? – È una banalissima storia d'amore!
4. ________ vuoi aggiustare l'appendiabiti? – Mi serve un martello e un giravite.
5. ________ è il regalo che hai comprato? – Per mia nonna. Domani è il suo compleanno.
6. ________ è successo? – Lorenzo e Pasquale hanno litigato.
7. ________ dedichi il tuo nuovo libro? – Lo dedico ai miei figli.
8. ________ si è arrabbiato tuo padre? – Con mia sorella.
9. ________ sta pensando Maria? – Non lo so, è sempre con la testa fra le nuvole!
10. ________ è questo cappello con la visiera? – È il mio.

| | | | |
|---|---|---|---|
| **l'aglio** | der Knoblauch | **il giravite** | der Schraubenzieher |
| **consigliare** | empfehlen | **litigare** | streiten |
| **ci** | *hier* dort | **dedicare** | widmen |
| **già** | schon | **arrabbiarsi** | sich ärgern |
| **la storia d'amore** | die Liebesgeschichte | **avere la testa fra le nuvole** | in den Wolken schweben |
| **l'appendiabiti** | der Kleiderständer | **la visiera** | der (Schutz-)Schirm |
| **il martello** | der Hammer | | |

**101** ***Übersetzen Sie die Sätze ins Italienische. Benutzen Sie dabei die Fragewörter*** chi, che cosa ***oder*** che ***(+ Substantiv), wenn nötig mit der passenden Präposition.***

1. Was für Filme magst du?
2. Was habt ihr im Unterricht gemacht?
3. Was kochen Rosanna und Raimondo heute Abend?
4. Um wie viel Uhr macht das Geschäft auf?
5. Mit wem bist du ins Kino gegangen?
6. Wen hat die Lehrerin abgehört?
7. Was für ein schönes Mädchen!

8. Wer kennt den Namen des neuen Regierungschefs?
9. Wem gehören die Sportschuhe da?
10. Was für eine Schuhgröße haben Sie?

| | | | |
|---|---|---|---|
| **a lezione** | im Unterricht | **il presidente del consiglio** | der Regierungschef |
| **cucinare** | kochen | **la scarpa da ginnastica** | der Sportschuh |
| **stasera** | heute Abend | **il numero** | *hier* die Größe |
| **aprire** | aufmachen | **portare** | *hier* haben |
| **il negozio** | das Geschäft | | |
| **interrogare** | abhören | | |

**102** *Setzen Sie* quale/qual *oder* quali *ein, wo nötig mit der passenden Präposition.*

1. __________ negozio hai trovato questa bella cornice?
2. __________ pantaloni preferisci? Questi a righe o quelli neri a tinta unita?
3. __________ è il Suo indirizzo, per piacere?
4. Ecco, questi sono i due modelli che abbiamo. __________ preferisce?
5. Scusi, io devo andare in Piazza Plebiscito. __________ fermata devo scendere?
6. __________ ragione si è licenziato Livio?
7. Non ho superato l'esame scritto d'inglese. – Mi dispiace. __________ errori hai fatto?
8. Guardi, abbiamo guanti di lana e guanti di pelle. __________ vuole provare?
9. __________ anno vi siete sposati?
10. __________ è il tuo colore preferito?

| | | | |
|---|---|---|---|
| **la cornice** | der Rahmen | **superare** | bestehen |
| **a righe** | gestreift | **la lana** | die Wolle |
| **a tinta unita** | einfarbig | **la pelle** | das Leder |
| **la fermata** | die Haltestelle | **sposarsi** | heiraten |
| **la ragione** | der Grund | **preferito** | Lieblings- |
| **licenziarsi** | kündigen | | |

**103** *Setzen Sie* quanto/-a/-i/-e *ein, wo nötig mit der passenden Präposition.*

1. __________ anni hai? – Io ho ventisette anni.
2. __________ anni sei andato a scuola? – A sei anni compiuti.
3. __________ pasta ci vuole per quattro persone? – Circa 400 grammi.

4. Voglio comprare dei carciofi da fare arrostiti. __________ ne prendo?
5. __________ costa il televisore della Panasonic da 45 pollici? – Un attimo che guardo.
6. __________ volte ti ho detto che non si marina la scuola! – Scusa, papà, hai ragione!
7. __________ soldi hai bisogno per la gita scolastica? – Non lo so ancora.
8. __________ tempo studiate l'italiano? – Da circa un anno.
9. Mamma mia, __________ storie! Adesso basta! si torna a casa.
10. Posso prendere un po' di cioccolata? – Certo, prendine __________ ne vuoi!

| | | | |
|---|---|---|---|
| **compiuto** | vollendet | **la volta** | das Mal |
| **volerci** | brauchen | **marinare** | *hier* schwänzen |
| **il carciofo** | die Artischocke | **avere ragione** | Recht haben |
| **arrostito** | gegrillt | **Basta!** | Schluss damit! |
| **il pollice** | *hier* der Zoll (Maßeinheit) | **la gita scolastica** | der Schulausflug |
| **l'attimo** | der Augenblick | **prendine (prendere)** | nimm davon |

**104** *Vervollständigen Sie die Sätze mit den Formen von* qual(e) *oder* quanto *und fügen Sie, wo nötig, die passende Präposition hinzu.*

1. __________ lingue hai studiato all'università? – Ho studiato l'inglese e lo spagnolo.
2. __________ corso ti sei iscritto? – A quello di yoga.
3. __________ mesi di garanzia ha la macchina fotografica? – Ha una garanzia di 24 mesi.
4. __________ parte dell'Italia viene tua cugina? – Lei viene dal Nord.
5. __________ regione si trovano i famosi trulli? – In Puglia.
6. Ma __________ sale hai messo nell'insalata? È immangiabile. – Scusa, mi dispiace.
7. __________ è il capoluogo del Piemonte? – Torino.
8. __________ settimane dura il corso di aggiornamento? – Solo una settimana.
9. __________ anni ci conosciamo? – Da una vita, cara mia!
10. Ci serve la mozzarella per fare la caprese. – Va bene. __________ ne devo prendere?

# Interrogativa (Fragewörter)

| | | | |
|---|---|---|---|
| **iscriversi** | sich anmelden | **durare** | dauern |
| **la garanzia** | die Garantie | **il corso di aggiornamento** | der Fortbildungskurs |
| **la macchina fotografica** | der Fotoapparat | **la mozzarella (di bufala)** | Mozzarella (*Büffelkäse*) |
| **il trullo** | *rundes Haus mit Strohdach* | **la caprese** | *Gericht aus Mozzarella, Tomaten und Basilikum* |
| **immangiabile** | ungenießbar | | |
| **il capoluogo** | die Hauptstadt | | |

105 *Kreuzen Sie das jeweils passende Fragewort an.*

| | | |
|---|---|---|
| 1. ________ stanno parlando? – Di politica. | ☐ Di che cosa | ☐ Di chi |
| 2. ________ giochiamo di nuovo a dama? – Domenica. | ☐ Quando | ☐ Quanto |
| 3. Scusi, ________ si trova la stazione centrale? – Mi dispiace, non lo so. Non sono di qui. | ☐ dove | ☐ da dove |
| 4. Buona sera, Signora Veltroni! ________ sta? – Bene, e Lei? | ☐ Che | ☐ Come |
| 5. ________ non andiamo a ballare? – Oh, no ..., non mi va. | ☐ Quando | ☐ Perché |
| 6. ________ sono felice! – Bene, mi fa piacere per te. | ☐ Che | ☐ Come |
| 7. ________ cassetto hai messo la camicia bianca? – Nel secondo, credo. | ☐ In quale | ☐ In quanto |
| 8. ________ sono cresciuti i tuoi genitori? – In una cittadina della Basilicata. | ☐ Dove | ☐ Quando |
| 9. ________ tempo ci hai messo a preparare l'esame? – Ci ho messo due mesi, ma ho studiato tanto! | ☐ Quale | ☐ Quanto |
| 10. Non so ________ Danilo non si è fatto più sentire. | ☐ come | ☐ perché |

| | | | |
|---|---|---|---|
| **giocare a dama** | Dame spielen | **il cassetto** | die Schublade |
| **non mi va** | ich habe keine Lust | **crescere** | *hier* aufwachsen |
| | | **metterci** | brauchen |
| **far piacere** | freuen | **farsi sentire** | sich melden |

# Interrogativa (Fragewörter)

**106** ***Ein Interview. Vervollständigen Sie die links stehenden Fragen mit dem richtigen Fragewort und finden Sie dann die passende Antwort zu jedem Satz.***

| | | | |
|---|---|---|---|
| 1. | ________ si chiama? | a. | A Padova. |
| 2. | Di ________ è? | b. | Sono impiegata, lavoro al comune. |
| 3. | ________ abita? | c. | Sono italiana, di Bologna. |
| 4. | A ________ piano abita? | d. | Faccio sport, leggo, vado al cinema ... |
| 5. | ________ abita a Padova? | e. | Aurelia Grimaldi. |
| 6. | ________ lavoro fa? | f. | Pretty Woman. L'ho visto almeno cinque volte! |
| 7. | ________ guadagna al mese? | g. | Sì, certo. Ho trentadue anni. |
| 8. | Le posso chiedere ________ anni ha? | h. | Al quarto. Per fortuna c'è l'ascensore. |
| 9. | ________ fa nel tempo libero? | i. | Per lavoro. |
| 10. | ________ è il suo film preferito? | j. | Mi dispiace, ma non do informazioni sul mio stipendio. |

| | | | |
|---|---|---|---|
| **il piano** | *hier* das Stockwerk | **l'impiegato** | der Angestellte |
| **guadagnare** | verdienen | **leggere** | lesen |
| **il mese** | der Monat | **almeno** | mindestens |
| **il tempo libero** | die Freizeit | **per fortuna** | zum Glück |
| **preferito** | Lieblings- | **l'ascensore** | der Aufzug |
| **il comune** | *hier* das Rathaus, die Gemeindeverwaltung | **lo stipendio** | das Gehalt |

# Pronomen

◄ Gr LGr S. 138 ff. ►

### Subjektpronomen

Unter Subjektpronomen versteht man Pronomen im Nominativfall:

| | | | | | | | | |
|---|---|---|---|---|---|---|---|---|
| *io* | *tu* | *lui* | *lei* | *Lei* | *noi* | *voi* | *Voi* | *loro* |
| ich | du | er | sie | Sie | wir | ihr | Ihr/Sie | sie |

Bei den Subjekpronomen sollten Sie sich im Wesentlichen zwei Aspekte merken:

- Im Gegensatz zum Deutschen werden die Subjektpronomen im Italienischen in der Regel weggelassen, weil die Endung des konjugierten Verbs bereits die Information über die Person enthält.
  *Io parlo l'italiano.* ➛ *Parlo l'italiano.* Ich spreche Italienisch.
- Die Subjektpronomen werden jedoch dann gebraucht, wenn man sie betonen möchte oder nach bestimmten Wörtern wie *anche* (auch), *nemmeno* (auch nicht), *invece sì/no* (dagegen schon/nicht).
  ***Io** parlo l'italiano, e **tu**?* Ich spreche Italienisch, und du?
  ***Io** invece no.* Ich dagegen nicht.

**Achtung:** Subjektpronomen können manchmal auch ans Satzende gestellt werden.
*Chi è? – Sono **io**!* Wer ist da? - Ich bin's!

**107** ***Setzen Sie die passenden Subjektpronomen dort ein, wo Sie es für nötig erachten.***

1. _____ sono di Vercelli. E _____ di dove sei?
2. Nemmeno _____ amiamo sciare.
3. Silvana frequenta la quinta elementare e _____ studia molto volentieri.
4. _____ abito a Firenze da due anni, _____ lavoro in una banca.
5. Chi va a prendere i bambini a scuola? - Ci vado _____.
6. Scusi, _____ come si chiama?
7. Allora, ragazzi, per il pic-nic _____ portiamo le bibite e _____ preparate qualche spuntino.
8. Elisabetta e Renato vogliono andare in vacanza. Domani _____ partono per il mare.
9. _____ ordino un caffè. Lo vuoi anche _____?
10. In agosto Martina, Oscar e Aldo pensano di andare in campeggio in Calabria. E _____ che pensate di fare?

| | | | |
|---|---|---|---|
| **sciare** | Ski fahren | **lo spuntino** | der Imbiss |
| **frequentare** | besuchen | **partire** | abfahren |
| **la quinta elementare** | die 5. Klasse (Grundschule) | **ordinare** | bestellen |
| **andare a prendere** | abholen | **pensare** | denken |
| **la bibita** | das Getränk | **il campeggio** | der Campingplatz |

◄ Gr LGr S. 140 ►

**Reflexivpronomen**

In der vorangehenden Übung haben wir gesehen, dass die Subjektpronomen im Satz nicht immer notwendig sind, umgekehrt verhält es sich mit den Reflexivpronomen. Die Reflexivpronomen werden nie weggelassen. Ihre Formen sind:

| | | | | | |
|---|---|---|---|---|---|
| *mi* | *ti* | *si* | *ci* | *vi* | *si* |
| mich/mir | dich/dir | sich | uns | euch | sich |

In der nächsten Aufgabe üben Sie, zwischen Subjektpronomen und Reflexivpronomen zu unterscheiden.
Bevor Sie die Übung machen, vergleichen Sie bitte folgende Beispiele:

| | |
|---|---|
| ***Mi** vesto in modo sportivo.* | Ich ziehe mich sportlich an. |
| ***Io mi** vesto in modo sportivo, e **tu** come **ti** vesti?* | Ich ziehe mich sportlich an, und wie ziehst du dich an? |

**Achtung:** Einige Verben, die im Deutschen nicht reflexiv sind, werden im Italienischen jedoch als Reflexivverben gebraucht (➝ auch S. 257), z. B. *chiamarsi* (heißen).

.08 ***Vervollständigen Sie die Sätze, wo es nötig ist, mit den Subjekt- und/oder Reflexivpronomen.***

si · ci · mi · io mi · vi · tu · ti · si · noi ci · si · si · loro · io mi · Lei

1. Domenico _____ annoia durante l'ora di religione.
2. Arturo e Toni non _____ iscrivono all'università, invece _____ iscriviamo.
3. Stasera _____ incontriamo con alcuni amici in piazza.
4. _____ chiamo Anna e _____ sono italiana, di Napoli.
5. _____ invitate Francesco e Angela al vostro matrimonio?

6. Nemmeno _____ sanno quali squadre giocano domani.
7. Signora Barbato, come _____ sente oggi? - Bene, grazie, e _____ come sta?
8. _____ alzo presto la mattina, e _____ quando _____ alzi?
9. Ragazzi, se _____ lavate le mani, _____ possiamo mangiare.
10. _____ diverto sempre in discoteca, invece Wanda e Mirella non _____ divertono proprio.

| | | | |
|---|---|---|---|
| **annoiarsi** | sich langweilen | **sapere** | wissen |
| **l'ora di religione** | die Religionsstunde | **la squadra** | die Mannschaft |
| **iscriversi** | sich anmelden | **sentirsi** | sich fühlen |
| **invece** | dagegen | **alzarsi** | aufstehen |
| **incontrarsi** | sich treffen | **presto** | früh |
| **alcuni** | einige | **lavarsi** | sich waschen |
| **invitare** | einladen | **la mano** | die Hand |
| **il matrimonio** | die Hochzeit | **divertirsi** | sich amüsieren |
| **nemmeno** | auch nicht | **proprio** | überhaupt, wirklich |

◄ Gr LGr 141–142; 144–147 ►

### Direkte Objektpronomen

Die italienischen direkten Objektpronomen entsprechen den Akkusativpronomen im Deutschen. Dennoch sollten Sie bei diesem Thema folgende Punkte beachten:

- Man unterscheidet zwischen unbetonten und betonten direkten Objektpronomen.

| | | | | | | | | |
|---|---|---|---|---|---|---|---|---|
| **unbetont** | *mi* | *ti* | *lo* | *la/La* | *ci* | *vi/Vi* | *li* | *le* |
| **betont** | *me* | *te* | *lui* | *lei/Lei* | *noi* | *voi/Voi* | *loro* | *loro* |
| | mich | dich | ihn | sie/Sie | uns | euch/Sie | sie | sie |

- Gewöhnlich werden die unbetonten Formen (1) gebraucht. Die betonten hingegen dienen hauptsächlich zur Hervorhebung (2) oder werden mit Präpositionen (3) verwendet.

| | | |
|---|---|---|
| (1) | *Mario **la** conosce.* | Mario kennt **sie**. |
| (2) | *Mario conosce proprio **lei**.* | Mario kennt **sie** wirklich. |
| (3) | *Mario esce con **lei**.* | Mario geht mit **ihr** aus. |

- Wie den Beispielen zu entnehmen ist, stehen die unbetonten Pronomen im Gegensatz zum Deutschen vor dem konjugierten Verb (1). In allen anderen Fällen stehen sie in der Regel nach dem Verb (2/3) wie im Deutschen.

- Merke: Nur die unbetonten Formen können an einen Infinitiv angehängt werden.

| | |
|---|---|
| *Mario **la** vuole conoscere. / Mario vuole conoscer**la.*** | Mario will **sie** kennen lernen. |

- In verneinten Sätzen steht *non* vor dem unbetonten Pronomen (4), während bei der betonten Form *non* vor dem konjugierten Verb (5) steht.

| | |
|---|---|
| (4) *Mario **non ti** conosce.* | Mario kennt **dich nicht**. |
| (5) *Mario **non esce** con te.* | Mario **geht nicht** mit dir **aus**. |

**109** ***Vervollständigen Sie die Sätze mit den unbetonten direkten Objektpronomen.***

ti · la · ci · la · mi · lo · li · le · vi · le

1. Vado in ufficio con la macchina e _____ parcheggio in un autosilo.
2. Sono così infelice! Cristiano non _____ ama più.
3. Quando fai il trasloco _____ aiuto volentieri.
4. Mi piacciono molto i libri gialli. _____ leggo sempre la sera a letto.
5. Sono allergica alle fragole e quindi la mia mamma non _____ compra mai.
6. Quando arrivate all'aeroporto _____ vengo a prendere io con l'auto.
7. Mia moglie non ama il vino, io invece _____ bevo molto volentieri.
8. A Leonardo piace la pasta, ma _____ mangia solo con il formaggio.
9. Abbiamo una brava insegnante. Lei _____ segue con pazienza e passione.
10. Conosco tutte le favole dei fratelli Grimm e _____ racconto sempre ai miei bambini.

| | | | |
|---|---|---|---|
| **l'ufficio** | das Büro | **la fragola** | die Erdbeere |
| **la macchina** | das Auto | **l'aeroporto** | der Flughafen |
| **parcheggiare** | parken | **venire a prendere** | abholen |
| **l'autosilo** | die Großgarage | **l'insegnante** | *hier* die Lehrerin |
| **infelice** | unglücklich | **seguire** | folgen |
| **non ... più** | nicht ... mehr | **la pazienza** | die Geduld |
| **quando** | *hier* wenn | **la passione** | die Leidenschaft |
| **il trasloco** | der Umzug | **la favola** | das Märchen |
| **aiutare** | helfen | **raccontare** | erzählen |
| **il libro giallo** | der Kriminalroman | | |
| **allergico** | allergisch | | |

**110** *Antworten Sie mit dem passenden unbetonten direkten Objektpronomen.*

ESEMPIO

| | |
|---|---|
| Conosci Rosa? | *Sì, la conosco.*<br>*No, non la conosco.* |

1. Inviti Filippo alla festa? No, ______
2. Chiamate i vostri amici? Sì, ______
3. Ti disturbo? No, ______
4. Comprendi la mia reazione? Sì, ______
5. Ci accompagni tu? Sì, ______ io.
6. Conoscete Milena e Monica? No, ______
7. Cucini gli gnocchi oggi? No, oggi ______
8. Mi riconosci? No, ______
9. Aspettate l'autobus? Sì, ______ da un'ora!
10. Dottor Fini, mi richiama domani? Sì, ______ domani.

| | | | |
|---|---|---|---|
| **conoscere** | kennen | **gli gnocchi** | die Kartoffel-klößchen |
| **invitare** | einladen | **oggi** | heute |
| **chiamare** | (an)rufen | **riconoscere** | erkennen |
| **disturbare** | stören | **aspettare** | warten |
| **comprendere** | verstehen | **richiamare** | wieder (an)rufen |
| **accompagnare** | begleiten | **domani** | morgen |
| **cucinare** | kochen | | |

**111 a** *Wandeln Sie die Sätze um.*

ESEMPIO

| | |
|---|---|
| Devo prendere la medicina. | *La devo prendere. / Devo prenderla.* |

1. Posso usare il tuo pettine? ______
2. Non voglio lavare i vetri. ______
3. Puoi apparecchiare la tavola? ______
4. Dobbiamo fare le valigie. ______
5. Può aprire la porta? ______
6. Devi spegnere il computer. ______

**11 b** *Beantworten Sie jetzt folgende Fragen wie im Beispiel. Benutzen Sie dabei das Verb* potere.

ESEMPIO

| | |
|---|---|
| Mi aiuti? | *Certo, ti posso aiutare. / Certo, posso aiutarti.* |

1. Ci accompagni? ______________________
2. Vi aspetto? ______________________
3. Mi capite? ______________________
4. Ti chiamiamo? ______________________

| | | | |
|---|---|---|---|
| **dovere** | müssen, sollen | **volere** | wollen |
| **la medicina** | das Medikament, die Medizin | **lavare i vetri** | die Fenster putzen |
| | | **apparecchiare** | (Tisch) decken |
| **potere** | können, dürfen | **la valigia** | der Koffer |
| **usare** | benutzen | **spegnere** | ausschalten |
| **il pettine** | der Kamm | | |

**112** *Verbinden Sie die linke Spalte mit der rechten zu sinnvollen Sätzen. Unterstreichen Sie anschließend die betonten direkten Objektpronomen.*

1. Quando la prossima volta vai al circo con Pino, ...
2. Valeria e Marco sono due brave persone, io ...
3. Teresa, è vero che il tuo parrucchiere ha ...
4. Secondo noi, se vuoi sentirti meglio ...
5. Come mai Luca parla sempre e solo con voi ...
6. Mirna, ti ringrazio molto. Ragazzi, devo ...
7. Per Lei, signora, un Martini con ghiaccio, e ...
8. Quando Lia e Gigi litigano, ...
9. Catia è innamorata di me, ma invece ...
10. Capisco entrambe le posizioni. Sono d'accordo ...

a. e non parla mai con noi?
b. porti anche <u>me</u>?
c. io amo un'altra donna.
d. Lei invece cosa prende?
e. perché sgridi solo lei?
f. stimo soprattutto lui per la sua correttezza.
g. sia con voi che con loro.
h. una passione per te?
i. devi fare la dieta.
j. ringraziare anche voi.

| | | | |
|---|---|---|---|
| **prossimo** | nächste/-r/-s | **entrambi/e** | beide |
| **il circo** | der Zirkus | **la posizione** | die Stellung |
| **il parrucchiere** | der Friseur | **essere d'accordo** | einverstanden sein |
| **secondo** | laut | **non ... mai** | nie |
| **sentirsi** | sich fühlen | **portare** | *hier* mitnehmen |
| **meglio** | besser | **sgridare** | schimpfen |
| **come mai** | wieso | **stimare** | schätzen |
| **solo** | *hier* nur | **soprattutto** | über alles |
| **ringraziare** | danken | **la correttezza** | die Fairness, die Korrektheit |
| **il ghiaccio** | das Eis | | |
| **litigare** | streiten | **sia ... che** | sowohl ... als auch |
| **essere innamorato** | verliebt sein | **avere una passione per qualcuno** | jemanden leidenschaftlich lieben |

113 ***Ergänzen Sie die Sätze mit einem betonten direkten Objektpronomen.***

1. Chi preferisci, Diego o Sara? – Preferisco sicuramente _____. Sara è molto aperta e sempre disponibile.
2. Venite a trovarci. Ci fa molto piacere. Potete restare da _____ quanto volete!
3. I miei cugini vanno una settimana in Portogallo. Vogliamo andare con _____?
4 Come sono Fabio e Barbara? – No, guarda, non sopporto né _____ né _____!
5. Mamma, lo so che anche Paolo e Raffaele hanno bisogno di aiuto. Io, però, domani sono da solo. Puoi venire prima da _____?
6. Maria, questi fiori sono per _____! – Oh, grazie, che belli!
7. Stasera andiamo in pizzeria, vuoi venire con _____?
8. Il professore di latino è proprio strano ... La mia compagna di banco ha copiato la mia versione e lui invece ha rimproverato _____!
9. Ferdinando è un tipo ambiguo. Non mi fido proprio di _____.
10. Liana, sei una ragazza formidabile, proprio come tua sorella. Ammiro molto sia _____ che _____.

| | | | |
|---|---|---|---|
| **preferire** | lieber mögen | **il fiore** | die Blume |
| **sicuramente** | sicherlich | **strano** | komisch |
| **aperto** | offen | **il compagno di banco** | der Banknachbar |
| **disponibile** | hilfsbereit | **copiare** | *hier* abschreiben |
| **venire a trovare** | besuchen kommen | **la versione** | die Übersetzung |
| **fare piacere** | freuen | **rimproverare** | vorwerfen |
| **restare** | bleiben | **ambiguo** | zweideutig, doppelsinnig |
| **quanto** | *hier* wie lange | **fidarsi di** | trauen |
| **sopportare** | ertragen | **formidabile** | großartig |
| **avere bisogno** | brauchen | **ammirare** | bewundern |
| **prima** | erst | | |
| **da** | *hier* zu | | |

114 *Unbetonte oder betonte direkte Objektpronomen? Kreuzen Sie die richtige Form an.*

| | **unbetont** | **betont** |
|---|---|---|
| 1. Mi servono dei pomodori, ma _____ vorrei piuttosto maturi. | ☐ li | ☐ loro |
| 2. Domenica siamo liberi. Se venite da _____ facciamo un giro in barca. | ☐ ci | ☐ noi |
| 3. Guarda, ho comprato un regalo per _____ e uno per tuo fratello. | ☐ ti | ☐ te |
| 4. Papà, la bicicletta è rotta! _____ puoi riparare, per piacere? | ☐ La | ☐ Lei |
| 5. Direttore, perché licenzia proprio _____? | ☐ mi | ☐ me |
| 6. Giampaolo è un mio collega d'università. Con _____ preparo l'esame di economia. | ☐ lo | ☐ lui |
| 7. A Caterina non piacciono le collane e infatti non _____ porta mai. | ☐ le | ☐ loro |
| 8. Chi di _____ suona il pianoforte? | ☐ vi | ☐ voi |
| 9. Vado a trovare i miei genitori ogni due settimane e rimango da _____ per due giorni. | ☐ li | ☐ loro |
| 10. Sei fortunata! Guglielmo è proprio innamorato. _____ guarda sempre! | ☐ Ti | ☐ Te |

| | | | |
|---|---|---|---|
| **servire** | brauchen | **il pianoforte** | das Klavier |
| **piuttosto** | ziemlich | **andare a trovare** | besuchen gehen |
| **maturo** | reif | **ogni due settimane** | alle zwei Wochen |
| **il giro in barca** | die Bootsfahrt | **rimanere** | bleiben |
| **rotto** | kaputt | **essere fortunato** | Glück haben |
| **licenziare** | entlassen | **innamorato** | verliebt |
| **la collana** | die Halskette | | |
| **suonare** | spielen | | |

◄ Gr LGr S. 142 und S. 403 ►

| | |
|---|---|
| ***La pizza la*** *mangio sempre con mozzarella, prosciutto e funghi.* | Pizza esse ich immer mit Mozzarella, Schinken und Pilzen. |

Dieser Satz weist Sie auf eine Besonderheit der italienischen Sprache hin. Der Satz fängt hier mit einem direkten Objekt (Akkusativobjekt) an. Warum? Weil man hier das direkte Objekt, und zwar die Pizza, betonen will. Dem direkten Objekt folgt dann das entsprechende direkte Objektpronomen. Es handelt sich also um eine Verstärkung des Objektes durch das zusätzliche Pronomen.
Vergleichen Sie folgende Sätze:

| | |
|---|---|
| *Bevo il caffè senza zucchero.* | Ich trinke den Kaffee ohne Zucker. |
| ***Il caffè lo*** *bevo senza zucchero.* | **Den Kaffee** trinke ich ohne Zucker. |

Im zweiten Beispiel wird besonders hervorgehoben, dass man den Kaffee (und nicht etwa den Tee) ohne Zucker trinkt.

Merken Sie sich diese Besonderheit und üben Sie sie in der folgenden Aufgabe. Diese Konstruktion ist nämlich in der Umgangssprache sehr verbreitet.

**115** ***Wandeln Sie die Sätze um. Benutzen Sie dabei das passende unbetonte direkte Objektpronomen.***

Esempio

| | |
|---|---|
| Chiamo Elena sul cellulare. | *Elena la chiamo sul cellulare.* |

1. Trovo questa regola abbastanza facile. ______________________
2. Fumi ancora il sigaro? ______________________

| | |
|---|---|
| 3. Conservo tutti i documenti in un cassetto. | ______ |
| 4. Può spedire le lettere subito? | ______ |
| 5. Sai guidare la macchina? | ______ |
| 6. Devo vedere l'ultimo film di Benigni. | *L'ultimo film di Benigni ...* |
| 7. Conosciamo Eva e Giuliana da molti anni. | ______ |
| 8. Mia madre cucina i tortellini con la panna. | *Mia madre i tortellini ...* |
| 9. Preferisco il gelato alla nocciola. | ______ |
| 10. Vuole la ricevuta? | ______ |

| | | | |
|---|---|---|---|
| **trovare** | finden | **spedire** | verschicken |
| **abbastanza** | ziemlich | **guidare** | fahren |
| **fumare** | rauchen | **ultimo** | letzt |
| **il sigaro** | die Zigarre | **i tortellini** | *gefüllte Teigwaren* |
| **conservare** | aufbewahren | **la panna** | die Sahne |
| **cassetto** | die Schublade | **la nocciola** | die Nuss |
| **Roberto Benigni** | *Schauspieler und Regisseur (1952)* | **la ricevuta** | die Quittung |

◄ Gr LGr S. 143 ff. ►

**Indirekte Objektpronomen**

Die italienischen indirekten Objektpronomen entsprechen den Dativpronomen im Deutschen. Hierbei sollten Sie auf Folgendes achten:

- Man unterscheidet zwischen unbetonten und betonten Formen (wie schon bei den direkten Objektpronomen).

| | | | | | | | |
|---|---|---|---|---|---|---|---|
| **unbetont** | *mi* | *ti* | *gli* | *le/Le* | *ci* | *vi/Vi* | *gli* |
| **betont** | *a me* | *a te* | *a lui* | *a lei/Lei* | *a noi* | *a voi/Voi* | *a loro* |
| | mir | dir | ihm | ihr/Ihr | uns | euch/Ihnen | ihnen |

- Am häufigsten werden die unbetonten Formen (1) gebraucht. Sie stehen im Gegensatz zum Deutschen vor dem konjugierten Verb. Die betonten Formen (2/3) hingegen werden nur verwendet, wenn man etwas hervorheben will. Sie werden dann von der Präposition *a* eingeleitet. Die betonten indirekten Objektpronomen (*a* + Pronomen) können nach dem Verb stehen, aber auch vor dem Verb oder vor dem Subjekt.

| | |
|---|---|
| (1) ***Gli*** *dico la verità.* | Ich sage **ihm** die Wahrheit. |
| (2) *Dico solo **a lui** la verità.* | Ich sage nur **ihm** die Wahrheit. |
| (3) *Solo **a lui** dico la verità.* | Nur **ihm** sage ich die Wahrheit. |

- Merke: Nur die unbetonten Formen können an einen Infinitiv angehängt werden.
  ***Gli*** *voglio dire la verità. /* *Voglio dir**gli** la verità.* — Ich will ihm die Wahrheit sagen.
- In verneinten Sätzen steht *non* vor dem unbetonten indirekten Objektpronomen (4), während bei der betonten Form *non* vor dem konjugierten Verb (5) steht.

| | |
|---|---|
| (4) ***Non gli*** *dico la verità.* | Ich sage **ihm nicht** die Wahrheit. |
| (5) *A lui **non dico** la verità.* | Ihm **sage** ich **nicht** die Wahrheit. |

116 ***Vervollständigen Sie die Sätze mit den unbetonten indirekten Objektpronomen.***

ti · gli · ci · Le · mi · Vi · gli · mi · vi · ci

1. Domani è il compleanno di Luigi. _____ regalo un lettore DVD.
2. Il mio ragazzo fa il cantante. Lui _____ dedica tutte le sue canzoni.
3. Senta, noi non siamo di qui. Che ristorante _____ consiglia?
4. Giovanni, _____ piace questo puzzle?
5. Signora Barra, cosa _____ posso offrire da bere?
6. Marta, i bambini tra poco escono per andare a scuola. _____ prepari la merenda?
7. Gentili signori, _____ auguriamo una piacevole permanenza nel nostro albergo.
8. Ragazzi, _____ consiglio di partire presto, altrimenti trovate traffico.
9. Amore, _____ vuoi veramente bene?
10. Abbiamo appena acquistato un computer. La sua offerta pertanto non _____ interessa.

| | | | |
|---|---|---|---|
| **il compleanno** | der Geburtstag | **tra poco** | in Kürze |
| **il lettore DVD** | der DVD-Player | **la merenda** | das Pausenbrot |
| **il ragazzo** | *hier* der Freund | **augurare** | wünschen |
| **il cantante** | der Sänger | **piacevole** | angenehm |
| **dedicare** | widmen | **la permanenza** | der Aufenthalt |
| **la canzone** | das Lied | **partire** | abfahren |
| **consigliare** | empfehlen | **altrimenti** | sonst |
| **offrire** | anbieten | **il traffico** | der Verkehr |

| | | | |
|---|---|---|---|
| **volere bene** | liebhaben | **l'offerta** | das Angebot |
| **appena** | eben | **pertanto** | deshalb, daher, darum |
| **acquistare** | erwerben, sich anschaffen | | |

117 *Wandeln Sie die Sätze um, indem Sie die hervorgehobenen Satzteile durch die passenden unbetonten indirekten Objektpronomen ersetzen.*

ESEMPIO

Do un bicchiere a Rita. *Le do un bicchiere.*

1. La maestra spiega agli alunni una nuova regola. ____________
2. A me Massimo telefona tutti i giorni. ____________
3. A noi papà compra un biliardino. ____________
4. Diamo una mano ai ragazzi per il trasloco. ____________
5. A voi non piace il gorgonzola, vero? ____________
6. A Liliana serve una padella antiaderente. ____________
7. Confido i miei segreti al mio amico Leo. ____________
8. Mia madre a me manca molto. ____________
9. Quando spedisci il pacco a Gemma? ____________
10. A voi prestiamo tutto quello che volete. ____________

| | | | |
|---|---|---|---|
| **la maestra** | die Grundschullehrerin | **il gorgonzola** | *Schimmelkäse* |
| **spiegare** | erklären | **la padella antiaderente** | die antihaftbeschichtete Pfanne |
| **l'alunno** | der Schüler | **confidare** | anvertrauen |
| **il biliardino** | der kleine Billardtisch | **il segreto** | das Geheimnis |
| **dare una mano** | behilflich sein | **mancare** | fehlen |
| **il trasloco** | der Umzug | **spedire** | verschicken |
| **piacere** | gefallen, schmecken | **prestare** | leihen |
| | | **tutto quello che** | alles, was |

**118** ***Vervollständigen Sie die Sätze mit den passenden unbetonten indirekten Objektpronomen. Anschließend wandeln Sie die Sätze wie im Beispiel um.***

ESEMPIO

Robbi, *mi* puoi prestare la tua auto?
*Robbi, puoi prestarmi la tua auto?*

1. Siamo stranieri. ____ può dare un'informazione?
______________________________
2. Se vuole ____ posso mandare un'e-mail di conferma domani.
______________________________
3. Signori, purtroppo ____ dobbiamo comunicare una spiacevole notizia.
______________________________
4. ____ vuoi descrivere la strada per arrivare a casa tua? Non conosco la zona.
______________________________
5. Abbiamo tempo, ____ potete raccontare tutto con calma.
______________________________
6. Mario, ____ posso prestare io il proiettore per la conferenza.
______________________________
7. Allora, ragazzi, quando ____ devo restituire il gommone?
______________________________
8. Dottor Parisi, ____ posso dare un consiglio?
______________________________

| | | | |
|---|---|---|---|
| **lo straniero** | der Ausländer, der Fremde | **la zona** | die Gegend |
| **la conferma** | die Bestätigung | **raccontare** | erzählen |
| **purtroppo** | leider | **la calma** | die Ruhe |
| **comunicare** | mitteilen | **il proiettore** | der Projektor |
| **spiacevole** | unangenehm | **la conferenza** | der Vortrag |
| **la notizia** | die Nachricht | **restituire** | zurückgeben |
| **descrivere** | beschreiben | **il gommone** | das Schlauchboot |
| **la strada** | *hier* der Weg | **il consiglio** | der Ratschlag |
| **arrivare** | *hier* kommen | **chiedere una cosa** | etwas fragen |

**119** ***Verbinden Sie die linke Spalte mit der rechten zu sinnvollen Mini-Dialogen. Ergänzen Sie dabei die passenden unbetonten indirekten Objektpronomen.***

| | | | |
|---|---|---|---|
| 1. | Scusa, hai visto Eleonora? | a. | Certamente. Devo firmare la ricevuta? |
| 2. | Buongiorno! Senta, ____ posso lasciare questo pacco per i vicini? | b. | Sì. ____ ha detto che devo assolutamente smettere di fumare. |
| 3. | Presto, papà, siamo così curiosi. ____ fai vedere i regali? | c. | Scusa, nonna, ____ prometto che non lo faccio più. |
| 4. | Daniele, sei stato dal medico? | d. | No, ____ dispiace, non la vedo da un pezzo. |
| 5. | Signori, ____ posso portare un aperitivo? | e. | Io non ____ credo. La sua storia è molto strana. |
| 6. | Giacomino, ma perché metti sempre il sale nel barattolo dello zucchero?! | f. | Un momento, bambini, sono ancora in valigia. |
| 7. | Devo telefonare a Gabriele e Stefania. ____ devo ricordare dell'appuntamento. | g. | Mah, non lo so. È uno strumento difficile, impegnativo. Io non ho molto tempo. |
| 8. | Secondo te, Arturo ha detto la verità? | h. | Sì, grazie, è una buon'idea. |
| 9. | Senti, Annamaria, io amo il pianoforte. ____ vuoi insegnare a suonare? | i. | Come mai? Cosa hai fatto di male? |
| 10. | I miei genitori ____ hanno vietato di uscire per tre giorni. | j. | Se vuoi, li chiamo io. |

| | | | |
|---|---|---|---|
| **il vicino** | der Nachbar | **firmare** | unterschreiben |
| **curioso** | neugierig | **smettere** | aufhören |
| **fare vedere** | zeigen | **promettere** | versprechen |
| **mettere** | hintun | **dispiacere** | Leid tun |
| **il barattolo** | die Dose | **da un pezzo** | eine Zeitlang |
| **l'appuntamento** | der Termin | **credere** | glauben |
| **la verità** | die Wahrheit | **strano** | komisch |
| **insegnare** | beibringen | **impegnativo** | beanspruchend |
| **vietare** | verbieten | **come mai?** | wieso? |
| **la ricevuta** | die Empfangs-bestätigung | **di male** | Schlimmes |
| | | **se** | wenn |

**120** *Lesen Sie die Sätze, unterstreichen Sie die betonten indirekten Objektpronomen und tragen Sie sie neben die entsprechenden unbetonten Formen in die Tabelle ein.*

1. Mi piace molto sciare, e a voi?
2. A me interessa particolarmente la pittura contemporanea.
3. Hanno dato proprio a lui la promozione! L'ultimo arrivato!
4. A noi dispiace molto se non vieni alla festa.
5. Le minigonne a te stanno bene. Tu hai delle belle gambe.
6. Carla ha 18 anni. A lei adesso è permesso di tornare a casa tardi.
7. Signora, e a Lei cosa posso offrire? Un prosecco?
8. A Olga e Ezio ho fatto una buona proposta. Ma a loro non interessa.

| unbetont | betont |
|---|---|
| mi | |
| ti | |
| gli | |
| le | |
| Le | |
| ci | |
| vi | |
| gli | |

| | | | |
|---|---|---|---|
| **sciare** | Ski fahren | **la promozione** | die Beförderung |
| **particolarmente** | besonders | **la minigonna** | der Mini-Rock |
| **la pittura contemporanea** | die Malerei der Gegenwart | **la gamba** | das Bein |
| **proprio** | ausgerechnet | **adesso** | jetzt |
| **l'ultimo arrivato** | der zuletzt Gekommene | **è permesso** | es ist erlaubt |
| | | **la proposta** | der Vorschlag |

**121** *Ergänzen Sie die Sätze mit den passenden betonten indirekten Objektpronomen. Vergessen Sie dabei nicht, die Präposition* a *vor die Pronomen zu setzen!*

1. Io ti penso sempre. E tu _____ pensi qualche volta?
2. Camilla è gravemente ammalata. Suo marito, Fausto, è un uomo straordinario. Si dedica _____ completamente.
3. Enrico mi ha scritto un'e-mail e gli ho già risposto. Anche Bernardo mi ha scritto, ma _____ rispondo più tardi.
4. Scusi, permette una domanda? Eh ... Senta, posso fare una domanda anche _____?
5. Mi presti la tua cravatta grigia? – No, _____ non presto più niente perché rovini sempre tutto.
6. Voi siete dei veri cinefili, invece _____ non piace andare al cinema. Noi preferiamo andare a teatro.

7. Eugenio e Cesare sono sempre molto gentili. _____ dobbiamo assolutamente portare un souvenir dall'India.
8. Cari amici, abbiamo vinto un videoregistratore, ma in realtà non ci serve. Serve forse _____?
9. Giacomo, vogliamo andare a giocare a bowling? – Oh, no, _____ non va.
10. Signora, questa tariffa _____ non conviene. Dobbiamo trovare un'altra soluzione.

| | | | |
|---|---|---|---|
| **qualche volta** | manchmal | **il cinefilo** | der Kinofan |
| **gravemente** | ernsthaft | **assolutamente** | unbedingt |
| **ammalato** | krank | **il souvenir** | das Andenken |
| **straordinario** | außergewöhnlich | **vincere** | gewinnen |
| **dedicarsi** | sich widmen | **il videoregistratore** | der Videorekorder |
| **già** | schon | **in realtà** | eigentlich |
| **più tardi** | später | **servire** | brauchen |
| **permettere** | erlauben | **la tariffa** | der Tarif |
| **prestare** | leihen | **convenire** | günstig sein |
| **rovinare** | beschädigen | **la soluzione** | die Lösung |

22 *Unbetonte oder betonte indirekte Objektpronomen? Kreuzen Sie die richtige Form an.*

| | | **unbetont** | **betont** |
|---|---|---|---|
| 1. | Titti, _____ dai una mano a sparecchiare la tavola, per favore? | ☐ mi | ☐ a me |
| 2. | _____ telefoniamo appena atterriamo a Londra. | ☐ Vi | ☐ A voi |
| 3. | Mi posso fidare di voi? – Ma certo! _____ ovviamente puoi raccontare tutto. Siamo una tomba! | ☐ Ci | ☐ A noi |
| 4. | Guarda, _____ non regalo più niente. Non sei mai contenta! | ☐ ti | ☐ a te |
| 5. | Oh, com'è carino questo cucciolo! Vito, _____ fai una foto? | ☐ gli | ☐ a lui |
| 6. | Cosa _____ prepari stasera per cena? | ☐ ci | ☐ a noi |
| 7. | Hai fatto vedere la tua collezione di francobolli a Ettore. La fai vedere anche _____? | ☐ mi | ☐ a me |
| 8. | Luigi e Matilde vorrebbero comprare un appartamento ma purtroppo _____ non bastano i soldi. | ☐ gli | ☐ a loro |
| 9. | Signor Barca, _____ posso dare un consiglio spassionato? | ☐ Le | ☐ a Lei |
| 10. | _____ cosa manca dell'Italia? – Il sole, il mare ... | ☐ Vi | ☐ A voi |

| | | | |
|---|---|---|---|
| **dare una mano** | helfen | **il cucciolo** | der Welpe |
| **sparecchiare** | (Tisch) abdecken | **far vedere** | zeigen |
| **atterrare** | landen | **la collezione** | die Sammlung |
| **fidarsi** | trauen | **il francobollo** | die Briefmarke |
| **ovviamente** | selbstverständlich | **purtroppo** | leider |
| **raccontare** | erzählen | **bastare** | genügen |
| **essere una tomba** | schweigen wie ein Grab | **il consiglio** | der Ratschlag |
| **contento** | zufrieden | **spassionato** | unbefangen |
| | | **mancare** | fehlen, vermissen |

◄ Gr LGr S. 141–147 ►

**Direkte und indirekte Objektpronomen in der Gegenüberstellung**

In den nächsten beiden Übungen geht es um die Unterscheidung zwischen direktem (Akkusativobjekt) und indirektem Objektpronomen (Dativobjekt).

Um das richtige Pronomen zu verwenden, müssen Sie wissen, ob das Verb ein Akkusativobjekt oder ein Dativobjekt nach sich zieht. Meistens verhält es sich wie im Deutschen.

| | | |
|---|---|---|
| Akkusativobjekt: | ***La** vedo.* | Ich sehe **sie**. |
| Dativobjekt: | ***Gli** scrivo.* | Ich schreibe **ihm**. |

Einige Verben erfordern jedoch im Italienischen ein Akkusativobjekt, im Deutschen dagegen ein Dativobjekt und umgekehrt. Hier einige Beispiele:

- Das Verb *ascoltare* verlangt ein Akkusativobjekt: ***Lo** ascolto.*
  Die deutsche Entsprechung verlangt hingegen ein Dativobjekt: Ich höre **ihm** zu.
- Das Verb *chiedere* erfordert ein Dativobjekt: ***Gli** chiedo se viene.*
  Die deutsche Entsprechung hingegen erfordert ein Akkusativobjekt:
  Ich frage **ihn**, ob er kommt.
- Außerdem verlangen einige italienischen Verben eine andere Präposition als im Deutschen: *Mi arrabbio **con** te.* Ich ärgere mich **über** dich.

Daher empfiehlt es sich, ein neues Verb immer zusammen mit seinem Akkusativ- bzw. Dativobjekt oder mit seiner Präposition zu lernen:

| | |
|---|---|
| *ascoltare **qualcuno*** | **jemandem** zuhören |
| *chiedere **a qualcuno*** | **jemanden** fragen |
| *arrabbiarsi **con qualcuno*** | sich **über jemanden** ärgern |

123 ***Ergänzen Sie die passenden unbetonten indirekten bzw. direkten Objektpronomen.***

1. Elvira, puoi accendere la luce, per cortesia? – Sì, _____ accendo subito.
2. Ercole non può occuparsi dei bambini da solo. _____ dobbiamo aiutare.
3. Signora Scala, quando torna la dottoressa Gentili _____ ricorda che la riunione comincia alle tre?
4. Allora, ragazzi, _____ aspetto domani sera verso le sette. Okay?
5. Faccio i ravioli? – No, i ravioli non _____ voglio, sono troppo pesanti.
6. Belle quelle scarpe nere di pelle lucida! – Ma dove sono? Io non _____ vedo.
7. Io ho un buon rapporto con mio fratello, _____ scrivo un'e-mail al giorno.
8. Sergio, come _____ sta questo vestito? – Mah, non è un po' troppo largo?
9. Dottor Bencivenga, _____ disturbo? – Ma no! Prego, si accomodi.
10. Signor Conte, che cosa _____ posso offrire da bere? – Un caffè, grazie.

| | | | |
|---|---|---|---|
| **accendere** | anschalten | **il raviolo** | *gefülltes Teigtäschchen* |
| **la luce** | das Licht | **pesante** | schwer |
| **per cortesia** | bitte | **la pelle lucida** | das Lackleder |
| **occuparsi** | sich kümmern | **il rapporto** | das Verhältnis |
| **ricordare** | erinnern | **al giorno** | täglich |
| **la riunione** | die Sitzung | **largo** | weit |
| **Si accomodi.** | Nehmen Sie Platz. | **disturbare** | stören |

124 ***Wählen Sie zwischen indirekten oder direkten Objektpronomen, betonten oder unbetonten Formen. Vervollständigen Sie damit die Sätze.***

di lui · vi · la · gli · le · lo · con te · da me · ti · li · a me · di voi · a loro · a noi

1. Vai spesso da tua madre? – No, però _____ telefono tutti i giorni.
2. Sono stufa di questa situazione. Devo andare dal mio capo e _____ devo affrontare.
3. Quando hai finito, puoi venire _____? Ho bisogno di un piacere.
4. Mia nonna sa raccontare le favole magnificamente. _____ ascolto molto volentieri.
5. Italo, _____ va di andare a fare immersione? – Noo! _____ non piace fare immersione.
6. Margherita ha conosciuto Pippo in vacanza. Si è innamorata subito _____.
7. Puoi chiamare un attimo Cesare? _____ devo chiedere se ha il trapano.
8. Ragazzi, non sapete risolvere questo problema? Mi meraviglio _____!

9. Maria e Teresa non sono portate per le lingue. _____ interessa di più la biologia.
10. Matteo, è mai possibile che mi devo sempre arrabbiare _____!
11. Come cucini gli involtini? - Io _____ faccio in umido.
12. Stefania, Veronica, _____ è piaciuta la cerimonia? - Ah, sì, _____ è piaciuta moltissimo.

| | | | |
|---|---|---|---|
| **tutto** | *hier* jede | **innamorarsi** | sich verlieben |
| **essere stufo** | es satt haben | **subito** | sofort |
| **il capo** | der Chef | **l'attimo** | der Augenblick |
| **affrontare** | entgegentreten | **il trapano** | der Bohrer |
| **finire** | fertig werden | **risolvere** | lösen |
| **avere bisogno** | brauchen | **meravigliarsi** | sich wundern |
| **il piacere** | der Gefallen | **portato** | begabt |
| **la favola** | das Märchen | **arrabbiarsi** | sich ärgern |
| **magnificamente** | wunderbar | **l'involtino** | die Roulade |
| **ascoltare** | zuhören | **in umido** | geschmort |
| **fare immersione** | tauchen gehen | **la cerimonia** | die Zeremonie, die Feier |

◄ Gr LGr S. 147–148 ►

### Das Pronominaladverb *ci*

In den folgenden Aufgaben werden Sie nach und nach den Gebrauch des Pronominaladverbs *ci* üben. Beachten Sie dabei Folgendes:

- *Ci* wird sehr oft in Verbindung mit *essere* gebraucht. Dann hat es die Bedeutung „es gibt, da ist/sind".
  *In piazza **c'è** tanta gente.* — Auf dem Platz sind viele Leute.
- *Ci* kann auch eine Orts- oder Richtungsangabe ersetzen. Es hat dann die Bedeutung „dort, dorthin".
  *Allora, vai a Milano? –* — Also, fährst du nach Mailand? -
  *Sì, **ci** vado domani. (ci = a Milano)* — Ja, ich fahre morgen dorthin.
- Das Pronominaladverb *ci* ersetzt zudem Ergänzungen, die von *a*, *in*, *su* oder *con* im Sinne von „darauf, daran, damit, es" etc. eingeleitet werden.
  *Non riesco a smettere di fumare. –* — Ich schaffe es nicht, mit dem Rauchen
  ***Ci** devi riuscire. / Devi riuscir**ci**.* — aufzuhören. - Du musst es schaffen.
  *(ci = a smettere di fumare)*

- *Ci* wird außerdem zur Verstärkung des Verbs *avere* in Verbindung mit den Pronomen *lo*, *la*, *li* oder *le* verwendet. Dabei wird *ci* allerdings zu *ce* umgewandelt.
  *Hai una penna? – Sì,* ***ce*** *l'ho.* Hast du einen Kuli? – Ja, habe ich.

In den nächsten drei Übungen wird zunächst *ci* in Verbindung mit dem Verb *essere* geübt.

125 ***Nehmen wir an, Roberta ist einkaufen gegangen. Ihr Kühlschrank ist jetzt voll. Was können Sie in ihrem Kühlschrank entdecken? Folgen Sie dem Beispiel.***

~~due bottiglie di latte~~ · sei uova · degli zucchini · una confezione di burro · un limone · un piede d'insalata · delle carote · un chilo di melanzane · un pezzo di parmigiano · del prosciutto · dei pomodori · un succo d'ananas · dei peperoni · un melone · delle prugne

Nel frigorifero di Roberta c'è ...

Nel frigorifero di Roberta ci sono ...

*due bottiglie di latte*

| | | | |
|---|---|---|---|
| **la bottiglia** | die Flasche | **il pezzo** | das Stück |
| **il latte** | die Milch | **il parmigiano** | der Parmesan |
| **l'uovo (*pl* le uova)** | das Ei | **il prosciutto** | der Schinken |
| **la confezione** | die Packung | **il pomodoro** | die Tomate |
| **il burro** | die Butter | **il succo** | der Saft |
| **il piede d'insalata** | der Kopfsalat | **il peperone** | die Paprikaschote |
| **la melanzana** | die Aubergine | **la prugna** | die Pflaume |

***Esserci* oder *essere*?**

Bevor Sie die kommenden zwei Übungen machen, beachten Sie bitte folgende Beispiele. Dabei ist es besonders wichtig darauf zu achten, wie der jeweilige Satz anfängt.

- ***esserci*** **+** Substantiv
  ***C'è*** *un nuovo supermercato.* — Es gibt einen neuen Supermarkt.
- Ortsangabe **+** ***esserci***
  *All'angolo* ***c'è*** *un nuovo supermercato.* — An der Ecke ist ein neuer Supermarkt.
- Substantiv **+** ***essere***
  *Il nuovo supermercato* ***è*** *all'angolo.* — Der neue Supermarkt ist an der Ecke.

126 *Vervollständigen Sie die Sätze mit* c'è *oder* ci sono. *Testen Sie dabei Ihre Kenntnisse über Italien. Kreuzen Sie an, ob die Aussagen richtig (*vero*) oder falsch (*falso*) sind.*

| | vero | falso |
|---|---|---|
| 1. A Milano ________ un famoso duomo. | ☐ | ☐ |
| 2. A Venezia ________ molti ponti. | ☐ | ☐ |
| 3. A Firenze ________ gli Uffizi. | ☐ | ☐ |
| 4. A Torino ________ il famoso Teatro alla Scala. | ☐ | ☐ |
| 5. Vicino a Napoli ________ l'Etna. | ☐ | ☐ |
| 6. In Sicilia, ad Agrigento, ________ diversi templi greci. | ☐ | ☐ |
| 7. Nel Lazio, vicino a Roma, ________ il lago di Bracciano. | ☐ | ☐ |
| 8. A Pisa ________ le torri Garisenda e degli Asinelli. | ☐ | ☐ |
| 9. In Lombardia, a Monza, ________ un famoso autodromo. | ☐ | ☐ |
| 10. In Sardegna ________ i trulli. | ☐ | ☐ |

*Und nun korrigieren Sie die falschen Ortsangaben. Ordnen Sie die italienischen Sehenswürdigkeiten der richtigen Stadt zu. Wählen Sie dabei die dazu passende Verbform:* è *oder* sono.

a. ______________________________ è / sono a Milano.
b. ______________________________ è / sono a Bologna.
c. ______________________________ è / sono in Puglia.
d. ______________________________ è / sono in Sicilia.

| | | | |
|---|---|---|---|
| **il duomo** | der Dom | **il tempio (*pl* i templi)** | der Tempel |
| **il ponte** | die Brücke | **la torre** | der Turm |
| **gli Uffizi** | die Uffizien (*Museum*) | **l'autodromo** | die Rennstrecke |
| **l'Etna** | *Vulkan* | **il trullo** | *rundes Haus mit Strohdach* |
| **diversi/e** | mehrere | | |
| **il lago** | der See | | |

**127** *Vervollständigen Sie die Sätze mit* c'è / ci sono *oder* è / sono.

1. La casa di mia madre e mio padre ________ in riva al mare.
2. Vicino al distributore di benzina ________ una scuola.
3. ________ un negozio di articoli sportivi da queste parti?
4. I piatti e i bicchieri ________ nella credenza.
5. ________ tanti bambini al parco giochi.
6. I cuscini ________ là sul letto.
7. Non trovo il portafoglio. - Guarda, ________ lì sul comò.
8. Ad Amalfi __________ un duomo molto antico.
9. Nella mia città ________ tanti monumenti interessanti.
10. In questo appartamento non ________ un balcone. Peccato!

| | | | |
|---|---|---|---|
| **la riva** | das Ufer | **il parco giochi** | der Spielplatz |
| **il portafoglio** | die Brieftasche, der Geldbeutel | **il distributore di benzina** | die Tankstelle |
| **il comò** | die Kommode | **il cuscino** | das Kissen |
| **il negozio** | das Geschäft | **il letto** | das Bett |
| **l'articolo sportivo** | der Sportartikel | **antico** | antik, alt |
| **da queste parti** | in dieser Gegend | **il monumento** | das Denkmal |
| **il piatto** | der Teller | **l'appartamento** | die Wohnung |
| **il bicchiere** | das Glas | **il balcone** | der Balkon |
| **la credenza** | die Anrichte | **Peccato!** | Schade! |

Die nächsten drei Übungen befassen sich mit dem Gebrauch von *ci* als Ersatz von Orts- und Richtungsangaben bzw. von Ergänzungen.

**128** *Vervollständigen Sie die Mini-Dialoge.*

ESEMPI

Andate a Rimini? – Sì, *ci andiamo* la prossima settimana.
Hai una caramella? – No, non *ce l'ho*.

1. Allora, vieni al cinema con me stasera? – No, non ____________________. Devo studiare per il compito di domani.
2. Quando esci, passi per il centro? – Sì, ____________________. Hai bisogno di qualcosa?
3. Da quanto tempo abitate a Roma? – ____________________ da un paio d'anni.
4. Hai le chiavi dell'auto? – Sì, ____________________ in tasca.
5. Potete venire al seminario? – No, non ____________________. Abbiamo un altro impegno.
6. Giorgina ha il cellulare? – Sì, ____________________. Vuoi il numero?
7. Hai ancora i libri della scuola? – No, non ____________________ più. Li ho buttati.
8. Quando devi andare dal dentista? – ____________________ domani pomeriggio.
9. Dottor Lanza, lavora ancora in banca? – No, non ____________________ più.
10. Fabrizio e Michela hanno la patente? – No, loro non ____________________ ancora.

| | | | |
|---|---|---|---|
| **il compito** | *hier* die Klausur | **l'impegno** | der Termin |
| **passare** | vorbeifahren/-gehen | **il cellulare** | das Handy |
| **avere bisogno** | brauchen | **buttare** | wegwerfen |
| **qualcosa** | etwas | **il dentista** | der Zahnarzt |
| **la chiave** | der Schlüssel | **la patente (di guida)** | der Führerschein |
| **la tasca** | die Tasche (Hose etc.) | | |

**129** ***Lesen Sie die Sätze aufmerksam und unterstreichen Sie die Satzteile, die durch* ci *ersetzt werden könnten. Wandeln Sie anschließend die Sätze um, indem Sie* ci *benutzen.***

ESEMPIO

| | |
|---|---|
| Oggi ho parlato <u>con Cristina</u>. | *Oggi ci ho parlato.* |

1. Non sono abituato a questo trattamento. ____________________
2. Rita non rinuncia alla sua libertà. ____________________
3. Ripensate mai ai giorni trascorsi insieme? ____________________
4. Non riesco ad aprire la bottiglia. ____________________
5. Perché non credete a quello che è successo? ____________________
6. Mia madre ha parlato con la mia insegnante. ____________________
7. Devo provare a dimagrire assolutamente. ____________________
8. Possiamo contare su mamma e papà in ogni caso. ____________________
9. Faccio dei dolci buonissimi con il forno nuovo. ____________________
10. Marisa litiga con suo marito per delle sciocchezze. ____________________

| | | | |
|---|---|---|---|
| **essere abituato** | gewöhnt sein | **provare** | versuchen |
| **il trattamento** | die Umgangsformen | **dimagrire** | abnehmen |
| **rinunciare** | verzichten | **contare** | zählen |
| **la libertà** | die Freiheit | **in ogni caso** | in jedem Fall |
| **ripensare** | zurückdenken | **il dolce** | *hier* der Kuchen |
| **trascorso** | verbracht | **il forno** | der Ofen |
| **riuscire** | es schaffen | **litigare** | streiten |
| **quello che è successo** | was passiert ist | **la sciocchezza** | die Kleinigkeit |

**130** ***Lesen Sie die E-Mail: Wo sollte man*** ci ***(oder*** ce***) gebrauchen und wo nicht? Ergänzen Sie es dort, wo es erforderlich ist.***

**Da:** Flora Medici
**A:** Miriam Rocca
**Data invio:** 12/06/2006
**Oggetto:** Ciao!

Ciao, Miriam!
Lo sai che Paolo non ____ vive più a Londra? È a Madrid adesso. ____ abita da poco più di un mese. L'ho chiamato e mi ha detto che dobbiamo andare a trovarlo a Madrid. Che dici, ____ andiamo? Ma quando?
A proposito di Paolo, ieri ho incontrato suo fratello Saverio e ____ ho litigato, come sempre! Voleva il numero di telefono di Veronica. Io gli ho detto che non ____ l'ho. Lui non ____ ha creduto e si è arrabbiato. Uffa! È proprio insopportabile. Tu non ____ litighi mai con Saverio, anzi ____ vai d'accordo. Ma come fai?
Domenica prossima Raffaele, Giacomo e gli altri ____ vanno al mare. Il tempo è sicuramente bello. ____ andiamo anche noi? Io però ____ devo passare prima un attimo dalla nonna, poi dopo ____ vengo da te. Va bene?
Un'ultima cosa. ____ ho pensato all'idea del master negli Stati Uniti ma costa troppo. ____ rinuncio.
Un bacio, Flora

| | | | |
|---|---|---|---|
| **da poco più di un mese** | seit etwas mehr als einem Monat | **anzi** | im Gegenteil, von wegen |
| **chiamare** | *hier* anrufen | **andare d'accordo** | sich gut verstehen |
| **andare a trovare** | besuchen | **Come fai?** | Wie machst du das? |
| **Che dici ...?** | *hier* Was meinst du ...? | **passare** | vorbeigehen |
| **a proposito di** | was ... betrifft | **prima** | vorher |
| **litigare** | streiten | **l'attimo** | der Augenblick |
| **arrabbiarsi** | sich ärgern | **un'ultima cosa** | noch etwas |
| **insopportabile** | unerträglich | **rinunciare** | verzichten |

◄ Gr LGr S. 149–150 ►

### Das Pronominaladverb *ne*

Das Pronominaladverb *ne* wird ebenso häufig wie das Pronominaladverb *ci* gebraucht. Es hat im Wesentlichen drei Funktionen:

- Es drückt eine Teilmenge aus.
  *Mangio tanta carne.* → ***Ne** mangio tanta (ne = carne).*
  Ich esse viel Fleisch. Ich esse viel **davon**.
- Es ersetzt eine Ortsangabe.
  *Esco dall'ufficio alle cinque.* → ***Ne** esco alle cinque (ne = dall'ufficio).*
  Ich gehe um fünf aus dem Büro. Ich gehe um fünf **von dort** weg.
- Es ersetzt eine von *di* eingeleitete Ergänzung.
  *Sono convinto della decisione.* → ***Ne** sono convinto (ne = della decisione).*
  Ich bin von der Entscheidung überzeugt. Ich bin **davon** überzeugt.
  *Ho bisogno di aiuto.* → ***Ne** ho bisogno (ne = di aiuto).*
  Ich brauche Hilfe. Ich brauche **sie**.

**Achtung:** Es gibt also für *ne* im Deutschen keine direkte Entsprechung!

**31** ***Lesen Sie die Sätze aufmerksam und unterstreichen Sie die Satzteile, die durch* ne *ersetzt werden könnten. Wandeln Sie anschließend die Sätze um, indem Sie* ne *benutzen.***

ESEMPIO
Angela beve solo due caffè al giorno.
(io) *Anche io ne bevo solo due al giorno.*

1. Io parlo due lingue.
   (lui) ____________________
2. Sonia vuole leggere alcune riviste.
   (loro) ____________________
3. Facciamo un paio di esercizi.
   (voi) ____________________
4. Marco e Teo mangiano poca frutta.
   (noi) ____________________
5. La signora Rossi compra un chilo di zucchini.
   (io) ____________________
6. Il signor Vespa invia tante e-mail.
   (lei) ____________________

7. Voglio due etti di salame.
   (tu) ________________________________
8. Loro bevono un po' di prosecco.
   (noi) ________________________________
9. Arturo conosce tanti proverbi.
   (voi) ________________________________
10. Fumo un pacchetto di sigarette al giorno.
   (lui) ________________________________

| | | | |
|---|---|---|---|
| **la rivista** | die Zeitschrift | **il pacchetto** | die Schachtel |
| **inviare** | verschicken | **al giorno** | am Tag |
| **il proverbio** | das Sprichwort | | |

132 *Vervollständigen Sie die Mini-Dialoge.*

ESEMPIO

Ho voglia di un cappuccino. – Ah, sì, anch'io *ne ho voglia*. Andiamo al bar!

1. Il nonno sta parlando della guerra? – Eh, sì, ________________ da due ore!
2. Se avete bisogno del nostro appoggio, ci potete chiamare in ogni momento. – ________________ sicuramente!
3. Vieni dal lavoro? – Eh sì, ________________ proprio adesso.
4. Vilma si è sposata. Lo sai, vero? – No, non ________________ niente! E quando?
5. Siete soddisfatti dei risultati? – No, in realtà non ________________. Siamo anzi piuttosto delusi.
6. Hai voglia di andare in piscina? – Oh, no, oggi non ________________. Sono stanco.
7. Hai notizie di Matteo? – No, da tempo non ______ più ________________.
8. Signora Maio, è sicura di volere lasciare l'impiego? – ________________. Voglio cambiare vita!
9. Dottore, torna dal congresso? – Sì, ________________ appena ora.
10. Tutti sono convinti della sua innocenza. – ________________ anche noi!

| | | | |
|---|---|---|---|
| **avere voglia** | Lust haben | **sposarsi** | heiraten |
| **la guerra** | der Krieg | **soddisfatto** | zufrieden |
| **l'appoggio** | die Unterstützung | **il risultato** | das Ergebnis |
| **in ogni momento** | jederzeit | **in realtà** | eigentlich |
| **proprio adesso** | gerade jetzt | **anzi** | im Gegenteil |

| | | | |
|---|---|---|---|
| **piuttosto** | ziemlich | **l'impiego** | die Stelle, der Job |
| **deluso** | enttäuscht | **cambiare vita** | sein Leben ändern |
| **avere notizie** | Kenntnis haben | **appena ora** | eben jetzt |
| **da tempo** | seit langem | **convinto** | überzeugt |
| **lasciare** | verlassen, aufgeben | **l'innocenza** | die Unschuld |

33 *Vervollständigen Sie die Sätze, wo nötig, mit dem Pronominaladverb* **ne.**

1. Vuoi un tè? – No, grazie. Io non ___ lo bevo. Preferisco il caffè.
2. Alle nove sono andato all'ufficio postale per prelevare lo stipendio. ___ sono uscito a mezzogiorno. Ho fatto tre ore di fila!
3. Secondo te Stefania è felice con Eugenio? – Mah, io ___ dubito. Lui mi sembra ancora troppo immaturo.
4. Mattia si è laureato a pieni voti. ___ siamo molto orgogliosi di lui.
5. Buongiorno, avete il prosciutto San Daniele? ___ vorrei due etti, se possibile.
6. Ti va di fare una passeggiata nel parco? – Oh, no, non ___ ho proprio voglia.
7. Per piacere, quando ___ torni dal corso, mi dai un colpo di telefono?
8. Porto il nome del mio bisnonno e ___ sono orgoglioso.
9. Signora, Le posso offrire una fetta di torta? – Sì, grazie. ___ la mangio volentieri.
10. Questo progetto non mi sembra fattibile. Io non ___ sono per niente convinto.

| | | | |
|---|---|---|---|
| **preferire** | bevorzugen | **orgoglioso** | stolz |
| **prelevare** | abholen | **vorrei (volere)** | ich möchte |
| **Ho fatto tre ore di fila!** | Ich stand drei Stunden lang an! | **se possibile** | wenn möglich |
| **secondo te** | deiner Meinung nach | **dare un colpo di telefono** | kurz anrufen |
| **dubitare** | zweifeln | **il bisnonno** | Urgroßvater |
| **sembrare** | scheinen | **offrire** | anbieten |
| **troppo** | *hier* zu | **la fetta** | *hier* das Stück |
| **immaturo** | unreif | **il progetto** | das Projekt |
| **laurearsi** | das Studium abschließen | **fattibile** | machbar |
| **a pieni voti** | mit der Höchstpunktzahl | **essere convinto** | überzeugt sein |

In der nun folgenden Aufgabe üben Sie die Unterscheidung zwischen dem Pronominaladverb *ci* und dem Pronominaladverb *ne*. Alles, was Sie in den letzten Übungen vertieft haben, wird Ihnen hier „gemischt" vorgestellt.

134 *Ergänzen Sie* ci *oder* ne.

1. Nel nostro condominio ___ sono molte famiglie con bambini.
2. L'estate scorsa mi sono divertita molto a Ibiza. ___ voglio tornare anche quest'anno.
3. Possiamo giocare a ramino? Che ___ dici?
4. Lo sai che Nina ha l'amante? - Non ___ credo proprio. Non è da lei!
5. Mm! che buone queste albicocche! - ___ dai una anche a me?
6. Gabriella ha deciso di trascorrere un periodo in Inghilterra per perfezionare l'inglese. ___ vuole rimanere almeno tre mesi.
7. Senti, mi puoi restituire i libri d'informatica? ___ ho urgentemente bisogno.
8. Tommaso lavora moltissimo: arriva in ufficio alle otto di mattina e ___ esce alle sette di sera.
9. Direttrice, volevo esaminare con Lei i dettagli del progetto. - Adesso non ho tempo. ___ parliamo domani mattina, va bene?
10. Cari colleghi, per organizzare questa manifestazione è necessaria la collaborazione e la disponibilità di tutti voi. ___ posso contare?

| | | | |
|---|---|---|---|
| **il condominio** | das Mitbesitzerhaus | **perfezionare** | verbessern |
| | | **almeno** | mindestens |
| **scorso** | letzte/-r/-s | **restituire** | zurückgeben |
| **divertirsi** | sich amüsieren | **urgentemente** | dringend |
| **il ramino** | das Rommé | **esaminare** | überprüfen |
| **l'amante** | der Liebhaber | **il dettaglio** | das Detail |
| **Non è da lei!** | Es ziemt sich nicht für sie! | **organizzare** | organisieren |
| | | **la manifestazione** | die Veranstaltung |
| **l'albicocca** | die Aprikose | **la collaborazione** | die Mitarbeit |
| **decidere** | entscheiden | **la disponibilità** | die Hilfsbereitschaft |
| **trascorrere** | verbringen | **contare (su)** | rechnen (mit) |

# Pronomen

◄ Gr LGr S. 150–151 ►

## Zusammengesetzte Pronomen

Unter zusammengesetzten Pronomen versteht man Pronomen, die aus der Kombination indirekter Pronomen oder Reflexivpronomen mit direkten Pronomen oder dem Pronominaladverb *ne* entstehen.
An sich sind die zusammengesetzten Pronomen nicht kompliziert, denn sie folgen den allgemeinen Regeln der Pronomen. Trotzdem muss man sich gezielt mit ihnen vertraut machen.
Lesen Sie die folgenden Beispiele. Sie werden feststellen, dass es einen wichtigen Unterschied zwischen dem italienischen und dem deutschen Gebrauch gibt.

| | |
|---|---|
| *Che bella penna! **Me la** regali?* | Was für ein schöner Kuli. Schenkst du **ihn mir**? |
| *Il cappello è tuo? Allora, **te lo** restituisco.* | Ist das dein Hut? Dann gebe ich **ihn dir** zurück. |
| *Ho i piedi sporchi, **me li** devo lavare.* | Ich habe schmutzige Füße, ich muss **sie mir** waschen. |
| *Se vi piacciono i funghi, **ve ne** do un cestino.* | Wenn ihr Pilze mögt, gebe ich **euch** einen Korb voll (**davon**). |

**Beachten Sie:**
Im Italienischen stehen die Pronomen in folgender Reihenfolge:
indirektes Pronomen (Dativ) + direktes Pronomen (Akkusativ)
Im Deutschen dagegen ist es genau andersherum:
direktes Pronomen (Akkusativ) + indirektes Pronomen (Dativ)
Achtung: Das Pronomen *ne* bleibt in der Regel im Deutschen unübersetzt.

Achten Sie auch auf folgendes Beispiel:
***Gliela** regalo* kann im Deutschen „ich schenke **sie ihm** / **sie ihr** / **sie ihnen**“ heißen.

**35** ***Lesen Sie die Sätze aufmerksam. Unterstreichen Sie dabei die zusammengesetzten Pronomen und tragen Sie sie wie im Beispiel an der richtigen Stelle in der Tabelle ein.***

1. Professore, non abbiamo capito il teorema. Ce lo può rispiegare?
2. Lilli, ho dei colleghi a cena domani. Hai ancora quella bella tovaglia ricamata? Me la puoi prestare? La mia è vecchia.
3. Aurora ha dei bellissimi capelli lunghi. Se li spazzola tutte le mattine prima di uscire.

4. Allora, vi è piaciuto l'arrosto con le patate? Ve ne posso dare ancora?
5. Non conosci le carte da gioco napoletane? Aspetta, te le faccio vedere.
6. Signora, mi dispiace, la merce non è ancora arrivata. Gliela mandiamo appena possibile.
7. Domani dobbiamo andare dalla nonna. Glielo abbiamo promesso.
8. Io ho già cenato, però questa pizza ha proprio un aspetto invitante. Me ne fai assaggiare un pezzettino?
9. Non hai caldo con il maglione? Perché non te lo togli?
10. Se volete la ricetta del pesto, ve la do subito.

| | mi | ti | gli/le | Le | ci | vi | si |
|---|---|---|---|---|---|---|---|
| **lo** | | | | | *ce lo* | | |
| **la** | | | | | | | |
| **li** | | | | | | | |
| **le** | | | | | | | |
| **ne** | | | | | | | |

***Und jetzt vervollständigen Sie die Tabelle mit den fehlenden Formen.***

| | | | |
|---|---|---|---|
| **il teorema** | der Lehrsatz, das Theorem | **appena possibile** | sobald wie möglich |
| **rispiegare** | wieder erklären | **promettere** | versprechen |
| **la tovaglia** | die Tischdecke | **avere un aspetto invitante** | (sie) sieht einladend aus |
| **ricamato** | gestickt | **assaggiare** | probieren |
| **prestare** | leihen, ausleihen | **il pezzettino** | das Stückchen |
| **i capelli** | die Haare | **avere caldo** | warm sein, es warm haben |
| **spazzolarsi** | sich bürsten | **togliersi** | sich ausziehen |
| **prima di** | bevor | **il pesto** | *Soße aus Basilikum, Knoblauch, Öl, Parmesan, Schafskäse, und Pinienkernen* |
| **l'arrosto** | der Braten | | |
| **la carta da gioco** | die Spielkarte | | |
| **fare vedere** | zeigen | | |
| **la merce** | die Ware | | |

**136** *Verbinden Sie die linke Spalte mit der rechten zu sinnvollen Sätzen. Ergänzen Sie auch die Sätze mit den zusammengesetzten Pronomen.*

se la · me lo · ~~te la~~ · ce la · ve ne · te li · te ne · gliele · Gliela · ce lo

| | |
|---|---|
| 1. Marina, la spesa per la festa ... | a. ______ posso dare un altro po'? |
| 2. Mamma, il cappotto ... | b. _te la_ faccio io oggi pomeriggio. |
| 3. Ragazzi, è avanzata della pasta, ... | c. ______ consegnate? |
| 4. Pierino, hai i piedi bagnati, ... | d. ______ leggi un'altra volta? |
| 5. Guarda qui quante pustole! Domani vado ... | e. ______ mangia tutta! |
| 6. Nonno, questa novella è così bella, ... | f. ______ puoi portare in lavanderia? |
| 7. È meglio nascondere la cioccolata perché se arriva Cristiano ... | g. non ______ posso montare qui. |
| 8. Dottor Valle, mi dispiace, l'antenna parabolica ... | h. ______ devi asciugare, sennò ti raffreddi. |
| 9. Scusate, il frigorifero nuovo quando ... | i. ______ sei dimenticato? |
| 10. Vinni, ieri era il compleanno di papà, ... | j. dal dermatologo e ______ faccio vedere. |

| | | | |
|---|---|---|---|
| **avanzare** | übrig bleiben | **la lavanderia** | die Wäscherei |
| **la pustola** | der Pickel | **montare** | einbauen, aufbauen |
| **la novella** | die Kurzgeschichte | **asciugarsi** | sich trocknen |
| **nascondere** | verstecken | **sennò** | sonst |
| **l'antenna parabolica** | die Parabolantenne | **raffreddarsi** | sich erkälten |
| **consegnare** | liefern | **il dermatologo** | der Hautarzt |
| | | **far vedere** | zeigen |

**137** *Wandeln Sie die Sätze um, indem Sie die hervorgehobenen Teile durch die zusammengesetzten Pronomen ersetzen.*

ESEMPIO

Ti voglio fare una sorpresa. — *Te la voglio fare. / Voglio fartela.*

1. Dovete comprare un regalo a Fabrizio. ______
2. Ci vogliamo lavare le mani? ______
3. Vi devo firmare la ricevuta. ______

4. Mi può riparare l'orologio. ____________
5. Mi puoi prestare venti euro? ____________
6. Vogliono spedire gli inviti agli amici. ____________
7. Signora, Le posso offrire un caffè? ____________
8. Vi posso consigliare un albergo. ____________
9. Mi puoi dare un pezzetto di pane? ____________
10. Ti dobbiamo regalare un esemplare del libro. ____________

| | | | |
|---|---|---|---|
| **la sorpresa** | die Überraschung | **prestare** | leihen, ausleihen |
| **la mano (*pl* le mani)** | die Hand | **spedire** | verschicken |
| | | **l'invito** | die Einladung |
| **firmare** | unterschreiben | **consigliare** | empfehlen |
| **la ricevuta** | die Quittung | **il pezzetto** | das Stückchen |
| **l'orologio** | die Uhr | **l'esemplare** | das Exemplar |

**138** *Ergänzen Sie die Sätze mit den passenden zusammengesetzten Pronomen.*

1. Carletto, mi prepari un sandwich? Ho fame. – Certo, cara, ________ preparo subito!
2. Signora, la gonna mi va un po' larga. – Guardi, ________ stringo un pochino sui fianchi.
3. Puoi dire a Gennaro che mi serve aiuto? – Se vuoi ________ dico. Ma ti posso aiutare anch'io.
4. Giusi, che belle queste piantine di gerani! ________ dai una? La metto sul balcone.
5. Quando sono tornato a casa avevo una sete pazzesca, allora ho preso una bottiglia d'acqua e ________ sono bevuta tutta d'un colpo.
6. Ragazzi, se vi piace questo cd, ________ masterizzo.
7. Ho comprato due biciclette nuove per i bambini. ________ diamo a Natale.
8. Benedetta, ________ ripeto per l'ultima volta. Le prese di corrente non si toccano!
9. Nonna, ci dai i biscottini? – Va bene, visto che siete stati buoni ________ do.
10. Io la barba ________ faccio ogni mattina.

| | | | |
|---|---|---|---|
| **preparare** | zu-, vorbereiten | **stringere** | enger machen |
| **la gonna** | der Rock | **il fianco** | die Seite, die Flanke |
| **largo** | weit | **servire** | brauchen |

# Pronomen

| | | | |
|---|---|---|---|
| **l'aiuto** | die Hilfe | **il Natale** | (das) Weihnachten |
| **la piantina** | die kleine Pflanze | **ripetere** | wiederholen |
| **il geranio** | die Geranie | **la presa di corrente** | die Steckdose |
| **pazzesco** | wahnsinnig | | |
| **prendere** | holen, nehmen | **toccare** | anfassen |
| **d'un colpo** | mit einem Schlag | **il biscottino** | der kleine Keks |
| **masterizzare** | eine CD brennen | **farsi la barba** | rasieren |

◄ Gr LGr S. 156–157 ►

**Redewendungen mit Pronomen und Pronominaladverbien**

Im Italienischen gibt es einige Redewendungen, die nur aus Verb und Pronomen und/oder Pronominaladverbien (*ci, ne*) bestehen.

- In einigen Fällen haben die Pronomen keine eigene Bedeutung und keine direkte Verbindung zu einem Substantiv, z. B. *smetter**la*** (aufhören).
- In anderen Fällen üben die Pronomen und Pronominaladverbien eine Verstärkungsfunktion aus. Die Pronomen werden in solchen Fällen flektiert, z. B. *andar**sene*** (weggehen) ➛ ***me ne** vado, **te ne** vai, **se ne** va ...*

| | |
|---|---|
| *Per piacere, **la smetti** di gridare?* | Hörst du bitte auf zu schreien? |
| *È tardi, non **ne vale la pena.*** | Es ist spät, es lohnt sich nicht. |
| *Abbiamo finito, **ce ne andiamo** a casa.* | Wir sind fertig, wir gehen heim. |
| *Come **te la cavi** in matematica?* | Wie kommst du mit der Mathematik zurecht? |

9 a *Verbinden Sie die italienischen Redewendungen mit der deutschen Übersetzung.*

starsene — sein, bleiben

cavarsela

mettercela tutta

prendersela con qualcuno

avercela con qualcuno

farcela

andarsene

fregarsene

sentirsela

non poterne più

alles daransetzen

zurechtkommen

sein, bleiben

es schaffen

nicht mehr können

darauf pfeifen

jemandem die Schuld geben

sich nach etwas fühlen

weggehen

auf jemanden böse sein

**139 b** ***Nun vervollständigen Sie die folgenden Sätze mit den Redewendungen.***

se ne stanno · ce l'hanno · ve ne andate · te la senti · ce la metti tutta · te la cavi · farcela · non ne posso più · se la prende · me ne frega

1. Perché ________________ già? Rimanete un altro po'.
2. Lo so che l'esame è pesante, ma se ________________ lo superi sicuramente con 30 e lode!
3. Adesso basta! Parlate sempre della stessa cosa. ________________!
4. Oggi i bambini sono stanchi e quindi ________________ a casa.
5. L'appuntamento è per le dieci. Ora sono le nove, pensi di ________________?
6. Come ________________ in cucina? – Sono una frana, non so nemmeno fare un uovo fritto!
7. Il professore ________________ sempre con me. Evidentemente gli sono antipatico.
8. Puoi dire quello che vuoi! Non ________________ niente, io faccio quel che mi pare e piace!
9. Franca, alla festa c'è anche il tuo ex ragazzo. ________________ di venire?
10. I miei compagni di scuola ________________ con me perché non ho aderito allo sciopero e sono entrato da solo.

| | | | |
|---|---|---|---|
| **pesante** | schwer, schwierig | **evidentemente** | offensichtlich |
| **superare** | bestehen | **Io faccio quel che mi pare e piace!** | Ich tue nur, was mir gefällt! |
| **30 e lode** | *beste Note (cum laude) an der Uni* | **l'ex ragazzo** | der Ex-Freund |
| **Adesso basta!** | Schluss jetzt! | **aderire** | *hier* anschließen |
| **essere una frana** | eine Katastrophe sein | **lo sciopero** | der Streik |
| **l'uovo fritto** | das Spiegelei | **entrare** | *hier* in die Schule gehen |

## Verben

In diesem Abschnitt beschäftigen wir uns mit dem wichtigen, aber komplexen Thema Verben. Man unterscheidet infinite (= nicht konjugierte) und finite (= konjugierte) Verbformen. Finite Verbformen enthalten Informationen:

- über die handelnde Person ➛ Person und Numerus
- über die Zeit der Handlung im Zusammenhang mit dem Sprechenden ➛ Tempus (= Verbzeit)
- über die Perspektive des Sprechenden ➛ Modus
- über die Aktionsart ➛ Aktiv und Passiv

Versuchen wir, im folgenden Satz die Verbform zu analysieren:
***Mangio*** *una mela.* Ich esse einen Apfel.
Der Sprechende ist identisch mit der handelnden Person *io* ich (Person: 1. Person, Numerus: Singular). Die Zeit ist die Gegenwart (Tempus: Präsens). Die Perspektive des Sprechenden ist die Wirklichkeit (Modus: Indikativ). Die handelnde Person ist der Urheber der Handlung (Aktionsart: Aktiv).
Wie Sie sehen, enthält schon eine so kurze Verbform die oben angeführten wesentlichen Informationen des Satzes, egal wie lang der Rest des Satzes auch sein mag.

Bei unserer Reise in die Welt des italienischen Verbs fangen wir mit dem Modus Indikativ (*indicativo*) an: die „Wirklichkeitsform".

## Indikativ

◄ Gr LGr S. 167 ff. ►

### *Presente*

Das *presente* wird ähnlich wie das deutsche Präsens gebraucht, und zwar für

- die unmittelbare Gegenwart:
  ***Guardiamo*** *la televisione.* Wir sehen fern.
- Gewohnheiten in der Gegenwart:
  ***Pranzano*** *sempre all'una.* Sie essen immer um eins zu Mittag.
- die nahe Zukunft:
  *Domani* ***gioco*** *a tennis.* Morgen spiele ich Tennis.

Nach der Infinitivendung unterscheidet man im Italienischen drei Verbklassen:
- Verben mit der Infinitivendung *-are*
- Verben mit der Infinitivendung *-ere*
- Verben mit der Infinitivendung *-ire*

Jede dieser Verbklassen hat ein eigenes Konjugationsmuster. Die Verbformen werden in der Regel vom Infinitiv abgeleitet. Jede Verbform besteht aus Stamm und Endung:

| | | | | |
|---|---|---|---|---|
| ***mangiare*** | Stamm *mangi-* | + | Endung *-are* | essen |
| ***mangio*** | *mangi-* | + | *-o* | ich esse |

**Wichtig:** Da die Verbendung (z. B. *-o* von *mangio*) bereits Informationen über Person und Numerus enthält, werden die Subjektpronomen im Italienischen in der Regel nur dann gebraucht, wenn sie betont werden sollen:
Ich esse. = *Mangio.* Ich esse. Und du? = ***Io** mangio e **tu**?*

### Regelmäßige Verben

In den folgenden Aufgaben üben Sie die unterschiedlichen Konjugationsmuster der regelmäßigen Verben im Präsens.

**140 a** *Einige Verbformen sind hier aus der Tabelle entwischt. Setzen Sie sie wieder an ihre richtige Stelle.*

parli · crediamo · parto · partiamo · parliamo · finisce · credo · parla · finite · finiscono · partite · parlano · credete · credono · crede · parti · finisci

| | **parlare** (sprechen) | **credere** (glauben) | **partire** (abfahren) | **finire [-isc-]** ((be)enden) |
|---|---|---|---|---|
| (io) | parlo | ________ | ________ | finisco |
| (tu) | ________ | credi | ________ | ________ |
| (lui, lei, Lei) | ________ | ________ | parte | ________ |
| (noi) | ________ | ________ | ________ | finiamo |
| (voi) | parlate | ________ | ________ | ________ |
| (loro) | ________ | ________ | partono | ________ |

**140 b** *Vergleichen Sie die Endungen und listen Sie sie auf. Welche Endungen sind bei allen Verbklassen gleich?*

________________________________________

________________________________________

**41 a** *Im Kasten sind senkrecht oder waagerecht 12 Verbformen versteckt. Suchen Sie sie und tragen Sie sie wie im Beispiel in das zugehörige Feld ein.*

| | | | | | | | | | |
|---|---|---|---|---|---|---|---|---|---|
| A | P | R | O | L | V | E | D | I | P |
| R | U | V | C | A | N | T | A | D | R |
| R | L | E | M | V | E | O | P | O | E |
| I | I | N | A | O | V | R | R | R | F |
| V | S | D | T | R | I | N | U | M | E |
| I | C | E | S | A | L | U | T | I | R |
| A | I | T | O | T | E | S | I | A | I |
| M | I | E | P | E | G | C | G | M | S |
| O | S | C | R | I | V | E | K | O | C |
| R | C | A | P | I | S | C | O | N | O |

| -are | -ere | -ire |
|---|---|---|
| | | *apro,* |

**1 b** *Und jetzt schreiben Sie die Infinitivformen der eben eingetragenen Verbformen neben die entsprechende deutsche Übersetzung.*

| | | | |
|---|---|---|---|
| *aprire* | öffnen | ___________ | arbeiten |
| ___________ | verstehen | ___________ | bevorzugen |
| ___________ | sehen | ___________ | schlafen |
| ___________ | schreiben | ___________ | putzen |
| ___________ | ankommen | ___________ | verkaufen |
| ___________ | singen | ___________ | (be)grüßen |

**42** *Kreuzen Sie die richtige Verbform des Präsens an.*

| | | |
|---|---|---|
| 1. Signora, dove ___________? | ☐ abitano | ☐ abita |
| 2. John ___________ molto bene l'italiano. | ☐ parlo | ☐ parla |
| 3. Oscar, che cosa ___________ da bere? | ☐ prendi | ☐ prende |
| 4. Io non ___________ il francese, e tu? | ☐ capisco | ☐ capisci |
| 5. I bambini ___________ la finestra. | ☐ aprite | ☐ aprono |
| 6. Alberto e Francesca ___________ in banca. | ☐ lavorano | ☐ lavorate |
| 7. Sara ___________ un tavolo in un ristorante cinese. | ☐ prenoto | ☐ prenota |
| 8. Anche noi ___________ un corso di tedesco. | ☐ frequentano | ☐ frequentiamo |
| 9. Ada, ti ___________ domani mattina, okay? | ☐ telefono | ☐ telefoni |
| 10. E voi, quando ___________ il giornale? | ☐ leggete | ☐ leggiamo |

| | | | |
|---|---|---|---|
| **abitare** | wohnen | **il tavolo** | der Tisch |
| **che cosa?** | was? | **frequentare** | besuchen |
| **da bere** | zum Trinken | **il corso di tedesco** | der Deutschkurs |
| **aprire** | öffnen | **domani mattina** | morgen Vormittag |
| **la banca** | die Bank | | |
| **prenotare** | reservieren | | |

143 ***Vervollständigen Sie die Sätze, indem Sie die rechts stehenden Verben in die richtige Form des Präsens setzen.***

1. (Noi) ____________ la televisione solo la sera.
2. Scusi, ____________ una domanda?
3. D'estate Lia e Caio ____________ con la finestra aperta.
4. Rina, ____________ i nuovi vicini?
5. Signora, ____________ un amaro?
6. Marcella ____________ il pianoforte e la chitarra.
7. Purtroppo (noi) non ____________ per le vacanze.
8. A che ora (voi) ____________ di solito?
9. Il giovedì (io) ____________ di lavorare tardi.
10. Quando ____________ l'ufficio postale?

guardare
permettere
dormire
conoscere
desiderare
suonare
partire
pranzare
finire
chiudere

| | | | |
|---|---|---|---|
| **guardare la televisione** | fernsehen | **il pianoforte** | das Klavier |
| **permettere** | gestatten | **la chitarra** | die Gitarre |
| **la domanda** | die Frage | **purtroppo** | leider |
| **aperto** | offen | **partire** | (ab)fahren |
| **conoscere** | kennen | **per le vacanze** | in die Ferien |
| **il vicino** | *hier* der Nachbar | **pranzare** | Mittagessen |
| **desiderare** | wünschen | **di solito** | gewöhnlich |
| **l'amaro** | *hier* der Bitter | **tardi** | spät |
| **suonare** | spielen | **l'ufficio postale** | das Postamt |

144 *Vervollständigen Sie die Sätze mit dem passenden Verb und setzen Sie es in die richtige Form des Präsens.*

preferire · cantare · vivere · prendere · tornare · cucinare · pensare · spendere · leggere · sentire

1. Lara ____________ nel coro della chiesa.
2. I bambini ____________ dalla scuola all'una e mezza.
3. Wanda non ___________ libri d'avventura.
4. (Voi) ____________ una camera matrimoniale o una doppia?
5. (Io) ____________ sempre al viaggio in Africa.
6. (Noi) ____________ molto in vestiti.
7. Marta e Nello ____________ la metropolitana per andare in ufficio.
8. Parla più forte, non (io) ____________ niente.
9. Mimmo ed io ____________ a Lisbona da due anni.
10. Oggi, a pranzo, cosa (tu) ____________? – Le lasagne.

| | | | |
|---|---|---|---|
| **tornare** | zurückkommen | **doppio** | doppel |
| **cucinare** | kochen | **sempre** | immer |
| **pensare** | denken | **il viaggio** | die Reise |
| **spendere** | ausgeben | **in vestiti** | für Kleider |
| **sentire** | hören, fühlen | **la metropolitana** | die U-Bahn |
| **il coro** | der Chor | **l'ufficio** | das Büro |
| **la chiesa** | die Kirche | **più forte** | lauter |
| **l'avventura** | das Abenteuer | **da** | *hier* seit |
| **la camera matrimoniale** | das Doppelzimmer mit Ehebett | **cosa** | *hier* was |

## Regelmäßige Verben: Besonderheiten

In der nächsten Übung geht es um Verben mit Besonderheiten bei den Formen *tu* und *noi*.
Lesen Sie die folgenden Beispiele:

| | | |
|---|---|---|
| Verben auf -***care***: | *giocare* (spielen) | *tu gio**chi**, noi gio**chiamo*** |
| Verben auf -***gare***: | *pagare* (bezahlen) | *tu pa**ghi**, noi pa**ghiamo*** |
| Verben auf -***ciare***: | *lanciare* (werfen) | *tu lan**ci**, noi lan**ciamo*** |
| Verben auf -***giare***: | *mangiare* (essen) | *tu man**gi**, noi man**giamo*** |
| Verben auf -***gliare***: | *sbadigliare* (gähnen) | *tu sbadi**gli**, noi sbadi**gliamo*** |
| Verben auf -***sciare***: | *lasciare* (lassen) | *tu la**sci**, noi la**sciamo*** |
| Verben auf -***iare***: | *cambiare* (ändern) | *tu cam**bi**, noi cam**biamo*** |
| | *sciare* (Ski fahren) | *tu sc**ii*** (mit betontem *-i-*), *noi sc**iamo*** |

**Beachten Sie:** Bei den Verben auf *-iare* lässt sich nicht festlegen, wann das *-i* zu betonen ist und wann nicht. Darüber gibt Ihr Wörterbuch Auskunft.
**Wichtig:** Wenn das *-i* im Singular betont ist, wird es auch in der 3. Person Plural betont: *io scio, tu scii, lui scia, noi sciamo, voi sciate, loro sciano.*

Konjugieren Sie jetzt die Verben der folgenden Übung und achten Sie dabei besonders auf die Sonderformen.

**145** *Vervollständigen Sie die Tabelle mit den fehlenden Verbformen des Präsens.*

| | **baciare** (küssen) | **cercare** (suchen) | **assaggiare** (kosten) | **avviare** (einleiten) |
|---|---|---|---|---|
| (io) | bacio | ________ | assaggio | avvio |
| (tu) | ________ | ________ | ________ | ________ |
| (lui, lei, Lei) | bacia | ________ | ________ | ________ |
| (noi) | ________ | ________ | assaggiamo | ________ |
| (voi) | ________ | cercate | ________ | avviate |
| (loro) | ________ | cercano | ________ | ________ |

| | **consigliare** (raten) | **studiare** (lernen) | **litigare** (streiten) |
|---|---|---|---|
| (io) | ________ | ________ | ________ |
| (tu) | consigli | ________ | ________ |
| (lui, lei, Lei) | ________ | studia | litiga |
| (noi) | ________ | ________ | ________ |
| (voi) | ________ | studiate | ________ |
| (loro) | consigliano | ________ | litigano |

In der folgenden Aufgabe lernen Sie die regelmäßigen Verben von den Verben zu unterscheiden, die Besonderheiten aufweisen.

146 ***Vervollständigen Sie die Sätze, indem Sie die rechts stehenden Verben in die richtige Form des Präsens setzen.***

1. Senta, ci può dare un'informazione?
   (Noi) ___________ una farmacia. — cercare
2. Lo spettacolo ___________ alle sette. — finire
3. Quando (tu) ___________ il pacco ai tuoi parenti in Ungheria? — inviare
4. Lilli e Massimiliano ___________ a Istanbul. — abitare
5. Al totocalcio io non ___________ mai! — vincere
6. Che cosa (noi) ___________ stasera? — mangiare
7. Perché (voi) ___________ questo pavimento così bello con un tappeto? — coprire
8. Simona, sei bravissima! Quando fai un esercizio, non ___________ mai. — sbagliare
9. Ma come mai (voi) ___________ sempre tutto? — perdere
10. Quanto (tu) ___________ per la permanente dalla parrucchiera? — pagare

| | | | |
|---|---|---|---|
| **senta** | hören Sie | **il pavimento** | der Boden |
| **ci** | uns | **il tappeto** | der Teppich |
| **potere** | können | **quando** | *hier* wenn |
| **lo spettacolo** | die Aufführung | **l'esercizio** | die Übung |
| **inviare** | verschicken | **sbagliare** | einen Fehler begehen |
| **il pacco** | das Paket | **come mai** | wieso |
| **il/la parente** | der/die Verwandte | **perdere** | verlieren |
| **vincere** | gewinnen | **pagare** | (be)zahlen |
| **non ... mai** | nie | **la permanente** | die Dauerwelle |
| **coprire** | decken | **la parrucchiera** | die Frisörin |

◄ Gr LGr S. 170–171 ►

### Unregelmäßige Verben

Die unregelmäßigen Verben weichen mehr oder weniger vom regelmäßigen Konjugationsschema ab. Oft handelt es sich um sehr gebräuchliche Verben, es lohnt sich also, diese Verben besonders intensiv zu üben.

**147** ***Bilden Sie den Infinitiv der Verbformen und suchen Sie die deutsche Entsprechung.***

| | | |
|---|---|---|
| 1. stai | *stare* | trinken |
| 2. vanno | ___________ | sein |
| 3. beviamo | ___________ | bleiben |
| 4. dice | ___________ | wählen |
| 5. hai | ___________ | vorschlagen |
| 6. vengono | ___________ | sagen |
| 7. esco | ___________ | geben |
| 8. diamo | ___________ | führen |
| 9. sono | ___________ | gelingen |
| 10. facciamo | ___________ | haben |
| 11. scelgo | ___________ | machen |
| 12. conducete | ___________ | gehen |
| 13. proponete | ___________ | kommen |
| 14. riesce | ___________ | ausgehen |

**148** ***Die Verbformen sind durcheinander geraten. Bringen Sie sie wieder in die richtige Reihenfolge.***

| | **essere** (sein) | | **avere** (haben) | |
|---|---|---|---|---|
| (io) | sono | ___________ | abbiamo | ___________ |
| (tu) | siamo | ___________ | hanno | ___________ |
| (lui, lei, Lei) | siete | ___________ | hai | ___________ |
| (noi) | sei | ___________ | ho | ___________ |
| (voi) | è | ___________ | ha | ___________ |
| (loro) | sono | ___________ | avete | ___________ |

| | andare (gehen) | | fare (machen, tun) | |
|---|---|---|---|---|
| (io) | andiamo | ________ | fa | ________ |
| (tu) | andate | ________ | facciamo | ________ |
| (lui, lei, Lei) | vai | ________ | fanno | ________ |
| (noi) | vanno | ________ | faccio | ________ |
| (voi) | vado | ________ | fate | ________ |
| (loro) | va | ________ | fai | ________ |

| | stare (bleiben) | | bere (trinken) | |
|---|---|---|---|---|
| (io) | state | ________ | bevete | ________ |
| (tu) | stai | ________ | beve | ________ |
| (lui, lei, Lei) | sto | ________ | bevi | ________ |
| (noi) | sta | ________ | bevono | ________ |
| (voi) | stiamo | ________ | beviamo | ________ |
| (loro) | stanno | ________ | bevo | ________ |

| | dire (sagen) | | venire (kommen) | |
|---|---|---|---|---|
| (io) | dici | ________ | vieni | ________ |
| (tu) | dicono | ________ | venite | ________ |
| (lui, lei, Lei) | dico | ________ | vengono | ________ |
| (noi) | dite | ________ | viene | ________ |
| (voi) | dice | ________ | veniamo | ________ |
| (loro) | diciamo | ________ | vengo | ________ |

| | salire (hinaufgehen) | |
|---|---|---|
| (io) | sale | ________ |
| (tu) | saliamo | ________ |
| (lui, lei, Lei) | salgono | ________ |
| (noi) | salgo | ________ |
| (voi) | sali | ________ |
| (loro) | salite | ________ |

**149** *Kreuzen Sie die richtige Form des Präsens an.*

| | | |
|---|---|---|
| 1. D'estate, in campagna, (io) ___________ le more. | ☐ raccolgono | ☐ raccolgo |
| 2. Vera, con chi ___________ in genere? | ☐ esce | ☐ esci |
| 3. I miei nonni ___________ bene. | ☐ stanno | ☐ stiamo |
| 4. Quanti giorni ___________ gli ospiti? | ☐ rimanete | ☐ rimangono |
| 5. Per l'abito da sposa Liliana ___________ una stoffa pregiata. | ☐ scegli | ☐ sceglie |
| 6. Peppe, ___________ all'inaugurazione? | ☐ vai | ☐ vado |
| 7. (Io) non ___________ ad aprire la bottiglia. | ☐ riesco | ☐ riesce |
| 8. I viaggiatori ___________ sul treno per Milano. | ☐ saliamo | ☐ salgono |
| 9. (Noi) ___________ una passeggiata sul lungomare? | ☐ facciamo | ☐ faccio |
| 10. Amici, mi ___________ un consiglio? | ☐ date | ☐ danno |

| | | | |
|---|---|---|---|
| **la campagna** | das Land | **pregiato** | wertvoll |
| **raccogliere** | pflücken | **l'inaugurazione** | die Eröffnung |
| **la mora** | die Brombeere | **il viaggiatore** | der Fahrgast |
| **con chi** | mit wem | **la passeggiata** | der Spaziergang |
| **in genere** | gewöhnlich | **il lungomare** | die Strandpromenade |
| **quanto** | wie viel | | |
| **l'ospite** | der Gast | **il consiglio** | der Ratschlag |
| **l'abito da sposa** | das Hochzeitskleid | | |

**150** *Vervollständigen Sie die Sätze, indem Sie die rechts stehenden Verben in die richtige Form des Präsens setzen.*

| | |
|---|---|
| 1. Vittorio ___________ un'azienda agricola. | condurre |
| 2. Signori, cosa ___________? Un vino bianco secco o un rosé? | bere |
| 3. Domani (io) ___________ a Dino di lavorare insieme al progetto. | proporre |
| 4. Dove ___________ Luca e Matteo? – Qui, accanto a te. | sedere |
| 5. A settembre (io) ___________ in montagna con tutta la famiglia. | andare |

6. Valeria e io ____________ amiche per la pelle!
7. Signor Ventre, come ____________? – Abbastanza bene, grazie. E Lei?
8. Cecilia ____________ puzzle di mille pezzi. – A dieci anni!? È un mostro!
9. Io ____________ un gatto siamese.
10. Rosario, ____________ con noi a vedere la mostra? – Penso di sì.

essere
stare
fare
avere
venire

| | | | |
|---|---|---|---|
| **condurre** | führen | **l'amico per la pelle** | der Busenfreund |
| **l'azienda agricola** | der Landwirtschafts-betrieb | **abbastanza** | ziemlich |
| **secco** | trocken | **il pezzo** | das Stück |
| **proporre** | vorschlagen | **a dieci anni** | mit zehn Jahren |
| **insieme** | zusammen | **il mostro** | *hier* das Phänomen |
| **il progetto** | das Projekt | **siamese** | siamesisch |
| **accanto** | neben | **la mostra** | die Ausstellung |
| **settembre** | September | **Penso di sì.** | Ich glaube schon/ja. |
| **la montagna** | der Berg | | |

**51** *Vervollständigen Sie die Sätze mit dem passenden Verb und setzen Sie es in die richtige Form des Präsens.*

fare · andare · venire · dire · dare · rimanere · scegliere · bere · uscire · produrre

1. Sara __________ sicuramente in centro perché oggi cominciano le svendite.
2. I miei nonni mi __________ mille euro per le vacanze. – Che fortuna che hai!
3. Lucia, passo stasera da te ma non __________ a cena.
4. (Tu) __________ con noi quest'anno all'Oktoberfest?
5. I signori Brambilla __________ sempre un albergo a quattro stelle. Beati loro!
6. (Io) non __________ alcolici perché sono astemia.
7. Cosa mi (tu) __________ dei tuoi studi? – Purtroppo sono fuori corso.
8. I bambini __________ dalla scuola all'una.
9. Se non piove sabato sera (io) __________ una grigliata in giardino.
10. La mia famiglia __________ olio extravergine di oliva biologico.

| | | | |
|---|---|---|---|
| **la svendita** | der Schlussverkauf | **l'alcolico** | das Alkoholgetränk |
| **Che fortuna che hai!** | Du hast aber Glück! | **l'astemio** | der Abstinenzler |
| **passare** | vorbeikommen | **essere fuori corso** | die übliche Studienzeit überschritten haben |
| **da te** | *hier* bei dir | | |
| **la stella** | der Stern | **la grigliata** | das Grillfest, das Grillen |
| **Beati loro!** | Die Glücklichen! | | |

In der nächsten Übung geht es ausschließlich um die Verben *essere* und *avere*. Sie werden feststellen, dass sie in einigen Fällen nicht mit den deutschen Entsprechungen „sein" und „haben" übereinstimmen.

152 a *Vervollständigen Sie die Sätze mit den Verbformen von* **essere** *oder* **avere**. *Dann verbinden Sie sie mit den deutschen Übersetzungen.*

| | | | |
|---|---|---|---|
| 1. | Io <u>*sono*</u> greca, di Atene. | a. | Ist es dir kalt? – Ja, sehr. |
| 2. | E tu di dove ________? – Io ________ di Vienna. | b. | Ich bin Griechin, aus Athen. |
| 3. | Quanti anni (voi) ________? – Io ________ venti anni e lei ventidue. | c. | Mein Mann und ich sind mit dem neuen Haus zufrieden. |
| 4. | Lei ________ un bel lavoro, ________ consulente legale in un'azienda. | d. | Den Gästen ist es warm. – Dann schalte ich die Klimaanlage an. |
| 5. | (Tu) ________ freddo? – Sì, molto. | e. | Die Kinder sind müde und möchten schlafen. |
| 6. | Dove ________ i libri? – Sul tavolo. | f. | Und wo bist du her? – Ich bin aus Wien. |
| 7. | I bambini ________ stanchi e ________ anche sonno. | g. | Habt ihr Hunger? – Ja, und wir haben auch Durst. |
| 8. | Gli ospiti ________ caldo. – Allora accendo l'aria condizionata. | h. | Wie alt seid ihr? – Ich bin zwanzig Jahre alt und sie ist zweiundzwanzig. |
| 9. | (Voi) ________ fame? – Sì, e ________ anche sete. | i. | Sie hat einen schönen Job, sie ist Rechtsberaterin in einer Firma. |
| 10. | Mio marito e io ________ contenti della nuova casa. | j. | Wo sind die Bücher? – Auf dem Tisch. |

2 b ***Notieren Sie nun die Nummern der Sätze, in denen* essere *und* avere *(„sein" und „haben") im italienischen und deutschen Sprachgebrauch unterschiedlich benutzt werden.***

___

### Modalverben

Zu den unregelmäßigen Verben zählen auch die so genannten Modalverben ***volere*** (wollen), ***dovere*** (müssen, sollen) und ***potere*** (können, dürfen). Sie werden im Italienischen – wie im Deutschen – sehr häufig gebraucht und meist von Verben im Infinitiv begleitet. Modalverben dienen vor allem dazu, die Art und Weise einer Handlung näher zu beschreiben. Sie zeigen zum Beispiel, ob es sich bei der Handlung um einen Wunsch, eine Verpflichtung oder eine Möglichkeit handelt.

| | |
|---|---|
| *Anna e Filippo* ***vogliono*** *togliere la moquette dalla camera da letto.* | Anna und Filippo **wollen** den Teppichboden vom Schlafzimmer entfernen. |
| ***Devo*** *sostenere ancora tre esami prima della laurea.* | Ich **muss** noch drei Prüfungen vor dem Studienabschluss ablegen. |
| *Mi* ***puoi*** *aiutare, per favore?* | **Kannst** du mir bitte helfen? |

Auch das unregelmäßige Verb *sapere* kann als Modalverb gebraucht werden und bedeutet dann nicht „wissen", sondern „können". Als Modalverb wird es von einem Verb im Infinitiv begleitet.

| | | |
|---|---|---|
| **wissen:** | *Lo* ***sai*** *che mi sposo?* | **Weißt** du, dass ich heirate? |
| **können:** | *Maria* ***sa*** *cucinare molto bene.* | Maria **kann** sehr gut kochen. |

53 ***Hier sind alle Verbformen aus den Tabellen entwischt. Setzen Sie sie wieder an ihre richtige Stelle.***

| | **volere** (wollen) | **dovere** (müssen, sollen) |
|---|---|---|
| (io) | ___ | ___ |
| (tu) | ___ | ___ |
| (lui, lei, Lei) | ___ | ___ |
| (noi) | ___ | ___ |
| (voi) | ___ | ___ |
| (loro) | ___ | ___ |

devono devo voglio devi vuoi dovete deve vogliamo vogliono dobbiamo volete vuole

| | **potere** (können, dürfen) | **sapere** (wissen, können) |
|---|---|---|
| (io) | __________ | __________ |
| (tu) | __________ | __________ |
| (lui, lei, Lei) | __________ | __________ |
| (noi) | __________ | __________ |
| (voi) | __________ | __________ |
| (loro) | __________ | __________ |

so puoi sanno può sappiamo possono possiamo sapete posso potete sa sai

**154** *Ergänzen Sie die Präsens-Formen von* **volere**, **dovere** *oder* **potere**.

1. (Io) __________ chiudere le finestre? Si sentono molto i rumori della strada.
2. (Voi) __________ venire in pizzeria con noi domani? – No, purtroppo non __________. La babysitter è malata.
3. Franco __________ assolutamente telefonare ad Annarita per sapere come sta.
4. Mamma, ho fame, __________ mangiare qualcosa.
5. Susanna ha un valore del colesterolo piuttosto elevato, perciò non __________ mangiare cibi troppo grassi.
6. La macchina si è rotta e quindi la (io) __________ portare dal meccanico.
7. Allora, vengo la settimana prossima a trovarti? – (Tu) __________ venire quando __________.
8. Stanotte partite per la Grecia per un mese e __________ fare ancora i bagagli!?
9. Scusi, dove (noi) ci __________ sedere? – Dove __________. I tavoli sono tutti liberi.
10. Vito e Cinzia amano la natura, infatti __________ comprare un casale in Toscana.

| | | | |
|---|---|---|---|
| **il rumore** | der Lärm | **grasso** | fett |
| **malato** | krank | **si è rotta (rompersi)** | (es) ist kaputt gegangen |
| **assolutamente** | unbedingt | **quindi** | also |
| **per** | *hier* um zu ... | **il meccanico** | der Mechaniker |
| **il valore del colesterolo** | der Cholesterinwert | **quando** | *hier* wann |
| **piuttosto** | ziemlich | **stanotte** | heute Nacht |
| **elevato** | hoch | **i bagagli** | das Gepäck |
| **perciò** | deshalb | **infatti** | in der Tat |
| **il cibo** | *hier* die Speise | **il casale** | das Bauernhaus |

### Die Verben *potere* und *sapere* in der Gegenüberstellung

In der nächsten Übung geht es ausschließlich um den Unterschied zwischen *potere* und *sapere*. Lesen Sie folgende Beispiele:

| | |
|---|---|
| (1) ***Posso*** *entrare?* | **Darf** ich reinkommen? |
| (2) *Oggi Maria* ***può*** *cucinare.* | Heute **kann** Maria kochen. |
| (3) *Maria* ***sa*** *cucinare molto bene.* | Maria **kann** sehr gut kochen. |
| (4) ***Sai*** *che ore sono?* | **Weißt** du, wie spät es ist? |

**Achtung:** Bei den Beispielen 2 und 3 werden beide Verben *potere* und *sapere* im Deutschen mit „können" übersetzt. Es gibt aber einen großen Bedeutungsunterschied:
*Potere* drückt eine Möglichkeit (1) aus: Es ist Maria heute möglich zu kochen.
*Sapere* hingegen drückt eine Fähigkeit (2) aus: Maria ist fähig zu kochen.

**55** *Ergänzen Sie die Formen von* potere *oder* sapere.

1. Scusi, ________ dov'è la stazione? – No, mi dispiace, non lo ________.
2. Marilena, mi ________ dare un bicchiere d'acqua, per piacere?
3. Antonio ha quattro anni e ________ già leggere. – Eh, non ci credo!
4. Senta, Lei qui non ________ fumare. È vietato.
5. Facciamo la settimana bianca insieme? – No, noi non ________ sciare.
6. Scusate, ________ quando passa l'autobus? – Il prossimo passa alle otto e un quarto.
7. Oggi (io) non ________ mangiare niente perché domani devo fare la colonscopia.
8. Maurizio e Stefano ________ frequentare un master a Londra perché usufruiscono di una borsa di studio.
9. Scusa, ________ se c'è un ufficio postale nella zona?
10. Umberto e Pia non vanno mai al mare perché non ________ nuotare.

| | | | |
|---|---|---|---|
| **dispiacere** | leid tun | **prossimo** | nächste/-r/-s |
| **il bicchiere d'acqua** | das Glas Wasser | **perché** | *hier* weil |
| **già** | schon | **la colonscopia** | die Darmspiegelung |
| **Non ci credo.** | Ich glaube das nicht. | **frequentare** | besuchen |
| **vietato** | verboten | **usufruire** | verfügen |
| **la settimana bianca** | *Ausdruck für eine Woche Skiurlaub* | **la borsa di studio** | das Stipendium |
| **sciare** | Ski fahren | **nella zona** | in der Gegend |
| **passare** | *hier* kommen | **nuotare** | schwimmen |

◄ Gr LGr S. 333 ►

**Reflexive Verben**

Reflexive (= rückbezügliche) Verben sind Verben wie *lavarsi* (sich waschen). Folgende Punkte sollten Sie sich merken:

- Reflexive Verben bestehen im Italienischen wie im Deutschen aus einem Reflexivpronomen (auch ➛ S. 103) und einer Verbform. Die Reflexivpronomen stehen im Italienischen immer vor der zugehörigen Verbform, im Deutschen dagegen hinter dem Verb: ***mi lavo*** ➛ ich **wasche mich**.
- Im Gegensatz zu den Subjektpronomen dürfen die Reflexivpronomen der reflexiven Verben nie weggelassen werden: *(io)* ***mi*** + ***lavo***.
- Die regelmäßigen reflexiven Verben haben dieselben Endungen wie die regelmäßigen Verben.
  Beispiel:

  | | |
  |---|---|
  | Regelmäßiges Verb | Reflexives Verb |
  | *lav**o*** (ich wasche) | *mi lav**o*** (ich wasche mich) |

  Das heißt: Um reflexive Verben zu konjugieren, müssen Sie keine neuen Verbendungen lernen!
- Auch bei unregelmäßigen Verben stehen die Reflexivpronomen immer vor den unregelmäßigen Verbformen: *sedersi* ➛ ***mi siedo***.

| | |
|---|---|
| *Con gli amici **mi diverto** sempre.* | Mit den Freunden amüsiere ich mich immer. |
| *Come **vi vestite** per il matrimonio?* | Wie zieht ihr euch für die Hochzeit an? |
| *Loro non **si lavano** le mani.* | Sie waschen sich nicht die Hände. |
| ***Ci sediamo** qui.* | Wir setzen uns hierhin. |

**Achtung:** Einige Verben, die im Deutschen nicht reflexiv sind, werden im Italienischen jedoch reflexiv gebraucht, z. B. *chiamarsi* (heißen), *alzarsi* (aufstehen).

**156** *Vervollständigen Sie die Tabelle mit den fehlenden Reflexivpronomen und den passenden Verbformen im Präsens.*

| | **lavarsi** (sich waschen) | **nascondersi** (sich verstecken) | **vestirsi** (sich anziehen) |
|---|---|---|---|
| (io) | ___ ________ | ___ ________ | mi ________ |
| (tu) | ___ ________ | ti nascondi | ___ ________ |
| (lui, lei, Lei) | ___ lava | ___ ________ | ___ ________ |
| (noi) | ___ ________ | ___ ________ | ___ vestiamo |
| (voi) | vi ________ | ___ ________ | ___ ________ |
| (loro) | ___ ________ | ___ ________ | ___ ________ |

| | **stabilirsi** (sich niederlassen) | **piegarsi** (sich biegen) | **sedersi** (sich hinsetzen) |
|---|---|---|---|
| (io) | ___ ________ | ___ ________ | ___ siedo |
| (tu) | ___ stabilisci | ___ ________ | ___ ________ |
| (lui, lei, Lei) | si ________ | ___ ________ | ___ ________ |
| (noi) | ___ ________ | ___ pieghiamo | ci ________ |
| (voi) | ___ ________ | ___ ________ | ___ ________ |
| (loro) | ___ ________ | si ________ | ___ ________ |

**157** *Vervollständigen Sie die Sätze mit dem passenden reflexiven Verb. Setzen Sie es dabei in die richtige Form des Präsens.*

sposarsi · annoiarsi · riposarsi · vestirsi · sentirsi · incontrarsi · chiamarsi · divertirsi · conoscersi · farsi

1. Allora, Gigi, come ____________? – Oggi, va meglio, grazie.
2. L'appuntamento è alle cinque. (Noi) ____________ davanti al liceo.
3. Dopo pranzo ____________ sempre una mezz'ora e poi ricomincio a lavorare.
4. Antonella e Silverio ____________. Il matrimonio è in dicembre.
5. Scusi, Lei come ____________? – Aurelio Romano.
6. Mamma, (noi) ____________! Qui non c'è niente da fare.
7. Da quanto tempo (voi) ____________?
8. Mariella ha proprio buon gusto. ____________ sempre in modo impeccabile.
9. Ogni volta che Ettore e Andrea giocano a calcio con gli amici, ____________ male.
10. Alle sagre di paese (io) non ____________ mai. È solo un'occasione per mangiare.

| | | | |
|---|---|---|---|
| **sposarsi** | heiraten, sich vermählen | **il matrimonio** | die Hochzeit |
| **annoiarsi** | sich langweilen | **Qui non c'è niente da fare.** | Hier gibt es nichts zu tun. |
| **riposarsi** | sich ausruhen | **da quanto tempo** | seit wann |
| **sentirsi** | sich fühlen | **il gusto** | der Geschmack |
| **incontrarsi** | sich treffen | **impeccabile** | einwandfrei, makellos |
| **conoscersi** | sich kennen lernen | | |
| **farsi** | sich tun, sich machen | **ogni volta che** | jedes Mal, wenn |
| | | **giocare a calcio** | Fußball spielen |
| **meglio** | besser | **male** | *hier* Weh |
| **l'appuntamento** | der Termin | **la sagra di paese** | die Kirmes, das Dorffest |
| **davanti** | vor | | |
| **la mezz'ora** | die halbe Stunde | **l'occasione** | die Gelegenheit |
| **ricominciare** | wieder anfangen | | |

In der nächsten Übung geht es um das *presente* der regelmäßigen, der unregelmäßigen und der reflexiven Verben. Üben Sie also in gemischter Form, was Sie bis jetzt gelernt haben.

**158** ***Vervollständigen Sie das Telefonat mit den Verben in Klammern in der richtigen Form des*** **presente.**

▶ Pronto!

■ Ciao, Giulia, sono Monica. Come va?

▶ Ah, ciao, Monica! Lo so, lo so ... non (noi / vedersi) ____________ da tanto, ma qui (noi / essere) ____________ in piena emergenza. (noi / avere) ____________ gli operai in casa per dei lavori di ristrutturazione. Guarda, un caos!

■ (io / capire ) Ti ____________ ... E come (voi / organizzarsi) ____________ la mattina?

▶ Beh, io (svegliarsi) ____________ alle cinque e mezza, (alzarsi) ____________ subito e (farsi) ____________ la doccia. Anche Carlo (svegliarsi) ____________ alle cinque e mezza, ma (rimanere) ____________ a letto ancora un po'. Poi (alzarsi) ____________ anche lui e (lavarsi) ____________ in fretta. Eh, sì ... E io nel frattempo (preparare) ____________ la colazione.

■ E i bambini?

▶ Eh ... i bambini (dormire) __________ fino alle sei e mezza, poi (alzarsi) __________ anche loro e (andare) __________ a lavarsi. Poi tutti insieme (fare) __________ colazione. Alle sette e mezza i bambini (essere) __________ pronti per andare a scuola. A quell'ora (venire) __________ gli operai. Carlo e i bambini (uscire) __________ immediatamente e io (rimanere) __________ a casa tutto il giorno perché (dovere) __________ controllare i lavori. Un rumore assordante per ore e polvere dappertutto!

■ Giulia, (io / potere) __________ aiutarti in qualche modo?

▶ Eh, forse ... (tu / avere) __________ una maschera antigas?

| | | | |
|---|---|---|---|
| **Pronto!** | Hallo! (*am Telefon*) | **nel frattempo** | in der Zwischenzeit |
| **lo so** | ich weiß | **preparare** | vorbereiten |
| **vedersi** | sich sehen | **fino** | bis |
| **da tanto** | seit langem | **tutti insieme** | alle zusammen |
| **in piena emergenza** | im dringenden Notfall | **pronto** | fertig |
| **l'operaio** | der Handwerker | **a quell'ora** | um die Zeit |
| **il lavoro di ristrutturazione** | die Renovierungsarbeiten | **immediatamente** | sofort |
| **svegliarsi** | aufwachen | **tutto il giorno** | den ganzen Tag |
| **alzarsi** | aufstehen | **il rumore assordante** | der ohrenbetäubende Lärm |
| **la doccia** | die Dusche | **la polvere** | der Staub |
| **rimanere** | bleiben | **dappertutto** | überall |
| **ancora un po'** | noch ein bisschen | **in qualche modo** | irgendwie |
| **in fretta** | in Eile | **la maschera antigas** | die Gasmaske |

## *Passato prossimo*

◄ Gr LGr S. 180–183 ►

### *Passato prossimo:* Bildung

Das *passato prossimo* ist eine der wichtigsten Vergangenheitsformen des Italienischen. Es entspricht formal dem deutschen Perfekt und wird häufig in Verbindung mit Zeitangaben wie *ieri* (gestern), *la settimana scorsa* (letzte Woche), *l'anno passato* (vergangenes Jahr), *due anni fa* (vor zwei Jahren) usw. gebraucht. Das *passato prossimo* besteht, wie das deutsche Perfekt, aus dem Präsens von *avere* (haben) oder *essere* (sein) und dem *participio passato* (Partizip Perfekt).

***avere***

| | |
|---|---|
| ***Ho visto*** *Milena ieri.* | Ich **habe** gestern Milena **gesehen**. |
| *I nostri amici* ***hanno comprato*** *una barca a vela.* | Unsere Freunde **haben** ein Segelboot **gekauft**. |

***essere***

| | |
|---|---|
| *Marco* ***è uscito*** *presto.* | Marco **ist** früh **weggegangen**. |
| *Anche Carla* ***è uscita*** *presto.* | Auch Carla **ist** früh **weggegangen**. |
| *L'altro ieri Valerio e Teresa* ***sono andati*** *a Roma.* | Vorgestern **sind** Valerio und Teresa nach Rom **gefahren**. |
| *Dieci anni fa Anna e Maria* ***sono andate*** *in Spagna.* | Vor zehn Jahren **sind** Anna und Maria nach Spanien **gefahren**. |

**Beachten Sie:** Das *participio passato* (Partizip Perfekt) endet immer auf *-o*, wenn es mit dem Hilfsverb *avere* benutzt wird. Wird es hingegen mit dem Hilfsverb *essere* gebraucht, wird das *participio passato* an das Subjekt angeglichen (Endungen *-o, -a, -i* und *-e*).

**Achtung:** Will man eine zusammengesetzte Vergangenheitsform verneinen, so stellt man das Verneinungswort *non* vor das Hilfsverb *avere* oder *essere*.

| | |
|---|---|
| *Piero* ***non*** *ha telefonato.* | Piero hat **nicht** angerufen. |

Und nun schauen Sie sich die Beispiele nochmals genauer an. Was stellen Sie bezüglich der Wortstellung im Vergleich zum Deutschen fest?
Das Hilfsverb und das Partizip werden im Deutschen meist durch Einschübe getrennt, im Italienischen dagegen bleiben sie zusammen.

| | |
|---|---|
| ***Abbiamo chiacchierato*** *molto.* | Wir **haben** viel **geplaudert**. |

Keine Regel ohne Ausnahme: In einigen Fällen werden Hilfsverb und Partizip getrennt:

| | |
|---|---|
| *Hai **già** mangiato?* | Hast du **schon** gegessen? |
| *Miriam non è **ancora** tornata.* | Miriam ist **noch** nicht zurückgekommen. |
| *Piero non ha **più** telefonato.* | Piero hat nicht **mehr** angerufen. |

159 ***Ordnen Sie die Partizipien dem passenden Feld zu.***

parlato · avuto · visto · uscito · vinto · ~~letto~~ · rimasto · scoperto · ~~mangiato~~ · preso · dormito · nato · offerto · bevuto · aperto · camminato · partito · venduto · creduto · venuto

**Regelmäßige Verben**

| Infinitiv | Partizip |
|---|---|
| auf *-are* | *mangiato* |
| | ________ |
| | ________ |
| auf *-ere* | ________ |
| | ________ |
| | ________ |
| auf *-ire* | ________ |
| | ________ |
| | ________ |

**Unregelmäßige Verben**

| Infinitiv | Partizip |
|---|---|
| leggere | *letto* |
| venire | ________ |
| vincere | ________ |
| offrire | ________ |
| bere | ________ |
| scoprire | ________ |
| vedere | ________ |
| aprire | ________ |
| prendere | ________ |
| rimanere | ________ |
| nascere | ________ |

| | | | |
|---|---|---|---|
| **vincere** | gewinnen | **nascere** | geboren werden |
| **offrire** | anbieten | **vendere** | verkaufen |
| **scoprire** | entdecken | **credere** | glauben |
| **prendere** | nehmen | **partire** | abfahren |
| **rimanere** | bleiben | | |

**160** *Hier sind die Buchstaben der Partizipien durcheinander geraten. Bringen Sie sie wieder in Ordnung, ergänzen Sie die Infinitivformen und verbinden Sie sie mit den deutschen Entsprechungen.*

| | | | |
|---|---|---|---|
| svtsiuo | vissuto | vivere | machen |
| ssepo | ________ | ________ | fragen |
| icaamotb | ________ | ________ | leben |
| naipto | ________ | ________ | passieren |
| ocuhsi | ________ | ________ | sterben |
| drgauato | ________ | ________ | weinen |
| ttisocr | ________ | ________ | ändern |
| dteto | ________ | ________ | schreiben |
| tdaano | ________ | ________ | sagen |
| ottaf | ________ | ________ | sehen |
| itoupl | ________ | ________ | gehen |
| osessucc | ________ | ________ | schließen |
| otorm | ________ | ________ | verstehen |
| cthoise | ________ | ________ | putzen |
| ocpiat | ________ | ________ | ausgeben |

**161** *Kreuzen Sie die richtige Form des Partizips an.*

| | | |
|---|---|---|
| 1. Hai ________ gli occhiali? | ☐ trovati | ☐ trovato |
| 2. L'anno scorso abbiamo ________ tante persone in vacanza. | ☐ conosciute | ☐ conosciuto |
| 3. Liana, quando sei ________ dal viaggio in Australia? | ☐ ritornata | ☐ ritornato |
| 4. Venerdì scorso i bambini sono ________ al circo con la scuola. | ☐ andati | ☐ andato |
| 5. Ti è ________ il film? | ☐ piaciuti | ☐ piaciuto |
| 6. Le mie sorelle sono ________ negli Stati Uniti. | ☐ nate | ☐ nato |
| 7. Perché non mi avete ________? | ☐ avvisati | ☐ avvisato |
| 8. Finalmente ho ________ la verità. | ☐ scoperta | ☐ scoperto |
| 9. Che cosa hai ________ all'opera? – Il barbiere di Siviglia. | ☐ vista | ☐ visto |
| 10. Orsola ha ________ a un concorso di bellezza. | ☐ partecipata | ☐ partecipato |

| | | | |
|---|---|---|---|
| **trovare** | finden | **finalmente** | endlich |
| **gli occhiali** | die Brille | **scoprire** | entdecken |
| **scorso** | letzte/-r/-s | **la verità** | die Wahrheit |
| **conoscere** | kennen lernen | **Il barbiere di Siviglia** | *Oper von Gioacchino Rossini (1792–1868)* |
| **ritornare** | zurückkommen | **partecipare** | teilnehmen |
| **il circo** | der Zirkus | **il concorso di bellezza** | der Schönheitswettbewerb |
| **piacere** | gefallen | | |
| **nascere** | geboren werden | | |
| **avvisare** | Bescheid geben | | |

162 *Bilden Sie das* passato prossimo *der rechts stehenden Verben und setzen Sie es ein. Benutzen Sie dazu die angegebenen Hilfsverben.*

1. L'anno scorso Marcello ______________ all'autodromo di Monza per vedere il Gran Premio di Formula 1. — essere / andare
2. Renato ed io ______________ un prestito alla banca per comprare una casa. — avere / chiedere
3. L'altro giorno (io) ______________ una barzelletta divertentissima. Te la racconto? — avere / sentire
4. Sono al settimo cielo. Ieri Oscar mi ______________ per la prima volta! — avere / baciare
5. Olga, Achille, ______________ a vendere l'auto? — essere / riuscire
6. La scorsa settimana il mio ragazzo ______________ il suo primo contratto di lavoro. Che bello! — avere / firmare
7. Sabina e Flora non ______________ al concerto di Nek. Peccato! — essere / venire
8. Ehi, ragazzi, che brutta faccia! Che cosa vi ______________? — essere / succedere
9. A carnevale mi maschero da torero. Mia nonna mi ______________ il vestito. — avere / cucire
10. Roberta, dove ______________? – Da un'amica. — essere / essere

| | | | |
|---|---|---|---|
| **l'autodromo** | die Rennstrecke | **essere al settimo cielo** | sich wie im siebten Himmel fühlen |
| **il Gran Premio** | der Grand Prix | **baciare** | küssen |
| **il prestito** | das Darlehen | **per la prima volta** | zum ersten Mal |
| **la barzelletta** | der Witz | **riuscire** | gelingen |
| **divertente** | lustig | | |
| **raccontare** | erzählen | | |

| | | | |
|---|---|---|---|
| **firmare** | unterschreiben | **succedere** | passieren |
| **il contratto** | der Vertrag | **il carnevale** | der Fasching |
| **Che bello!** | Wie schön! | **mascherarsi** | sich verkleiden |
| **Peccato!** | Schade! | **il torero** | der Stierkämpfer |
| **Che brutta faccia!** | *hier* Wie seht ihr denn aus? | **cucire** | nähen |

◄ Gr LGr S. 184–186 und S. 334 ►

**Der Gebrauch der Hilfsverben *avere* und *essere*: Grundregel**

Wenn Sie das *passato prossimo* bilden wollen, stellt sich automatisch die Frage: Wann verwendet man das Hilfsverb *avere* und wann das Hilfsverb *essere*? Dazu grundsätzlich: Im Italienischen werden die Hilfsverben *avere* und *essere* genauso gebraucht wie im Deutschen „haben“ und „sein“.
Vergleichen Sie die Beispiele:

| | |
|---|---|
| ***Ho parlato*** *a lungo.* | Ich **habe** lange **geredet**. |
| *Non* ***hanno mangiato*** *nulla.* | Sie **haben** nichts **gegessen**. |
| *Ieri non* ***siamo andati*** *a scuola.* | Gestern **sind** wir nicht in die Schule **gegangen**. |
| ***Sono rimasto*** *a cena.* | Ich **bin** zum Abendessen **geblieben**. |

Leider gibt es von dieser Regel einige Abweichungen:

- Verben der Bewegung, die keine bestimmte Zielrichtung ausdrücken, werden mit *avere* gebildet.
  ***Abbiamo camminato*** *per due ore.* — Wir **sind** zwei Stunden lang **gelaufen**.
- Alle reflexiven Verben werden mit *essere* gebildet.
  ***Mi sono vestito.*** — Ich **habe** mich **angezogen**.
- Bei unpersönlichen Ausdrücken wird *essere* gebraucht.
  *La pizza* ***è costata*** *cinque euro.* — Die Pizza **hat** fünf Euro **gekostet**.
  *Il romanzo non mi* ***è piaciuto****.* — Der Roman **hat** mir nicht **gefallen**.
  *La lezione* ***è durata*** *un'ora.* — Der Unterricht **hat** eine Stunde **gedauert**.

**3 a** ***Im Buchstabenkasten sind waagerecht oder senkrecht 14 Verben im Infinitiv versteckt. Suchen Sie diese und bilden Sie ihre entsprechenden Partizipien. Dann ordnen Sie sie dem passenden Feld zu.***

| | | | | | | | | | |
|---|---|---|---|---|---|---|---|---|---|
| G | U | A | R | D | A | R | E | A | V |
| I | N | C | O | N | T | R | A | R | E |
| O | F | I | E | H | U | I | E | R | D |
| C | I | F | A | R | E | D | S | I | E |
| A | B | I | T | A | R | E | S | V | R |
| R | I | M | A | N | E | R | E | A | E |
| E | C | O | D | I | R | E | R | R | L |
| P | A | R | T | I | R | E | E | E | R |
| N | U | O | T | A | R | E | T | R | O |
| A | D | I | M | A | G | R | I | R | E |

**3 b** ***Schreiben Sie nun die im Buchstabenkasten gefundenen Infinitivformen zu ihrer deutschen Entsprechung.***

| | | | |
|---|---|---|---|
| *guardare* | schauen | ______________ | abnehmen |
| ______________ | spielen | ______________ | abfahren |
| ______________ | treffen | ______________ | sein |
| ______________ | machen | ______________ | lachen |
| ______________ | wohnen | ______________ | ankommen |
| ______________ | schwimmen | ______________ | sehen |
| ______________ | bleiben | ______________ | sagen |

**64** ***Vervollständigen Sie die Biographie einer bekannten italienischen Schauspielerin mit den Verben im*** **passato prossimo.**

La famosa diva italiana (nascere) ______________ a Roma il 20 settembre 1934, ma (crescere) ______________ a Pozzuoli, vicino a Napoli, dove (trascorrere) ______________ l'infanzia in condizioni disagiate. Prima di diventare famosa (partecipare) ______________ a concorsi di bellezza, (recitare) ______________ in fotoromanzi e (avere) ______________ piccole parti in diversi film. Nel 1952 (conoscere) ______________ il produttore Carlo Ponti, suo futuro marito, il quale le (aprire) ______________ le grandi porte del cinema. Pochi anni dopo (diventare) ______________ famosa sia in Italia che all'estero per la sua bravura ma anche grazie alla sua prorompente bellezza. Dall'unione con il produttore Carlo Ponti (nascere) ______________ due figli: Carlo jr nel 1968 ed Edoardo nel 1973.

Tra i suoi film più conosciuti si ricordano: "L'oro di Napoli", "Orchidea nera", "La Ciociara", "Matrimonio all'italiana", "La contessa di Hong Kong", "Una giornata particolare".
Negli Stati Uniti lei (lavorare) ______________ insieme a star americane come Cary Grant, Clark Gable e Marlon Brando.
A partire dagli anni ottanta (ritirarsi) ______________ in parte dai set cinematografici e (dedicarsi) ______________ fondamentalmente alla televisione.
Nel corso della sua carriera (ottenere) ______________ ambiti riconoscimenti: nel 1960 con il film "La Ciociara", diretto da Vittorio De Sica, (vincere) ______________ il premio Oscar e il premio per la migliore interpretazione al Festival di Cannes; (ricevere) ______________ un secondo Oscar alla carriera nel 1991 e il David di Donatello sempre alla carriera nel 1999.
Il suo vero nome è Sofia Villani Scicolone. Qual è il suo nome d'arte?

| | | | |
|---|---|---|---|
| **crescere** | aufwachsen | **ricordare** | *hier* zählen |
| **trascorrere** | verbringen | **l'oro** | das Gold |
| **l'infanzia** | die Kindheit | **ciociaro** | Einwohner der Ciociaria |
| **la condizione** | die Verhältnisse | | |
| **disagiato** | ärmlich | **la contessa** | die Gräfin |
| **prima di** | bevor | **la giornata** | der Tag |
| **partecipare** | teilnehmen | **a partire da** | von ... an |
| **il concorso di bellezza** | der Schönheitswettbewerb | **ritirarsi** | sich zurückziehen |
| | | **in parte** | zum Teil |
| **il fotoromanzo** | der Fotoroman | **il set cinematografico** | das Filmset |
| **la parte** | *hier* die Rolle | | |
| **il produttore** | der Produzent | **dedicarsi** | sich widmen |
| **futuro** | zukünftig | **fondamentalmente** | grundsätzlich |
| **il quale** | der, welcher | **nel corso di** | im Laufe von |
| **sia ... che** | sowohl ... als auch | **ottenere** | erhalten |
| **all'estero** | im Ausland | **ambịto** | ersehnt, begehrt |
| **la bravura** | die Tüchtigkeit | **il riconoscimento** | die Anerkennung |
| **grazie a** | dank | **vincere** | gewinnen |
| **prorompente** | ungestüm, üppig | **il premio** | der Preis |
| **la bellezza** | die Schönheit | **migliore** | beste/-r/-s |
| **l'unione** | *hier* die Ehe | **l'interpretazione** | die schauspielerische Leistung |
| **tra** | *hier* zu | | |
| **conosciuto** | bekannt | **il nome d'arte** | der Künstlername |

**65** *Setzen Sie die Verben in Klammern ins* passato prossimo *und verbinden Sie die linke Spalte mit der rechten zu sinnvollen Sätzen oder Mini-Dialogen.*

| | |
|---|---|
| 1. I miei genitori (arrabbiarsi) _____________ ... | a. Oh, molto! (noi / pagare) _____________ 1500 euro. |
| 2. Che bel tappeto! Quanto (costare) _____________? – | b. Sì, certo, (noi / sciare) _____________ tutto il tempo! |
| 3. Alfonso, ti (piacere) _____________ la finale Italia – Francia? – | c. perché io (prendere) _____________ la loro auto senza permesso. |
| 4. Gabriella è molto raffreddata ... | d. e (loro / diventare) _____________ subito amiche. |
| 5. Allora, (voi / andare) _____________ sulle Dolomiti? – | e. Non (io / avere ) _____________ proprio tempo. |
| 6. Tiberio (partecipare) _____________ al gioco televisivo "L'Eredità"... | f. Chiaro! I professori invece (stancarsi) _____________! |
| 7. Nadia, perché poi non (venire) _____________ ieri? – | g. perciò non (lei / lavarsi) _____________ i capelli. |
| 8. Allora, ragazzi, (voi / divertirsi) _____________ alla gita scolastica? – | h. ma non (lui / vincere) _____________ niente! |
| 9. Ieri (nevicare) _____________ tutto il santo giorno ... | i. Beh, così così ... La partita non (essere) _____________ brillante. |
| 10. Tania e Serena (conoscersi) _____________ in discoteca ... | j. e perciò (noi / rimanere) _____________ bloccati in casa! |

| | | | |
|---|---|---|---|
| **arrabbiarsi** | sich ärgern | **sciare** | Ski fahren |
| **il tappeto** | der Teppich | **prendere** | nehmen |
| **la finale** | *hier* das Endspiel | **il permesso** | die Erlaubnis |
| **raffreddato** | erkältet | **diventare** | werden |
| **partecipare** | teilnehmen | **stancarsi** | müde werden |
| **il gioco televisivo** | das Fernsehspiel | **i capelli** | die Haare |
| **l'eredità** | das Erbe | **vincere** | gewinnen |
| **divertirsi** | sich amüsieren | **la partita** | das Spiel |
| **la gita scolastica** | die Klassenfahrt | **brillante** | hervorragend |
| **tutto il santo giorno** | den lieben langen Tag | **rimanere** | bleiben |
| **conoscersi** | sich kennen lernen | **bloccato** | blockiert |

◄ Gr LGr S. 187 und S. 335 ►

### Der Gebrauch der Hilfsverben *avere* und *essere* bei Modalverben

Bei den Modalverben (*volere*, *potere*, *dovere*) werden in der Regel beide Hilfsverben *avere* und *essere* gebraucht, je nachdem ob das darauf folgende Verb im Infinitiv *avere* oder *essere* für die Bildung des *passato prossimo* verlangt. Im Deutschen hingegen wird immer „haben" verwendet.

| | |
|---|---|
| *Non ti ho aiutato.* | Ich habe dir nicht geholfen. |
| *Non ti **ho potuto aiutare**.* | Ich **habe** dir nicht **helfen können**. |
| *Sono andato/andata in banca.* | Ich bin zur Bank gegangen. |
| ***Sono dovuto/dovuta andare** in banca.* | Ich **habe** zur Bank **gehen müssen**. |

**Achtung:** In der Umgangssprache ist auch die Variante mit *avere* statt *essere* verbreitet:
***Ho** dovuto andare in banca.* anstatt ***Sono** dovuto/dovuta andare in banca.*
Sie machen also nichts verkehrt, wenn Sie im Zweifelsfall *avere* benutzen.

Wenn allerdings ein reflexives Verb dem Modalverb folgt, gibt es zwei gleichwertige Möglichkeiten der Satzstellung:

- Das Reflexivpronomen wird vom Verb getrennt.
  Reflexivpronomen + ***essere*** + Partizip des Modalverbs + Verb im Infinitiv
  *Anita **si è dovuta lavare** con l'acqua fredda.* – Anita hat sich mit kaltem Wasser waschen müssen.
- Das Reflexivpronomen wird ans Verb angehängt.
  ***avere*** + Partizip des Modalverbs + reflexives Verb im Infinitiv
  *Anita **ha dovuto lavarsi** con l'acqua fredda.* – Anita hat sich mit kaltem Wasser waschen müssen.

**166** *Setzen Sie die Sätze mit Modalverben ins* passato prossimo.

ESEMPIO

| | |
|---|---|
| Devo chiamare Giovanni. | *Ho dovuto chiamare Giovanni.* |

1. Caterina deve pagare una multa. ______________________
2. Non vogliamo uscire. ______________________
3 Posso ottenere un anticipo. ______________________
4. Devono restare in ufficio più a lungo. ______________________ ______________________

5. Ci vogliamo sposare in settembre. ______________________
6. Marina deve trasferirsi. ______________________
7. Devi tornare prima. ______________________
8. Vera non può completare gli studi. ______________________
9. I bambini possono alzarsi tardi. ______________________
10. Purtroppo devo licenziare un collaboratore. ______________________
______________________
11. Mirco, perché non ti vuoi lavare le mani? ______________________
______________________
12. Vogliono partire alle cinque del mattino. ______________________
______________________

| | | | |
|---|---|---|---|
| **la multa** | die Geldstrafe, der Strafzettel | **prima** | früher |
| **ottenere** | erhalten, bekommen | **completare** | beenden |
| **l'anticipo** | der Vorschuss | **licenziare** | entlassen |
| **più a lungo** | länger | **il collaboratore** | der Mitarbeiter |
| **trasferirsi** | umziehen | **la mano** | die Hand |

◄ Gr LGr S. 187 ►

### Der Gebrauch der Hilfsverben *avere* und *essere*: Sonderfall

| | |
|---|---|
| *Bea* ***ha cominciato*** *un nuovo lavoro.* | Bea hat einen neuen Job begonnen. |
| *Il film* ***è cominciato*** *alle sette.* | Der Film hat um sieben Uhr begonnen. |

Einige Verben können das *passato prossimo* sowohl mit *avere* als auch mit *essere* bilden. Zu diesen gehören sehr häufig gebrauchte Verben wie z. B. *cominciare* (beginnen), *finire* (beenden), *salire* (hinaufgehen) oder *scendere* (hinuntergehen).

- Wenn diesen Verben ein direktes Objekt (Akkusativobjekt) oder eine Infinitivkonstruktion folgt (transitiver Gebrauch), bilden sie das *passato prossimo* mit *avere*.

  | | |
  |---|---|
  | ***Ho*** *cambiato tutto il guardaroba.* (*tutto il guardaroba:* direktes Objekt nach dem Verb) | Ich habe alle Kleider gewechselt. |
  | *Renato* ***ha*** *cominciato a studiare.* (*a studiare:* Infinitivkonstruktion nach dem Verb) | Renato hat angefangen zu lernen. |

- Wenn diesen Verben aber kein Akkusativobjekt folgt (intransitiver Gebrauch), bilden sie das *passato prossimo* mit *essere*.

| | |
|---|---|
| *Il tempo **è** cambiato ultimamente.* (kein Akkusativobjekt nach dem Verb) | Das Wetter hat sich in der letzten Zeit verändert. |

Beachten Sie auch den folgenden Satz: ***Ho** finito.* (Ich bin fertig.)
Hier wird kein Akkusativobjekt erwähnt, trotzdem wird das Hilfsverb *avere* statt *essere* verwendet, da das Akkusativobjekt impliziert ist. Gemeint ist: *Ho finito qualcosa*. (*qualcosa* = Akkusativobjekt)
Genau das nämlich hat der ehemalige Trainer des FC Bayern München Giovanni Trapattoni gemeint, als er seine Rede vor der Presse mit dem berühmt gewordenen Satz „Ich habe fertig!" beendete – nur eben leider auf Deutsch! Die Interferenz mit seiner italienischen Muttersprache hat ihn dabei unsterblich gemacht.
Einen ähnlichen Fehler könnte ein deutscher Muttersprachler machen, wenn er im ungekehrten Fall auf Italienisch sagen würde: *Sono finito*. (Das wäre im Italienischen allerdings nicht so witzig, denn es würde „Ich bin erledigt!" bedeuten.)

167 *Kreuzen Sie die richtige Form des* passato prossimo *an.*

| | | |
|---|---|---|
| 1. Quando sono andato a trovare Enzo, ____________ le scale a piedi. | ☐ sono salito | ☐ ho salito |
| 2. Enzo, abita al quinto piano! Perché non ____________ con l'ascensore? | ☐ sei salito | ☐ hai salito |
| 3. Mi passi la marmellata? – La marmellata ____________. | ☐ è finita | ☐ ha finito |
| 4. ____________ tutta la marmellata? | ☐ Sei già finita | ☐ Hai già finito |
| 5. Francesca ____________ tutto l'arredamento. | ☐ è cambiata | ☐ ha cambiato |
| 6. Eh, sì, da quando ha sposato quel riccone, Francesca ____________! | ☐ è cambiata | ☐ ha cambiato |
| 7. Lo sai che il preside ____________ il numero delle classi per mancanza di iscritti? | ☐ è diminuito | ☐ ha diminuito |
| 8. Per forza! Le nascite ____________. | ☐ hanno diminuito | ☐ sono diminuite |

| | | | |
|---|---|---|---|
| **la scala** | die Treppe | **quinto** | fünfte/-r/-s |
| **salire** | hinaufgehen | **il piano** | das Stockwerk |
| **a piedi** | zu Fuß | **l'ascensore** | der Aufzug |

| | | | |
|---|---|---|---|
| **passare** | *hier* reichen | **la mancanza** | der Mangel |
| **finire** | *hier* aufessen | **l'iscritto** | der Angeschriebene, *hier* die Anmeldung |
| **l'arredamento** | die Einrichtung | | |
| **il riccone** | der steinreiche Mensch | | |
| **il preside** | der Schulleiter | **Per forza!** | *hier* Ja, klar! |
| **diminuire** | vermindern, verringern | **la nascita** | die Geburt |
| **il numero** | die Zahl | | |

68 *Setzen Sie die rechts stehenden Verben ins* passato prossimo. *Benutzen Sie je nach Verb das Hilfsverb* avere *oder* essere.

1. Devi lavorare ancora molto? – No, ______________! — finire
2. Il prezzo del petrolio ______________ ancora! — aumentare
3. Mia madre ha fatto una bella dieta ed ______________ di peso. — scendere
4. Il seminario ______________ alle cinque. — finire
5. Oggi la giornata ______________ male! Non ho sentito la sveglia e sono arrivata tardi al lavoro. — iniziare
6. A Napoli Gennaro, per la fretta, ______________ dal tram in corsa e si è slogato la caviglia. — saltare
7. Sono andato in banca e ______________ i 500 dollari che mi ha regalato lo zio John. — cambiare
8. Questa casa mi sembra una bisca. (Voi) ______________ di giocare a carte? — finire
9. Sta meglio il bambino? – No, la febbre ______________ di nuovo. — salire
10. Quando (tu) ______________ a suonare il clarinetto? – Due anni fa. — cominciare

| | | | |
|---|---|---|---|
| **il petrolio** | das Erdöl | **saltare** | springen |
| **il peso** | das Gewicht | **sembrare** | (er)scheinen |
| **scendere** | *hier* sinken, abnehmen | **la bisca** | die Spielhölle |
| **la sveglia** | der Wecker | **giocare a carte** | Karten spielen |
| **la fretta** | die Eile | **meglio** | besser |
| **in corsa** | während der Fahrt | **la febbre** | das Fieber |
| **slogarsi** | sich verstauchen | **suonare** | *hier* spielen |
| **la caviglia** | der Knöchel | **il clarinetto** | die Klarinette |

◄ Gr LGr S. 189 ►

### Das *passato prossimo* mit dem Hilfsverb *avere*: eine Besonderheit

Beachten Sie die folgenden Beispiele:

| | |
|---|---|
| ***Ho bevuto** un'aranciata.* | Ich habe eine Orangenlimonade getrunken. |
| ***L'ho** [La ho] **bevuta.*** | Ich habe sie getrunken. |
| ***Abbiamo speso** tutti i soldi.* | Wir haben das ganze Geld ausgegeben. |
| ***Li abbiamo spesi** tutti.* | Wir haben alles ausgegeben. |
| *Ugo **ha mangiato** delle pere.* | Ugo hat Birnen gegessen. |
| *Ugo **le ha mangiate**.* | Ugo hat sie gegessen. |

Aus diesen Beispielen lässt sich die folgende Regel ableiten:
Wenn vor dem Hilfsverb *avere* die Pronomen *lo*, *la*, *li* und *le* stehen, wird das Partizip in Geschlecht und Zahl den Pronomen angeglichen.
Und immer beachten: *Lo* und *la* werden vor Vokal apostrophiert (*l'*).

Die oben erläuterte Regel gilt auch für das Pronominaladverb *ne*. Dabei wird das Partizip dem Wort angepasst, auf das sich *ne* bezieht.

| | |
|---|---|
| ***Ho fumato** una sigaretta.* | Ich habe eine Zigarette geraucht. |
| ***Ne ho fumata** una.* | Ich habe eine (davon) geraucht. |
| ***Ho bevuto** due bicchieri d'acqua.* | Ich habe zwei Gläser Wasser getrunken. |
| ***Ne ho bevuti** due.* | Ich habe zwei (davon) getrunken. |
| *Rita ha fatto un dolce e* | Rita hat einen Kuchen gebacken und |
| ***ne ha mangiate** tre fette!* | hat drei Stück davon gegessen! |

**Achtung:** Die Angleichung des Partizips in Geschlecht und Zahl nach den Pronomen *lo*, *la*, *li* und *le* ist obligatorisch, während sie nach *ne* nicht zwingend, aber üblich ist.

**169** ***Ergänzen Sie den Dialog mit* lo, la, li *oder* le *und gleichen Sie die Endung der Partizipien entsprechend an.***

*Saverio (▸) e Carmela (●) vanno in vacanza. Adesso sono in auto pronti per partire.*

▸ Carmela, hai portato le mie pillole?
● Sì, certo, ___ ho portat__.
▸ Hai preso il mio cappellino giallo?
● ___ ho pres__.
▸ E gli occhiali?
● Sì, ___ ho pres__!
▸ Hai chiuso la chiave d'arresto dell'acqua?
● ___ ho chius__.
▸ Hai abbassato tutte le tapparelle?
● Sissignore, ___ ho abbassat__.
▸ Hai chiuso il gas?
● Certo che ___ ho chius__!
▸ Hai spento tutte le luci?
● Le luci ___ ho spent__.
▸ Hai ritirato i biglietti in agenzia?
● Sì, ___ ho ritirat__ ieri.
▸ Hai inserito l'allarme?
● Sìiii, ___ ho inserit__. Saverio, ho fatto tutto!
... E tu hai preso i passaporti nel cassetto della scrivania?
▸ Ehh ... no, non ___ ho pres__.
... Ma è mai possibile che devo pensare a tutto io!

| | | | |
|---|---|---|---|
| **pronto** | fertig | **l'agenzia (di viaggi)** | das Reisebüro |
| **la pillola** | die Pille, die Tablette | **inserire** | aktivieren |
| **il cappellino** | der kleine Hut | **l'allarme** | die Alarmanlage |
| **chiudere** | *hier* abstellen | **il passaporto** | der Reisepass |
| **la chiave d'arresto** | der Absperrhahn | **il cassetto** | die Schublade |
| **abbassare** | *hier* herunterrollen | **la scrivania** | der Schreibtisch |
| **la tapparella** | das Rollo | **Ma è mai possibile che devo pensare a tutto io!** | *etwa* Muss ich denn immer an alles denken! |
| **spegnere** | ausschalten | | |
| **la luce** | das Licht | | |
| **ritirare** | abholen | | |
| **il biglietto** | die Fahrkarte | | |

**170** ***Vervollständigen Sie die Sätze, indem Sie die in Klammern angegebenen Verben ins*** passato prossimo ***setzen. Verwenden Sie dabei auch*** lo, la, li, le ***oder*** ne.

1. Dov'è il mio cappotto? – (mettere) ______________ io nell'armadio.
2. Dobbiamo comprare lo spumante per la festa? – (comprare) ______________ io.
3. Al supermercato ho incontrato Michele e Fabrizio e (invitare) ______________ per domani a cena.
4. Puoi chiudere la porta? – (chiudere) ____ già ___________.
5. Signora De Nicola, la lettera (scrivere) ______________? – Mi dispiace non ho avuto tempo.
6. Ho portato il vino a tavola e gli ospiti (bere) ______________ due bottiglie a testa!
7. I nonni non (noi / salutare) ______________.
8. Ci servono le uova per la torta. – (io / comprare) ______________ sei. Bastano?
9. Dal fruttivendolo ho visto i lamponi e (comprare) ______________ due chili!
10. Le fotografie (tu / fare) ______________? – Sì, certo.

| | | | |
|---|---|---|---|
| **il cappotto** | der Mantel | **a testa** | pro Kopf |
| **l'armadio** | der Schrank | **i nonni** | die Großeltern |
| **incontrare** | treffen | **servire** | brauchen |
| **domani** | morgen | **bastare** | (aus-)reichen |
| **mi dispiace** | es tut mir leid | **il fruttivendolo** | der Gemüsehändler |
| **l'ospite** | der Gast | **il lampone** | die Himbeere |

### *Imperfetto*

◄ Gr LGr S. 175–176 ►

#### *Imperfetto:* Formen

Das *imperfetto* ist eine weitere wichtige Zeit der Vergangenheit. Es wird gebildet, indem man an den Verbstamm die jeweiligen Endungen des *imperfetto* anhängt. Beispiel:
Verb *camminare*: Lassen Sie das *-re* der Infinitivendung weg und fügen Sie die Endungen des *imperfetto* hinzu: *cammina~~re~~* → *cammina-vo, cammina-vi, cammina-va, cammina-vamo, cammina-vate, cammina-vano.*

Sie können dasselbe Prinzip auch für die anderen zwei Verbgruppen (*-ire* und *-ere*) anwenden:
Verb *vedere* ➛ *vede-vo, vede-vi* usw. Verb *capire* ➛ *capi-vo, capi-vi* usw.

So gesehen gelten dieselben Endungen des *imperfetto* für alle drei Verbgruppen. Das erleichtert Ihnen das Lernen.
Es gibt sehr wenige Verben, die im *imperfetto* unregelmäßig sind. Im Gegensatz zu den regelmäßigen Verben ändert sich bei den unregelmäßigen Verben nur der Verbstamm, die Endungen des *imperfetto* hingegen bleiben gleich.
Beispiel: Verb *dire*: Stamm *dice-* + Endung *-vo* ➛ *dicevo* usw.
Prägen Sie sich die unregelmäßigen Stämme der Verben gut ein: Sie sind später auch für die Bildung anderer Verbzeiten nützlich!

**1 a** *Vervollständigen Sie die Tabelle mit den fehlenden Verbformen des* imperfetto.

| | **parlare** (sprechen) | **vivere** (leben) | **capire** (verstehen) | **dire** (sagen) |
|---|---|---|---|---|
| (io) | ________ | vivevo | ________ | dicevo |
| (tu) | ________ | ________ | capivi | ________ |
| (lui, lei, Lei) | parlava | ________ | ________ | ________ |
| (noi) | ________ | ________ | ________ | ________ |
| (voi) | ________ | ________ | ________ | ________ |
| (loro) | parlavano | ________ | ________ | ________ |

| | **fare** (tun) | **bere** (trinken) | **essere** (sein) | **condurre** (führen) |
|---|---|---|---|---|
| (io) | ________ | ________ | ero | ________ |
| (tu) | ________ | ________ | ________ | conducevi |
| (lui, lei, Lei) | ________ | ________ | ________ | ________ |
| (noi) | facevamo | ________ | eravamo | ________ |
| (voi) | ________ | bevevate | ________ | ________ |
| (loro) | ________ | ________ | ________ | ________ |

**b** *Welche der oben konjugierten Verben haben im* imperfetto *unregelmäßige Stämme?* ________________________________
*Welches Verb ist ganz unregelmäßig?* ________________________

**172** *Setzen Sie die Verben in die passende Form des* imperfetto.

| | | | | | |
|---|---|---|---|---|---|
| abitare | (io) | *abitavo* | venire | (tu) | ________ |
| uscire | (lui) | ________ | addormentarsi | (loro) | ________ |
| finire | (loro) | ________ | sapere | (Lei) | ________ |
| mettere | (tu) | ________ | dire | (io) | ________ |
| alzarsi | (noi) | ________ | partire | (voi) | ________ |
| produrre | (io) | ________ | scrivere | (noi) | ________ |
| avere | (lei) | ________ | lavorare | (loro) | ________ |
| prendere | (voi) | ________ | aiutare | (lui) | ________ |
| essere | (io) | ________ | ballare | (io) | ________ |
| fare | (noi) | ________ | bere | (voi) | ________ |

| | | | |
|---|---|---|---|
| **alzarsi** | aufstehen | **sapere** | wissen |
| **produrre** | herstellen | **partire** | abreisen |
| **addormentarsi** | einschlafen | | |

**173** *Setzen Sie die in Klammern angegebenen Verben ins* imperfetto.

1. Prima (io / praticare) ________ molto sport, ora non vado nemmeno in bicicletta.
2. Quando Loredana (essere) ________ piccola, (amare) ________ dipingere.
3. Vi ricordate quando a Natale (noi / giocare) ________ a tombola con i nonni che (loro / capire) ________ sempre i numeri sbagliati?
4. La mamma ci (preparare) ________ sempre la merenda da portare a scuola.
5. Da piccoli (voi / bere) ________ la coca-cola?
6. Clelia (vedere) ________ tutte le soap opera che (esserci) ________ sul mercato!
7. Quando i miei figli (andare) ________ all'asilo, (ammalarsi) ________ sempre.
8. Prima si (camminare) ________ molto a piedi, oggi si prende la macchina anche per fare dieci metri.
9. Da ragazza Federica (portare) ________ i capelli lunghi.
10. La domenica (noi / fare) ________ sempre una passeggiata in campagna.

| | | | |
|---|---|---|---|
| **prima** | früher | **la merenda** | die Brotzeit |
| **praticare** | treiben | **l'asilo** | *hier* der Kindergarten |
| **nemmeno** | auch nicht | **ammalarsi** | krank werden |
| **piccolo** | klein | **camminare** | laufen |
| **dipingere** | malen | **la campagna** | das Land |
| **la tombola** | *eine Art Bingo* | | |
| **il numero sbagliato** | die falsche Zahl | | |

◄ Gr LGr S. 176–178 und 190–194 ►

### *Imperfetto* und *passato prossimo*: Gebrauch

Im nächsten Abschnitt geht es um den richtigen Gebrauch des *imperfetto* und des *passato prossimo*. Der Unterschied zwischen den beiden Vergangenheitszeiten ist nicht immer leicht auszumachen. Schauen Sie sich daher zuerst folgende Beispiele zur Verwendung beider Zeitformen an.

***Imperfetto***

| | |
|---|---|
| *A che ora **ti alzavi** per andare a scuola?*<br>Um wie viel Uhr bist du aufgestanden, um in die Schule zu gehen? | Gewohnheit |
| *I miei nonni **abitavano** in una cittadina a sud di Roma.*<br>Meine Großeltern wohnten in einer kleinen Stadt südlich von Rom. | Handlung von unbestimmter Dauer |
| *Il tempo **era** bello ma **faceva** freddo.*<br>Das Wetter war schön, aber es war kalt. | Zustandsbeschreibung |
| *Alla festa Laura **portava** un vestito blu.*<br>Laura trug ein blaues Kleid auf der Party. | Zustandsbeschreibung |

***Passato prossimo***

*L'anno scorso* ***ho comprato*** *una macchina fotografica digitale.*
Letztes Jahr habe ich eine Digitalkamera gekauft.

einmalige Handlung

*Ieri sera Leo* ***è andato*** *al cinema e poi* ***ha mangiato*** *un gelato.*
Gestern Abend ist Leo ins Kino gegangen und dann hat er ein Eis gegessen.

aufeinander folgende Handlungen

***Ho lavorato*** *tre mesi in un negozio d'abbigliamento.*
Ich habe drei Monate in einem Bekleidungsgeschäft gearbeitet.

abgeschlossene Handlung

**Beachten Sie:** *Imperfetto* und *passato prossimo* können auch zugleich im selben Satz erscheinen.

*passato prossimo* ↓ *imperfetto* ↓

***Ho fatto*** *una doccia perché* ***avevo*** *caldo.*

einmalige Handlung Zustandsbeschreibung

Ich habe geduscht, weil es mir heiß war.

174 *Lesen Sie den Text und wählen Sie zwischen* imperfetto *und* passato prossimo.

**Le nostre vacanze in Grecia**

Da ragazzi di solito passavamo / abbiamo passato le vacanze in Grecia. Facevamo / Abbiamo fatto campeggio perché i miei genitori avevano / avevano avuto la roulotte. Ai miei fratelli piaceva / è piaciuto molto pescare, invece io preferivo / ho preferito nuotare.
Il primo anno eravamo / siamo stati a Corfù e lì trascorrevamo / abbiamo trascorso delle bellissime giornate di mare. Poi ci imbarcavamo / ci siamo imbarcati per Patrasso e visitavamo / abbiamo visitato il Peloponneso.
Un altr'anno, invece, andavamo / siamo andati ad Atene e naturalmente salivamo / siamo saliti sull'Acropoli per vedere il famoso Partenone. Faceva / Ha fatto un caldo terribile. C'erano / Ci sono stati almeno 40 gradi all'ombra! Nonostante il caldo quell'anno facevamo / abbiamo fatto, però, un'esperienza indimenticabile.

| | | | |
|---|---|---|---|
| **fare campeggio** | campen | **salire** | steigen, gehen |
| **la roulotte** | der Wohnwagen | **terribile** | fürchterlich |
| **pescare** | fischen | **l'ombra** | der Schatten |
| **nuotare** | schwimmen | **nonostante** | trotz |
| **trascorrere** | verbringen | **però** | aber |
| **imbarcarsi** | sich einschiffen | **indimenticabile** | unvergesslich |
| **un altr'anno** | ein anderes Jahr | | |

175 Imperfetto *oder* passato prossimo? *Setzen Sie die rechts stehenden Verben in die jeweils richtige Zeitform.*

| | |
|---|---|
| 1. Vittoria, ______________ alla festa di Maria ieri sera? – | andare |
| Sì, ma ______________ poca gente. | esserci |
| 2. Da piccolo Luca ______________ molto permaloso | essere |
| perché ______________ le lentiggini e | avere |
| ______________ gli occhiali. | portare |
| 3. Quando (io) ______________ a Madrid | vivere |
| ______________ più volte la corrida. | vedere |
| 4. L'altra sera non (noi) ______________ voglia di vedere la | avere |
| televisione e quindi ______________ di giocare a scacchi. | decidere |
| 5. Mio nonno ______________ festeggiare il | amare |
| compleanno solo con la famiglia. Ma una volta, | |
| per i suoi settanta anni, mia nonna gli ______________ | organizzare |
| una festa a sorpresa con tutti gli amici. | |
| 6. Stamattina (io) ______________ prestissimo, | alzarsi |
| ______________ colazione e ______________ già alle sette. | fare, uscire |
| 7. Mariano, ti ______________ andare a scuola? – | piacere |
| Certo! ______________ anche il più bravo della classe! | essere |
| 8. Prima Anna e Veronica ______________ sempre | vestire |
| alla moda, adesso, chissà perché, a loro la moda | |
| non interessa più. | |
| 9. Ragazzi, vi ricordate quella volta che (noi) | |
| ______________ in macchina perché non | dormire |
| ______________ i soldi nemmeno per andare in un ostello? | avere |
| 10. Paolo e Cristina ______________ nel 1998 | sposarsi |
| e ______________ la luna di miele nei Caraibi. | trascorrere |

| | |
|---|---|
| 11. Mattia ______________ un corso di francese per due anni e adesso parla la lingua perfettamente. | seguire |
| 12. Da bambina (io) ______________ molto timida, infatti ______________ sempre a casa, da sola, a leggere o a disegnare. | essere<br>rimanere |

| | | | |
|---|---|---|---|
| **la gente** | die Leute | **fare colazione** | frühstücken |
| **permaloso** | überempfindlich | **già** | schon |
| **la lentiggine** | die Sommersprosse | **alla moda** | modisch |
| **gli occhiali** | die Brille | **chissà perché** | wer weiß |
| **la corrida** | der Stierkampf | **nemmeno** | auch nicht |
| **giocare a scacchi** | Schach spielen | **l'ostello** | die Jugendherberge |
| | | **la luna di miele** | die Flitterwoche |
| **la festa a sorpresa** | die Überraschungsparty | **timido** | schüchtern |
| | | **disegnare** | zeichnen |

Achten Sie jetzt auf folgende Beispielsätze, die Ihnen weitere Hinweise zum Gebrauch und zum Verhältnis von *imperfetto* und *passato prossimo* geben.

*Mentre la nonna **cuciva**, il nonno **leggeva** il giornale.*
Während die Oma nähte, las der Opa Zeitung.
In diesem Beispiel handelt es sich um zwei Handlungen, die gleichzeitig ablaufen.
Man benutzt daher für beide Handlungen (Nebensatz von *mentre* eingeleitet und Hauptsatz) das *imperfetto*.

*Mentre **guardavo** la TV, **ha telefonato** una mia amica.*
Während ich fern schaute, hat eine Freundin von mir angerufen.
In diesem Beispiel ist eine Handlung noch nicht abgeschlossen, als eine weitere eintritt. Man benutzt daher für die nicht abgeschlossene Handlung (Nebensatz von *mentre* eingeleitet) das *imperfetto*, für die hinzutretende Handlung (Hauptsatz) das *passato prossimo*.

**Achtung:** Man kann die Reihenfolge von Nebensatz und Hauptsatz auch umstellen. Das ändert nichts am Gebrauch der Zeitformen.
*Il nonno **leggeva** il giornale mentre la nonna **cuciva**.*
***Ha telefonato** una mia amica mentre **guardavo** la TV.*

**176** Passato prossimo *oder* imperfetto? *Setzen Sie die rechts stehenden Verben in die richtige Zeitform.*

1. Mentre (io) ______________ al computer, (io) ______________ la radio. — scrivere, ascoltare
2. Mentre Lina ______________ dal lavoro, ______________ Giulio. — tornare, incontrare
3. L'ultimo libro di Susanna Tamaro (io) l'______________ mentre (io) ______________ il sole sulla spiaggia. — leggere, prendere
4. A che (tu) ______________ mentre la professoressa ______________ "I Sepolcri"? — pensare, spiegare
5. Mio marito ______________ un dito mentre ______________ a calcio. — fratturarsi, giocare
6. Nella semifinale Germania-Italia 2006 mentre i tedeschi già ______________ nei calci di rigore, gli italiani ______________ due gol. — sperare, segnare
7 Durante la gita mentre l'autista ______________, i ragazzi ______________ le canzoni di Baglioni. — guidare, cantare
8. Mentre Francesco ______________ i compiti, la mamma ______________ i vetri. — fare, pulire

| | | | |
|---|---|---|---|
| **ascoltare** | hören | **giocare a calcio** | Fußball spielen |
| **tornare** | zurückkommen | **la semifinale** | das Halbfinale |
| **incontrare** | treffen | **il calcio di rigore** | das Elfmeterschießen |
| **Susanna Tamaro** | *Schriftstellerin (1957)* | **segnare un gol** | ein Tor erzielen |
| **prendere il sole** | sich sonnen | **la gita** | *hier* der Klassenausflug |
| **il sepolcro** | das Grab | **l'autista** | der Fahrer |
| **I Sepolcri** | *literarisches Werk von Ugo Foscolo (1778–1827)* | **guidare** | fahren |
| | | **Claudio Baglioni** | *Sänger und Liedermacher (1951)* |
| **spiegare** | erklären | **il compito** | *hier* die Hausaufgabe |
| **fratturarsi** | sich brechen | **pulire i vetri** | Fenster putzen |
| **il dito** | der Finger | | |

### Die Modalverben (*volere, dovere, potere*) und die Verben *sapere* und *conoscere* im *imperfetto* und *passato prossimo*

Es gibt bestimmte Verben, die ihre Bedeutung ändern, je nachdem ob sie im *imperfetto* oder im *passato prossimo* verwendet werden. Diese Verben sind die Modalverben *volere*, *dovere* und *potere* und die Verben *sapere* und *conoscere*.

- Werden die Modalverben *volere*, *dovere* und *potere* im *imperfetto* benutzt, ist es nicht unbedingt klar, ob die Handlung wirklich stattgefunden hat oder nicht. Nur der Kontext kann es klären. Werden die Modalverben im *passato prossimo* verwendet, dann hat die Handlung tatsächlich stattgefunden.

| | |
|---|---|
| *Non **dovevi** frequentare il corso di giapponese?* | **Hättest** du nicht den Japanischkurs besuchen **sollen**? |
| *Non **siamo potuti** arrivare in orario a causa del traffico.* | Wir **konnten** wegen des Verkehrs nicht pünktlich kommen. |

- Das Verb *sapere* hat im *imperfetto* die Bedeutung „wissen", im *passato prossimo* die Bedeutung „erfahren".

| | |
|---|---|
| *Non **sapevo** che ti trasferisci.* | Ich **habe** nicht **gewusst**, dass du umziehst. |
| ***Ho saputo** che ti trasferisci.* | Ich **habe erfahren**, dass du umziehst. |

- Das Verb *conoscere* bedeutet im *imperfetto* „kennen", im *passato prossimo* „kennen lernen".

| | |
|---|---|
| ***Conoscevate** questa storia?* | **Kanntet** ihr diese Geschichte? |
| ***Abbiamo conosciuto** Sergio in Turchia.* | Wir **haben** Sergio in der Türkei **kennen gelernt**. |

**177** Passato prossimo *oder* imperfetto? *Kreuzen Sie die richtige Form an.*

| | |
|---|---|
| 1. Sandra è incinta! – Ah, non lo ____________. | ☐ sapevo<br>☐ ho saputo |
| 2. Al corso di aggiornamento ____________ una persona veramente interessante. | ☐ conoscevo<br>☐ ho conosciuto |
| 3. Per l'esame d'inglese ____________ studiare tutte le opere di Shakespeare. | ☐ dovevamo<br>☐ abbiamo dovuto |
| 4. Pino non ____________ partecipare alla maratona perché si è fratturato un ginocchio. | ☐ poteva<br>☐ ha potuto |
| 5. I turisti ____________ visitare una chiesa celebre ma purtroppo era chiusa. | ☐ volevano<br>☐ hanno voluto |

6. Da Tiziana ____________ che Peppe si vuole separare dalla moglie.
7. ____________ andare a una conferenza ma mi è venuta l'influenza e quindi sono rimasto a casa.
8. Allora, come sono i vostri consuoceri? – Simpatici. Comunque noi li ____________ già!
9. Ieri sono andato all'ospizio ma mio nonno non mi ____________ vedere: non si ricordava più di avere un nipote.
10. Me lo ____________ dire che non hai fame. Ho cucinato inutilmente.

- ☐ sapevamo
- ☐ abbiamo saputo
- ☐ Dovevo
- ☐ Ho dovuto
- ☐ conoscevamo
- ☐ abbiamo conosciuti
- ☐ voleva
- ☐ ha voluto
- ☐ potevi
- ☐ hai potuto

| | |
|---|---|
| **essere incinta** | schwanger sein |
| **il corso di aggiornamento** | der Fortbildungskurs |
| **l'opera** | das Werk |
| **partecipare** | teilnehmen |
| **la maratona** | der Marathonlauf |
| **fratturarsi** | sich brechen |
| **il ginocchio** | das Knie |
| **celebre** | berühmt |
| **separarsi** | sich trennen |
| **l'influenza** | die Grippe |
| **quindi** | deshalb |
| **i consuoceri** | die Eltern der/des Schwiegertochter/-sohns |
| **comunque** | sowieso, jedoch |
| **l'ospizio** | das Altersheim |
| **il nonno** | der Großvater |
| **ricordarsi** | sich erinnern |
| **il/la nipote** | *hier* der Enkel/die Enkelin |
| **inutilmente** | umsonst |

Passato prossimo *oder* imperfetto? *Setzen Sie die Verben in die richtige Zeitform.*

1. Ornella, Vanessa e Adina ____________ andare all'ultima manifestazione di Umbria Jazz ma la macchina non è partita. — dovere
2. Cara Anna, non (io) ____________ fare la marmellata di more perché l'incendio ha bruciato tutti i rovi. Baci, mamma. — potere
3. Signora Adua, lo ____________ che il macellaio ha chiuso? — sapere
4. (Noi) ____________ fare un picnic sul fiume ma è venuto a piovere. — volere
5. Gli antichi romani non ____________ l'uso delle posate. — conoscere
6. Durante i suoi viaggi mio zio ____________ gente d'ogni Paese. — conoscere

7. All'improvviso il frigorifero si è rotto e quindi (noi) ___________ comprarne uno nuovo.
8. Congratulazioni! (Noi) ___________ che hai vinto il concorso.
9. (Voi) ___________ ristrutturare la casa senza un preventivo, e ora siete rimasti senza una lira.
10. Cinzia, Pasquale, ___________ venire alla presentazione del libro. È stata molto interessante.

dovere

sapere

volere

potere

| | | | |
|---|---|---|---|
| **la manifestazione** | die Veranstaltung | **il Paese** | das Land |
| **partire** | *hier* anspringen | **all'improvviso** | plötzlich |
| **la mora** | die Brombeere | **il frigorifero** | der Kühlschrank |
| **l'incendio** | der Brand, das Feuer | **rompersi** | kaputt gehen |
| **bruciare** | verbrennen | **Congratulazioni!** | Herzlichen Glückwunsch! |
| **il rovo** | der Brombeerstrauch | **il concorso** | der Prüfungswettbewerb |
| **il macellaio** | der Metzger | **il preventivo** | der Kostenvoranschlag |
| **venire a piovere** | anfangen zu regnen | | |
| **la posata** | das Besteck | **rimanere senza una lira** | kein Pfennig mehr übrig haben |
| **ogni** | jede/-r/-s | | |

◄ Gr LGr S. 208 ff. ►

### *Trapassato prossimo*

Das *trapassato prossimo* ist eine weitere wichtige Zeit der Vergangenheit. Es entspricht dem deutschen Plusquamperfekt. Man sagt auch Vorvergangenheit, denn es bezeichnet Handlungen, die vor anderen Handlungen in der Vergangenheit stattgefunden haben. Was die Bildung angeht, so ist das *trapassato prossimo* unkompliziert:
*imperfetto* von *avere* oder *essere* + Partizip Perfekt

| | |
|---|---|
| *Siccome non **avevo studiato** a sufficienza, non mi sono presentato all'esame.* | Da ich nicht genug **gelernt hatte**, bin ich bei der Prüfung nicht erschienen. |
| *Quando siamo arrivati al cinema, il film **era** già **cominciato**.* | Als wir im Kino angekommen sind, **hatte** der Film schon **begonnen**. |

179 *Vervollständigen Sie die Sätze mit den Angaben.*

non si erano più visti · aveva abboccato · era cominciato · avevo mai visto · avevamo appena finito · avevo sconsigliato · avevo detto · avevano chiuso · ero appena salito · eravamo tornati

1. ________________ al mio amico di comprarsi un'auto a quattro ruote motrici ma lui non mi ha dato ascolto.
2. Ti ________________ di toglierti le scarpe prima di entrare. Guarda qui! hai sporcato tutto il pavimento.
3. Quando ieri Gabriele è tornato a casa, era infuriato a causa di un problema in ufficio. Non lo ________________ così.
4. Il campionato del mondo di Formula 1 ________________ con un predominio della Renault, ma poi la Ferrari ha recuperato.
5. ________________ di innaffiare il giardino quando è scoppiato un temporale.
6. Quando la mamma è tornata a casa, ha trovato che Luigino e Michele ________________ il gatto nella lavatrice.
7. ________________ sull'autobus, quando ho notato di non avere il portafoglio.
8. Pino e Achille ________________ dalla fine del liceo.
9. Poiché ________________ da un lungo viaggio e il frigorifero era vuoto, abbiamo ordinato una pizza da asporto.
10. Quando ho visto che il galleggiante della lenza affondava, ho capito che un pesce ________________.

| | | | |
|---|---|---|---|
| **abboccare** | anbeißen | **innaffiare** | gießen |
| **sconsigliare** | abraten | **scoppiare** | ausbrechen |
| **la ruota motrice** | das Triebrad | **il temporale** | das Gewitter |
| **dare ascolto a** | Gehör schenken | **la lavatrice** | die Waschmaschine |
| **sporcare** | verschmutzen | **il portafoglio** | der Geldbeutel |
| **infuriato** | wütend | **da asporto** | zum Mitnehmen |
| **il campionato del mondo** | die Weltmeisterschaft | **il galleggiante** | der Schwimmer |
| | | **la lenza** | die Angelschnur |
| **il predominio** | die Überlegenheit | **affondare** | versenken |
| **recuperare** | nachholen | | |

180 *Setzen Sie die Verben in Klammern ins* trapassato prossimo.

Liliana ha da qualche giorno un cucciolo di pastore tedesco, Kevin.
Un animale delizioso!
Ieri è dovuta uscire urgentemente per delle commissioni e lo ha lasciato solo nell'appartamento.
Quando è tornata ha trovato che Kevin
(mangiucchiare) __________________ i calzini del marito,
(lacerare) __________________ i cuscini del divano e le piume
(sparpagliarsi) __________________ dovunque;
(scovare) __________________ il sacco con il suo mangime, lo (strappare) __________________ e il mangime
(rotolare) __________________ su tutto il pavimento;
(rovesciare) __________________ la scodella dell'acqua e con le zampe bagnate (distendersi) __________________ sul letto;
e per finire (scavare) __________________ le begonie dai vasi e
(fare) __________________ la pipì nella terra.
Ma chi l'ha detto che il cane è il miglior amico dell'uomo?

| | | | |
|---|---|---|---|
| **il cucciolo** | der Welpe | **sparpagliarsi** | sich zerstreuen |
| **il pastore tedesco** | der Schäferhund | **scovare** | entdecken, finden |
| | | **il mangime** | das Futter |
| **delizioso** | entzückend, niedlich | **strappare** | reißen |
| **urgentemente** | dringend | **rotolare** | rollen |
| **la commissione** | *hier* die Besorgung, die Einkäufe | **rovesciare** | ausschütten |
| | | **la scodella** | der Napf |
| **mangiucchiare** | naschen | **la zampa** | die Pfote |
| **il calzino** | die Socke | **distendersi** | sich hinlegen |
| **lacerare** | zerreißen | **scavare** | graben |
| **il cuscino** | das Kissen | **la begonia** | die Begonie |
| **il divano** | das Sofa | **la terra** | die Erde |
| **la piuma** | die Feder | **il cane** | der Hund |

◄ Gr LGr S. 197 ff. ►

***Passato remoto***

Das *passato remoto* (auch „historische Vergangenheit" genannt) wird vor allem in der geschriebenen Sprache (1) verwendet, in Süditalien auch in der gesprochenen Sprache (2). Im Gebrauch entspricht es dem *passato prossimo*.

(1) *Alessandro Manzoni* ***nacque*** *a Milano nel 1785.*
Alessandro Manzoni ist 1785 in Mailand geboren.

(2) *La settimana scorsa* ***andai*** *a Bologna per un incontro d'affari.*
Letzte Woche bin ich geschäftlich nach Bologna gefahren.

Da das *passato remoto* hauptsächlich in der geschriebenen Sprache verwendet wird, müssen Sie es nur „passiv" beherrschen, um einen schriftlichen Text richtig zu verstehen.

**181** *Vervollständigen Sie die Tabelle mit den fehlenden Verbformen des* passato remoto. *Es handelt sich ausschließlich um regelmäßige Verben.*

| | **parlare** (sprechen) | **vendere** (verkaufen) | **capire** (verstehen) |
|---|---|---|---|
| (io) | parlai | ________ / ________ | capii |
| (tu) | ________ | vendesti | ________ |
| (lui, lei, Lei) | ________ | vendé / vendette | capì |
| (noi) | parlammo | ________ | ________ |
| (voi) | ________ | vendeste | ________ |
| (loro) | ________ | ________ / ________ | ________ |

| | **amare** (lieben) | **credere** (glauben) | **sentire** (hören) |
|---|---|---|---|
| (io) | ________ | ________ / ________ | ________ |
| (tu) | amasti | ________ | ________ |
| (lui, lei, Lei) | ________ | ________ / ________ | ________ |
| (noi) | ________ | credemmo | ________ |
| (voi) | ________ | ________ | sentiste |
| (loro) | amarono | crederono / credettero | ________ |

182 *Einige Verbformen sind aus der Tabelle entwischt. Setzen Sie sie wieder an der richtigen Stelle ein. Es handelt sich ausschließlich um unregelmäßige Verben.*

| | **avere** (haben) | **essere** (sein) | **chiedere** (fragen) | **rispondere** (antworten) |
|---|---|---|---|---|
| (io) | ________ | fui | ________ | ________ |
| (tu) | ________ | fosti | ________ | ________ |
| (lui, lei, Lei) | ebbe | ________ | ________ | ________ |
| (noi) | ________ | ________ | ________ | rispondemmo |
| (voi) | ________ | ________ | chiedeste | ________ |
| (loro) | ebbero | ________ | chiesero | risposero |

avemmo, chiese, scrissero, dissero, chiedemmo, faceste, scriveste, dissi, dicemmo, dicesti, venimmo, fu, aveste, foste, risposi, venisti, venni, rispondeste, venne, fece, facesti, chiesi, rispose, furono, rispondesti, fummo, ebbi, avesti, chiedesti, fecero, facemmo, scrisse, scrivesti

| | **fare** (machen, tun) | **scrivere** (schreiben) | **dire** (sagen) | **venire** (kommen) |
|---|---|---|---|---|
| (io) | feci | scrissi | ________ | ________ |
| (tu) | ________ | ________ | ________ | ________ |
| (lui, lei, Lei) | ________ | ________ | disse | ________ |
| (noi) | ________ | scrivemmo | ________ | ________ |
| (voi) | ________ | ________ | diceste | veniste |
| (loro) | ________ | ________ | ________ | vennero |

**183** *Lesen Sie die Biographie von Giuseppe Verdi aufmerksam durch. Setzen Sie die Verbformen des* passato remoto *an der richtigen Stelle ein.*

prese · compose · nacque · morì · fu · sposò · si accostò · studiò · nacquero · morì · debuttò · fu · ottenne · poté · sostenne · si unì · cominciò · morirono

Giuseppe Verdi ___________ da modestissima famiglia a Le Roncole (oggi Roncole Verdi), presso Parma, nel 1813.
___________ molto giovane alla musica incoraggiato da suo padre.
Grazie all'appoggio di Antonio Barezzi, commerciante e amante di musica, nel 1823 ___________ a frequentare il ginnasio e nel frattempo ___________ musica privatamente.
Non ___________ frequentare il Conservatorio di Milano avendo superato l'età adatta e allora ___________ lezioni private da un maestro che insegnava lì.
Nel 1836 ___________ la figlia di Barezzi, Margherita. Dalla loro unione ___________ due figli. La moglie Margherita ___________ improvvisamente nel 1840, in seguito ___________ anche i figli.
Nel 1839 Giuseppe Verdi ___________ alla Scala di Milano con l'opera "Oberto, conte di San Bonifacio" e ___________ un successo. Il primo grande trionfo lo ___________, però, nel 1842 con l'opera "Nabucodonosor", successivamente chiamata "Nabucco". Da allora ___________ circa un'opera all'anno.
Nel 1859 ___________ in matrimonio con il soprano Giuseppina Strepponi, con la quale viveva già da alcuni anni.
Tra i suoi capolavori si ricordano: "Rigoletto", "Il trovatore", "La traviata", "Aida"; tra le opere non teatrali la "Messa di Requiem" scritta per la morte di Alessandro Manzoni.
Verdi ___________ anche molto impegnato politicamente e socialmente.
___________ in particolar modo i moti risorgimentali. ___________ a Milano nel 1901.

| | | | |
|---|---|---|---|
| **comporre** | *hier* komponieren | **la Scala di Milano** | *Mailänder Oper* |
| **accostarsi** | sich nähern | | |
| **sostenere** | unterstützen | **il conte** | der Graf |
| **modesto** | bescheiden | **il capolavoro** | das Meisterwerk |
| **incoraggiare** | ermutigen | **la morte** | der Tod |
| **l'appoggio** | die Unterstützung | **impegnato** | engagiert |
| **superare** | überschreiten | **il moto risorgimentale** | der Befreiungskampf |
| **l'unione** | *hier* die Ehe | | |

184 ***Vervollständigen Sie das Märchen mit den Verben in Klammern in der richtigen Form des*** passato remoto.

**Breve storia di un gambero**
C'era una volta un gambero. Lo sai che i gamberi camminano all'indietro?
Un giorno il gambero (incontrare) ___________ ad una festa sottomarina una graziosa tartarughina di mare e (innamorarsene) ___________.
"Vuoi fare una passeggiata con me?" le (chiedere) ___________.
"Con piacere." (rispondere) ___________ vezzosa la tartarughina e (loro / incamminarsi) ___________.
Ma la tartarughina sia pure lentamente (camminare) ___________ in avanti, il gambero invece (spostarsi) ___________ all'indietro.
Fatti due passi (loro / separarsi) ___________ e non (loro / vedersi) ___________ più.
E ancora oggi sono là in fondo al mare che si cercano.

(per gentile concessione di Gabriella Bova)

| | | | |
|---|---|---|---|
| **il gambero** | *hier* der Hummer | **incamminarsi** | sich auf den Weg machen |
| **C'era una volta ...** | Es war einmal ... | | |
| **all'indietro** | rückwärts | **in avanti** | vorwärts |
| **sottomarino** | Tiefsee- | **spostarsi** | *hier* rücken |
| **la tartarughina** | die kleine Schildkröte | **separarsi** | sich trennen |
| | | **in fondo** | unten |
| **vezzoso** | geziert, niedlich | **la concessione** | die Genehmigung |

◄ Gr LGr S. 212 ff. ►

***Trapassato remoto***

Das *trapassato remoto* ist die historische Vorvergangenheit. Es wird wie das *trapassato prossimo* gebraucht, allerdings ausschließlich in der Schriftsprache in Nebensätzen, die z. B. von *quando* oder *dopo che* eingeleitet werden.
Das *trapassato remoto* wird aus dem *passato remoto* von *avere* oder *essere* und dem Partizip Perfekt des Verbs gebildet.

*Dopo che Galileo Galilei, nel 1632,* ***ebbe pubblicato*** *il trattato "Dialogo sui massimi sistemi" fu processato per eresia.*

Nachdem Galileo Galilei 1632 das Traktat „Dialog über die beiden hauptsächlichsten Weltsysteme" **veröffentlicht hatte**, wurde ihm wegen Ketzerei der Prozess gemacht.

**185** *Setzen Sie die rechts stehenden Verben ins* trapassato remoto *und fügen Sie sie ein.*

1. Quando Cartagine, nel III secolo a. C., ________________ anche le coste della Sicilia e della Sardegna, Roma fu in pericolo. — conquistare
2. Dante Alighieri (1265 - 1321) compose la Divina Commedia dopo che ________________ in esilio. — andarsene
3. Dopo che il Re di Napoli, nel 1647, ________________ una tassa sulla frutta, scoppiò la rivolta guidata da Tommaso Aniello, detto Masaniello. — imporre
4. Quando, il 2 giugno 1946, gli Italiani ________________ la repubblica con il referendum, il re Umberto di Savoia fu costretto ad andare in esilio. — scegliere
5. Lo scrittore Gabriele D'Annunzio, dopo che ________________ volontario durante la prima guerra mondiale, partecipò attivamente a diverse azioni belliche. — arruolarsi
6. Dopo che gli Italiani ________________ con due referendum popolari le leggi sul divorzio (1970) e sull'aborto (1978), la Chiesa cattolica perse il ruolo dominante nel Paese. — confermare
7. Dopo che con il suo assassinio (44. a. C.) Giulio Cesare ______________ dalla scena politica, Roma piombò nella guerra civile. — uscire
8. Dopo che Giuseppe Garibaldi, nel 1860, ________________ con successo la spedizione dei Mille, si giunse facilmente all'unificazione del Regno d'Italia. — guidare

| | | | |
|---|---|---|---|
| **nel III (terzo) secolo** | im dritten Jahrhundert | **volontario** | freiwillig |
| **a. C. (avanti Cristo)** | v. C. (vor Christus) | **bellico** | Kriegs- |
| | | **il divorzio** | die Scheidung |
| | | **l'aborto** | die Abtreibung |
| **conquistare** | erobern | **dominante** | vorherrschend |
| **comporre** | *hier* schreiben | **l'assassinio** | die Ermordung |
| **l'esilio** | die Verbannung | **piombare** | herabstürzen |
| **imporre** | auferlegen | **la guerra civile** | der Bürgerkrieg |
| **la tassa** | die Steuer | **la spedizione** | das Unternehmen |
| **scoppiare** | ausbrechen | **giungere** | gelangen, kommen |
| **il referendum** | die Volksabstimmung | **l'unificazione** | die Vereinigung |
| **arruolarsi** | *hier* sich melden | **il regno** | das Königreich |

◄ Gr LGr S. 215 ff. ►

***Futuro semplice***

In diesem Abschnitt geht es um die Zukunftsform. Das *futuro semplice* (= Futur I) wird sowohl in der geschriebenen als auch in der gesprochenen Sprache verwendet. Allerdings wird es in der Umgangssprache häufig durch das *indicativo presente* (→ S. 137) ersetzt, vor allem bei Ereignissen, die sicher oder in Kürze stattfinden werden.

| | |
|---|---|
| *L'anno prossimo **faremo** il giro del mondo.* | Nächstes Jahr werden wir eine Weltreise unternehmen. |
| *Che cosa **farete** dopo il liceo?* | Was werdet ihr nach dem Gymnasium machen? |

Das *futuro semplice* kann ebenfalls eine Vermutung ausdrücken.

| | |
|---|---|
| *Quanto **sarà** lungo il ponte?* | Wie lang wird wohl die Brücke sein? |

**186** ***Unterscheiden Sie zwischen regelmäßigen und unregelmäßigen Verben. Ordnen Sie die jeweiligen Verbformen dem passenden Feld zu. Schreiben Sie dazu, um welche Person es sich handelt.***

~~parlerò~~ ~~vedremo~~ aiuteranno berrà saremo daranno farai saprò andrete avrò apriremo perderai rimarrete telefonerete vorrai augureremo leggerò staremo capirai finiranno potrete scriveremo

| Regelmäßige Verben | Unregelmäßige Verben |
|---|---|
| *io parlerò, ...* | *noi vedremo, ...* |

| | | | |
|---|---|---|---|
| **bere** | trinken | **perdere** | verlieren |
| **augurare** | wünschen | **rimanere** | bleiben |

**187** *Setzen Sie die in Klammern angegebenen Verben ins* futuro semplice *und verbinden Sie dann die linke Spalte mit der rechten zu sinnvollen Sätzen.*

| | |
|---|---|
| 1. Massimo non sa perdere, ... | a. appena possibile. |
| 2. Alla festa ci (essere) ____________ tante cose buone da mangiare e ... | b. le feste natalizie? |
| 3. Come (voi / trascorrere) ____________ ... | c. per fare gli spaghetti alla carbonara per quattro persone? |
| 4. I miei superiori non (accettare) ____________ ... | d. non (io / giocare) ____________ mai più con lui! |
| 5. Quante uova ci (volere) ____________ ... | e. in modo più adatto alla tua età? |
| 6. Ragazzi, se (continuare) ____________ così, vi (prendere) ____________ ... | f. una simile proposta in nessun caso. |
| 7. Vi (io / venire) ____________ a trovare ... | g. una bella sospensione! |
| 8. Quando (tu / vestirsi) ____________ ... | h. (noi / assaggiare) ____________ sicuramente un po' di tutto. |

| | | | |
|---|---|---|---|
| **volersi bene** | sich lieb haben | **adatto** | geeignet |
| **il superiore** | der Vorgesetzte | **l'età** | das Alter |
| **volerci** | brauchen | **la sospensione** | der Verweis |
| **continuare così** | so weiter machen | **assaggiare** | kosten |

**188** *Vervollständigen Sie den Artikel, indem Sie die in Klammern angegebenen Verben ins* futuro semplice *setzen.*

**Europaradiso: sì o no?**

La Regione Calabria (esaminare) ____________ alla fine dell'estate il progetto Europaradiso. Si (decidere) ____________ se aprire i cantieri oppure no.

Il progetto Europaradiso fa capo a una società composta da israeliani ed europei.

Si (realizzare) ____________ una città faraonica che (occupare) ____________ oltre un milione e mezzo di metri quadrati della costa ionica vicino a Crotone. Ci (essere) ____________ alberghi, si (creare) ____________ parchi a tema, si (costruire) ____________ addirittura uno stadio da 30 mila posti. La struttura alberghiera (permettere) ___________ di ospitare migliaia di turisti. Il progetto (prevedere) ___________ anche un'offerta turistica rivoluzionaria: volo, camera e prima colazione (essere) ___________ gratuiti, si (pagare) ___________ invece i vari servizi a disposizione, quali ristoranti, campi da golf, piscine, negozi.

Favorevoli al progetto sono in molti. Si pensa che questa superstruttura (produrre) ___________ oltre diecimila posti di lavoro e (determinare) ___________ uno sviluppo maggiore del turismo in Calabria.

Ma la costa ionica in quel tratto è zona protetta. Gli ambientalisti infatti sono contrari al progetto.

Secondo le voci più scettiche, in quella zona, (sorgere) ___________ un paradiso di cemento stimato in quattro milioni di metri cubi di edifici. Il progetto non (portare) ___________ effettivamente sviluppo come previsto e la ricchezza (restare) ___________ nelle mani di pochi. Gli imprenditori locali non (ricevere) ___________ infatti alcun vantaggio perché i turisti (rimanere) ___________ all'interno del villaggio. Inoltre la popolazione locale non (avere) ___________ più accesso libero alle spiagge.

Come (andare) ___________ a finire questa vicenda?

| | | | |
|---|---|---|---|
| **la Regione** | *hier* die Regionalverwaltung | **determinare** | auslösen |
| **esaminare** | prüfen | **il tratto** | *hier* das Gebiet |
| **il cantiere** | die Baustelle | **l'ambientalista** | der Naturschützer |
| **fare capo** | *hier* abhängen | **stimato** | geschätzt |
| **addirittura** | sogar | **il metro cubo** | der Kubikmeter |
| **la struttura alberghiera** | die Hotelanlage | **effettivamente** | tatsächlich |
| **permettere** | ermöglichen | **previsto** | vorgesehen |
| **prevedere** | vorsehen | **l'imprenditore locale** | der Lokalunternehmer |
| **gratuito** | kostenlos | **la popolazione** | die Bevölkerung |
| **la disposizione** | die Verfügung | **l'accesso** | der Zugang |
| **favorevole** | *hier* dafür | **la vicenda** | das Ereignis, die Geschichte |

◄ Gr LGr S. 221 ff. ►

### *Futuro anteriore*

Mit dem *futuro anteriore* (= Futur II) werden zukünftige Handlungen ausgedrückt, die vor anderen Handlungen in der Zukunft stattfinden.

| | |
|---|---|
| *Quando* ***sarò andato*** *in pensione, viaggerò più spesso.* | Wenn ich in Rente **gegangen sein werde**, werde ich häufiger verreisen. |

Es geht hier um zwei zukünftige Handlungen: Erst werde ich in Rente gehen, dann werde ich häufiger verreisen. Die erste der zukünftigen Handlungen wird mit dem *futuro anteriore* ausgedrückt, die zweite mit dem *futuro semplice*.

Das *futuro anteriore* kann auch benutzt werden, um eine Vermutung auszudrücken.

| | |
|---|---|
| ***Saranno*** *già* ***arrivati*** *alla stazione i ragazzi?* | **Werden** die Jungs **wohl** schon am Bahnhof **angekommen sein**? |

**Bildung**: *futuro semplice* von *avere* oder *essere* + Partizip Perfekt des Verbs

| | |
|---|---|
| ***avrò mangiato*** | ich werde gegessen haben |
| ***saremo usciti/e*** | wir werden ausgegangen sein |

**189** *Setzen Sie die in Klammern angegebenen Verben ins* futuro anteriore *und verbinden Sie dann die linke Spalte mit der rechten zu sinnvollen Sätzen.*

| | |
|---|---|
| 1. Appena (io / finire) ____________ la specializzazione, ... | a. meno di vent'anni. |
| 2. Mamma mia, Francesca com'è dimagrita, ... | b. andremo in barca. |
| 3. In questa foto la nonna (avere) ____________ ... | c. (lei / perdere) ____________ almeno 15 chili! |
| 4. Farò una bella festa ... | d. offriremo gli aperitivi. |
| 5. Quando il mare (calmarsi) ____________ ... | e. farò uno stage a Parigi in una ditta. |
| 6. Appena la babysitter (arrivare) ____________ ... | f. potremo uscire. |
| 7. Appena (noi / ricevere) ____________ i contributi statali ... | g. quando (io / superare) ____________ l'esame di laurea. |
| 8. Appena tutti gli ospiti (arrivare) ____________ ... | h. cominceremo il restauro della facciata. |

| | | | |
|---|---|---|---|
| **la specia-lizzazione** | die Spezialisierung, die Fachausbildung | **almeno** | mindestens |
| **dimagrire** | abnehmen | **lo stage** | das Praktikum |
| **calmarsi** | sich beruhigen | **superare** | bestehen |
| **i contributi statali** | die staatlichen Zuschüsse | **il restauro** | die Renovierung |
| | | **la facciata** | die Fassade |

**190** Futuro semplice *oder* futuro anteriore? ***Setzen Sie die Verben in Klammern in die richtige Zeitform.***

1. Che cosa (tu / fare) _____________ quando arrivano i tuoi parenti dall'America?
2. Vogliamo regalare a Giovanna una camicetta? Ma che taglia (lei / avere) _____________?
3. Dopo che (noi / imparare) _____________ bene l'inglese, (noi / andare) _____________ a fare un giro in Scozia.
4. Francesco ha promesso al padre che d'ora in poi (rigare) _____________ diritto.
5. Appena (finire) _____________ la riunione, (noi / andare) _____________ a mangiare una pizza.
6. Ho incontrato Giuliana l'altro giorno in farmacia. L'ho trovata cambiata. Non (lei / farsi) _____________ mica la plastica al naso?
7. L'anno prossimo i miei suoceri (affittare) _____________ una casa sul litorale ligure.
8. Sai dove sono andate a finire le chiavi della cantina? – Le (tu / dimenticare) _____________ come sempre vicino alla porta.
9. Dove (tenersi) _____________ le prossime Olimpiadi?
10. A quest'ora papà (atterrare) ________ già _____________ a Fiumicino.

| | | | |
|---|---|---|---|
| **il/la parente** | der/die Verwandte | **i suoceri** | die Schwiegereltern |
| **la camicetta** | die Bluse | **affittare** | mieten |
| **fare un giro** | eine Rundfahrt machen | **il litorale ligure** | die ligurische Küste |
| **rigare diritto** | sich anständig benehmen | **andare a finire** | stecken bleiben |
| **la riunione** | die Sitzung | **tenersi** | stattfinden |
| **farsi la plastica al naso** | sich die Nase operieren lassen | **atterrare** | landen |
| | | **Fiumicino** | *Flughafen von Rom* |

◄ Gr LGr S. 225 ff. ►

## *Congiuntivo*

Der italienische *congiuntivo* hat mit dem deutschen Konjunktiv wenig gemeinsam. Der italienische Modus *congiuntivo* hat vier Zeiten: *presente, passato, imperfetto* und *trapassato* (➛ auch „Zeitenfolge im *congiuntivo*“, S. 242).
Er wird hauptsächlich in Nebensätzen verwendet nach bestimmten Verben und Ausdrücken, die im Hauptsatz erscheinen, z. B. *credere* (glauben), *sperare* (hoffen), *desiderare* (wünschen), *sembrare* (scheinen), *avere paura* (Angst haben), *volere* (wollen), *è difficile* (es ist schwierig), *è necessario* (es ist notwendig).
Er wird außerdem nach einigen Konjunktionen (➛ S. 278) wie z. B. *affinché* (damit), *sebbene* (obwohl) oder *prima che* (bevor) sowie nach dem relativen Superlativ (➛ S. 46) gebraucht.

| | |
|---|---|
| *Non pensavo che **avessi** già **finito**.* | Ich dachte nicht, dass du schon fertig bist. |
| *Speriamo che **smetta** di piovere presto.* | Wir hoffen, dass es bald aufhört zu regnen. |
| *Mi auguro che il tuo sogno si **realizzi**.* | Ich wünsche mir, dass dein Traum in Erfüllung geht. |
| *Sembra che **abbia smesso** di piovere.* | Es scheint, dass es aufgehört hat zu regnen. |
| *Avevamo paura che tu non ce la **facessi**.* | Wir hatten Angst, dass du es nicht schaffst. |
| *Esigo che tu mi **dica** la verità.* | Ich verlange, dass du mir die Wahrheit sagst. |
| *È difficile che **possano** arrivare in tempo.* | Es ist schwierig, dass sie zur rechten Zeit ankommen. |
| *Sebbene **fossimo partiti** in anticipo, siamo arrivati tardi.* | Obwohl wir früher abgefahren waren, sind wir spät angekommen. |
| *Edoardo è l'uomo più affascinante che **abbia** mai **conosciuto**.* | Edoardo ist der charmanteste Mann, den ich je kennen gelernt habe. |

◂ Gr LGr S. 225–226 und 237 ▸

***Congiuntivo presente***

In der folgenden Übung geht es um regelmäßige Verben.

191 *Ergänzen Sie die Verbformen des* congiuntivo presente *mit der passenden Endung. Benutzen Sie dabei die Endungen der drei Verbgruppen, auch mehrmals.*

-iamo -i -ino -iate -a -ano

| | **amare** (lieben) | **vendere** (verkaufen) | **aprire** (öffnen) | **capire** (verstehen) |
|---|---|---|---|---|
| (io) | am_____ | vend_____ | apr_____ | capisc_____ |
| (tu) | am_____ | vend_____ | apr_____ | capisc_____ |
| (lui, lei, Lei) | am_____ | vend_____ | apr_____ | capisc_____ |
| (noi) | am_____ | vend_____ | apr_____ | cap_____ |
| (voi) | am_____ | vend_____ | apr_____ | cap_____ |
| (loro) | am_____ | vend_____ | apr_____ | capisc_____ |

In der folgenden Aufgabe üben Sie einige unregelmäßige Verben im *congiuntivo presente*. Einige Verben (leider nicht alle) richten sich bei der Bildung des *congiuntivo presente* nach dem *indicativo presente*. Das heißt, wenn Sie deren Präsensformen kennen, können Sie auch den *congiuntivo presente* bilden, Sie müssen dann nämlich nur noch die Endungen angleichen, z. B. *fare*: *indicativo presente* ➛ ***faccio***, *congiuntivo presente* ➛ ***faccia***.

192 *Ergänzen Sie die Tabelle mit den fehlenden Verbformen des* congiuntivo presente.

| | **avere** (haben) | **essere** (sein) | **andare** (gehen) | **fare** (machen) |
|---|---|---|---|---|
| (io) | abbia | _____ | _____ | faccia |
| (tu) | abbia | _____ | _____ | _____ |
| (lui, lei, Lei) | _____ | sia | _____ | _____ |
| (noi) | _____ | _____ | _____ | _____ |
| (voi) | _____ | siate | andiate | _____ |
| (loro) | _____ | _____ | vadano | _____ |

| | **stare** (bleiben) | **bere** (trinken) | **uscire** (ausgehen) | **venire** (kommen) |
|---|---|---|---|---|
| (io) | ________ | beva | ________ | venga |
| (tu) | stia | ________ | esca | ________ |
| (lui, lei, Lei) | ________ | beva | esca | ________ |
| (noi) | stiamo | ________ | ________ | ________ |
| (voi) | ________ | ________ | ________ | veniate |
| (loro) | ________ | ________ | ________ | ________ |

**93** *Setzen Sie die rechts stehenden Verben in den* congiuntivo presente.

1. Io non credo che tu __________ la gravità della situazione! — capire
2. Hai visto Marcella? Pare che __________ un nuovo amore. — avere
3. Pensi che Luigi __________ soddisfatto del nuovo incarico? — essere
4. Leonardo, non credo che tutti questi dolci ti __________ bene! — fare
5. Spero che Vincenzo __________ presto dall'intervento. — riprendersi
6. Pensi che __________ anche Liliana e Alessio a messa con noi? — venire
7. Lilli, è necessario che tu __________ una cameriera. Da sola non ce la puoi fare a portare avanti una casa così grande. — cercarsi
8. Sebbene (loro) __________ alla perfezione la grammatica, non sono in grado di parlare l'inglese. — conoscere
9. Suppongo che tu __________ quello che fai. — sapere
10. Caro Mimì, ti mando questo assegno affinché tu e Liuccia __________ affrontare le spese del trasloco. — potere

| | | | |
|---|---|---|---|
| **la gravità** | der Ernst | **portare avanti** | führen |
| **soddisfatto** | zufrieden | **alla perfezione** | perfekt |
| **l'incarico** | der Auftrag | **essere in grado** | *hier* können |
| **i dolci** | *hier* die Süßigkeiten | **l'assegno** | der Scheck |
| **riprendersi** | sich erholen | **affinché** | damit |
| **l'intervento** | die Operation | **affrontare le spese** | die Unkosten auf sich nehmen |
| **la messa** | die Messe | **il trasloco** | der Umzug |
| **la cameriera** | *hier* die Putzfrau | | |

194 ***Vervollständigen Sie die Sätze mit dem passenden Verb und setzen Sie es in den* congiuntivo presente.**

finire · diventare · potere · risolvere · bastare · stare · guarire · venire · convenire · iscriversi

1. Non voglio assolutamente che il lavoro __________ più importante della famiglia.
2. Abbiamo paura che nostra madre __________ troppo tempo da sola.
3. I negozi stanno facendo le svendite. Danno tutto a prezzi stracciati. Penso proprio che ci __________ andare a dare un'occhiata.
4. Speriamo che il processo __________ al più presto.
5. Dubito che l'indulto __________ i problemi carcerari in Italia.
6. Non vediamo l'ora che voi ci __________ a trovare nella casa al mare.
7. Luca e Grazia sperano che il figlio __________ presto dalla depressione.
8. Pensi che un solo babà __________ per dodici persone? – Beh, dipende dalla grandezza ...
9. Credete che questa composizione floreale __________ piacere a Marina?
10. I miei genitori non vogliono che io __________ all'Accademia di Belle Arti.

| | | | |
|---|---|---|---|
| **bastare** | (aus)reichen, genug sein | **l'indulto** | der Straferlass |
| **guarire** | gesund werden | **carcerario** | Gefängnis- |
| **convenire** | *hier* sich lohnen | **non vedere l'ora** | es kaum erwarten können |
| **iscriversi** | sich anmelden | **il babà** | *traditioneller Kuchen aus Neapel* |
| **la svendita** | der Schlussverkauf | | |
| **il prezzo stracciato** | der Schleuderpreis | **la grandezza** | die Größe |
| **dare un'occhiata** | einen Blick darauf werfen | **la composizione floreale** | die Blumenkomposition |
| **il processo** | der Prozess | **l'Accademia di Belle Arti** | die Kunstakademie |
| **dubitare** | zweifeln | | |

◄ Gr LGr S. 229 und 236 ►

Wenn Haupt- und Nebensatz das gleiche Subjekt haben, wird der Nebensatz mit dem *congiuntivo* durch eine Infinitivkonstruktion ersetzt.

*Antonio spera ~~che Antonio vinca~~ la partita di tennis.*
*Antonio spera* ***di vincere*** *la partita di tennis.*
Antonio hofft, dass er das Tennismatch gewinnt.

95 ***Wandeln Sie die Aussagesätze in persönliche Meinungen um. Verwenden Sie dabei* che *und den* congiuntivo presente *oder* di *und den Infinitiv.***

Esempi

| | |
|---|---|
| La pasta basta per tutti. | Penso *che la pasta basti per tutti.* |
| Maria sa cucinare. | Maria pensa *di sapere cucinare.* |

1. Il divano è abbastanza grande. — Pensi ____________________?
2. Adina e Giulio convivono. — Credo ____________________
3. Paolo non si fida di te. — Abbiamo l'impressione ____________________ ____________________
4. Gianna ha ragione. — Gianna crede ____________________
5. Mi fermo da voi qualche giorno. — Penso ____________________
6. I signori Catalano hanno tre figli. — Mi sembra ____________________
7. Fate poco sport. — Riteniamo ____________________
8. Giuseppe e Ugo sono divertenti. — Giuseppe e Ugo credono ____________________ ____________________
9. Ho un debole per Fiorello. — Mia sorella pensa ____________________ ____________________
10. Non parliamo bene lo spagnolo. — Pensiamo ____________________

| | | | |
|---|---|---|---|
| **bastare** | (aus)reichen | **fidarsi** | trauen |
| **il divano** | das Sofa | **avere ragione** | Recht haben |
| **abbastanza grande** | groß genug | **fermarsi** | *hier* bleiben |
| **convivere** | zusammenleben | **avere un debole** | eine Schwäche haben |

◄ Gr LGr S. 229 ►

Achten Sie auf die folgenden Unterscheidungen:

- Nach Verben der persönlichen Meinung steht der *congiuntivo*.
  Doch nach Ausdrücken der persönlichen Meinung steht der Indikativ.

| | | |
|---|---|---|
| *<u>Penso</u> che tu **sia** bravo.* | aber | *<u>Secondo me</u> **sei** bravo.* |
| Ich denke, du bist gut. | | Meiner Meinung nach bist du gut. |

- Nach Verben der Unsicherheit steht der *congiuntivo*. Doch nach Verben der Sicherheit steht der Indikativ.

| | | |
|---|---|---|
| *<u>Dubito</u> che tu ce la **faccia**.* | aber | *<u>Sono sicuro</u> che ce la **fai**.* |
| Ich bezweifele, das du es schaffst. | | Ich bin sicher, dass du es schaffst. |

In der nächsten Übung geht es um diese Unterscheidung:
*congiuntivo* oder *indicativo*?

**196** ***Vervollständigen Sie die Sätze. Setzen Sie die rechts stehenden Verben in den* congiuntivo presente *oder in den* indicativo presente.**

1. Non credo che ____________ uscire con questo tempaccio. — convenire
2. È sicuro che Lina ____________ a vedere la mostra? — venire
3. Sai che gli zii ____________ lunedì sera? – Davvero? Bello! — arrivare
4. Ci auguriamo che la camera ____________ di vostro gradimento. — essere
5. Hai sempre mal di testa? Sono convinto che l'agopuntura ti ____________ aiutare. — potere
6. Secondo noi le votazioni non si ____________ ripetere. — dovere
7. Con tre figli, cari miei, penso proprio che ____________ bisogno di un appartamento più grande! — avere
8. Secondo te come mi ____________ questo vestito? – Bene! — stare
9. Per me l'omeopatia non ____________ a niente. – Non sono d'accordo. — servire
10. Non ci aspettiamo che (tu) ____________ le nostre ragioni. — capire

| | | | |
|---|---|---|---|
| **il tempaccio** | das schlechte Wetter | **la votazione** | der Wahlgang |
| **convenire** | *hier* sich lohnen | **cari miei** | meine Lieben |
| **la mostra** | die Ausstellung | **l'omeopatia** | die Homöopathie |
| **augurarsi** | sich wünschen | **servire** | nutzen |
| **il gradimento** | die Zufriedenheit | **aspettarsi** | erwarten |
| **l'agopuntura** | die Akupunktur | **la ragione** | *hier* der Grund |

◄ Gr LGr S. 240–242 ►

***Congiuntivo passato***

In den nächsten drei Übungen geht es um den *congiuntivo passato*. Wie Sie den Beispielen entnehmen können, ist der *congiuntivo passato* eine zusammengesetzte Vergangenheitsform, gebildet aus dem *congiuntivo presente* von *avere* oder *essere* und dem Partizip Perfekt des Verbs.

| | |
|---|---|
| *Sono contento che Vittorio non* ***abbia preso*** *una decisione avventata.* | Ich freue mich, dass Vittorio keine voreilige Entscheidung getroffen hat. |
| *Penso che lei* ***sia*** *già* ***uscita****.* | Ich glaube, dass sie schon weggegangen ist. |

97 *Vervollständigen Sie die Sätze mit den Formen des* congiuntivo passato.

sia capitato · siano arrivati · abbiate accettato · sia stato · abbia già perdonato · sia già cominciato · abbia beneficato · abbia pensato

1. È un peccato che Marco e Lucia ______________ quando la festa era quasi finita.
2. Non pensi che ______________ imbarazzante per l'onorevole Trombetta sentire parlare tutta la sera della corruzione del mondo politico?
3. Temo che ormai il film ______________ da almeno mezz'ora. Non ha più senso andare.
4. Sebbene mi ______________ di incontrare Carlo Tanzi più volte, nessuno me lo ha mai presentato.
5. Non sperare che ti ______________ È stato proprio uno scherzo di cattivo gusto.
6. Nonostante ______________ più volte di iscrivermi a un corso di balli latino-americani, non si è mai presentata l'occasione adatta.
7. Siamo lieti che ______________ il nostro invito. Vi aspettiamo con ansia.
8. Strano che zia Concetta ______________ nel suo testamento proprio Marcello, quel buono a nulla!

| | | | |
|---|---|---|---|
| **capitare** | passieren | **la corruzione** | die Korruption |
| **accettare** | annehmen | **temere** | fürchten |
| **perdonare** | vergeben | **ormai** | nun |
| **beneficare** | Wohltaten erweisen | **non avere senso** | keinen Sinn machen |
| **imbarazzante** | unangenehm, peinlich | **sebbene** | obwohl |
| **l'onorevole** | der Abgeordnete | **presentare** | vorstellen |

| | | | |
|---|---|---|---|
| **uno scherzo di cattivo gusto** | ein böser Scherz | **lieto** | froh |
| | | **l'ansia** | die Sehnsucht |
| **nonostante** | obwohl | **strano** | komisch |
| **l'occasione** | die Gelegenheit | **buono a nulla** | Nichtsnutz |

198 *Setzen Sie die rechts stehenden Verben in den* congiuntivo passato.

1. È probabile che l'hotel dove siamo stati l'anno scorso ___________.
2. È il giallo più avvincente che (io) ___________ in questi ultimi tempi.
3. Sono convinta che Alessandro ci ___________ una bugia.
4. Mi dispiace che non (voi) ___________ in vacanza. Avete sicuramente fatto una brutta esperienza.
5. Hai saputo che commento ha fatto Rosa sull'eutanasia? È la cosa più cretina che (io) _____ mai ________.
6. Sai come mai Manuele non si è visto ieri sera? – Credo che ___________ rimanere a casa a badare ai fratellini.
7. Dubito che (loro) ___________ la nostra offerta.
8. Nonostante a Miriam ___________ diverse volte di inciampare, continua a portare scarpe con i tacchi altissimi.

chiudere
leggere
dire
rilassarsi
sentire
dovere
apprezzare
capitare

| | | | |
|---|---|---|---|
| **avvincente** | spannend | **dubitare** | zweifeln |
| **convinto** | überzeugt | **apprezzare** | schätzen |
| **la bugia** | die Lüge | **inciampare** | stolpern |
| **cretino** | dumm | **il tacco** | der Absatz |
| **badare a** | sich kümmern um | | |

Wenn Haupt- und Nebensatz das gleiche Subjekt haben, wird auch der Nebensatz mit dem *congiuntivo passato* durch eine Infinitivkonstruktion ersetzt.

*Teresa spera ~~che Teresa abbia avuto~~ un buon voto.*
*Teresa spera* ***di aver avuto*** *un buon voto.*
Teresa hofft, dass sie eine gute Note erhalten hat.

*Wandeln Sie die Aussagesätze in persönliche Meinungen um. Verwenden Sie* che *und den* congiuntivo passato *oder* di *und den Infinitiv.*

ESEMPI

| | |
|---|---|
| Lorenzo non è ancora arrivato. | Credo *che Lorenzo non sia ancora arrivato.* |
| Non ho superato l'esame. | Credo *di non aver superato l'esame.* |

| | |
|---|---|
| 1. Il film è stato bello. | Penso ______________ |
| 2. Germano è andato al mare. | Suppongo ______________ |
| 3. I bambini non hanno ancora mangiato. | È possibile ______________ |
| 4. Roberto ha perso circa 10 chili. | Roberto pensa ______________ |
| 5. Ho rotto la videocamera. | Credo ______________ |
| 6. Eliseo ha interrotto gli studi? | Pensi ______________ |
| 7. Maria è diventata buddista. | Pare ______________ |
| 8. Ada e Lia si sono arrabbiate troppo. | Ada e Lia temono ______________ |
| 9. La tua orchidea è fiorita prima del solito. | Credo ______________ |
| 10. Marco si è fatto veramente male. | Abbiamo paura ______________ |

| | | | |
|---|---|---|---|
| **superare** | *hier* bestehen | **arrabbiarsi** | sich ärgern |
| **interrompere** | unterbrechen | **fiorire** | blühen |
| **diventare** | werden | **farsi male** | sich weh tun |

◄ Gr LGr S. 244–246 ►

### *Congiuntivo imperfetto*

Für die Formen des *congiuntivo imperfetto* gilt dasselbe, was wir hinsichtlich der Formen des *indicativo imperfetto* festgestellt haben: Das *-re* der Infinitivendung entfällt und die entsprechenden Endungen werden hinzugefügt: *parla~~re~~* ➤ *parla-ssi, parla-ssi, parla-sse, parla-ssimo, parla-ste, parla-ssero; vede~~re~~* ➤ *vede-ssi ...; senti~~re~~* ➤ *senti-ssi* ... Alle Verbgruppen haben dieselben Endungen.

Wenige Verben sind im *congiuntivo imperfetto* unregelmäßig. Bei ihnen ändert sich der Stamm, die Endungen des *congiuntivo imperfetto* bleiben wie gesagt unverändert.
**Tipp:** Wenn Sie sich an den Stamm des *indicativo imperfetto* gut erinnern, dann können Sie problemlos den *congiuntivo imperfetto* bilden.
**Beispiel:** *dire* ➤ *indicativo imperfetto* ➤ ***dice**-vo; congiuntivo imperfetto* ➤ ***dice**-ssi.*

**200 a** *Ordnen Sie die Verbformen dem passenden Feld zu. Achtung: Einige Verbformen müssen Sie mehreren Feldern zuordnen.*

**io** *decidessi,* …

**tu** *decidessi,* …

**lui, lei, Lei** …

**noi** …

**voi** …

**loro** …

vedessero
asciugassero
bussaste
ottenesse
steste
fossi
mentissero
dicessimo
facessimo
ci rilassassimo
desse
fingesse
nascondessero
bevessi
producesse
calmassi
~~decidessi~~
distruggeste
saltaste
fabbricassi

**200 b** *Welche der oben eingetragenen Verben sind unregelmäßig? Geben Sie ihre Infinitivform an.*

________________________________________

| | | | |
|---|---|---|---|
| **asciugare** | trocknen | **fabbricare** | anfertigen |
| **bussare** | klopfen | **fingere** | vortäuschen |
| **calmare** | beruhigen | **mentire** | lügen |
| **decidere** | entscheiden | **nascondere** | verstecken |
| **distruggere** | zerstören | **ottenere** | erreichen |

**201** *Setzen Sie die Verben in die passende Form des* congiuntivo imperfetto.

| | | | | | |
|---|---|---|---|---|---|
| fare | (io) | *facessi* | poltrire | (lei) | ______ |
| mangiare | (lui) | ______ | nutrirsi | (voi) | ______ |
| partire | (noi) | ______ | stare | (io) | ______ |
| scappare | (tu) | ______ | dare | (loro) | ______ |
| condurre | (voi) | ______ | dedicare | (tu) | ______ |
| bere | (loro) | ______ | preferire | (Lei) | ______ |
| pregare | (io) | ______ | essere | (noi) | ______ |
| raccogliere | (noi) | ______ | avere | (loro) | ______ |

| | | | |
|---|---|---|---|
| **scappare** | fortlaufen | **poltrire** | faulenzen |
| **condurre** | führen | **nutrirsi** | sich ernähren |
| **raccogliere** | aufheben, sammeln | **dedicare** | widmen |

202 ***Setzen Sie die rechts stehenden Verben in den*** congiuntivo imperfetto ***und fügen Sie sie ein.***

1. Perché mi hai regalato quest'anello? – Perché immaginavo che ti ___________.
2. Luigi pensava che la gomma ___________ solo sgonfia e invece era bucata.
3. Crescenzo ha sbagliato strada perché credeva che la casa ___________ proprio sul mare.
4. Anselmo era il ragazzo più borioso che (noi) ___________ ai tempi dell'università.
5. Pensavamo che anche quest'anno (tu) ___________ in villeggiatura in Turchia, e invece sei stato in Irlanda. Come mai?
6. Non le ho detto niente perché avevo paura che ___________.
7. Quando ero piccolo non spendevo mai i soldi della paghetta perché non volevo che ___________. E poi mio fratello me li rubava.
8. Sebbene Michele e Tiziana ___________ sempre la metropolitana, avevano una Ferrari in garage.
9. A causa dell'epidemia di morbillo non ho portato Daniele all'asilo perché temevo che ___________.
10. Bravi! Non mi aspettavo che (voi) ___________ a fare un puzzle di cinquemila pezzi in così breve tempo.

piacere
essere
sorgere
conoscere
andare
offendersi
finire
usare
contagiarsi
riuscire

| | | | |
|---|---|---|---|
| **la gomma** | der Reifen | **offendersi** | beleidigt sein |
| **sgonfio** | luftleer | **la paghetta** | das Taschengeld |
| **bucato** | ein Loch haben | **rubare** | stehlen |
| **sbagliare strada** | sich verfahren | **il morbillo** | die Masern |
| **sorgere** | sich erheben, stehen | **l'asilo** | *hier* der Kindergarten |
| **borioso** | hochmütig | **contagiarsi** | sich anstecken |
| **la villeggiatura** | der Sommeraufenthalt | **il pezzo** | das Stück |

Auch für den *congiuntivo imperfetto* gilt, was wir im Zusammenhang mit dem *congiuntivo presente* und *passato* geübt haben. Wenn Haupt- und Nebensatz das gleiche Subjekt haben, wird der *congiuntivo*-Nebensatz durch eine Infinitivkonstruktion ersetzt.

*Antonio sperava ~~che Antonio vincesse~~ la partita di tennis.*
*Antonio sperava* ***di vincere*** *la partita di tennis.*
Antonio hoffte, dass er das Tennismatch gewinnen würde.

203 ***Vervollständigen Sie die Sätze mit*** **che** ***und dem*** **congiuntivo imperfetto** ***oder mit*** **di** ***und dem Infinitiv.***

ESEMPI

| | |
|---|---|
| Non pensavo *che Oscar venisse* alla festa. | Oscar venire |
| Avevo paura *di ammalarmi.* | (io) ammalarsi |

| | |
|---|---|
| 1. Eravamo contenti ____________________ un periodo al mare. | (noi) trascorrere |
| 2. Speravo ____________________ da te nel pomeriggio, ma non ce l'ho fatta. | (io) fare un salto |
| 3. Temevamo ____________________ di operare la nonna d'urgenza. | (loro) decidere |
| 4. Nina, non sapevo ____________________ i colori forti. | piacerti |
| 5. Si auguravano ____________________ una bella figura regalando agli sposi un vaso d'argento. | (loro) fare |
| 6. Eravamo tutti del parere ____________________ cercare un lavoro nel settore tecnologico. | Valerio dovere |
| 7. Renata era felice ____________________ per la prima volta a una trasmissione televisiva. | (lei) partecipare |
| 8. Complimenti, non immaginavamo ____________________ un negozio di articoli sportivi così fornito. | (voi) aprire |

| | | | |
|---|---|---|---|
| **fare un salto** | auf einen Sprung vorbeikommen | **il parere** | die Meinung |
| | | **il settore** | der Bereich |
| **farcela** | es schaffen | **la trasmissione televisiva** | die Fernsehsendung |
| **d'urgenza** | eilig, dringend | | |
| **fare una bella figura** | eine gute Figur abgeben | **il negozio di articoli sportivi** | das Sportgeschäft |
| **l'argento** | das Silber | **fornito** | ausgestattet, versehen |

◄ Gr LGr S. 248–250 ►

***Congiuntivo trapassato***

Der *congiuntivo trapassato* ist die vierte und letzte Zeit des *congiuntivo*. Es handelt sich um eine zusammengesetzte Zeit, die aus dem *congiuntivo imperfetto* von *avere* oder *essere* und dem Partizip Perfekt des Verbs besteht.

| | |
|---|---|
| *Nessuno immaginava che io **avessi vinto** la lotteria di capodanno.* | Niemand konnte sich vorstellen, dass ich die Neujahrslotterie gewonnen hatte. |
| *Pensavo che lui non **fosse** ancora **tornato**.* | Ich dachte, dass er noch nicht zurückgekommen war. |

**204** ***Setzen Sie die rechts stehenden Verben in den*** **congiuntivo trapassato** ***und fügen Sie sie ein.***

1. Sebbene (loro) ci ________________ l'albergo più bello della città, non siamo stati soddisfatti del servizio. — consigliare
2. Credevo che quel tipo mi ________________ per chiedere un'informazione e invece aveva cercato di derubarmi. — fermare
3. Per la popolazione era importantissimo che il comune ________________ di togliere la discarica dei rifiuti dalle vicinanze della zona abitata. — stabilire
4. Maria non pensava che tu ________________ le amarene anche per lei. — cogliere
5. Speravo che i colleghi con i quali avevo l'appuntamento non ________ già ____________ visto che ero in ritardo. — arrivare
6. Ieri mi sono fermata un attimo per comprare le sigarette. Quando sono tornata non mi è sembrato possibile che il vigile mi ________ già ____________ per divieto di sosta. — multare
7. Avrei potuto esprimere il mio voto per corrispondenza ammesso che mi ________________ i documenti. — pervenire
8. Non riuscivo a credere che il mio partito ________________ una sconfitta così eclatante alle ultime elezioni amministrative. — subire
9. Perché non riuscivate a credere che io ________________ capace di un'azione tanto audace? — essere
10. Sono partito sperando che le autorità non __________ ancora ________________ le ricerche dei superstiti. — abbandonare

| | |
|---|---|
| **soddisfatto** | zufrieden |
| **il servizio** | der Service |
| **fermare** | anhalten |
| **derubare** | berauben |
| **la popolazione** | die Bevölkerung |
| **il comune** | die Gemeindeverwaltung |
| **stabilire** | beschließen |
| **togliere** | wegtun, abbauen |
| **la discarica dei rifiuti** | die Mülldeponie |
| **l'amarena** | die Sauerkirsche |
| **l'attimo** | der Augenblick |
| **il vigile** | der Verkehrspolizist |
| **multare** | mit einer Geldstrafe belegen |
| **il divieto di sosta** | das Parkverbot |
| **esprimere il voto** | die Stimme abgeben |
| **il voto per corrispondenza** | die Briefwahl |
| **ammesso che** | immer vorausgesetzt, dass |
| **pervenire** | ankommen |
| **il partito** | die Partei |
| **subire** | erleiden |
| **la sconfitta** | die Niederlage |
| **eclatante** | auffallend, deutlich |
| **le elezioni amministrative** | die Verwaltungswahlen |
| **audace** | mutig, kühn |
| **abbandonare** | aufgeben, einstellen |
| **il superstite** | der Überlebende |

In der letzten Übung zum *congiuntivo* befassen wir uns wieder mit dem Fall, dass Haupt- und Nebensatz dasselbe Subjekt haben.

*Erminia sperava ~~che (lei) avesse superato~~ l'esame.*
*Erminia sperava **di aver superato** l'esame.*
Erminia hoffte, dass sie die Prüfung bestanden hatte.

Wie Sie sehen, wird der *congiuntivo trapassato* auch hier durch eine Infinitivkonstruktion ersetzt.

205 ***Vervollständigen Sie die Sätze mit* che *und dem* congiuntivo trapassato *oder mit* di *und dem Infinitiv.***

ESEMPI

| | |
|---|---|
| Non sapevo *che aveste avuto* un bambino. | (voi) avere |
| Non pensavo *di avere già finito*. | (io) già finire |

| | |
|---|---|
| 1. Sono arrivato alla stazione pensando ________________ il treno, ma poi hanno annunciato che viaggiava con dieci minuti di ritardo. | (io) perdere |
| 2. Ho fatto gli auguri a Cecilia e Alessio perché credevo ________ già _________ e poi ho scoperto che il matrimonio è l'anno prossimo. | (loro) sposarsi |
| 3. Non mi sembrava possibile ________________ nel giro di pochi giorni tutti i sensi unici della città. Un caos totale! | (loro) cambiare |
| 4. Catia, non mi sono fatta viva prima perché pensavo ________________ in vacanza. | (tu) andare |
| 5. Serena credeva ________________ i termini di presentazione dei documenti e invece i termini erano già scaduti da due giorni. | (lei) rispettare |
| 6. Zaccaria sperava ________________ la sua posizione sociale cambiando lavoro. | (lui) migliorare |
| 7. Teo e Nicoletta pensavano ______________ a superare l'esame scritto di spagnolo. | (loro) riuscire |
| 8. Conoscevo bene Maria e mi sembrava impossibile __________________ un'azione così indegna. | (lei) commettere |

| | | | |
|---|---|---|---|
| **perdere** | *hier* verpassen | **il termine di presentazione** | der Abgabetermin |
| **annunciare** | ankündigen | **scadere** | fällig werden |
| **nel giro di** | im Laufe von | **migliorare** | verbessern |
| **il senso unico** | die Einbahnstraße | **commettere un'azione** | eine Tat begehen |
| **farsi vivo** | sich melden, von sich hören lassen | **indegno** | unwürdig |
| **rispettare** | *hier* einhalten | | |

# Condizionale

◄ Gr LGr S. 252 ff. ►

***Condizionale presente***

Wünsche, Vorschläge, höfliche Bitten sowie Vorgänge, die unter bestimmten Bedingungen eintreten könnten, werden im Italienischen mit dem *condizionale presente*, der Bedingungsform der Gegenwart, ausgedrückt. Der *condizionale presente* entspricht weitgehend dem deutschen Konjunktiv II.

| | |
|---|---|
| *Mi **piacerebbe** imparare ad andare a cavallo.* | Ich **würde** gerne reiten **lernen**. |
| *Ragazzi, stasera **potremmo** fare una spaghettata a casa mia.* | Jungs, wir **könnten** heute Abend ein Spaghetti-Essen bei mir organisieren. |
| *Michele, al posto tuo **andrei** dal medico.* | Michele, ich **ginge** an deiner Stelle zum Arzt. |
| *Mi **presteresti** la telecamera per un giorno?* | **Würdest** du mir deine Videokamera für einen Tag **leihen**? |
| *Forse lo zio Enrico ci **ospiterebbe** a casa sua.* | Vielleicht **würde** uns Onkel Enrico bei sich **unterbringen**. |

**Beachten Sie:** Der *condizionale presente* wird in der Regel im Hauptsatz verwendet, kann aber auch im Nebensatz gebraucht werden, nach Verben wie *dire*, *pensare* oder *credere*.

| | |
|---|---|
| *Dici che Gennaro **verrebbe** con noi?* | Meinst du, Gennaro würde mitkommen? |

**206** ***Unterscheiden Sie zwischen regelmäßigen und unregelmäßigen Verben. Ordnen Sie die jeweiligen Verbformen dem passenden Feld zu. Schreiben Sie dazu, um welche Person es sich handelt.***

~~guarderei~~ benedirebbe berreste canteremmo leggereste soffrirebbero avrei terrebbe andrei amerebbero rimarrebbe dipingeremmo sareste faresti verresti vorrebbero sceglieresti sapremmo lavereste potremmo mi vestirei

| Regelmäßige Verben | Unregelmäßige Verben |
|---|---|
| *io guarderei,* | |

| | | | |
|---|---|---|---|
| **rimanere** | bleiben | **scegliere** | (aus)wählen |
| **vestirsi** | sich anziehen | **soffrire** | leiden |
| **dipingere** | malen | **benedire** | segnen |

07 a *Vervollständigen Sie die Tabellen mit den fehlenden Formen des* condizionale presente.

| | **avere** (haben) | **essere** (sein) | **ballare** (tanzen) | **fare** (tun) |
|---|---|---|---|---|
| (io) | avrei | ______ | ______ | ______ |
| (tu) | ______ | ______ | balleresti | ______ |
| (lui, lei, Lei) | ______ | ______ | ______ | ______ |
| (noi) | ______ | saremmo | ______ | ______ |
| (voi) | ______ | ______ | ______ | ______ |
| (loro) | ______ | ______ | ______ | farebbero |

| | **mangiare** (essen) | **scrivere** (schreiben) | **cucire** (nähen) | **volere** (wollen) |
|---|---|---|---|---|
| (io) | ______ | ______ | cucirei | ______ |
| (tu) | ______ | ______ | ______ | ______ |
| (lui, lei, Lei) | mangerebbe | ______ | ______ | ______ |
| (noi) | ______ | ______ | ______ | ______ |
| (voi) | ______ | ______ | ______ | vorreste |
| (loro) | ______ | scriverebbero | ______ | ______ |

7 b *Welche Verben sind regelmäßig?*

______________________________________________

208 *Kreuzen Sie die richtige Verbform des* condizionale presente *an.*

| | | |
|---|---|---|
| 1. Ragazzi, mi ____________ a spostare il mobile del soggiorno? | ☐ aiuteresti | ☐ aiutereste |
| 2. Tesoro, che ne ____________ di andare a cena fuori stasera? | ☐ diresti | ☐ direbbe |
| 3. Al posto suo io ____________ abiti meno attillati. | ☐ indosserei | ☐ indosseresti |
| 4. Chissà, forse i miei genitori ci ____________ l'auto per una settimana. | ☐ presteremmo | ☐ presterebbero |

5. Scusi, mi ___________ dare un'informazione?
6. Gli ___________ molto imparare a suonare il violino.
7. Teresa, Rossana, Vincenzo, ___________ voglia di fare una grigliata sulla spiaggia stasera?
8. Il pacco ___________ arrivare entro tre giorni.

| | |
|---|---|
| ☐ potrei | ☐ potrebbe |
| ☐ piacerebbero | ☐ piacerebbe |
| ☐ avremmo | ☐ avreste |
| ☐ dovrebbe | ☐ dovrebbero |

| | | | |
|---|---|---|---|
| **spostare** | umstellen | **chissà** | wer weiß |
| **il soggiorno** | das Wohnzimmer | **prestare** | leihen, ausleihen |
| **dirne di** | halten von | **il violino** | die Geige |
| **al posto suo** | an seiner/ihrer Stelle | **la grigliata** | die Grillparty, das Grillen |
| **indossare** | anziehen, tragen | **il pacco** | das Paket |
| **attillato** | eng anliegend | **entro** | binnen |

**209** *Setzen Sie die in Klammern angegebenen Verben in den* condizionale presente.

**Da:** Ernesto Speranza
**A:** Guglielmo Gentili
**Data invio:** 27/01/2007
**Oggetto:** Saluti

Ciao, Guglielmo!
Come va? Come stanno zio Andrea e zia Carla?
Io sto abbastanza bene e anche i miei vecchi tirano avanti!
A proposito del tuo problemuccio ... ti capisco perfettamente. (Piacere) _________ anche a me avere una casa tutta mia! E tu questo sogno (potere) _________ realizzarlo veramente, ormai hai un lavoro. È vero che hai appena cominciato, ma perché non (dovere) _________ andare bene?! Io, al posto tuo, non mi (fare) _________ tanti problemi, anzi (mettersi) _________ subito alla ricerca di un appartamento.
E poi, perché dici che i tuoi genitori non ti (appoggiare) _________? Pensi che non ti (aiutare) _________ economicamente ad affrontare le prime spese? Non credo. Beh, certo (loro / preferire) _________ avere il loro caro Guglielmo ancora a casa. Ma, insomma, ormai hai 32 anni! Mi sembra proprio arrivata l'ora di staccare questo cordone ombelicale, no? In fondo non (essere) _________ una cattiva idea cercare un appartamento ammobiliato, così non (tu / spendere) _________ tanti soldi per comprare i mobili. D'altra parte, però, non è necessario arredare tutto l'appartamento subito. Io (comprare) _________ i mobili poco alla volta

e (andare) __________ a prenderli da IKEA. Ci sono cose carine, giovanili e i prezzi sono abbordabili. Se vuoi, quando è il momento ti accompagno.
Fammi sapere.
A presto!
Ernesto

| | | | |
|---|---|---|---|
| **i miei vecchi** | meine Alten | **staccare il cordone ombelicale** | sich abnabeln |
| **tirare avanti** | sich durchschlagen | **in fondo** | im Grunde genommen |
| **il problemuccio** | das Problemchen | **ammobiliato** | möbliert |
| **realizzare** | verwirklichen | **arredare** | einrichten |
| **ormai** | jetzt | **poco alla volta** | nach und nach |
| **mettersi** | anfangen | **abbordabile** | tragbar |
| **la ricerca** | die Suche | **accompagnare** | begleiten |
| **appoggiare** | unterstützen | **fammi sapere** | sag mir Bescheid |
| **affrontare le spese** | die Unkosten auf sich nehmen | | |
| **insomma** | schließlich, also, na | | |

210 *Vervollständigen Sie die Sätze mit dem passenden Verb in der richtigen Form des* condizionale presente.

mangiare · sposarsi · venire · prendere · consumare · dovere · gradire · fare · essere · trasferirsi

1. (Noi) ______________ organizzarci subito per le vacanze, altrimenti non troviamo più posto.
2. Gentile Signor Consigliere, (io) _____________ ricevere una risposta a stretto giro di posta.
3. (Noi) ____________ volentieri al battesimo ma abbiamo già un altro impegno che non possiamo rimandare.
4. Io e Ludovico siamo fidanzati da tre anni e ____________ anche subito, ma non riusciamo a trovare casa.
5. Visto che hai i reumatismi, ti ____________ bene i fanghi. Perché non vai alle terme di Casamicciola, a Ischia?
6. Mamma mia, che freddo! Non ____________ il caso di spegnere l'aria condizionata?
7. Scusa, ma perché corri tanto? ____________ meno benzina moderando la velocità.

8. L'Umbria è una regione incantevole; (io) ___________ volentieri in quella zona.
9. Arturo, guarda, lì vicino al frigorifero c'è il mio pacchetto di sigarette, me lo ___________ per favore?
10. (Io) ___________ formaggi a pranzo e a cena, ma il dottore mi ha prescritto una dieta ferrea perché ho il colesterolo alto.

| | | | |
|---|---|---|---|
| **consumare** | verbrauchen | **il reumatismo** | das Rheuma |
| **gradire** | wünschen | **i fanghi** | die Schlammbäder |
| **trasferirsi** | umziehen | **essere il caso** | angebracht sein |
| **altrimenti** | sonst | **spegnere** | ausschalten |
| **a stretto giro di posta** | umgehend | **l'aria condizionata** | die Klimaanlage |
| | | **moderare** | *hier* verringern |
| **il battesimo** | die Taufe | **incantevole** | bezaubernd |
| **l'impegno** | die Verpflichtung | **prescrivere** | verschreiben |
| **rimandare** | verschieben | **la dieta ferrea** | die strikte Diät |
| **essere fidanzato** | verlobt sein | **il colesterolo** | das Cholesterin |

In der nächsten Übung geht es um die Unterscheidung zwischen dem *condizionale presente* und dem *congiuntivo presente*.

**211** Condizionale presente *oder* congiuntivo presente? *Setzen Sie die in Klammern angegebenen Verben in der jeweils passenden Form ein.*

1. Orsella, Pietro, (avere) ___________ voglia di fare una gita in montagna il prossimo fine settimana?
2. Gigi, dici che Vincenzo mi (prestare) ___________ il camioncino per il trasloco?
3. Preferisco che (voi / venire) ___________ prima di ferragosto, perché subito dopo ho altri ospiti.
4. Non pensare che (essere) ___________ facile per me affrontare la separazione da mia moglie, ma è una cosa inevitabile.
5. Dario conosce molto bene il Powerpoint e poi è molto disponibile. Penso che ci (aiutare) ___________ a preparare la relazione. Che dite, lo chiamiamo?
6. Non credo che ai bambini (fare) ___________ bene mangiare tanta cioccolata.
7. (Io / volere) ___________ tanto viaggiare, ma attualmente le mie finanze non me lo permettono.

8. Al posto suo io (tagliarsi) ____________ i capelli corti corti per farli infoltire un po'.
9. Speriamo che (essere) ____________ ancora aperta la macelleria. Altrimenti che mangiamo stasera? Il frigorifero è vuoto.
10. Suppongo che tu (sapere) ____________ quello che fai. Comunque io, al posto tuo, non (lasciare) ____________ così su due piedi un lavoro sicuro e ben pagato.

| | | | |
|---|---|---|---|
| **la gita** | der Ausflug | **la relazione** | der Bericht |
| **prestare** | leihen, ausleihen | **le finanze** | die Finanzen, die finanziellen Mittel |
| **il camioncino** | der Kleinlastwagen | | |
| **il trasloco** | der Umzug | **permettere** | leisten |
| **il ferragosto** | das Mariä-Himmelfahrt-Fest | **tagliare** | schneiden |
| | | **infoltire** | verdichten |
| **affrontare** | sich auseinandersetzen | **la macelleria** | die Metzgerei |
| | | **comunque** | wie auch immer, jedenfalls |
| **la separazione** | die Trennung | | |
| **inevitabile** | unvermeidlich | **su due piedi** | sofort, unverzüglich |
| **disponibile** | hilfsbereit | | |

◄ Gr LGr S. 258 ff. ►

***Condizionale passato***

Der *condizionale passato* ist die Bedingungsform der Vergangenheit.
Er wird verwendet,

- um unerfüllte Wünsche zu äußern.
  *Mi **sarebbe** tanto **piaciuto** studiare danza classica.* — Ich **hätte** gern klassischen Tanz **gelernt**.
- um Ereignisse auszudrücken, die unter anderen Umständen hätten eintreten können.
  *Purtroppo mi sono ammalato, altrimenti vi **avrei invitato** a cena.* — Leider bin ich krank geworden, sonst **hätte** ich euch zum Abendessen **eingeladen**.
- um Ratschläge zu formulieren, die sich auf eine vergangene Situation beziehen.
  *Roberto, non ti **saresti dovuto** intromettere.* — Roberto, du **hättest** dich nicht einmischen **sollen**.

**Bildung:** *condizionale presente* von *avere* oder *essere* + Partizip Perfekt des Verbs.

| | |
|---|---|
| ***avrei parlato*** | ***sarei andato/a*** |
| ich hätte gesprochen | ich wäre gegangen |

**212** ***Setzen Sie die Verben in den*** **condizionale passato** ***und verbinden Sie dann die linke Spalte mit der rechten zu sinnvollen Mini-Dialogen.***

| | | | |
|---|---|---|---|
| 1. | Non (tu / dovere) ___________ essere così aggressivo con Carmela? | a. | Oh, e perché non ci avete chiamato? Vi (venire) ___________ a prendere. |
| 2. | Al posto di Franco non (io / iscriversi) ___________ a scienze politiche. | b. | Ma se è stonata come una campana! |
| 3. | Ieri siamo rimasti fermi sull'autostrada con l'auto in panne. | c. | Sì, lo so, hai ragione, ma mi ha fatto proprio arrabbiare. |
| 4. | Tania (volere) ___________ studiare canto. | d. | Come mai non ci sei andato? |
| 5. | Beh, com'è stato lo spettacolo? | e. | Non fa niente, peraltro non mi (tu / trovare) ___________ a casa. |
| 6. | Ieri (io / andare) ___________ a vedere volentieri l'ultimo film di Tom Cruise. | f. | Ma perché, scusa, in fondo si studiano delle belle materie. |
| 7. | Scusa, non siamo più venuti, perché mia madre non poteva stare con i bambini. | g. | Le (tu / dovere) ___________ innaffiare più spesso. |
| 8. | Ortensio, scusami, ti (io / chiamare) ___________ dal cellulare, ma mi trovavo in una zona senza campo. | h. | Bello! Peccato che non siete venuti, (divertirsi) ___________. |
| 9. | Guarda, si sono seccate tutte le piante! | i. | Non ti preoccupare, l'ho pagata io oggi pomeriggio. |
| 10. | La bolletta l' (pagare) ___________ io, ma non ho fatto in tempo. | j. | Beh, ma li (voi / potere) ___________ portare con voi! |

| | | | |
|---|---|---|---|
| **iscriversi** | sich anmelden | **seccarsi** | vertrocknen |
| **le scienze politiche** | die politische Wissenschaft | **la bolletta** | die Rechnung |
| **rimanere fermo** | stehen bleiben | **non fare in tempo** | es zeitlich nicht schaffen |
| **l'auto in panne** | die Autopanne | **venire a prendere** | abholen |
| **lo spettacolo** | die Aufführung | **essere stonato** | falsch singen |
| **dal cellulare** | vom Handy aus | **la campana** | die Glocke |
| **il campo** | *hier* das Signal | **fare arrabbiare** | ärgern |

| | | | |
|---|---|---|---|
| **peraltro** | allerdings | **la materia** | das Fach |
| **in fondo** | im Grunde genommen | **innaffiare** | gießen |
| | | **Peccato!** | Schade! |

In der nächsten Übung geht es darum, sich je nach Kontext für den *condizionale presente* oder den *condizionale passato* zu entscheiden.

213 ***Setzen Sie die in Klammern angegebenen Verben in den* condizionale presente *oder in den* condizionale passato.**

1. Ho un terribile mal di testa. – Al posto tuo (io / prendersi) ___________ subito un'aspirina.
2. Marcella è molto portata per lo sport. A lei (piacere) ___________ fare atletica leggera.
3. Peccato che ti sei svegliato tardi. (Tu / potere) ___________ partire con noi.
4. I figli di Angelo e Benedetta prendono sempre dei brutti voti in matematica. (Loro / dovere) ___________ proprio andare a ripetizione da un professore.
5. Marizia, mi (passare) ___________ il sale e il pepe, per favore?
6. (Io / mangiare) ___________ volentieri una bella mela, ma nel frigorifero c'erano solo pere!
7. Il pandispagna (crescere) ___________ benissimo, ma mio marito involontariamente ha aperto il forno e ora il mio povero dolce sembra una pizza.
8. Ragazzi, che ne (dire) ___________ di andare a giocare a bowling?
9. Ma, cara nipote, non (tu / dovere) ___________ fare una scenata a tuo padre prima di sapere come stavano veramente le cose!
10. Chiediamo a Ugo e Armando se vengono con noi in Croazia? – Noo, quelli non (fare) ___________ campeggio mai e poi mai. Loro hanno bisogno di tutte le comodità.

| | | | |
|---|---|---|---|
| **essere portato** | begabt sein | **il pandispagna** | der Kuchenboden |
| **l'atletica leggera** | die Leichtathletik | **crescere** | *hier* gehen |
| **svegliarsi** | aufwecken | **involontariamente** | unabsichtlich |
| **il voto** | *hier* die Note | **il forno** | der Ofen |
| **andare a ripetizione** | zur Nachhilfe gehen | **la scenata** | die Szene |
| | | **fare campeggio** | campen |
| **passare** | *hier* reichen | **la comodità** | der Komfort |

◄ Gr LGr S. 262 ff. ►

# Imperativ

In diesem Kapitel geht es um die Befehlsform, den Imperativ. Er wird benutzt, um Befehle und Anordnungen zu erteilen.

| | |
|---|---|
| ***Sta'*** *zitto.* | **Sei** still. |
| ***Entri*** *pure.* | **Kommen Sie** ruhig herein. |

Der Imperativ wird außerdem verwendet, um einen Rat zu geben.

| | |
|---|---|
| *Mi sento stanco. –* | Ich bin müde. – |
| *Beh,* ***stenditi*** *un po'.* | Dann **leg** dich kurz hin. |

**Beachten Sie:**

- Die Höflichkeitsform im Singular und Plural (3. Person Singular und Plural) des Imperativs ist identisch mit der 3. Person Singular und Plural des *congiuntivo presente* (➛ S. 194).
- Die 1. und 2. Person Plural (*noi*, *voi*) des Imperativs entsprechen der 1. und 2. Person Plural des *indicativo presente* (➛ S. 137).
- Auch die 2. Person Singular (*tu*) der Verben auf *-ere* und *-ire* ist identisch mit der 2. Person Singular des *indicativo presente* (➛ S. 137).

Die gute Nachricht: Alles in allem müssen Sie nur neu lernen:

- die Endung der 2. Person Singular (*tu*) der Verben auf *-are*
  Beispiel: *imperativo* von *parlare* ➛ ***parl-a*** sprich
- und die unregelmäßigen Verben.
  Beispiel: *imperativo* von *dire* ➛ ***di'*** sag

In der folgenden Übung haben Sie die Möglichkeit, eine Übersicht über die Imperativformen der regelmäßigen Verben und einiger sehr wichtiger unregelmäßiger Verben anzufertigen.

**214 a** ***Einige Verbformen sind aus der Tabelle entwischt. Setzen Sie sie wieder an der richtigen Stelle ein.***

fai diano venga faccia chiuda diamo chiudete aprite finiscano fa' guarda chiudano facciano guardino finisci apriamo veniamo vengano dia guardate finisca bevano apri beviamo fate bevi

| | **guardare** (anschauen) | **dare** (geben) | **fare** (tun) | **bere** (trinken) |
|---|---|---|---|---|
| (tu) | ________ | da' / dai | ____ / ____ | ________ |
| (Lei) | guardi | ________ | ________ | beva |
| (noi) | guardiamo | ________ | facciamo | ________ |
| (voi) | ________ | date | ________ | bevete |
| (loro) | ________ | ________ | ________ | ________ |

| | **chiudere** (schließen) | **aprire** (öffnen) | **finire** (beenden) | **venire** (kommen) |
|---|---|---|---|---|
| (tu) | chiudi | ________ | ________ | vieni |
| (Lei) | ________ | apra | ________ | ________ |
| (noi) | chiudiamo | ________ | finiamo | ________ |
| (voi) | ________ | ________ | finite | venite |
| (loro) | ________ | aprano | ________ | ________ |

4 b *Welche Verben sind unregelmäßig?*

________________________________

215 *Wandeln Sie die Imperative der 2. Person Plural (*voi*) in die 2. Person Singular (*tu*) um.*

Esempio

| Parlate con il direttore del caso. | *Parla con il direttore del caso.* |
|---|---|

1. Spedite la lettera entro domani. ________________
2. Provate questo cocktail, è proprio buono. ________________
3. Dite a Vittorio che lo cerco. ________________
4. Chiamate papà sul cellulare. ________________
5. Spazzate il pavimento. ________________
6. Scegliete il regalo più bello. ________________
7. Bevete tutto il latte, mi raccomando. ________________
8. Siate gentili con gli ospiti. ____ *gentile* ____
9. Abbiate pazienza con i bambini. ________________
10. Fate il biglietto di andata e ritorno. ________________

| | | | |
|---|---|---|---|
| **il direttore** | der Chef | **raccomandare** | nahe legen, empfehlen |
| **il caso** | der Fall | **gentile** | nett, freundlich |
| **spedire** | verschicken | **l'ospite** | der Gast |
| **entro** | bis | **avere pazienza** | Geduld haben |
| **provare** | *hier* kosten, probieren | **fare il biglietto** | die Fahrkarte lösen |
| **spazzare** | zusammenkehren | **andata e ritorno** | hin und zurück |
| **scegliere** | auswählen | | |

216 *Wandeln Sie die Imperative der 2. Person Singular* (tu) *in die 3. Person Singular* (Lei) *um.*

ESEMPIO

| | |
|---|---|
| Sii prudente sull'autostrada. | *Sia prudente sull'autostrada.* |

1. Spegni la luce, per favore. ______
2. Manda un fax di conferma. ______
3. Invia per raccomandata la disdetta. ______
4. Fai le fotocopie al più presto. ______
5. Firma questo modulo. ______
6. Accendi il televisore, per cortesia. ______
7. Aggiungi un posto a tavola. ______
8. Finisci pure il dolce. ______
9. Di' a Fabio che lo aspetto. ______
10. Parti domani, c'è meno traffico. ______

| | | | |
|---|---|---|---|
| **prudente** | vorsichtig | **la disdetta** | die Absage |
| **l'autostrada** | die Autobahn | **il modulo** | das Formular |
| **spegnere** | ausschalten | **accendere** | anschalten |
| **la luce** | das Licht | **aggiungere** | hinzufügen |
| **la conferma** | die Bestätigung | **pure** | *hier* ruhig |
| **inviare** | versenden | **il traffico** | der Verkehr |
| **la raccomandata** | das Einschreiben | | |

217 ***Fügen Sie die rechts stehenden Verben im Imperativ ein.***

| | |
|---|---|
| 1. Ragazzi, per piacere, __________ la tavola. Tra poco si mangia. | apparecchiare |
| 2. Signora, __________, mi sa dire che ore sono? | scusare |
| 3. (Loro) __________ i documenti, per cortesia. | favorire |
| 4. Francesco, __________, te l'ho spiegato mille volte che la roba mia non la devi toccare! | sentire |
| 5. Noi siamo pronti. - Bene! Allora, __________! | andare |
| 6. Grazia, Davide, __________ qua, per favore. | venire |
| 7. Mi sa dire dov'è la fermata dell'autobus? – __________ al vigile, è lì, vede? | chiedere |
| 8. Signora, oggi, __________ bene il bagno e la cucina, per piacere. | pulire |
| 9. Marco, __________ tranquillo, ti accompagno io alla stazione. | stare |
| 10. (Noi) __________! Chi vuole venire alla lavagna? | cominciare |

| | | | |
|---|---|---|---|
| **apparecchiare** | (Tisch) decken | **il bagno** | das Badezimmer |
| **tra poco** | in Kürze | **la cucina** | die Küche |
| **Che ore sono?** | Wie spät ist es? | **tranquillo** | ruhig |
| **favorire** | *hier* reichen | **accompagnare** | begleiten, bringen |
| **la roba** | die Sachen | **la stazione** | der Bahnhof |
| **toccare** | anfassen | **chi** | wer |
| **la fermata** | die Haltestelle | **la lavagna** | die Tafel |
| **il vigile** | der Verkehrspolizist | | |

In den nächsten drei Übungen geht es um das Zusammenspiel von Befehlsform und Pronomen. Schauen Sie sich zunächst die Beispiele an.

***tu, noi, voi* ➛ Imperativ + Pronomen**

| | |
|---|---|
| ***Prendine*** *pure una fetta.* | Nimm dir ruhig ein Stück (davon). |
| ***Andiamoci*** *domani.* | Lass uns morgen dorthin fahren. |
| ***Scrivetegli*** *subito.* | Schreib ihm sofort. |

Achten Sie auch auf die einsilbigen Formen!

***Dammi*** *la chiave, per piacere. (da' + mi ➛ dammi)* Gib mir bitte den Schlüssel.

***Lei, Loro* ➛ Pronomen + Imperativ**

| | |
|---|---|
| ***Glielo dica*** *subito.* | Sagen Sie es ihm/ihr/ihnen sofort. |
| *Prego,* ***si accomodino****.* | Nehmen Sie bitte Platz. |

218 a *Üben Sie den Imperativ beim Kochen. Lesen Sie zunächst das Rezept durch.*

**Pasta alla siciliana**

Lavare le melanzane e tagliarle a pezzetti di circa un centimetro. Riscaldare l'olio in una padella e friggerci le melanzane. Nel frattempo far imbiondire uno spicchio d'aglio in un po' d'olio, aggiungere i pomodori a pezzetti, salarli e lasciarli cuocere per una ventina di minuti. Versare le melanzane fritte nel sugo e farle insaporire un pochino. Cuocere la pasta e condirla con il sugo. Poi tagliare la mozzarella a pezzetti e aggiungerla alla pasta condita. Infine, prima di servire, tagliuzzare il basilico e mescolarlo al tutto.

**Ingredienti per quattro persone**

400 g di tubetti
o penne rigate
3 melanzane medie
1/2 l di olio
500 g di pomodori a pezzetti
1 mozzarella
1 spicchio d'aglio
5 o 6 foglie di basilico fresco

218 b *Veronica will ihrer Freundin Emanuela erklären, wie man das Rezept* Pasta alla siciliana *zubereitet. Helfen Sie ihr. Wandeln Sie das Rezept in den Imperativ um. Setzen Sie dabei die hervorgehobenen Verben in die du-Form und ergänzen Sie die Pronomen (sofern vorhanden).*

*Allora, Emanuela, lava le melanzane e ...* ______________________________

______________________________

______________________________

______________________________

______________________________

______________________________

| | | | |
|---|---|---|---|
| **l'ingrediente** | die Zutat | **nel frattempo** | in der Zwischenzeit |
| **i tubetti** | *kleine Röhrennudeln* | **imbiondire** | goldbraun anbraten |
| **le penne rigate** | *gerillte Röhrennudeln* | **aggiungere** | hinzufügen |
| **la melanzana media** | die mittelgroße Aubergine | **salare** | salzen |
| | | **la ventina** | etwa zwanzig |
| **il pezzetto** | das Stückchen | **versare** | schütten |
| **lo spicchio d'aglio** | die Knoblauchzehe | **il sugo** | die Sauce |
| | | **far insaporire** | ziehen lassen |
| **la foglia** | das Blatt | **condire** | würzen |
| **tagliare** | schneiden | **prima di** | bevor |
| **riscaldare** | erhitzen | **tagliuzzare** | zerkleinern |
| **la padella** | die Pfanne | **mescolare** | mischen |
| **friggere** | frittieren | **il tutto** | das Ganze |

**219** *Wandeln Sie die Imperative der 2. Person Plural (*voi*) in die 3. Person Singular (*Lei*) um.*

ESEMPIO

| Accomodatevi pure in sala d'aspetto. | *Si accomodi pure in sala d'aspetto.* |
|---|---|

1. Il videoregistratore fatelo riparare subito. ____________
2. Ricordatevi di avvisare gli altri colleghi. ____________
3. A Milano andateci in aereo, è meglio. ____________
4. Prendetene ancora un bicchiere. ____________
5. Il tavolo prenotatemelo per le sette. ____________
6. Datemi pure il soprabito, lo appendo io. ____________
7. Il giornale leggetelo pure con calma. ____________
8. Vestitevi in modo elegante per l'inaugurazione. ____________
9. Con l'avvocato parlateci voi. ____________ *Lei.*
10. L'appuntamento fissatelo per lunedì. ____________

| | | | |
|---|---|---|---|
| **accomodarsi** | Platz nehmen | **appendere** | aufhängen |
| **la sala d'aspetto** | das Wartezimmer | **con calma** | mit Ruhe |
| **il video-registratore** | der Videorekorder | **vestirsi** | sich anziehen |
| | | **l'inaugurazione** | die Eröffnung |
| **avvisare** | benachrichtigen | **l'avvocato** | der Rechtsanwalt |
| **meglio** | besser | **l'appuntamento** | der Termin |
| **prenotare** | reservieren | **fissare** | ausmachen |
| **il soprabito** | der Übermantel | | |

**220** *Fügen Sie die rechts stehenden Verben im Imperativ mit dem passenden Pronomen oder dem Pronominaladverb* ci *ein.*

1. Flora, guarda, la porta è rimasta aperta. ____________, per piacere. — chiudere
2. Pino, ____________, che cosa è successo? Ti posso aiutare? — dire
3. Questo poster non mi piace più. (Noi) ____________. – No, perché? A me piace. — buttare
4. Signora Ferrara, ecco, questi sono gli articoli. ____________ all'ingegnere Mercaldo. — restituire

5. Signori, mi dispiace, questo non è l'ufficio competente.
   ___________ al comune per informazioni più dettagliate.
6. Dove ci sediamo? – Prego, (voi) ___________ pure qui.
7. Allora, vai in farmacia a prendere gli antibiotici? –
   No, senti, ___________ tu, perché io non faccio in tempo.
8. Luigia, ___________! Non è successo niente.
   Il piccolo sta bene.
9. Vogliamo bere il vino che ci ha portato Filippo dalla
   Francia? – No, ___________ a Natale. È un vino speciale!
10. Ehi, Peppe, Cesare, ___________, che è tardi!

rivolgersi
sedersi

andare
calmarsi

bere
alzarsi

| | | | |
|---|---|---|---|
| **rimanere aperto** | offen bleiben | **sedersi** | sich setzen |
| **buttare** | wegwerfen | **la farmacia** | die Apotheke |
| **restituire** | zurückgeben | **l'antibiotico** | das Antibiotikum |
| **competente** | zuständig | **non fare in tempo** | es zeitlich nicht schaffen |
| **rivolgersi** | sich wenden | **calmarsi** | sich beruhigen |
| **il comune** | die Gemeindeverwaltung | **alzarsi** | aufstehen |

In den beiden letzten Übungen geht es um den verneinten Imperativ. Schauen Sie sich zunächst die Beispiele an.

***tu* ➛ *non* + Infinitiv**

| | |
|---|---|
| ***Non parlare*** | Rede nicht. |
| ***Non lo aprire***. / ***Non aprirlo***. | Mach es nicht auf. |

***Lei, noi, voi, Loro* ➛ *non* + Imperativ**

| | |
|---|---|
| ***Non dica*** *niente*. | Sagen Sie nichts. |
| ***Non ci vada***. | Gehen Sie nicht hin. |
| ***Non usciamo***! | Gehen wir nicht aus. |
| ***Non andiamoci***. | Gehen wir nicht hin. |
| ***Non parlate***. | Redet nicht! |
| ***Non vi alzate***. / ***Non alzatevi***. | Steht nicht auf. |
| ***Non bevano*** *questo vino*. | Trinken Sie diesen Wein nicht. |
| ***Non lo bevano***. | Trinken Sie ihn nicht. |

**221** *Ihr Freund Salvatore hat ständig Probleme und braucht viele Ratschläge. Sagen Sie ihm, was er nicht tun soll. Setzen Sie das passende Verb in den verneinten Imperativ. Wo nötig, benutzen Sie auch das passende Pronomen oder Pronominaladverb (*ci, ne*).*

andare · spendere · ~~passare~~ · mangiare · scegliere · sforzare · giocare · bere · lamentarsi · parcheggiare

| | |
|---|---|
| 1. Mi fa male la testa! | Non passare le ore davanti al computer! |
| 2. Ho mal di stomaco! | ____________ cibi troppo grassi! |
| 3. Ho pochi soldi! | ____________ in cose inutili! |
| 4. Non ho tempo di andare a trovare lo zio Eugenio! | ____________, tanto lui è comprensivo. |
| 5. Il vino mi dà subito alla testa! | Allora ____________ troppo! |
| 6. Mi fa male la schiena! | ____________ sollevando cose pesanti! |
| 7. Prendo una multa al giorno con l'auto! | Beh, ____________ sempre in divieto di sosta! |
| 8. Le mie relazioni amorose non durano mai più di una settimana! | ____________ sempre la donna che non fa per te! |
| 9. Sono sfortunato al gioco! | Allora ____________! |
| 10. Uffa, mi va sempre tutto storto! | E ____________ sempre di tutto! |

| | | | |
|---|---|---|---|
| **spendere** | ausgeben | **comprensivo** | verständnisvoll |
| **passare** | verbringen | **dare alla testa** | in den Kopf steigen |
| **scegliere** | aussuchen | **la schiena** | der Rücken |
| **sforzare** | beanspruchen | **sollevare** | heben |
| **lamentarsi** | sich beschweren | **la multa** | die Strafe |
| **parcheggiare** | parken | **il divieto di sosta** | das Parkverbot |
| **far male** | weh tun | **la relazione amorosa** | die Liebesbeziehung |
| **la testa** | der Kopf | | |
| **il mal di stomaco** | das Magenweh | **essere sfortunato** | Pech haben |
| **il cibo** | die Speise | **mi va tutto storto** | bei mir läuft alles schief |
| **inutile** | nutzlos | | |

**222** ***Fügen Sie die rechts stehenden Verben im verneinten Imperativ und, wenn nötig, mit den passenden Pronomen oder Pronominaladverbien (*ci, ne*) ein.***

1. Ragazzi, per cortesia, ______________ sempre così tardi la mattina! Affollate tutti il bagno alla stessa ora! — alzarsi
2. Basta! (Noi) ______________ male degli assenti! Non è corretto! — parlare
3. (Voi) ______________ troppo severi con i vostri figli! — essere
4. (Noi) ______________ sempre nello stesso bar. Che noia! — incontrarsi
5. Signor Nugnes, domani ______________ così presto. Non è necessario. — venire
6. (Voi) ______________ paura di affrontare le difficoltà della vita. — avere
7. Se vede la signora De Rosa, ______________ ancora niente dell'incontro. — dire
8. Signora Maria, ______________ le scale oggi. Questa settimana tocca ai vicini. — pulire
9. Ragioniere, ci serve carta da stampa. ______________ troppa, però, perché non c'è posto in magazzino. — ordinare
10. Quel dentista è un macellaio! (Lei) ______________ più nessuno. — mandare

| | | | |
|---|---|---|---|
| **affollare** | *hier* belegen | **la scala** | die Treppe |
| **Basta!** | Schluss! | **toccare** | *hier* dran sein |
| **l'assente** | der Abwesende | **la carta da stampa** | das Druckpapier |
| **severo** | streng | **ordinare** | bestellen |
| **che noia** | wie langweilig | **il posto** | der Platz |
| **necessario** | notwendig | **il magazzino** | das Lager |
| **la paura** | die Angst | **il dentista** | der Zahnarzt |
| **affrontare** | entgegentreten | **il macellaio** | der Metzger |
| **la difficoltà** | das Hindernis | **mandare** | schicken |

## *Modi indefiniti*

Im folgenden Abschnitt geht es um die so genannten *modi indefiniti* (infinite Modi): Infinitiv, Partizip und Gerundium, also um Formen, die nicht konjugiert werden.

◄ Gr LGr S. 275 ff. ►

## Infinitiv

Im Italienischen gibt es ein Sprichwort: *Tra il dire e il fare c'è di mezzo il mare.* (Zwischen Sagen und Tun liegen Welten.)

Dieses Sprichwort hat die Besonderheit, dass es zwei Verben im Infinitiv enthält – *dire* und *fare* –, die substantivisch verwendet werden. Im Italienischen werden substantivierte Infinitive vom männlichen bestimmten Artikel begleitet: *il dire* (das Sagen), *il fare* (das Tun), *il dare* (das Geben) usw.

Der Gebrauch des Infinitivs als Substantiv bereitet dem deutschsprachigen Lerner in der Regel keine Schwierigkeiten.

Üben sollte man allerdings den Gebrauch des Infinitivs in Verbindung mit konjugierten Verben. Denn Infinitive werden oft im Zusammenhang mit einem konjugierten Verb verwendet, und zwar mit oder ohne Präposition.

Genau zu erklären, wann und ob man eine Präposition vor dem Infinitiv gebraucht, ist schwierig: Denn es sind viele Einzelfälle, bei denen sich „nicht immer" eine Regel festlegen lässt. Um den Lerneffekt zu vergrößern, sollten Sie daher die Übungen so oft wie möglich wiederholen, bis sich die verschiedenen Einzelfälle eingeprägt haben.

| | |
|---|---|
| *Preferiamo* ***pagare*** *in contanti.* | Wir zahlen lieber bar. |
| *La prego* ***di confermare*** *la prenotazione.* | Ich bitte Sie, die Reservierung zu bestätigen. |
| *Andiamo* ***a sciare****?* | Gehen wir Ski fahren? |
| *Non ho niente* ***da fare****.* | Ich habe nichts zu tun. |
| *Vado a Londra* ***per fare*** *un corso d'inglese.* | Ich fahre nach London, um einen Sprachkurs zu machen. |
| ***Prima di partire*** *dammi un colpo di telefono.* | Bevor du fährst, ruf mich kurz an. |

223 ***Kreuzen Sie die richtige Form des Infinitivs an.***

| | | |
|---|---|---|
| 1. La nonna mi ha chiesto __________ compagnia domani sera. | ☐ di farle | ☐ farle |
| 2. Dimmi un po', quando avete imparato __________ a ping-pong così bene? | ☐ di giocare | ☐ a giocare |
| 3. Ho dimenticato __________ la dottoressa Tolomei che l'appuntamento è stato rimandato a venerdì. | ☐ ad avvisare | ☐ di avvisare |
| 4. Dobbiamo assolutamente __________ la questione entro domani. | ☐ di risolvere | ☐ risolvere |
| 5. Nella nostra cittadina non c'è molto __________. Noi giovani ci annoiamo a morte! | ☐ a fare | ☐ da fare |
| 6. Martina, mi fai __________ da Oscar quando rientra? | ☐ a richiamare | ☐ richiamare |
| 7. Non ti vengo __________ alla stazione perché non ho l'auto a disposizione. Prendi un tassì. | ☐ a prendere | ☐ prendere |
| 8. Non vi permetto __________ con questo tono! | ☐ di parlarmi | ☐ da parlarmi |
| 9. Preferiamo __________ a casa stasera. Comunque grazie dell'invito. | ☐ di rimanere | ☐ rimanere |
| 10. Frequento la facoltà di giurisprudenza __________ notaio. | ☐ per diventare | ☐ diventare |
| 11. Io non sono abituato __________ insieme a qualcuno. | ☐ a studiare | ☐ studiare |
| 12. Avete finito __________ in ordine la vostra camera? | ☐ a mettere | ☐ di mettere |

| | | | |
|---|---|---|---|
| **chiedere** | *hier* bitten | **richiamare** | zurückrufen |
| **fare compagnia** | Gesellschaft leisten | **rientrare** | zurückkehren |
| **avvisare** | benachrichtigen | **la disposizione** | die Verfügung |
| **rimandare** | verschieben | **l'invito** | die Einladung |
| **risolvere** | lösen | **la giurisprudenza** | die juristische Fakultät |
| **la questione** | die Angelegenheit | **il notaio** | der Notar |
| **entro** | binnen | **essere abituato** | es gewohnt sein |
| **annoiarsi a morte** | sich zu Tode langweilen | **mettere in ordine** | aufräumen |

**224** ***Vervollständigen Sie die Sätze, indem Sie die richtige Präposition zum passenden Verb im Infinitiv suchen. Einige Präpositionen können auch mehrmals verwendet werden.***

1. Maria ha voglia ...
2. Il professore di matematica ci ha insegnato ...
3. Puoi comprare qualche bottiglia di vino ...
4. Maurizio e Roberta sono andati a Parigi solo ...
5. Dovreste leggere di più ...
6. Franco aveva paura ...
7. Ho risposto a tutti i test ...
8. Sono curioso ...
9. Mi presti qualche libro ...
10. Gabriella ha continuato ...
11. Mi sono vaccinato contro la malaria ...
12. Ieri siamo andati ...

di – senza – per – invece di – a – da – prima di

giocare – ballare – mangiare – sbagliare – portare – viaggiare – fare – partire – leggere – fumare – visitare – vedere

... un gelato.
... le equazioni.
... alla festa di Lia?
... il Louvre.
... per ore con la Playstation.
... in aereo.
... nemmeno un quesito!
... l'ultimo film di Woody Allen.
... quando vado in vacanza?
... anche con la bronchite.
... per l'Africa.
... in una bella discoteca.

| | | | |
|---|---|---|---|
| **l'equazione** | die Gleichung | **curioso** | neugierig |
| **la paura** | die Angst | **sbagliare** | *hier* falsch antworten |
| **il quesito** | die Prüfungsfrage | **vaccinare** | impfen |

Der Infinitiv wird auch dazu benutzt, um Satzinhalte in verkürzter Form auszudrücken, wobei der Nebensatz durch einen Infinitiv ersetzt wird. Dies ist jedoch nur möglich, wenn Haupt- und Nebensatz das gleiche Subjekt haben!

*Leonardo dice <u>che (Leonardo) non sa</u> niente.* ➛ *Leonardo dice **di non sapere** niente.*
Leonardo sagt, er wisse nichts davon.

*<u>Dopo che (io) avevo mangiato</u> (io) sono uscito.* ➛ ***Dopo aver mangiato** sono uscito.*
Nachdem ich gegessen hatte, bin ich weggegangen.

Nicht vergessen: Der Infinitiv wird in zwei Zeiten benutzt:

***infinito presente*** ➛ *Renzo pensa di **uscire**.* Renzo denkt daran auszugehen.
***infinito passato*** ➛ *Dopo **essermi alzato** ho fatto colazione.* Nachdem ich aufgestanden bin, habe ich gefrühstückt.

225 *Ersetzen Sie die hervorgehobenen Satzteile durch eine Infinitivkonstruktion. Verwenden Sie dabei je nachdem den* infinito presente *oder den* infinito passato *und die passende Präposition.*

Esempio

| | |
|---|---|
| Sono riuscito a prendere i biglietti per il concerto dopo che avevo fatto una fila di due ore. | *Sono riuscito a prendere i biglietti per il concerto dopo aver fatto una fila di due ore.* |

1. Mentre stava andando in ufficio Federico ha notato che aveva dimenticato il cellulare a casa. __________
2. Ho deciso di fare la dieta dopo che ero ingrassato di venti chili. __________
3. Lo so che non ti sono di grande aiuto ultimamente. Mi dispiace. __________
4. L'hanno saputo dopo che erano partiti. __________
5. Giovanni dice che sa giocare bene a poker. __________
6. Ho saputo ieri che ho vinto il primo premio alla lotteria parrocchiale. __________
7. Dopo che avevamo mangiato tutti gli yogurt abbiamo notato che erano scaduti. __________
8. Ti verrò a trovare dopo che mi sarò ripreso dall'influenza. __________

| | | | |
|---|---|---|---|
| **riuscire** | es schaffen | **ultimamente** | in letzter Zeit |
| **fare la fila** | Schlange stehen | **vincere** | gewinnen |
| **notare** | (be)merken | **il premio** | der Preis |
| **dimenticare** | vergessen | **parrocchiale** | Pfarr- |
| **il cellulare** | das Handy | **scadere** | ablaufen |
| **ingrassare** | zunehmen | **riprendersi** | sich erholen |
| **essere di aiuto** | behilflich sein | **l'influenza** | die Grippe |

226 ***Ergänzen Sie die Sätze mit den angegebenen Infinitiven. Verwenden Sie, wo nötig, die passende Präposition.***

correre · ~~aver conosciuto~~ · andare · fumare · bere · aver fatto · ringraziarti · avere · studiare · essermi infortunato

1. Patrizia ha raccontato *di aver conosciuto* suo marito durante una crociera.
2. Cara Vittoria, desidero ______________ per il sostegno e l'affetto che mi hai dimostrato in quest'occasione.
3. ______________ al ginocchio ho dovuto camminare due settimane con le stampelle.
4. Gino, tu eri un fumatore accanito! Dimmi, quando hai smesso ______________?
5. Lo sapete che Liliana ha cominciato ______________ l'olandese? Pare che abbia conosciuto in vacanza un ragazzo per il quale ha perso la testa!
6. Guarda, Serena, con i bambini bisogna ______________ molta pazienza e tanta fantasia.
7. Roberto è un tipo veramente sportivo, va ______________ ogni mattina nel parco.
8. Non è facile ______________ d'accordo con Amelia. Lei si offende piuttosto facilmente.
9. Pensavo ______________ un affare in quel negozio e invece poi ho trovato lo stesso articolo, in un altro negozio, a prezzo notevolmente inferiore.
10. Signori, posso offrirvi qualcosa ______________? Un caffè, un tè o un succo di frutta?

| | | | |
|---|---|---|---|
| **correre** | laufen | **smettere** | aufhören |
| **infortunarsi** | verunglücken | **perdere la testa** | sich Hals über Kopf verlieben |
| **la crociera** | die Kreuzfahrt | **la pazienza** | die Geduld |
| **il sostegno** | die Unterstützung, der Beistand | **offendersi** | beleidigt sein |
| **l'affetto** | die Zuneigung, die Liebe, das Mitgefühl | **piuttosto** | ziemlich |
| | | **l'affare** | das Geschäft |
| **l'occasione** | die Angelegenheit | **notevolmente** | beträchtlich |
| **il ginocchio** | das Knie | **inferiore** | niedriger |
| **la stampella** | die Krücke | **il succo di frutta** | der Fruchtsaft |
| **il fumatore accanito** | der starke Raucher | | |

◄ Gr LGr S. 291 ff. ►

## Partizip

Das *participio* (Partizip) wird in zwei Zeiten benutzt:
***participio presente***: *z. B. perdente* verlierend
***participio passato***: *z. B. capito* verstanden

- Die Formen des ***participio presente*** werden in der Regel als Adjektive oder Substantive verwendet:
  *Affascinante*, *divertente* und *invitante* werden z. B. als Adjektive gebraucht.
  *Studente*, *cantante* und *insegnante* werden z. B. als Substantive verwendet.
  **Achtung:** Das italienische *participio presente* ist nicht immer identisch mit dem deutschen Partizip Präsens, z. B.:
  *l'esercizio **seguente*** = die folgende Übung
  eine werdende Mutter ≠ *una **futura** madre*
- Das ***participio passato*** wird hauptsächlich für die Bildung der zusammengesetzten Zeiten verwendet, z. B. beim *passato prossimo*, *trapassato prossimo*, *futuro anteriore*.
  Das *participio passato* wird außerdem verwendet, um Sätze zu verkürzen.
  *Quando sono arrivata a casa, mi sono fatta subito una doccia.*
  ***Arrivata** a casa, mi sono fatta subito una doccia.*
  Als ich zu Hause angekommen bin, habe ich zuerst geduscht.
  Wie das *participio presente* kann auch das *participio passato* die Funktion eines Adjektivs oder eines Substantivs übernehmen.
  *l'effetto **desiderato*** der gewünschte Effekt
  *gli **impiegati*** die Angestellten

227 *Vervollständigen Sie die Tabelle mit den fehlenden Formen des* participio presente *und* passato.

| | Participio presente | Participio passato |
|---|---|---|
| parlare | ______ | parlato |
| vedere | vedente | ______ |
| cantare | ______ | ______ |
| obbedire | obbediente | ______ |
| conoscere | ______ | ______ |
| dormire | dormente/dormiente | ______ |
| condurre | ______ | condotto |
| ridere | ______ | riso |
| offrire | offerente | ______ |

| | Participio presente | Participio passato |
|---|---|---|
| rimanere | ___________ | rimasto |
| preoccupare | ___________ | ___________ |
| fare | ___________ | ___________ |

| | | | |
|---|---|---|---|
| **obbedire** | gehorchen | **ridere** | lachen |
| **condurre** | führen | **preoccupare** | beunruhigen |

28 *Setzen Sie die Partizipien (*participio presente *und* passato*) an der richtigen Stelle ein.*

conoscenti · insegnante · riscaldata · spiovente · tornati · divertenti · conducente · passato · vista · spumeggianti · corrente · finita

1. Quest'albergo ha una ___________ incantevole sul golfo.
2. Annamaria lavora come ___________ in un liceo.
3. La storia è la memoria del ___________.
4. Non parlate al ___________.
5. Le onde ___________ del mare in tempesta raggiungevano le prime case del litorale.
6. Ho tanti ___________ ma pochi amici.
7. ___________ a casa l'abbiamo trovata svaligiata.
8. Nella casa di campagna di Simone non c'è nemmeno l'acqua ___________!
9. Non sopporto la pasta ___________!
10. Un tetto così ___________ è adatto a una casa di montagna e non al mare.
11. ___________ l'università sono andata all'estero per perfezionare l'inglese e il tedesco.
12. Il nonno racconta sempre degli aneddoti ___________.

| | | | |
|---|---|---|---|
| **il/la conoscente** | der/die Bekannte | **la tempesta** | der Sturm |
| **spiovente** | überstehend | **il litorale** | die Küste |
| **il passato** | *hier* die Vergangenheit | **svaligiare** | plündern |
| **spumeggiante** | Schaum gekrönt | **sopportare** | ertragen |
| **corrente** | fließend | **il tetto** | das Dach |
| **incantevole** | sagenhaft | **l'estero** | das Ausland |
| **il golfo** | der Golf, die Bucht | **perfezionare** | verbessern |
| **la memoria** | das Gedächtnis | **l'anẹddoto** | die Anekdote |
| **l'onda** | die Welle | | |

◄ Gr LGr S. 301 ff. ►

## *Gerundio*

*Sbagliando s'impara* sagt man im Italienischen, was auf Deutsch so viel heißt wie „aus Fehlern lernt man". Das ist auch unser Motto: Egal wie viele Fehler Sie bei den Übungen machen, wichtig ist, dass Sie aus ihnen lernen. *Sbagliando s'impara!*

Die Verbform *sbagliando* ist ein *gerundio*. Das *gerundio* (Gerundium) hat im Deutschen keine direkte Entsprechung. Im Italienischen dient es dazu, zwei Sätze zu verknüpfen.
**Achtung:** Dabei müssen beide Sätze in der Regel dasselbe Subjekt haben.

- *Si sono abbracciati e così si sono riappacificati.*
  ***Abbracciandosi** si sono riappacificati.*
  Sie haben sich umarmt und so haben sie sich versöhnt.

- *Quando si legge molto si imparano tante cose.*
  ***Leggendo** molto si imparano tante cose.*
  Wenn man viel liest, lernt man viel.

- *Se prendi la macchina arrivi prima.*
  ***Prendendo** la macchina arrivi prima.*
  Wenn du das Auto nimmst, kommst du schneller an.

- *Mentre tornavo a casa ho incontrato Tina.*
  ***Tornando** a casa ho incontrato Tina.*
  Während ich nach Hause zurückkehrte, habe ich Tina getroffen.

- *Dato che avevo lavorato tanto, mi sono concesso una serata rilassante.*
  ***Avendo lavorato** tanto mi sono concesso una serata rilassante.*
  Da ich viel gearbeitet hatte, habe ich mir einen entspannenden Abend gegönnt.

**Nicht vergessen:** Das *gerundio* wird in zwei Zeiten benutzt.
***gerundio presente***: z. B. *parlando, vedendo, uscendo.*
***gerundio passato***: z. B. *avendo parlato, avendo visto, essendo uscito.*

**29** *Vervollständigen Sie die Sätze mit dem passenden Verb im* gerundio presente.

vestirsi · fare · dovere · tornare · andare · sapere · partire · vedere

1. ____________ dall'ufficio Corrado ha incontrato un amico che non vedeva da un po'.
2. ____________ le prime scene del film mi sono reso conto che avevo già letto il libro.
3. ____________ ginnastica spero di tonificare i muscoli addominali.
4. ____________ in crociera Giuliana spera di incontrare l'uomo dei suoi sogni!
5. Pur ____________ di essere astemio ho bevuto un bicchiere di champagne e mi sono ubriacato immediatamente.
6. ____________ andare negli Stati Uniti per un viaggio d'affari ho rinnovato il passaporto.
7. ____________ la mattina presto dovremmo essere da voi per le dieci.
8. ____________ in modo casual Manuela si sente più a suo agio.

| | | | |
|---|---|---|---|
| **vestirsi** | sich anziehen | **astemio** | abstinent |
| **rendersi conto** | bemerken | **ubriacarsi** | sich betrinken |
| **tonificare** | festigen | **rinnovare** | erneuern |
| **il muscolo addominale** | der Bauchmuskel | **il passaporto** | der Reisepass |
| **la crociera** | die Kreuzfahrt | **Si sente più a suo agio.** | Er/Sie fühlt sich wohler. |

**30** *Wandeln Sie die Sätze um. Drücken Sie die hervorgehobenen Satzteile mit dem* gerundio presente *oder* passato *aus.*

ESEMPIO

| | |
|---|---|
| Trasformate le frasi e usate il gerundio. | *Trasformate le frasi usando il gerundio.* |

1. A volte quando si scherza si dice la verità. ____________

2. Anche se conosceva bene l'inglese, Nico a New York ha avuto difficoltà a comunicare. *Pur* ____________

3. Poiché aveva tradotto bene la versione di greco, Gianni ha avuto il suo primo otto. ____________

4. Mentre toglieva la teglia dal forno, Maria si è scottata il polso. ______________________

5. Dato che siamo arrivati tardi in banca, non abbiamo più potuto fare il versamento. ______________________

6. Clelia si rende antipatica perché corregge sempre gli errori a tutti. ______________________

7. Poiché sono andati al mare in Sardegna Vito e Luca hanno potuto fare molto surf. ______________________

8. Quando zia Cecilia è stata scippata, piangeva e gridava: “Al ladro! Al ladro!”. ______________________

| | | | |
|---|---|---|---|
| **trasformare** | umwandeln | **scottarsi** | sich verbrennen |
| **la frase** | der Satz | **il polso** | das Handgelenk |
| **usare** | benutzen | **il versamento** | die Überweisung |
| **scherzare** | scherzen | **rendersi** | sich machen |
| **la verità** | die Wahrheit | **scippare** | durch Wegreißen stehlen |
| **la difficoltà** | die Schwierigkeit | **piangere** | weinen |
| **la versione** | die Übersetzung | **gridare** | schreien |
| **otto** | *höchste Schulnote* | **Al ladro!** | Haltet den Dieb! |
| **la teglia** | das Blech | | |

◄ Gr LGr S. S. 308 ►

## Die Verlaufsform: *stare + gerundio presente*

Wenn Sie im Italienischen betonen wollen, dass Sie etwas **gerade** tun, benötigen Sie die so genannte „Verlaufsform". Sie wird mit dem Verb *stare* und dem *gerundio presente* gebildet.
Das Verb *stare* kann dabei konjugiert werden. In Frage kommen aber nur die einfachen Zeiten: *presente*, *imperfetto*, *futuro semplice*, *congiuntivo presente* und *congiuntivo imperfetto*.

| | |
|---|---|
| ***Sto scrivendo*** *un libro.* | Ich schreibe gerade an einem Buch. |
| *Quando hai chiamato* ***stavo dormendo****.* | Als du angerufen hast, schlief ich gerade. |
| *Domani alle otto Mara* ***starà sostenendo*** *l'ultimo esame.* | Morgen um acht Uhr wird Mara gerade ihre letzte Prüfung ablegen. |
| *Credo che Lia* ***stia studiando****.* | Ich denke, Lia lernt gerade. |
| *Pensava che io* ***stessi facendo*** *la doccia.* | Er/Sie dachte, dass ich gerade duschte. |

**31** *Setzen Sie die rechts stehenden Verben in die Verlaufsform:* presente *von* stare + gerundio.

ESEMPIO

| | |
|---|---|
| Roberta *sta preparando* la cena. | preparare |

| | |
|---|---|
| 1. Vinni, ma che cosa ______________? – Niente di particolare. | fare |
| 2. Patrizia e Fernando ______________ un casale in campagna. | ristrutturare |
| 3. In questo momento (io) ______________ un caffè, poi esco. | bere |
| 4. Ma che (tu) ______________? Non è vero niente! | dire |
| 5. Fa' silenzio, per favore, i bambini ______ già __________. | dormire |
| 6. Gabi e Hans ______________ un corso d'italiano a Firenze. | frequentare |
| 7. No, non (io) ______________, ______________ in Internet. Perché? Ti serve qualcosa? | lavorare, navigare |
| 8. Ci possiamo risentire tra due settimane? (Noi) ______________ per le vacanze proprio ora. | partire |
| 9. Dove (voi) ______________? – In piscina. Vuoi venire anche tu? | andare |
| 10. Vi va di giocare a biliardo? – No, guarda, ______________ un film. | vedere |

| | | | |
|---|---|---|---|
| **niente di particolare** | nichts Besonderes | **frequentare** | besuchen |
| **ristrutturare** | renovieren | **navigare** | *hier* surfen |
| **il casale** | das Bauernhaus | **servire** | *hier* brauchen |
| **la campagna** | das Land | **risentirsi** | wieder voneinander hören |
| **Non è vero niente!** | Es stimmt nicht! | **la piscina** | das Schwimmbad |
| **fare silenzio** | ruhig sein | **vi va di ...** | habt ihr Lust zu ... |

In der nächsten Übung besteht die Aufgabe darin zu entscheiden, ob eine Handlung gerade jetzt stattfindet und dementsprechend das *presente* von *stare + gerundio* verwendet wird, oder ob sie sich gewöhnlich ereignet und mit dem *presente* ausgedrückt wird.

*Adesso* ***stiamo mangiando***. Jetzt essen wir gerade.
***Mangiamo*** *sempre all'una.* Wir essen immer um ein Uhr.

232 Stare + gerundio*: ja oder nein? Kreuzen Sie die richtige Form an.*

| | | |
|---|---|---|
| 1. Adesso non posso venire. __________ una lampada. | ☐ Riparo | ☐ Sto riparando |
| 2. La domenica __________ a pranzo dai nonni. | ☐ andiamo | ☐ stiamo andando |
| 3. Durante la settimana non __________ mai sport perché non ho tempo. | ☐ faccio | ☐ sto facendo |
| 4. Senti, __________. Puoi chiamarmi più tardi? | ☐ ceniamo | ☐ stiamo cenando |
| 5. No, guarda, adesso Davide __________. Torna fra un'ora. | ☐ riposa | ☐ sta riposando |
| 6. Di solito __________ alle sei e mezza. E tu? | ☐ mi alzo | ☐ mi sto alzando |
| 7. A che ora __________ dall'ufficio in genere? | ☐ uscite | ☐ state uscendo |
| 8. Ma non vedi che __________ il giornale? Parliamo dopo, okay? | ☐ leggo | ☐ sto leggendo |
| 9. Che genere di musica __________ i tuoi figli? | ☐ ascoltano | ☐ stanno ascoltando |
| 10. Sebastiano non ama camminare, infatti __________ sempre l'auto. | ☐ prende | ☐ sta prendendo |

| | | | |
|---|---|---|---|
| **la lampada** | die Lampe | **alzarsi** | aufstehen |
| **i nonni** | die Großeltern | **l'ufficio** | das Büro |
| **durante** | während | **in genere** | normalerweise |
| **il tempo** | die Zeit | **il giornale** | die Zeitung |
| **cenare** | zu Abend essen | **dopo** | später |
| **riposare** | ausruhen | **che genere di** | was für |
| **fra** | in (*zeitlich*) | **camminare** | laufen |
| **di solito** | gewöhnlich | | |

Für die folgende Übung sollten Sie *presente*, *imperfetto* und *futuro* des Modus *indicativo* und *presente* und *imperfetto* des Modus *congiuntivo* präsent haben.

233 ***Vervollständigen Sie die Sätze mit den Angaben.***

stavamo già dormendo · stessi tornando · starai mangiando · stia lavando · stavo montando · staremo firmando · stavo correggendo · stai combinando · stiamo aspettando · stava appendendo

1. Quando il telefono ha squillato, ___________ degli scaffali e quindi non ho potuto rispondere.
2. Ma che __________!? Lascia stare i miei libri! Me li hai messi tutti in disordine!
3. Lunedì prossimo, alle cinque, __________ il contratto di acquisto della casa. Che bello!
4. ___________ i compiti in classe dei miei studenti quando è arrivata una visita inaspettata.
5. E Veronica? – Penso che ___________ i piatti. Vai a vedere in cucina.
6. Pronto! Alberto? Ma dove sei? Credevo che ___________ a casa!
7. ___________ quando è cominciato il temporale, quindi non ci siamo accorti di niente.
8. Olga, Teresa, vi ___________ da almeno mezz'ora. Quando arrivate?
9. Nonno, non ___________ un'altra volta i cioccolatini di nascosto?
10. Pino ___________ un quadro quando si è dato il martello sul dito fratturandoselo!

| | | | |
|---|---|---|---|
| **montare** | *hier* aufbauen | **la visita** | der Besuch |
| **firmare** | unterschreiben | **inaspettato** | unerwartet |
| **combinare** | anstellen | **i piatti** | *hier* das Geschirr |
| **appendere** | aufhängen | **il temporale** | das Gewitter |
| **squillare** | läuten | **accorgersi** | merken |
| **lo scaffale** | das Regal | **almeno** | mindestens |
| **lasciare stare** | *hier* nicht berühren | **di nascosto** | heimlich |
| **mettere in disordine** | durcheinander bringen | **il quadro** | das Bild |
| **il contratto d'acquisto** | der Kaufvertrag | **il martello** | der Hammer |
| **il compito in classe** | die Klausur, die Klassenarbeit | **il dito** | der Finger |
| | | **fratturarsi** | sich brechen |

# Zeitenfolge

◄ Gr LGr S. 319 ff. ►

## Zeitenfolge im Indikativ

Nachdem Sie alle Verbzeiten kennen und ihre Formen und ihren Gebrauch geübt haben, stellt sich die Frage: Was für eine Zeitform muss ich im Nebensatz verwenden, um den chronologischen Zusammenhang zwischen Haupt- und Nebensatz auszudrücken? Es geht also um die Zeitenfolge. Sie ist im Italienischen ziemlich flexibel. Die Tabelle gibt einen Überblick über die mögliche Zeitenfolge zwischen Haupt- und Nebensatz im Indikativ.

| **Hauptsatz** | **Nebensatz**<br>[vorzeitig] | <br>[gleichzeitig] | <br>[nachzeitig] |
|---|---|---|---|
| **Zeiten der Gegenwart** | • ***imperfetto***<br>• ***passato prossimo*** | • ***presente***<br>• ***stare + gerundio*** | • ***futuro semplice***<br>• ***presente***<br>• ***condizionale presente*** |
| *So / Ho appena saputo che ...* | *... **volevi** partire ieri.*<br>*... ieri **sei partito**.* | *... oggi **parti***<br>*... **stai partendo**.* | *... domani **partirai** / **parti**.*<br>*... **vorresti** partire domani.* |
| **Zeiten der Vergangenheit** | • ***trapassato prossimo*** | • ***imperfetto*** | • ***condizionale passato***<br>• ***imperfetto*** |
| *Sapevo / Ho saputo che ...* | *... il giorno prima **eri partito**.* | *... quel giorno **partivi**.* | *... il giorno dopo **saresti partito.***<br>*... **volevi** partire.* |

| | | | |
|---|---|---|---|
| **sapere** | wissen, erfahren | **prima** | *hier* davor |
| **appena** | gerade, eben | **quel giorno** | an dem Tag |
| **partire** | abfahren | **dopo** | *hier* danach |

**234** *Vervollständigen Sie die Sätze mit den angegebenen Verbformen. Beachten Sie, dass in jeder Satzgruppe jeweils eine falsche Verbform übrig bleibt.*

stanno arrivando · arrivano · arrivavano · sono arrivati

1. Mi hanno appena comunicato che i clienti francesi non ____________ più.
2. Mi hanno appena comunicato che i clienti francesi ____________ in tassì.
3. Mi hanno appena comunicato che i clienti francesi ______ già ________ all'aeroporto.

parte · partirebbe · sta partendo · è partito

4. Hai visto che l'ultimo treno per Roma ___________ tra un'ora?
5. Hai visto che l'ultimo treno per Roma ___________ due ore fa?
6. Hai visto che l'ultimo treno per Roma ___________ proprio ora?

vengono · verranno · venivano · sono venuti

7. Lo sai che ieri Nino e Bea non ___________ al concerto perché non avevano i soldi?
8. Lo sai che, oggi, anche Nino e Bea ___________ al concerto?
9. Lo sai che il mese prossimo ___________ anche Nino e Bea al concerto?

| | | | |
|---|---|---|---|
| **comunicare** | mitteilen | **due ore fa** | vor zwei Stunden |
| **l'aeroporto** | der Flughafen | **proprio ora** | gerade jetzt |

In der nächsten Übung sind keine Verbformen vorgegeben. Sie müssen daher selbst je nach Kontext die passende Verbzeit wählen und die entsprechende Verbform bilden. Das wird etwas Zeit in Anspruch nehmen. Zur Vereinfachung können Sie sich die Übung auch in zwei Hälften aufteilen.

**235** *Setzen Sie die Verben in Klammern in die passende Zeitform. In Frage kommen folgende Zeiten:* presente, passato prossimo, imperfetto, trapassato prossimo, futuro semplice, condizionale presente, condizionale passato. *Achtung: In einigen Fällen sind zwei Alternativen möglich.*

1. Quando mia madre si è resa conto che non (io / avere) ______________ più intenzione di comprare la moto, si è tranquillizzata.
2. Sapevo che alcuni giorni prima i vicini (partire) ______________, perciò mi sono preoccupato quando ho visto la porta aperta.
3. Ho appena incontrato Annarita, la quale mi ha raccontato che il mese scorso Michela (sposarsi) ______________. Tu lo sapevi?

4. Quando l'ho conosciuto, sulla spiaggia, sapevo che, due giorni dopo, la mia vacanza (finire) ________________ e che probabilmente non (io / vedere) l'________ più _____________.
5. Bravo! Lo sapevo che cambiando lavoro (tu / fare) ________________ carriera!
6. Quando sono andato alla posta per ritirare la raccomandata, l'impiegato allo sportello mi ha spiegato che i termini per il ritiro (scadere) ________________ il giorno prima e che perciò (loro / rispedire) ________________ la lettera al mittente.
7. Pino ha appena sentito al telegiornale che domani (esserci) ________________ lo sciopero dei treni.
8. Mi è appena venuto in mente che (noi / potere) ________________ farci prestare la tenda canadese da Lello. Che dici, lo chiamo e glielo chiedo?
9. Sapevo che in quel periodo Susanna (fare) ________________ la dieta e quindi, quando quella volta è venuta a cena, le ho preparato delle pietanze molto leggere alle verdure.
10. Ho letto da qualche parte che, stasera, su Rai tre (loro / trasmettere) ________________ quel vecchio film, "Vacanze romane", te lo ricordi?, quello con Gregory Peck. Ce lo vediamo?

| | | | |
|---|---|---|---|
| **rendersi conto** | merken | **scadere** | verfallen |
| **avere intenzione** | vorhaben | **il mittente** | der Absender |
| **tranquillizzarsi** | sich beruhigen | **venire in mente** | einfallen |
| **preoccuparsi** | sich Sorgen machen | **la tenda canadese** | das Zwei-Personen-Zelt |
| **ritirare** | abholen | **la pietanza** | das Gericht, die Speise |
| **la raccomandata** | das Einschreiben | | |
| **lo sportello** | der Schalter | **da qualche parte** | irgendwo |
| **il termine di ritiro** | die Abholungsfrist | **trasmettere** | *hier* zeigen |

◄ Gr LGr S. 324 ff. ►

## Zeitenfolge im *congiuntivo*

Für die Zeitenfolge im *congiuntivo* gelten dieselben Regeln wie für den *indicativo*. Wichtig: Der *congiuntivo* steht nur dann im Nebensatz, wenn bestimmte Verben (= „Auslöser") im Hauptsatz stehen (➛ S. 193).
Es folgt ein Überblick über die Zeitenfolge, der Ihnen bei den Übungen helfen soll.

| **Hauptsatz im *indicativo*** | **Nebensatz**<br>[vorzeitig] | [gleichzeitig] | [nachzeitig] |
|---|---|---|---|
| ***presente*** | • ***cong. passato***<br>• ***cong. imperfetto****** | • ***cong. presente*** | • ***cong. presente***<br>• ***futuro semplice ind.*** |
| *Penso che ...* | *Lina **sia** già **arrivata**.*<br>*ieri Lina **fosse** stanca.* | *Lina **parli** lo spagnolo.* | *Lina **venga** / **verrà** tra poco.* |
| ***imperfetto*** | • ***cong. trapassato*** | • ***cong. imperfetto*** | • ***cong. imperfetto***<br>• ***cond. passato*** |
| *Pensavo che ...* | *Lina **fosse** già **arrivata**.* | *Lina **parlasse** lo spagnolo.* | *Lina **venisse** / **sarebbe venuta** più tardi.* |
| ***condizionale*** | • ***cong. trapassato*** | • ***cong. imperfetto*** | • ***cong. imperfetto*** |
| *Vorrei che ...* | *Lina mi **avesse** già **chiamato**.* | *Lina mi **chiamasse** in questo momento.* | *Lina mi **chiamasse** più tardi.* |

*Nach dem *indicativo presente* kann manchmal auch der *congiuntivo imperfetto* verwendet werden, und zwar in den Fällen, die normalerweise den *imperfetto indicativo* erfordern würden: Zustandsbeschreibungen und Gewohnheiten in der Vergangenheit.
*Ieri Lina **era** stanca.* *[indicativo]*
*Penso che ieri Lina **fosse** stanca.* *[congiuntivo]*
Ich denke, dass Lina gestern müde war.

236 ***Setzen Sie die rechts stehenden Verben in die richtige Zeitform:*** **congiuntivo presente, congiuntivo passato *oder* futuro semplice.** ***Achtung: In einigen Fällen sind zwei Alternativen möglich.***

| | |
|---|---|
| 1. Mi sembra che tra un mese (loro) ___________ un pub irlandese in centro. | aprire |
| 2. Carla ha ricevuto un'ottima offerta di lavoro e si trasferisce in Turchia. Non credo però che ___________ la lingua. | parlare |
| 3. Sebbene Alfredo ___________ appena ___________ a guidare, è bravissimo al volante. | imparare |
| 4. Questo è il complimento più bello che (io) ___________ mai ___________! | ricevere |
| 5. Pensi che il capo mi ___________ le ferie in agosto quest'anno? | concedere |
| 6. Vuoi andare in bicicletta senza casco? Non credo che questa ___________ una buon'idea. È pericoloso, piccolo mio! | essere |
| 7. Domani è domenca. Speriamo che i bambini ___________ più a lungo. | dormire |
| 8. Piera ha un'aspetto raggiante. Credo proprio che ___________ un bambino. | aspettare |
| 9. Immagino che ieri voi ___________ una bella giornata al mare, vero? | trascorrere |
| 10. Ida soffre di vertigini. Non penso che ___________ sulla torre Eiffel, quando è andata a Parigi. | salire |

| | | | |
|---|---|---|---|
| **ricevere** | erhalten | **pericoloso** | gefährlich |
| **l'offerta** | das Angebot | **dormire a lungo** | ausschlafen |
| **trasferirsi** | umziehen | **raggiante** | strahlend |
| **sebbene** | obwohl | **aspettare un bambino** | ein Kind erwarten |
| **guidare** | fahren | **la vertigine** | der Schwindel |
| **il volante** | das Steuerrad | **salire** | hinaufgehen |
| **concedere** | bewilligen | | |
| **il casco** | der Schutzhelm | | |

237 ***Setzen Sie die rechts stehenden Verben in die richtige Zeitform:***
**congiuntivo imperfetto, congiuntivo trapassato *oder* condizionale passato.**
***Achtung: In einigen Fällen sind zwei Alternativen möglich.***

1. Vorrei tanto che mi (voi) ___________ a trovare. Avete tempo il mese prossimo? — venire
2. Pensavo che (tu) _____ già _________ di studiare. Peccato! Saremmo potuti andare a fare una passeggiata in centro. — finire
3. Quella sera, sebbene ___________, non faceva per niente freddo. — nevicare
4. Avrei desiderato che, quella volta, i miei genitori mi ___________ il permesso di partecipare al gioco a premi. Chissà, forse avrei vinto. — dare
5. Daniele non era riuscito a finire i preparativi per la festa e perciò sperava che gli invitati ___________ un po' più tardi. — arrivare
6. L'altro giorno, per strada, c'erano due grossi cani randagi. All'improwiso si sono awicinati e io ho avuto paura che mi ___________. In realtà cercavano solo qualcosa da mangiare. — aggredire
7. Eravamo felici che Giulio ___________ il giusto riconoscimento per il lavoro svolto per la sua azienda. — ottenere
8. Nonostante ___________ tutte le finestre aperte, quella notte non siamo riusciti a dormire per il gran caldo. — lasciare
9. Speravamo che alla fine mio padre e mia madre ___________ di acquistare quella bella villetta in Liguria, sulla Riviera di Ponente. — decidere
10. Era probabile che il progetto di legge non ___________ in parlamento a causa dei franchi tiratori. — passare

| | | | |
|---|---|---|---|
| **il permesso** | die Erlaubnis | **l'azienda** | die Firma |
| **il gioco a premi** | das Glücksspiel | **acquistare** | erwerben, kaufen |
| **chissà** | wer weiß | **la riviera** | das Ufer, der Küstenstrich |
| **il preparativo** | die Vorbereitungen | **il ponente** | der Westen |
| **l'invitato** | der Eingeladene, der Gast | **il progetto di legge** | der Gesetzesentwurf |
| **il cane randagio** | der streunende Hund | **passare** | annehmen |
| **avvicinarsi** | sich (an)nähern | **a causa di** | wegen |
| **aggredire** | überfallen | **il franco tiratore** | der Heckenschütze |
| **il riconoscimento** | die Anerkennung | | |
| **svolto (svolgere)** | geführt | | |

## 38 *Kreuzen Sie die richtige Zeitform an.*

| | |
|---|---|
| 1. Molti temono che la situazione in Medio Oriente __________ peggiorare. | ☐ possa<br>☐ fosse potuta |
| 2. Ci piacerebbe che la nostra città __________ un'offerta culturale migliore. | ☐ avesse<br>☐ avrebbe |
| 3. Mi pare che stamattina gli operatori ecologici ____ già __________ i bidoni della spazzatura. | ☐ avessero ritirato<br>☐ abbiano ritirato |
| 4. Non sapevo che Sophia Loren __________ nel 1999 anche il David di Donatello alla carriera. | ☐ avesse ricevuto<br>☐ ricevesse |
| 5. Alcuni turisti hanno paura, andando a Napoli, che i borseggiatori li __________. | ☐ derubassero<br>☐ derubino |
| 6. Credevamo che ci __________ i mobili entro la fine della settimana. | ☐ avessero consegnato<br>☐ avrebbero consegnato |
| 7. Non siamo sicuri se, con un'estate così piovosa, il vino di quest'anno __________ buono. | ☐ sarà<br>☐ sia stato |
| 8. Mi pare che da bambina Clelia __________ male in matematica. | ☐ andasse<br>☐ andrà |
| 9. Credo che la zia Elvira __________ bene il nuovo sindaco. | ☐ conoscerebbe<br>☐ conosca |
| 10. Penso proprio che, a questo punto, __________ la concordanza dei tempi in italiano. | ☐ abbiate imparato<br>☐ aveste imparato |

| | |
|---|---|
| **temere** | befürchten |
| **la situazione** | die Lage |
| **il Medio Oriente** | der Nahe Osten |
| **peggiorare** | schlechter werden |
| **l'offerta** | das Angebot |
| **l'operatore ecologico** | der Müllmann |
| **ritirare** | abholen |
| **il bidone della spazzatura** | die Mülltonne |
| **ricevere** | bekommen |
| **il David di Donatello** | *Filmpreis* |
| **il borseggiatore** | der Taschendieb |
| **derubare** | berauben, ausrauben |
| **consegnare** | liefern |
| **il mobile** | das Möbelstück |
| **entro** | binnen |
| **piovoso** | regnerisch |
| **andare male in** | schlecht sein |
| **il sindaco** | der Bürgermeister |
| **la concordanza dei tempi** | die Zeitenfolge |

◄ Gr LGr S. 321 ff.; 413 ff. ►

# Indirekte Rede

Wie oft passiert es, dass man etwas weitererzählen muss, das man von anderen gehört hat? In der Grammatik spricht man in solchen Fällen von „indirekter Rede“.
Um die „Technik“ der indirekten Rede zu erlernen, ist es zum Glück nicht notwendig, sich neue Formen anzueignen. Bei der Umwandlung einer direkten in die indirekte Rede genügt es, einige Änderungen der Satzteile vorzunehmen. Merken Sie sich dabei Folgendes:

- Pronomen mit Verbformen, Ortsadverbien und Zeitadverbien müssen je nach Kontext in der indirekten Rede entsprechend geändert werden.

| | |
|---|---|
| *Pino dice: “**(noi) Rimaniamo qui**”.* | *Pino dice che **(loro) rimangono lì**.* |
| Pino sagt: „Wir bleiben hier.“ | Pino sagt, dass sie dort bleiben. |

- Steht das **Einleitungsverb in der Gegenwart**, so bleiben die Zeiten der direkten Rede erhalten. Nur der Imperativ wird durch *di* und den Infinitiv ausgedrückt.

| | |
|---|---|
| *Ada dice: “**Chiamami** stasera”.* | *Ada dice/ha appena detto **di chiamarla** stasera.* |
| Ada sagt: „Ruf mich heute Abend an.“ | Ada sagt/hat eben gesagt, ich soll sie heute Abend anrufen. |

- Steht das **Einleitungsverb in der Vergangenheit**, so verschiebt sich die Zeitform des Verbs der direkten Rede in der Regel um eine Stufe in die Vergangenheit: z. B.
  *presente* ➤ *imperfetto, passato prossimo* ➤ *trapassato prossimo,*
  *condizionale presente* ➤ *condizionale passato*

| | |
|---|---|
| *Eva gli ha chiesto: “Mi **puoi** aiutare?”* | *Eva gli ha chiesto se la **poteva** aiutare.* |
| Eva hat ihn gefragt: „Kannst du mir helfen?“ | Eva hat ihn gefragt, ob er ihr helfen könn(t)e. |

Beachten Sie jedoch die folgenden **Ausnahmen**:
*futuro semplice* ➤ *condizionale passato* und *imperativo* ➤ *infinito.*
Unverändert bleiben die Zeiten: *imperfetto, trapassato prossimo, passato remoto.*

239 *Gabriella hat eine Nachricht für Franca auf Band hinterlassen. Paola, Francas Mitbewohnerin, hat den Anrufbeantworter abgehört. Helfen Sie ihr Franca zu erzählen, was Gabriella gesagt hat. Setzen Sie dann den hervorgehobenen Textteil in die indirekte Rede (der Gegenwart).*

"Questa è la segreteria telefonica di Franca Conte e Paola Formigoni. In questo momento non siamo in casa. Lasciate un messaggio dopo il segnale acustico, vi richiameremo appena possibile".
"Ciao, Franca, sono Gabriella. Senti, mi dispiace, ma domani non ti posso più accompagnare dall'avvocato. Si è rotta la macchina e devo portarla urgentemente dal meccanico. E poi la babysitter è malata e i miei suoceri sono in vacanza, quindi dovrei comunque rimanere con i bambini. Puoi cercare di spostare l'appuntamento alla prossima settimana? Oppure, chiedi a Bernardo se ti può accompagnare con la sua macchina. Fammi sapere. Ciao".

*Franca! ti ha appena telefonato Gabriella. Ha detto che ...* ______________________

______________________________________________

______________________________________________

______________________________________________

______________________________________________

| | | | |
|---|---|---|---|
| **la segreteria telefonica** | der Anrufbeantworter | **l'avvocato** | der Rechtsanwalt |
| **il messaggio** | die Nachricht | **rompersi** | kaputt gehen |
| **il segnale acustico** | der Signalton | **urgentemente** | dringend |
| **richiamare** | zurückrufen | **i suoceri** | die Schwiegereltern |
| **appena possibile** | so schnell wie möglich | **comunque** | *hier* sowieso |
| **accompagnare** | begleiten, bringen | **spostare** | *hier* verschieben |
| | | **far sapere** | Bescheid geben |

240 *Setzen Sie die Sätze in die indirekte bzw. direkte Rede (der Vergangenheit).*

| Discorso diretto | Discorso indiretto |
|---|---|
| 1. Enza ha detto a Paolo: "Me ne sono andata via prima perché ero molto stanca". | Enza ha detto a Paolo che ______________________ |
| 2. L'insegnante ha ordinato agli studenti: ______________ | L'insegnante ha ordinato agli studenti di stare zitti. |
| 3. Gli ho chiesto: "Hai una sigaretta?" | Gli ho chiesto ______________________ |

| | Discorso diretto | Discorso indiretto |
|---|---|---|
| 4. | Le ho detto: “Sono molto offeso a causa del comportamento di Giusi”. | Le ho detto che ______________________________ |
| 5. | Ci hanno raccontato: ______________________________ | Ci hanno raccontato che sarebbero andati a villeggiare in un agriturismo in Toscana. |
| 6. | Ha detto: “Ti avevo chiamato per avvisarti dell’accaduto”. | Gli aveva detto che ______________________________ |
| 7. | Mi hanno chiesto: ______________________________ | Mi hanno chiesto se avevo voglia di cenare da loro quella sera. |
| 8. | Avevano detto: “Ci piacerebbe festeggiare il matrimonio in una villa antica”. | Avevano detto che ______________________________ |
| 9. | Ha detto: “Sono contenta di ricominciare a lavorare dopo il periodo di aspettativa”. | Ha detto che ______________________________ |
| 10. | Gli ho chiesto: ______________________________ | Gli ho chiesto se era andato a ritirare il certificato di nascita al comune. |

| | | | |
|---|---|---|---|
| **andarsene** | weggehen | **avvisare** | *hier* unterrichten |
| **ordinare** | befehlen | **l’accaduto** | das Geschehen |
| **stare zitto** | still bleiben, den Mund halten | **festeggiare** | feiern |
| | | **il matrimonio** | die Hochzeit |
| **essere offeso** | beleidigt sein | **ricominciare** | wieder anfangen |
| **a causa di** | auf Grund | **l’aspettativa** | der Wartestand |
| **il comportamento** | das Benehmen | **ritirare** | abholen |
| **villeggiare** | den Urlaub verbringen | **il certificato di nascita** | die Geburtsurkunde |
| **l’agriturismo** | der Urlaub auf dem Bauernhof | **il comune** | die Gemeindeverwaltung |

241 ***Setzen Sie die Sätze in die indirekte Rede.***

1. "Comincia a pelare le cipolle e l'aglio per il sugo".
   Lucia dice ______________________
2. "Puoi cambiare la lampadina del lampadario del salotto?"
   Enza chiede a Davide ______________________
3. "Le ho fissato un appuntamento per domani dal dentista".
   La segretaria mi disse ______________________
4. "Dovreste ascoltare il consiglio del nonno".
   Papà e mamma dissero ______________________
5. "Da ora in poi non trascurerò più la mia famiglia per il lavoro".
   Bianca disse che ______________________
6. "Amo leggere libri fantasy".
   Giampiero dice ______________________
7. "Questo vaso di porcellana è proprio bello".
   Laura disse ______________________
8. "Non penso che i pantaloni a vita bassa ti stiano bene".
   Gina disse alla sua amica ______________________
9. "Ci piacerebbe visitare il museo di arte antica".
   I turisti dissero ______________________
10. "Lo sposo e la sposa sono molto emozionati".
    Gli invitati raccontarono che ______________________

| | | | |
|---|---|---|---|
| **pelare** | schälen | **trascurare** | vernachlässigen |
| **cambiare** | wechseln | **la porcellana** | das Porzellan |
| **la lampadina** | die Glühbirne | **i pantaloni a vita bassa** | die Hüfthosen |
| **il lampadario** | der Leuchter | **il museo di arte antica** | das Museum der Antike |
| **il salotto** | das Wohnzimmer | **lo sposo** | der Bräutigam |
| **fissare** | ausmachen | **la sposa** | die Braut |
| **il/la dentista** | der Zahnarzt / die Zahnärztin | **emozionato** | gerührt, aufgeregt |
| **il consiglio** | der Ratschlag | | |
| **da ora in poi** | von heute ab | | |

◄ Gr LGr S. 328 ff. ►

## Bedingungssätze

"S'i' fosse foco, arderei 'l mondo". Wenn ich Feuer wäre, würde ich die Welt in Brand setzen. Oder in heutigem Italienisch "Se io fossi il fuoco, arderei il mondo". Das sind berühmte Anfangsreime eines Sonetts von Cecco Angiolieri (ca.1260 – ca. 1313), in denen der Dichter Gott und die Welt verflucht – zum Glück nur in hypothetischer Form.
Genau darum geht es in diesem Kapitel: Um hypothetische Sätze, die in der Grammatiksprache „Bedingungssätze" genannt werden.
Ein Bedingungssatz besteht aus einer Bedingung (mit *se* = wenn eingeleitet) und seiner Folge:

**Bedingung**: *Se io fossi il fuoco …* **Folge**: *arderei il mondo.*

Es gibt drei Typen von Bedingungssätzen. Schauen Sie sich dazu den Überblick an, der Ihnen bei den Übungen helfen soll.

| Typ | Bedingung | Folge |
|---|---|---|
| I | ***Presente*** | ***Presente*** |
| | *Se **ho** tempo,*<br>Wenn ich Zeit habe, | ***faccio** un dolce.*<br>backe ich einen Kuchen. |
| | ***Presente*** | ***Imperativo*** |
| | *Se **puoi**,*<br>Wenn du kannst, | ***chiamami**.*<br>ruf mich an. |
| | ***Futuro semplice*** | ***Futuro semplice*** |
| | *Se il tempo **sarà** bello,*<br>Wenn das Wetter schön ist, | ***faremo** una gita in montagna.*<br>werden wir einen Ausflug in die Berge machen. |
| II | ***Congiuntivo imperfetto*** | ***Condizionale presente*** |
| | *Se **avessi** tanti soldi,*<br>Wenn ich viel Geld hätte, | *non **lavorerei**.*<br>würde ich nicht arbeiten. |
| III | ***Congiuntivo trapassato*** | ***Condizionale passato*** |
| | *Se me lo **avessi** detto,*<br>Wenn du es mir gesagt hättest, | *ti **avrei** aiutato.*<br>hätte ich dir geholfen. |
| | ***Imperfetto*** | ***Imperfetto*** [← Umgangssprache] |
| | *Se me lo **dicevi**,*<br>Wenn du es mir gesagt hättest, | *ti **aiutavo**.*<br>hätte ich dir geholfen. |

**242** *Verbinden Sie die linke Spalte mit der rechten zu sinnvollen Sätzen.*

| | | | |
|---|---|---|---|
| 1. | Se prendiamo l'autostrada, ... | a. | compratevi il navigatore satellitare. |
| 2. | Se ti senti stanca, ... | b. | facciamo prima e poi possiamo uscire. |
| 3. | Se avete difficoltà a trovare la strada in una zona che non conoscete, ... | c. | ti regaleremo una bicicletta nuova. |
| 4. | Se sarai promosso, ... | d. | sarò costretto a trasferirmi a Milano. |
| 5. | Senti, se vedi Elisabetta, ... | e. | se cambi idea e decidi di venire allo stadio. |
| 6. | Alessandro, guarda che ti prendi un brutto raffreddore, ... | f. | troviamo certamente meno traffico. |
| 7. | Se cambierò lavoro, ... | g. | se non l'hai ancora visto. |
| 8. | Se mi date una mano, ... | h. | riposati un pochino. |
| 9. | Questo film te lo posso prestare, ... | i. | le dici di chiamarmi sul cellulare? |
| 10. | Mandami un SMS, ... | j. | se continui a giocare con le mani nell'acqua fredda! |

| | | | |
|---|---|---|---|
| **il navigatore satellitare** | das Navigationssystem | **cambiare idea** | seine Meinung ändern |
| **fare prima** | schneller fertig werden | **prendersi un raffreddore** | sich eine Erkältung einfangen |
| **essere promosso** | *hier* befördert werden | **dare una mano** | zur Hand gehen, helfen |
| **essere costretto** | gezwungen sein | **riposarsi** | sich ausruhen |

**243** *Setzen Sie die Verben in Klammern in die richtige Zeitform:* indicativo presente, futuro semplice *oder* imperativo.

1. Se non la smetti di prendermi in giro, (io / andarsene) ____________ e ti lascio a piedi!
2. Se (continuare) ____________ a fare questo caldo, resteremo in casa tutta l'estate con l'aria condizionata accesa giorno e notte.
3. Se i pantaloni sono troppo lunghi, (tu / farli) ____________ accorciare dalla sarta.
4. Se metterete a posto la vostra cameretta, dopo (potere) ____________ vedere i cartoni animati alla televisione.

5. (Straripare) ___________ il fiume se pioverà in questo modo tutta la notte.
6. Se l'aereo (partire) ___________ alle dieci, bisogna stare in aeroporto per le otto e mezza.
7. Se anche voi (partecipare) ___________ al regalo, gli possiamo comprare un servizio di posate da dodici.
8. Se hai mal di denti, (tu / andare) ___________ subito dal dentista.
9. Se (Lei / prendere) ___________ questo autobus, arriva direttamente alla stazione centrale.
10. (Tu / mangiare) ___________ qualcos'altro, se hai ancora fame.

| | | | |
|---|---|---|---|
| **smetterla** | aufhören | **mettere a posto** | aufräumen |
| **prendere in giro qualcuno** | sich über jemanden lustig machen | **i cartoni animati** | die Zeichentrickfilme |
| **lasciare a piedi** | stehen lassen | **straripare** | über die Ufer treten |
| **l'aria condizionata** | die Klimaanlage | **il servizio di posate da dodici** | das Besteckset für zwölf Personen |
| **accendere** | anschalten | | |
| **accorciare** | kürzen | | |

244 *Setzen Sie die Verbformen an der richtigen Stelle ein.*

arrivassero · compreremmo · prenderebbero · dovessero · sapessi · farei · avessi · lavorassi · vinceste · soffriresti

1. Nora e Vittorio ___________ lezioni private di tedesco, se trovassero un'insegnante di madrelingua.
2. Se ___________ più tempo a disposizione, mi piacerebbe imparare a suonare la chitarra.
3. ___________ tante piante verdi se il nostro appartamento fosse più luminoso.
4. Se ___________ di meno, non ti sentiresti sempre così stressato.
5. Se riuscissi ad avere quattro settimane di ferie, ___________ un bel viaggio in Sudamerica.
6. Se Carla ed Ettore ___________ in orario, potremmo trovare dei posti in prima fila.
7. Se facessi un po' di attività fisica dopo il lavoro, non ___________ così spesso di mal di schiena.
8. Se i miei amici Fabio e Renato non ___________ studiare tanto, potremmo giocare a calcetto ogni pomeriggio.

9. Se ____________ cucire, farei dei rivestimenti per i cuscini del divano.
10. Che fareste se ____________ alla lotteria di capodanno?

| | | | |
|---|---|---|---|
| **vincere** | gewinnen | **il mal di schiena** | der Rückenschmerz |
| **soffrire** | leiden | **il calcetto** | der kleine Fußballplatz |
| **la lezione privata** | der Privatunterricht | **cucire** | nähen |
| **la madrelingua** | die Muttersprache | **il rivestimento** | der Überzug |
| **la disposizione** | die Verfügung | **il cuscino** | das Kissen |
| **luminoso** | hell | **il divano** | die Couch |
| **riuscire** | es schaffen, können | **il capodanno** | das Neujahr |
| **l'attività fisica** | die sportliche Betätigung | | |

:45 *Setzen Sie die Verben in Klammern in den* congiuntivo imperfetto *oder in das* condizionale presente.

ESEMPIO

Se (tu / prendere) *prendessi* un'aspirina, ti (passare) *passerebbe* il mal di testa.

1. Se i tuoi figli (andare) ____________ alla scuola materna, (avere) ____________ più possibilità di stare con altri bambini.
2. Se (tu / pitturare) ____________ la tua stanza di giallo, (sembrare) ____________ più calda e luminosa.
3. Le colline della nostra zona (essere) ____________ più rigogliose se (piovere) ____________ di più.
4. Se (io / ereditare) ____________ dai miei zii, (dare) ____________ in beneficenza una consistente somma di denaro.
5. Se (loro / avere) ____________ un po' di buon senso, (comprare) ____________ solo prodotti biologici.
6. (Noi / dovere) ____________ cercarci un appartamento più grande se (avere) ____________ figli.
7. Se (io / sapere) ____________ cavalcare, (trascorrere) ____________ le vacanze in una fattoria per equitazione.
8. Se a Luca (piacere) ____________ il gioco d'azzardo, mi (accompagnare) ____________ al casinò di Sanremo.
9. (Io / acquistare) ____________ una roulotte, se mia moglie (amare) ____________ fare campeggio.
10. Se Lucia (studiare) ____________ con più impegno, (andare) ____________ meglio in tutte le materie.

| | | | |
|---|---|---|---|
| **passare** | *hier* vorübergehen, vorbeigehen | **il buon senso** | gesunder Menschenverstand |
| **la scuola materna** | der Kindergarten | **cavalcare** | reiten |
| **pitturare** | malen | **trascorrere** | verbringen |
| **luminoso** | hell | **la fattoria per equitazione** | der Reithof |
| **la collina** | der Hügel | **il gioco d'azzardo** | das Glücksspiel |
| **rigoglioso** | blühend, üppig | **acquistare** | erwerben, kaufen |
| **ereditare** | erben | **la roulotte** | der Wohnwagen |
| **dare in beneficenza** | spenden | **fare campeggio** | campen |
| **consistente** | *hier* groß | **l'impegno** | das Engagement |
| **il denaro** | das Geld | **la materia** | das Fach |

**246** *Wandeln Sie die Bedingungssätze der vorhergehenden Übung um. Benutzen Sie dabei den* congiuntivo trapassato *und das* condizionale passato.

ESEMPIO

Se prendessi un'aspirina, ti passerebbe il mal di testa. ➛
*Se avessi preso un'aspirina, ti sarebbe passato il mal di testa.*

1. *Se i tuoi figli* ______________________
2. ______________________
3. ______________________
4. ______________________
5. ______________________
6. ______________________
7. ______________________
8. ______________________
9. ______________________
10. ______________________

**247** *Wandeln Sie die Bedingungssätze um. Benutzen Sie dabei den* congiuntivo trapassato, *das* condizionale passato *oder das* indicativo imperfetto.

ESEMPIO

Se l'avessi saputo, sarei venuto. ➛ *Se lo sapevo, venivo.*

1. Se da bambino ti lavavi i denti, non avevi tutte queste carie.

______________________

2. Se il governo avesse varato una legge antievasione, i cittadini onesti avrebbero pagato meno tasse.

___

3. Se non dimenticavate di inserire l'allarme, probabilmente i ladri non entravano.

___

4. Se arrivavi in orario al vernissage, ti presentavo lo scultore.

___

5. Se Liana si fosse laureata in tempo, avrebbe potuto partecipare all'ultima abilitazione all'insegnamento.

___

6. Se ieri foste venuti a pranzo da me, vi avrei preparato la polenta taragna.

___

7. Se andavo più piano con l'auto, forse non facevo l'incidente.

___

8. Se fosse stata una bella giornata, saremmo andati a passeggio sul lago di Como.

___

9. Se avessimo avuto tempo, saremmo andati a fare visita ai nostri amici pescatori.

___

10. Se guardavo sulla cartina, non mi perdevo.

___

| | | | |
|---|---|---|---|
| **la carie** | die Karies, die Zahnfäule | **laurearsi** | das Studium abschließen |
| **varare una legge** | ein Gesetz verabschieden | **l'abilitazione all'insegnamento** | die Aufnahmeprüfung für das Lehramt |
| **antievasione** | gegen Steuerhinterziehung | **la polenta taragna** | *Polenta mit Käse und Butter* |
| **onesto** | ehrlich | **andare piano** | langsam fahren |
| **la tassa** | die Steuer | **l'incidente** | der Unfall |
| **inserire** | anschalten, anstellen | **il pescatore** | der Fischer |
| **l'allarme** | die Alarmanlage | **la cartina** | der Straßenplan |
| **il ladro** | der Dieb | **perdersi** | sich verfahren |
| **lo scultore** | der Bildhauer | | |

# Besonderheiten bei Verben

◄ Gr LGr S. 340–341 ►

### Reflexiv und nicht-reflexiv gebrauchte Verben

Einige italienische Verben können sowohl reflexiv (➛ auch S. 152) als auch nicht-reflexiv gebraucht werden, z. B. *cambiarsi* / *cambiare*. Manche dieser Verben ändern dabei ihre Bedeutung. So heißt das Verb *cambiarsi* als reflexives Verb „sich umziehen", das nicht-reflexive Verb *cambiare* hingegen bedeutet „ändern, wechseln".

| | |
|---|---|
| *Prima di riparare la Vespa Gennaro* ***si è cambiato****.* | Bevor Gennaro die Vespa reparierte, **hat er sich umgezogen**. |
| *Gennaro* ***ha cambiato*** *lavoro.* | Gennaro **hat** den Job **gewechselt**. |

Mit diesem Thema beschäftigt sich die nächste Übung.

**248** ***Reflexiv oder nicht-reflexiv? Kreuzen Sie die richtige Form an.***

| | | |
|---|---|---|
| 1. Probabilmente ____________ le chiavi. Non le trovo più! | ☐ mi sono perso | ☐ ho perso |
| 2. Laura, a che ora ____________ stamattina? | ☐ ti sei alzata | ☐ hai alzato |
| 3. E Lei, come ____________? – Armando Ricci. | ☐ si chiama | ☐ chiama |
| 4. Poiché non conoscevano la strada ____________. | ☐ si sono persi | ☐ hanno perso |
| 5. Quando andiamo a lavorare, dobbiamo ____________ piuttosto presto. | ☐ svegliarci | ☐ svegliare |
| 6. Il pranzo è pronto. ____________ i bambini. | ☐ Si chiamano | ☐ Chiamate |
| 7. Quando il nonno dorme, non ____________ nemmeno le cannonate. | ☐ si sente | ☐ sente |
| 8. Il testimone ____________ la mano destra e dica: "Lo giuro". | ☐ si alzi | ☐ alzi |
| 9. Ragazzi, ____________, per favore? È tardissimo! | ☐ vi sbrigate | ☐ sbrigate |

10. Bettina, ____________ meglio oggi?
11. Tania, ____________ papà, perché tra poco arrivano i suoi clienti.
12. Prima di partire devo assolutamente ____________ una faccenda.

| | |
|---|---|
| ☐ ti senti | ☐ senti |
| ☐ si sveglia | ☐ sveglia |
| ☐ sbrigarmi | ☐ sbrigare |

| | | | |
|---|---|---|---|
| **perdersi** | sich verlaufen / verfahren | **il/la testimone** | der Zeuge / die Zeugin |
| **poiché** | da, weil | **giurare** | schwören |
| **piuttosto** | ziemlich | **sbrigarsi** | sich beeilen |
| **svegliarsi** | aufwachen | **sbrigare** | erledigen |
| **svegliare** | wecken | **la faccenda** | die Angelegenheit |
| **la cannonata** | der Kanonenschuss | | |

◄ Gr LGr S. 341 ►

**Reflexive und nicht-reflexive Verben im Italienischen und im Deutschen**

Ein Verb, das im Italienischen reflexiv ist, muss dies nicht auch im Deutschen sein, und umgekehrt. So ist das italienische reflexive Verb *stancarsi* im Deutschen nicht-reflexiv (= müde werden); dagegen ist das deutsche reflexive Verb „sich (ver)ändern“ im Italienischen nicht-reflexiv (= *cambiare*).

***Ci siamo stancati** molto.*
**Wir sind** sehr **müde geworden**.

*Rina **è cambiata**, vero?*
Rina **hat sich verändert**, nicht wahr?

*Non **mi sono accorto** di niente.*
**Ich habe** nichts **bemerkt**.

*Attilio e Wanda vogliono **divorziare**.*
Attilio und Wanda wollen **sich scheiden lassen**.

**249 a** ***Lesen Sie die Sätze genau durch und entscheiden Sie, ob die hervorgehobenen Verben reflexiv sind oder nicht. Ergänzen Sie alle reflexiven Verben mit dem passenden Reflexivpronomen.***

1. Scusi, Lei come ____ chiama? – Guglielmo Perrotta.
2. Adesso basta! Guarda, ____ sei bagnato tutto!
3. ____ dobbiamo ringraziare Teresa e Cesare per il bel regalo.
4. I bambini ____ sono migliorati molto in inglese da quando prendono lezioni private.
5. La sera io ____ addormento sempre davanti alla televisione.
6. Mio figlio ____ sveglia spesso di notte perché fa dei brutti sogni.
7. Bernardo non ____ è pentito del lavoro che ha scelto.
8. I vicini ____ sono trasferiti fuori città.
9. La mia amica e io ____ parliamo di tutto.
10. Ma lo sai che il farmacista ____ è ammalato di nuovo?
11. ____ è rotto il televisore che avevamo comprato appena l'anno scorso.
12. Ilaria è molto suscettibile, ____ offende per la minima cosa!

**249 b** ***Vervollständigen Sie jetzt die Verbliste mit den Infinitivformen der hervorgehobenen Verben. Achten Sie darauf, ob sie reflexiv sind oder nicht.***

| | | | |
|---|---|---|---|
| *offendersi* | gekränkt sein | ____________ | umziehen |
| ____________ | aufwachen | ____________ | bereuen |
| ____________ | sich unterhalten | ____________ | kaputtgehen |
| ____________ | einschlafen | ____________ | sich bessern |
| ____________ | sich bedanken | ____________ | krank werden |
| ____________ | heißen | ____________ | nass werden |

| | | | |
|---|---|---|---|
| **Adesso basta!** | Jetzt ist Schluss! | **scegliere** | wählen |
| **la lezione privata** | der Privatunterricht | **fuori città** | außerhalb der Stadt |
| **davanti** | vor | **il/la farmacista** | der Apotheker / die Apothekerin |
| **fare brutti sogni** | schlecht träumen | **suscettibile** | überempfindlich |
| | | **minimo** | kleinste/-r/-s |

◄ Gr LGr S. 357 ff. ►

### Unpersönliche Verben

Unpersönliche Verben und Ausdrücke beziehen sich auf keine bestimmte Person. Wie im Deutschen werden sie in der 3. Person Singular benutzt.

| | |
|---|---|
| ***Basta*** *studiare un po' di più.* | **Es reicht** etwas mehr zu lernen. |
| *Nella nostra zona* ***piove*** *raramente.* | In unserer Gegend **regnet es** selten. |
| ***È meglio*** *tornare a casa.* | **Es ist besser**, nach Hause zu gehen. |

**Achtung:** Im Deutschen sind unpersönliche Verben und Ausdrücke in der Regel vom Pronomen „es" begleitet, im Italienischen dagegen nicht: **es** reicht ➛ *basta*.

**Nicht vergessen:** Einige Verben können sowohl unpersönlich als auch persönlich verwendet werden:

- Wenn sie unpersönlich gebraucht werden, stehen sie in der 3. Person Singular.
  ***Capita*** *spesso di andare a cena fuori.* — **Es kommt** oft **vor**, dass man auswärts isst.
- Wenn sie persönlich gebraucht werden, werden sie an das Subjekt angeglichen.
  *<u>Tutte le cose</u> più strane* ***capitano*** *a me!* — Mir **passieren** <u>die komischsten Sachen</u>!

**50** ***Setzen Sie die Verben an der richtigen Stelle ein. Achten Sie darauf, ob sie persönlich oder unpersönlich verwendet werden. Die passende Zeitform (Modus*** **indicativo*****) ist rechts angegeben.***

nevicare · ~~servire~~ · bisognare · convenire · servire · piovere · essere facile · bastare

1. Per fare la torta mi *<u>servono</u>* almeno sei uova freschissime. (presente)
2. Domani mattina ____________ partire piuttosto presto per evitare il traffico. (presente)
3. Poiché ____________ tutta la settimana ininterrottamente, si è allagata la cantina. (trapassato prossimo)
4. Non ____________ ancora comprare il televisore nuovo, dato che probabilmente i prezzi scenderanno ulteriormente. (presente)

5. Non credo che questi pannolini ___________ per due settimane. Dobbiamo comprarne ancora un pacco. (futuro semplice)
6. Non ___________ andare in agenzia, puoi prenotare anche in Internet. (presente)
7. Questo inverno è stato molto rigido, ___________ per diversi mesi consecutivi. (passato prossimo)
8. Considerando il carattere difficile di Giampaolo non ___________ dirgli la verità. (futuro semplice)

| | | | |
|---|---|---|---|
| **convenire** | sich lohnen | **ulteriormente** | *hier* weiter, noch |
| **almeno** | mindestens | **il pannolino** | die Windel |
| **evitare** | (ver)meiden | **rigido** | streng |
| **ininterrottamente** | ununterbrochen | **consecutivo** | hintereinander |
| **allagarsi** | überschwemmt werden | **considerando** | in Anbetracht |
| | | **il carattere** | das Temperament |
| **scendere** | senken, sinken | | |

**Das Verb *piacere***

Das häufig gebrauchte Verb *piacere* (gefallen, mögen, gern tun, schmecken) wird vor allem in der 3. Person Singular oder Plural verwendet.

3. Person Singular + Verb im Infinitiv / Substantiv im Singular

| | |
|---|---|
| *A Sandra **piace** ricamare.* | Sandra stickt gern. |
| *A Vincenzo non **piace** la musica classica.* | Vincenzo mag / gefällt klassische Musik nicht. |

3. Person Plural + Substantiv im Plural

| | |
|---|---|
| *Ti **piacciono** le tagliatelle?* | Schmecken dir / Magst du Bandnudeln? |

**Vergessen Sie nicht:** Wenn Sie das Verb *piacere* mit Pronomen verwenden, brauchen Sie die indirekten Objektpronomen (→ S. 111).

| | |
|---|---|
| ***Gli** piace guidare di notte.* | Er fährt gern nachts. |
| ***A noi** non piace andare a cavallo.* | Uns gefällt Reiten nicht. |

**51** *Drücken Sie Vorlieben aus. Schreiben Sie zehn Sätze mit* piace *oder* piacciono. *Verwenden Sie, wo angebracht, die passenden unbetonten indirekten Objektpronomen.*

ESEMPI

| | | | |
|---|---|---|---|
| Mary | ☺ | italienische Mode | *A Mary piace la moda italiana.* |
| ich | ☹ | kochen | *Non mi piace cucinare.* |

| | | | | |
|---|---|---|---|---|
| 1. | Patrizia | ☹ | Sport | ______________ |
| 2. | du | ☺ | Miesmuscheln | ______________ |
| 3. | wir | ☺ | ins Kino gehen | ______________ |
| 4. | Mirco und Teo | ☹ | Romane lesen | ______________ |
| 5. | Martina | ☹ | bügeln | ______________ |
| 6. | sie | ☺ | Rotwein | ______________ |
| 7. | er | ☺ | alkoholfreie Getränke | ______________ |
| 8. | ich | ☺ | Karten spielen | ______________ |
| 9. | Massimo | ☹ | Spinat | ______________ |
| 10. | Veronica | ☺ | Actionfilme sehen | ______________ |

| | | | |
|---|---|---|---|
| **la cozza** | die Miesmuschel | **analcolico** | alkoholfrei |
| **il romanzo** | der Roman | **gli spinaci** | der Spinat |
| **stirare** | bügeln | **il film d'azione** | der Actionfilm |

*Piacere* bildet die zusammengesetzten Zeitformen, z. B. das *passato prossimo*, mit dem Hilfsverb *essere*. Dabei wird das Partizip Perfekt an das Subjekt angeglichen.

| | |
|---|---|
| *Il film non ci **è** piaciut**o**.* | Der Film hat uns nicht gefallen. |
| *Gli **è** piaciut**a** la festa?* | Hat ihm die Party gefallen? |
| *A Rosa i racconti non **sono** piaciut**i**.* | Rosa haben die Erzählungen nicht gefallen. |
| *Ti **sono** piaciut**e** le canzoni del Festival di Sanremo?* | Haben dir die Lieder des Sanremo-Festivals gefallen? |

**Beachten Sie:** Wenn jedoch ein Verb im Infinitiv folgt, wird das Partizip nicht angeglichen. In diesem Fall endet es immer auf *-o*.

| | |
|---|---|
| *Vi è piaciut**o** andare a sciare?* | Hat es euch gefallen Ski zu fahren? |

252 *Vervollständigen Sie die Sätze mit dem Verb* piacere *im* passato prossimo.

1. Allora, Vittorio, ti ______________ fare kyte surf?
2. Questa primavera abbiamo visitato l'Irlanda. – Ah, e vi ______________?
3. A Ilaria non ______________ i cannelloni che ha preparato la nonna.
4. Professoressa Ricci, la Sua lezione ______________ a tutti!
5. A mio marito non ____ mai __________ cantare e nemmeno ballare.
6. La Sardegna ci ______________ moltissimo. Pensiamo di ritornarci l'anno prossimo.
7. Ho comprato delle bellissime coperte della Bassetti per mia figlia, ma non le ______________!
8. Vi ______________ il film?
9. A me non ______________ affatto l'esposizione. E a te?
10. Beh, ai bambini ______________ i regali?

| | | | |
|---|---|---|---|
| **i cannelloni** | *gefüllte Nudelröhren* | **Bassetti** | *Markennamen* |
| **la coperta** | die Decke | **affatto** | durchaus |

◄ Gr LGr S. 363 ff. ►

**Präposition nach dem Verb: ja oder nein?**

Der Gebrauch von Präpositionen nach einem Verb hängt davon ab, was für ein Objekt das Verb nach sich zieht. Man unterscheidet im Italienischen drei Arten von Objekten: direkte Objekte, indirekte Objekte und Präpositionalobjekte.

- **Ein direktes Objekt** (Akkusativobjekt oder Wen-Fall) wird nicht mit einer Präposition an das Verb angeschlossen, es steht „direkt" nach dem Verb.
  *mangiare un gelato* ein Eis essen

- **Ein indirektes Objekt** (Dativobjekt oder Wem-Fall) wird mit der Präposition *a* an das Verb angeschlossen (eventuell mit Artikel, ➛ S. 282).
  *scrivere **a** una persona* einer Person schreiben

- **Präpositionalobjekte** werden mit Präpositionen wie *di* oder *da* an das Verb angeschlossen, aber auch mit der Präposition *a* (jedoch nicht in der Funktion eines Dativobjektes).
  *fidarsi **di** una persona* einer Person vertrauen
  *imparare **dall'**insegnante* vom Lehrer / von der Lehrerin lernen
  *imparare **a** guidare* fahren lernen

**Beachten Sie:** Der Sprachgebrauch im Italienischen und Deutschen stimmt auch bezüglich der Objekte nicht immer überein. Ein Beispiel:

| | |
|---|---|
| *ascoltare un amico* | einem Freund zuhören |
| [direktes Objekt = Akkusativ] | [indirektes Objekt = Dativ] |

Leider gibt es keine Regel, ob ein Verb eine bestimmte Präposition verlangt, und wenn ja welche. Darüber gibt Ihnen jedes gute Wörterbuch Auskunft.

**Tipp:** Lernen Sie am besten ein neues Verb immer zusammen mit seiner Präposition:

| | |
|---|---|
| ***imparare a** guidare* | fahren lernen |

Bilden Sie Beispielsätze und schreiben Sie sie auf. Denn das Geschriebene prägt sich besser ein.

53 ***Direktes oder indirektes Objekt? Kreuzen Sie die richtige Form an.***

| | | |
|---|---|---|
| 1. Aspetto ________ da un'ora. | ☐ l'autobus | ☐ all'autobus |
| 2. D'estate Mirna aiuta ________ nel loro campeggio in Calabria. | ☐ gli zii | ☐ agli zii |
| 3. Hai chiamato ________ per disdire l'appuntamento? | ☐ il medico | ☐ al medico |
| 4. Per piacere, ricorda _______ di ritirare il pacco alla posta oggi. | ☐ la mamma | ☐ alla mamma |
| 5. Hai ringraziato ________ per il regalo di compleanno? | ☐ Carlo | ☐ a Carlo |
| 6. Il compito in classe è andato bene. Ho risposto ________ le domande. | ☐ tutte | ☐ a tutte |
| 7. Devo chiedere ________ se mi presta la sua moto. | ☐ Lorenzo | ☐ a Lorenzo |
| 8. Puoi ricordare ________ di passare in farmacia? | ☐ Barbara | ☐ a Barbara |

| | | | |
|---|---|---|---|
| **l'estate** | der Sommer | **il compleanno** | der Geburtstag |
| **il campeggio** | der Campingplatz | **il compito in classe** | die Klausur |
| **gli zii** | der Onkel und die Tante | **la domanda** | die Frage |
| **disdire** | absagen | **prestare** | leihen, ausleihen |
| **l'appuntamento** | der Termin, die Verabredung | **ricordare** | erinnern |
| **ritirare** | abholen | **passare** | vorbeigehen |
| | | **la farmacia** | die Apotheke |

254 ***Direktes und indirektes Objekt. Übersetzen Sie folgende Sätze ins Italienische.***

1. Hast du die neue Wohnung von Marizia gesehen? ______________________________
2. Ich habe Bernardo eine E-Mail geschrieben. ______________________________
3. Wir haben mit den Kunden schon telefoniert. ______________________________
4. Melania interessiert griechische Geschichte. ______________________________
5. Ich muss dem Gemüsehändler 20 Euro geben. ______________________________
6. Lisa denkt an Carlo. ______________________________
7. Nino und Paola warten auf eine Antwort. ______________________________
8. Habt ihr Lorenzo die Wahrheit gesagt? ______________________________

| | | | |
|---|---|---|---|
| **l'appartamento** | die Wohnung | **la storia** | die Geschichte |
| **il cliente** | der Kunde | **il fruttivendolo** | der Gemüsehändler |
| **interessare** | interessieren | **la verità** | die Wahrheit |

255 ***Vervollständigen Sie die Sätze, indem Sie die zum jeweiligen Verb passende Präposition* di *oder* a *einsetzen. Wenn nötig, verschmelzen Sie die Präposition mit dem passenden bestimmten Artikel.***

1. Ci dobbiamo abituare ______ nuova situazione.
2. I miei genitori mi hanno obbligato ______ iscrivermi all'università.
3. Il marito di Franca si occupa ______ cinema.
4. Gli operai dubitano ______ finire il lavoro entro sabato.
5. Non riesco ______ chiudere la finestra. Mi puoi aiutare?
6. Non mi fido ______ nessuno.
7. Alberto ha rinunciato ______ promozione per rimanere vicino alla famiglia.
8. Quando hai imparato ______ cucinare così bene?

| | | | |
|---|---|---|---|
| **abituarsi** | sich gewöhnen | **dubitare** | zweifeln |
| **obbligare** | zwingen | **entro** | innerhalb, binnen |
| **iscriversi** | sich einschreiben | **fidarsi** | vertrauen |
| **occuparsi** | *hier* arbeiten für | **rinunciare** | aufgeben |
| **l'operaio** | der Handwerker | **la promozione** | die Beförderung |

**56** *Setzen Sie die Verbformen an den unterstrichenen Stellen (___) ein. Ergänzen Sie auch die zum jeweiligen Verb passende Präposition* di *oder* da *an den gepunkteten Stellen (......) – wenn nötig mit dem bestimmten Artikel.*

l'ho riconosciuta · si lamenta · ho imparato · cominciamo · ho dimenticato · sono innamorata · tradurre · parlano

1. Grazie! ........... Lei, don Carlo, ____________ molto.
2. Mi ____________ ........... Clemente subito. È stato amore a prima vista!
3. Miriam non è mai contenta, ____________ sempre ........... tutto!
4. Devo ____________ un catalogo ........... inglese in italiano.
5. I nostri mariti ____________ ........... politica per ore.
6. Scusa, ____________ ........... registrare la partita di calcio.
7. Quando ho visto Clelia in metropolitana, ____________ ........... camminata.
8. Ragazzi, oggi ____________ ........... pagina ventidue.

| | | | |
|---|---|---|---|
| **riconoscere** | erkennen | **amore a prima vista** | Liebe auf den ersten Blick |
| **lamentarsi** | sich beschweren | **registrare** | aufnehmen |
| **tradurre** | übersetzen | **la camminata** | der Gang, der Schritt |
| **don** | *Ehrentitel, Anredeform* | | |

**57** *Welche Präposition passt zu welchem Verb? Verbinden Sie die Satzteile zu sinnvollen Sätzen. Achtung: Manche Präpositionen können Sie mehrmals verwenden.*

1. Cari amici, vi ringrazio ...
2. Nando spera ...
3. Questo attrezzo serve ...
4. Mia sorella soffre ...
5. L'autore ha dedicato le sue poesie ...
6. Non mi sono mai vergognato tanto ...
7. Ci siamo iscritti ...
8. Devo coprire la bicicletta per proteggerla ...

del · di · ai · a · dalla

mal di testa.
regalo.
un corso di francese.
me stesso.
neve.
levigare il legno.
sposarsi presto.
suoi figli.

| | | | |
|---|---|---|---|
| **l'attrezzo** | das Werkzeug | **coprire** | bedecken |
| **servire** | dienen | **proteggere** | schützen |
| **dedicare** | widmen | **il mal di testa** | der Kopfschmerz |
| **la poesia** | das Gedicht | **levigare** | abschleifen |
| **vergognarsi** | sich schämen | **il legno** | das Holz |

◄ Gr LGr S. 349 ff. ►

## Die *si*-Konstruktion

| | |
|---|---|
| *In Italia **si** mangiano spesso la pasta e la pizza.* | In Italien isst **man** oft Nudeln und Pizza. |

Dieser Satz drückt eine allgemeine Erfahrung aus. Im Deutschen verwendet man in diesem Fall das Wort „man" in Verbindung mit einem Verb in der 3. Person Singular, im Italienischen hingegen das Wort *si* mit einem Verb in der 3. Person Singular oder Plural.

Bevor Sie die Übungen machen, schauen Sie sich die folgenden Beispiele an:

| | |
|---|---|
| *In questo ristorante **si mangia** bene.* | In diesem Restaurant isst man gut. |
| *In Italia **si mangia** la pasta.* | In Italien isst man Nudeln. |
| *In Italia **si mangiano** la pasta e la pizza.* | In Italien isst man Nudeln und Pizza. |
| *La domenica **ci si alza** più tardi.* | Sonntags steht man später auf. |
| *Prima di un esame **si è** nervosi.* | Vor einer Prüfung ist man nervös. |
| *In quel ristorante non **si è mangiato** bene.* | In diesem Restaurant hat man nicht gut gegessen. |
| ***Si è partiti** presto.* | Man ist früh abgefahren. |
| ***Si è mangiata** la pizza.* | Man hat Pizza gegessen. |
| ***Si sono mangiate** la pasta e la pizza.* | Man hat Pizza und Nudeln gegessen. |

**258** ***Setzen Sie die in Klammern angegebenen Verben in die* si*-Form (Präsens) und kreuzen Sie anschließend an, wo man die erwähnten Tätigkeiten ausübt.***

| | | |
|---|---|---|
| 1. Dove (giocare) __________ a calcio? | ☐ Allo stadio. | ☐ In piscina. |
| 2. Dove (vendere) __________ frutta e verdura? | ☐ Al mercato. | ☐ In farmacia. |
| 3. Dove (imparare) __________ a leggere e scrivere? | ☐ In palestra. | ☐ A scuola. |
| 4. Dove (comprare) __________ la carne? | ☐ In macelleria. | ☐ In banca. |
| 5. Dove (dormire) __________? | ☐ Nel letto. | ☐ Al supermercato. |
| 6. Dove (spedire) __________ le lettere? | ☐ Al bar. | ☐ All'ufficio postale. |

7. Dove (prendere) __________ il treno? ☐ Alla stazione. ☐ All'aeroporto.
8. Dove (curare) __________ i malati? ☐ In lavanderia. ☐ All'ospedale.

| | | | |
|---|---|---|---|
| **giocare a calcio** | Fußball spielen | **spedire** | abschicken |
| **la piscina** | das Schwimmbad | **curare** | behandeln |
| **la palestra** | die Turnhalle | **il malato** | der Kranke |
| **la macelleria** | die Metzgerei | **la lavanderia** | die Wäscherei |

59 *Ordnen Sie die Tätigkeiten dem passenden Fest zu. Setzen Sie dabei die Verben in die* si-*Konstruktion (Präsens). Achtung: Einige Tätigkeiten passen zu mehreren Feldern.*

~~giocare a tombola~~

mascherarsi

addobbare l'albero

fare il presepe

brindare al nuovo anno

andare a messa

fare tanti scherzi

regalare le uova di cioccolato

aspettare la mezzanotte

indossare biancheria rossa

organizzare feste in costume

mangiare la colomba

scambiarsi i regali

mangiare il panettone

**A Natale**
*si gioca a tombola,*

**La notte di Capodanno**
*si gioca a tombola,*

**A carnevale**

**A Pasqua**

| | | | |
|---|---|---|---|
| **la tombola** | *Art Bingo* | **addobbare** | schmücken |
| **il capodanno** | Neujahr | **il presepe** | die Krippe |
| **brindare** | anstoßen | **mascherarsi** | sich verkleiden |
| **il panettone** | *Kuchen mit Rosinen und Zitronat* | **la colomba** | *Kuchen in Form einer Taube* |
| **scambiarsi** | austauschen | **la biancheria** | die Unterwäsche |

260 *Wandeln Sie die Sätze in eine* si-*Konstruktion um.*

ESEMPIO

| | |
|---|---|
| In quel negozio le persone spendono bene. | *In quel negozio si spende bene.* |

1. Dopo una doccia calda le persone si sentono meglio. ______________________
2. D'estate tutti vanno al mare. ______________________
3. Quando uno è stanco, uno si addormenta subito. ______________________
4. Oggi le persone si sposano di meno. ______________________
5. Dopo un po' di sport uno è più rilassato. ______________________
6. Il giorno della prima comunione uno è emozionato. ______________________

| | | | |
|---|---|---|---|
| **spendere bene** | günstig einkaufen | **sposarsi** | heiraten |
| **meglio** | besser | **rilassato** | entspannt |
| **addormentarsi** | einschlafen | **la comunione** | die Kommunion |
| **subito** | sofort | **emozionato** | aufgeregt, erregt |

261 *Setzen Sie die in Klammern angegebenen Verben ins* passato prossimo. *Benutzen Sie dabei die* si-*Konstruktion.*

ESEMPIO

Lì (mangiare) *si è mangiato* bene.

1. Per la realizzazione del progetto (lavorare) ______________ molto.
2. Quest'estate con le zanzariere (dormire) ______________ meglio.
3. Alla festa (divertirsi) ______________ molto.
4. Quest'inverno, in parrocchia, (organizzare) ______________ tante attività ludiche.
5. Alla fiera non (vendere) ______________ molti prodotti.
6. Con quella compagnia aerea (viaggiare) ______ sempre ________ bene.

| | | | |
|---|---|---|---|
| **la zanzariera** | das Moskitonetz | **la fiera** | der Jahrmarkt, die Messe |
| **la parrocchia** | die Pfarrei | | |
| **l'attività** | die Tätigkeit | **la compagnia aerea** | die Fluggesellschaft |
| **ludico** | spielerisch | | |

◄ Gr LGr S. 343 ff. ►

## Das Passiv

Aktiv und Passiv sind zwei verschiedene Betrachtungsweisen des gleichen Sachverhalts:

| | | | |
|---|---|---|---|
| Aktiv: | ***Dante Alighieri*** | ***ha scritto*** | ***la Divina Commedia.*** |
| Passiv: | ***La Divina Commedia*** | ***è stata scritta*** | ***da Dante Alighieri.*** |

Im Aktivsatz wird der Urheber der Handlung (*Dante Alighieri*) hervorgehoben. Im Passivsatz hingegen wird das Objekt der Handlung (*la Divina Commedia*) besonders betont.

Die Passiv-Konstruktion wird im Italienischen mit *essere* oder *venire* und dem Partizip Perfekt des Verbs gebildet. Ganz wichtig: Das Verb *venire* wird ausschließlich in den einfachen Zeiten (z. B. *presente, imperfetto, futuro*) verwendet.

| | |
|---|---|
| *La Divina Commedia* ***è stata scritta*** *da Dante Alighieri.* | Die Göttliche Komödie wurde von Dante Alighieri geschrieben. |
| *La chiesa* ***è ristrutturata*** / ***viene ristrutturata***. | Die Kirche wird renoviert. |

62 *Setzen Sie die in Klammern angegebenen Verben ins Passiv (*passato prossimo*) und finden Sie die richtige Fortsetzung des Satzes.*

| | |
|---|---|
| 1. Il telefono (inventare) *è stato inventato* ... | da Federico Fellini. |
| 2. L'università di Napoli (creare) ______________ ... | da Niccolò Machiavelli. |
| 3. Il trattato "Il principe" (scrivere) ______________ ... | da Antonio Meucci. |
| 4. Le opere "La Bohème" e "Tosca" (comporre) ______________ ... | da Michelangelo. |
| 5. Gli affreschi della Cappella Sistina (realizzare) ______________ ... | da Giotto. |
| 6. L'America (scoprire) ______________ ... | da Federico II. |
| 7. Il campanile del duomo di Firenze (progettare) ______________ ... | da Giacomo Puccini. |
| 8. I film "La strada" e "La dolce vita" (dirigere) ______________ ... | da Cristoforo Colombo. |

| | | | |
|---|---|---|---|
| **inventare** | erfinden | **Michelangelo Buonarroti** | *Bildhauer, Maler, Architekt und Dichter (1475–1564)* |
| **creare** | schaffen | | |
| **il trattato** | das Traktat, das Werk | | |
| **il principe** | der Fürst | **Giotto** | *Maler und Architekt (1267?–1337)* |
| **scoprire** | entdecken | | |
| **il campanile** | der Glockenturm | **Federico II** | *König Siziliens und deutscher Kaiser (1194–1250)* |
| **il duomo** | der Dom | | |
| **dirigere** | Regie führen | | |
| **Federico Fellini** | *Regisseur (1920–1993)* | **Giacomo Puccini** | *Komponist (1858–1924)* |
| **Niccolò Machiavelli** | *Politiker und Autor (1469–1527)* | **Cristoforo Colombo** | *Seefahrer aus Genua (1451?–1506)* |
| **Antonio Meucci** | *Mechaniker und Erfinder (1808–1889)* | | |

263 ***Schreiben Sie folgendes Tagesereignis um, indem Sie die hervorgehobenen Satzteile ins Passiv setzen. Benutzen Sie dabei die passende Zeitform*** (passato prossimo *und* trapassato prossimo).

**Adolescenti aggrediscono dodicenne**

I carabinieri hanno denunciato tre adolescenti per aver assalito un ragazzo di dodici anni.

I tre aggressori avevano spinto il dodicenne in un fosso pieno di fango e lo avevano colpito alla testa con delle pietre. Gli assalitori se ne erano quindi andati. Fortunatamente il ragazzo era riuscito a tornare a casa ma non aveva detto niente ai genitori. La nonna, la quale aveva notato le ferite, ha convinto però il ragazzino a parlare. A quel punto sono intervenuti i carabinieri che hanno cominciato le ricerche. Qualche giorno dopo i carabinieri hanno rintracciato i giovani aggressori e li hanno denunciati.

________________________________ per aver assalito un ragazzo di dodici anni.

______________________________ in un fosso pieno di fango ed ______________ alla testa con delle pietre. Gli assalitori se ne erano quindi andati. Fortunatamente il ragazzo era riuscito a tornare a casa ma non aveva detto niente ai genitori. ________________________________, la quale aveva notato le ferite. A quel punto sono intervenuti i carabinieri che hanno cominciato le ricerche. Qualche giorno dopo ______________

________________________________.

| | | | |
|---|---|---|---|
| **l'adolescente** | der Jugendliche | **spingere** | schieben |
| **aggredire** | überfallen | **il fosso** | der Graben |
| **il dodicenne** | der Zwölfjährige | **il fango** | der Schlamm |
| **il carabiniere** | *Angehöriger einer Waffengattung mit militärischen und polizeilichen Aufgaben* | **colpire** | schlagen |
| | | **la pietra** | der Stein |
| | | **la ferita** | die Wunde |
| | | **convincere** | überzeugen |
| **denunciare** | anzeigen | **intervenire** | einschreiten |
| **assalire** | überfallen, angreifen | **rintracciare** | aufspüren |
| **l'aggressore** | der Angreifer | | |

64 ***Schreiben Sie die Sätze – wo möglich – um, indem Sie die Passivform mit* essere *durch* venire *ersetzen.***

1. L'anno prossimo la banca vicino a casa mia sarà chiusa. ______________________
2. Al posto della banca sarà aperto un discount enorme. ______________________
3. L'imputato è stato assolto. ______________________
4. Credevo che quegli edifici fossero stati abbattuti! ______________________
5. Non siamo mai invitati a cena dai vicini. ______________________
6. Quando è stata pagata la bolletta del telefono? ______________________

| | | | |
|---|---|---|---|
| **enorme** | riesig | **abbattere** | abreißen |
| **l'imputato** | der Angeklagte | **la bolletta del telefono** | die Telefonrechnung |
| **assolvere** | freisprechen | | |
| **l'edificio** | das Gebäude | | |

### Das Passiv mit *andare*

Ein Passivsatz kann auch mit dem Verb *andare* ausgedrückt werden. Damit wird die Notwendigkeit einer Tätigkeit besonders hervorgehoben. Lesen Sie die Beispiele und machen Sie anschließend die Übung zu diesem Thema.

| | |
|---|---|
| *Il pavimento **va lavato**.* | Der Boden muss gewaschen werden. |
| *Le scarpe **andrebbero lucidate**.* | Die Schuhe müssten poliert werden. |

265 ***Was muss vor der Abreise noch alles vorbereitet werden? Drücken Sie folgende Tätigkeiten mit* andare *(im Präsens) + Partizip Perfekt aus.***

1. ritirare i biglietti — *I biglietti vanno ritirati.*
2. pulire il frigorifero ____________
3. innaffiare le piante ____________
4. portare il gatto ai vicini ____________
5. spegnere il riscaldamento ____________
6. chiudere bene le finestre ____________
7. buttare via la spazzatura ____________
8. attivare l'allarme ____________

| | | | |
|---|---|---|---|
| **ritirare** | abholen | **buttare via** | wegwerfen |
| **innaffiare** | gießen | **la spazzatura** | der Müll |
| **spegnere** | ausschalten | **attivare** | aktivieren, einschalten |
| **il riscaldamento** | die Heizung | **l'allarme** | die Alarmanlage |

# Satzbau

◄ Gr LGr S. 401–402 ►

**Der Aussagesatz**

In den nächsten zwei Übungen geht es um den Satzbau des einfachen Aussagesatzes. Schauen Sie sich vorher die Beispielsätze an. Beachten Sie auch die deutsche Übersetzung. Sie werden dabei einige Unterschiede zwischen dem Italienischen und dem Deutschen feststellen.

| | | | |
|---|---|---|---|
| *Sandra* | *compra* | *una borsa.* | |
| Sandra | kauft | eine Tasche. | |
| *La mamma* | *dà* | ***la merenda*** | ***ai bambini.*** |
| Die Mama | gibt | **den Kindern** | **die Brotzeit**. |
| *Renato* | ***ha*** | ***venduto*** | *l'auto.* |
| Renato | **hat** | das Auto | **verkauft**. |

***Oggi*** *esco con due amici. / Esco con due amici* ***oggi****. / Esco* ***oggi*** *con due amici.*
**Heute** gehe ich mit zwei Freunden aus. / Ich gehe mit zwei Freunden **heute** aus. / Ich gehe **heute** mit zwei Freunden aus.

266 ***Bringen Sie die durcheinander geratenen Satzteile wieder in die richtige Reihenfolge.***

1. le città d'arte · i turisti · visitano ______________________
2. il conto · pago · io · con la carta di credito ______________________
3. i nipoti · alla nonna · una sciarpa · regalano ______________________
4. Bea · a sua zia · telefona ______________________
5. a un amico · il suo videogioco · presta · Paolo ______________________
6. guardiamo · ~~stasera~~ · noi · la partita di calcio *Stasera* ______________________

| | | | |
|---|---|---|---|
| **la città d'arte** | die Kunststadt | **la sciarpa** | der Schal |
| **il conto** | die Rechnung | **il videogioco** | das Videogame |
| **la carta di credito** | die Kreditkarte | **la partita di calcio** | das Fußballspiel |
| **la nonna** | die Oma | | |

267 ***In den Sätzen haben sich sechs Fehler eingeschlichen. Sie betreffen die Reihenfolge der Satzteile. Suchen Sie die Fehler und schreiben Sie die Sätze richtig um.***

1. Oggi Dario ha Sasà chiamato. ______________________
2. I compiti l'insegnante assegna agli alunni. ______________________
3. Abbiamo noi perso il treno ieri. ______________________
4. Gli zii spediscono a Ciro un pacco. ______________________
5. John l'inglese parla l'italiano e. ______________________
6. Domani vado io a Venezia. ______________________

| | | | |
|---|---|---|---|
| **chiamare** | *hier* anrufen | **l'alunno** | der Schüler |
| **il compito** | *hier* die Hausarbeit | **perdere** | *hier* verpassen |
| **assegnare** | aufgeben | **spedire** | verschicken |

◄ Gr LGr S. 404–407 ►

**Verneinung und doppelte Verneinung**

Korrekt „nein“ sagen zu können ist eine der wichtigsten Fertigkeiten im täglichen Leben. In den folgenden vier Aufgaben werden Sie deshalb üben, Sätze zu verneinen. Im Italienischen verwendet man zu diesem Zweck die Verneinungswörter *no* und *non*.
Beachten Sie dabei eine Besonderheit der italienischen Sprache: die so genannte „doppelte Verneinung“. Diese kann eintreten, wenn man einen Negationsausdruck, z. B. *niente* (nichts), benutzen möchte. Im Gegensatz zum Deutschen gilt im Italienischen die Regel, dass der Negationsausdruck zusätzlich durch das *non* gedoppelt wird.

Verneinung

| | |
|---|---|
| *Vuole un caffè? – **No**, grazie.* | Wollen Sie einen Kaffee? - **Nein**, danke. |
| *Domani piove. – Spero di **no**.* | Morgen regnet es. - Ich hoffe, **nicht**. |
| *Gabriella **non** parla il tedesco.* | Gabriella kann **kein** Deutsch. |
| ***Non** abbiamo fame.* | Wir haben **keinen** Hunger. |
| ***Non** lo so.* | Ich weiß es **nicht**. |
| *Stanotte **non** ho dormito bene.* | Heute Nacht habe ich **nicht** gut geschlafen. |

**Doppelte Verneinung**

| | |
|---|---|
| ***Non*** *sento* ***niente****.* | Ich höre **nichts**. |
| ***Non*** *conosco* ***nessuno****.* | Ich kenne **niemanden**. |
| ***Non*** *sono* ***più*** *tornati.* | Sie sind **nicht mehr** zurückgekommen. |
| <u>**Aber**</u>: *Cosa hai detto? –* ***Niente****!* | Was hast du gesagt? – **Nichts**! |
| ***Nessuno*** *ascolta.* | **Niemand** hört zu. |

268 No *oder* non? *Ergänzen Sie das passende Verneinungswort.*

1. Domani _____ vado a lavorare.
2. Marina partecipa al regalo? – Penso di _____.
3. Mi puoi aiutare un momento? – Scusa, oggi _____ ho tempo.
4. Hai voglia di andare al cinema? – Eh, perché _____!
5. Mi sa dire dov'è Piazza di Spagna? – _____, mi dispiace, _____ sono di qui.
6. Tania _____ è una brava babysitter. _____ ha pazienza.
7. Hai finito? – _____ ancora.
8. Allora, vieni o _____?

| | | | |
|---|---|---|---|
| **partecipare** | *hier* sich beteiligen | **la pazienza** | die Geduld |
| **avere voglia** | Lust haben | **Hai finito?** | Bist du fertig? |
| **Mi dispiace.** | Es tut mir leid. | **allora** | also dann |

269 *Verneinen Sie die Sätze.*

1. Lo amo. ______________________
2. Raquel è messicana. ______________________
3. Speriamo di sì. ______________________
4. Anna e Dino hanno voglia di uscire. ______________________
5. Sì, sono stato ad Ancona. ______________________
6. Stasera possiamo venire. ______________________
7. Mi piace ballare. ______________________
8. Sì, ho paura. ______________________

| | | | |
|---|---|---|---|
| **sperare** | hoffen | **ballare** | tanzen |
| **stasera** | heute Abend | **la paura** | die Angst |

270 ***Vervollständigen Sie die Sätze mit den Negationsausdrücken (_____ ). Vergessen Sie dabei nicht, zusätzlich* non *(.........) einzusetzen.***

nessuno · niente · nemmeno · mai · né ... né · nessuno · mai · più

1. La sera noi ......... guardiamo ________ la televisione, preferiamo leggere.
2. Alla festa di Francesca ......... conoscevo ________.
3. Ieri, a cena, ......... ho mangiato ________.
4. Michele ......... va ________ a caccia ________ a pesca.
5. Come mai ......... studi ________ l'inglese? Ti piaceva tanto?
6. Wanda, se tu non fai il corso di yoga, ......... lo faccio ________ io!
7. Hai raccontato a qualcuno dell'incidente? – No, io ......... l'ho detto a ________!
8. Sandra ed Edoardo ......... cucinano ________. Vanno sempre a pranzo fuori.

| | | | |
|---|---|---|---|
| **guardare la televisione** | fernsehen | **la pesca** | das Fischen |
| | | **raccontare** | erzählen |
| **preferire** | vorziehen | **qualcuno** | jemand |
| **la cena** | das Abendessen | **l'incidente** | der Unfall |
| **la caccia** | die Jagd | **il pranzo** | das Mittagessen |

271 ***Übersetzen Sie die folgenden Sätze.***

1. Wir gehen sonntags nie aus. ________________
2. Ich habe keine Zeit mehr. ________________
3. Niemand will mir helfen. ________________
4. Ich habe niemanden kennen gelernt. ________________
5. Gehst du joggen? – Nie. ________________
6. Maria kann weder singen noch tanzen. ________________
7. Was ist passiert? – Nichts. Warum? ________________
8. Sie haben noch nicht telefoniert. ________________
9. Warum seid ihr nicht mehr gekommen? ________________
10. Ich will nichts mehr tun. ________________

| | | | |
|---|---|---|---|
| **uscire** | ausgehen | **sapere** | *hier* können |
| **la domenica** | *hier* sonntags | **che cosa** | was |
| **aiutare** | helfen | **succedere** | passieren |
| **conoscere** | kennen lernen | **perché** | warum, weil |
| **andare a correre** | joggen gehen | **volere** | wollen |

# Satzbau

◄ Gr LGr S. 407–408 ►

### Der Fragesatz

Im Italienischen entspricht die Wortstellung des Fragesatzes in der Regel der Wortstellung des Aussagesatzes – im Gegensatz zum Deutschen.

| | |
|---|---|
| *Benedetta è partita*. | Benedetta ist abgefahren. |
| *Benedetta è partita*? | Ist Benedetta abgefahren? |

In der geschriebenen Sprache ist die Interpunktion entscheidend, in der gesprochenen Sprache dagegen die Intonation: Die Satzmelodie des Fragesatzes steigt gegen Ende des Satzes an.

| | |
|---|---|
| *Ida e Carmine sono tornati?* | Sind Ida und Carmine zurückgekommen? |

Manchmal kann das Subjekt auch nachgestellt werden, dadurch wird es besonders betont.

*Sono tornati* ***Ida e Carmine****?*

In der nächsten Übung lernen Sie, einen Fragesatz und einen Aussagesatz aus dem Kontext heraus zu unterscheiden.

272 *Frage oder Aussage? Bei einigen Sätzen der folgenden Mini-Dialoge sind die Punkte ( . ) und die Fragezeichen ( ? ) verschwunden. Setzen Sie sie wieder dort ein, wo sie hingehören.*

1. A me piace molto cucinare ___ – Anche a me.
2. Come ti chiami ___ – Pasquale.
3. Domani vogliamo andare in pizzeria ___ – Volentieri ___
4. Al concerto viene anche Italo ___ – Penso di sì ___
5. Roberta è molto simpatica ___ – Ed è anche molto carina!
6. Conosci Francesco Russo ___ – No, non mi pare ___
7. I bambini sono in palestra ___ – Sì, perché ___
8. Chi vuole venire alla lavagna ___ – Io!
9. Noi andiamo al cinema stasera ___ – Posso venire anch'io ___
10. È arrivato Lorenzo ___ – Arriva verso le sei.

| | | | |
|---|---|---|---|
| **anche** | auch | **parere** | scheinen |
| **chiamarsi** | heißen | **la palestra** | die Turnhalle |
| **volentieri** | gern | **la lavagna** | die Tafel |
| **pensare** | denken | **arrivare** | ankommen |
| **carino** | hübsch | **verso** | gegen |

# Konjunktionen

◄ Gr LGr S. 386 ff. ►

Konjunktionen (auch „Bindewörter“ genannt) verbinden Wörter, Satzteile und ganze Sätze miteinander.

| | |
|---|---|
| ***Siccome** oggi è bel tempo, andiamo al lago?* | **Da** heute schönes Wetter ist, fahren wir zum See? |
| *Davide ha mangiato **e** poi ha fatto i compiti.* | Davide hat gegessen **und** dann die Hausaufgaben gemacht. |

In den folgenden Aufgaben üben Sie die gebräuchlichsten Konjunktionen.

**273** ***Bilden Sie acht Konjunktionen aus den Wortsegmenten und setzen Sie sie neben ihren deutschen Übersetzungen ein.***

_________ oder
_________ deshalb/daher
_________ auch
_________ sowohl ... als auch
_________ weder ... noch
_________ also
_________ aber
_________ das heißt

**274** ***Vervollständigen Sie die Sätze. Benutzen Sie dabei die Konjunktionen aus der vorangehenden Übung.***

1. Antonio, sabato prossimo ti va di andare al concerto _______ preferisci restare a casa?
2. Oggi Immacolata ha lavato i vetri e _______ tutte le porte.
3. Non amo la musica: non mi piace _______ la musica leggera _______ la musica classica.
4. Passo da te verso le cinque, _______ rimango poco.
5. Oggi fa molto freddo, _______ mettiti la giacca pesante.
6. Mirella sa suonare _______ la chitarra _______ il pianoforte.
7. L’appuntamento è per dopodomani, _______ mercoledì.
8. Se ti fa piacere, _______ vengo a trovarti domani.

| | | | |
|---|---|---|---|
| **lavare i vetri** | Fenster putzen | **rimanere** | bleiben |
| **la musica leggera** | die Unterhaltungsmusik, die seichte Musik | **sapere** | *hier* können |
| **passare** | *hier* vorbeigehen | **pesante** | *hier* schwer |
| | | **dopodomani** | übermorgen |

# Konjunktionen

### *Quando* und *se*

*Quando* wird temporal (zeitlich) mit der Bedeutung „(immer) wenn", „als" oder „wann" gebraucht, *se* dagegen konditional (d. h. in Bedingungssätzen) mit der Bedeutung „wenn, falls" und in indirekten Fragesätzen mit der Bedeutung „ob".

275 *Ergänzen Sie* quando *oder* se.

1. ________ la partita finisce presto riusciamo a fare un giro in centro.
2. Il quadro possiamo restituirlo ________ non ti piace.
3. ________ non c'è molto traffico faccio un salto da te.
4. ________ studio ho bisogno di silenzio assoluto.
5. Non lo so ________ abbiamo ancora delle bottiglie di vino bianco in cantina.
6. ________ siamo andati in Italia, abbiamo avuto un guasto all'auto.
7. Fammi sapere esattamente ________ arrivi.
8. ________ vedi Marco, gli dici di chiamarmi a casa?
9. ________ vincessimo alla lotteria, ci compreremmo una casa in campagna.
10. Gaia aveva tredici anni ________ si è messa con Fabio.
11. Devo telefonare all'asilo per chiedere ________ c'è il prossimo incontro con i genitori.
12. ________ la mia squadra dovesse perdere, sarei triste per tutta la settimana.

| | | | |
|---|---|---|---|
| **la partita** | das Spiel | **il guasto** | die Panne |
| **riuscire** | es schaffen | **la campagna** | das Land |
| **fare un giro** | eine Runde drehen | **mettersi con** | mit jemandem eine Beziehung beginnen |
| **il quadro** | das Bild | **l'asilo** | *hier* der Kindergarten |
| **restituire** | zurückgeben | **i genitori** | die Eltern |
| **fare un salto** | auf einen Sprung vorbeikommen | **la squadra** | die Mannschaft |
| **il silenzio** | die Stille | **triste** | traurig |
| **la cantina** | der Keller | | |

# Konjunktionen

**276** *Kreuzen Sie die richtige Konjunktion an.*

| | | |
|---|---|---|
| 1. Studio l'italiano ________ voglio andare a vivere in Italia. | ☐ perché | ☐ quando |
| 2. Ci dai un colpo di telefono ________ arrivi in albergo? | ☐ appena | ☐ mentre |
| 3. Aldo non lo sa ancora ________ viene a giocare a pallavolo con noi domani. | ☐ se | ☐ quando |
| 4. ________ Sandra si vestiva, canticchiava una vecchia canzone di Morandi. | ☐ Se | ☐ Mentre |
| 5. ________ Umberto mette spesso le camicie, regaliamogli una bella cravatta per il suo compleanno. | ☐ Appena | ☐ Dato che |
| 6. Mi ero appena addormentato, ________ è squillato il telefono. | ☐ se | ☐ quando |

| | | | |
|---|---|---|---|
| **perché** | *hier* weil | **canticchiare** | vor sich hinsingen |
| **dare un colpo di telefono** | kurz anrufen | **Gianni Morandi** | *Popsänger (1944)* |
| **appena** | sobald | **dato che** | da, weil |
| **mentre** | während | **addormentarsi** | einschlafen |
| | | **squillare** | läuten |

**277 a** *Vervollständigen Sie die Sätze mit den Konjunktionen.*

appena · anche se · sebbene · perché · da quando · qualora · prima che · affinché

1. ________ non amo guidare, sono costretto a usare la macchina tutti i giorni per andare al lavoro.
2. Ieri sera ho lavorato fino a tardi ________ fossi stanchissimo.
3. ________ ci fossero delle novità, mandami un SMS.
4. Dobbiamo tornare a casa ________ faccia buio.
5. Ho cambiato facoltà ________ a biologia non mi trovavo bene.
6. Gli ho dovuto raccontare tutto, ________ capisse le mie ragioni.
7. ________ è partito, Roberto non si è fatto più sentire.
8. La mattina, ________ mi alzo, ho bisogno di un caffè per svegliarmi.

**277 b** *Welche der Konjunktionen ziehen den Gebrauch des* congiuntivo *nach sich?*

______________________________________________

# Konjunktionen

| | | | |
|---|---|---|---|
| **anche se** | auch wenn | **a biologia** | *hier* bei der biologischen Fakultät |
| **sebbene** | obwohl | **trovarsi** | sich fühlen |
| **da quando** | seitdem | **la ragione** | der Grund |
| **qualora** | falls | **farsi sentire** | sich melden |
| **prima che** | bevor | **avere bisogno** | brauchen |
| **affinché** | damit | **svegliarsi** | wach werden, aufwachen |
| **essere costretto** | gezwungen sein | | |
| **fare buio** | dunkel werden | | |

***Mentre* oder *durante*?**

In der folgenden Übung geht es um die Unterscheidung zwischen der Konjunktion *mentre* (während) und der Präposition *durante* (während). Achten Sie auf den richtigen Gebrauch!

| | |
|---|---|
| ***Mentre*** *seguivo la lezione ho preso appunti.* | **Während** ich der Vorlesung folgte, habe ich mir Notizen gemacht. |
| ***Durante*** *la lezione ho preso appunti.* | **Während** der Vorlesung habe ich mir Notizen gemacht. |

278 *Ergänzen Sie die Konjunktion* mentre *oder die Präposition* durante.

1. L'anno scorso ________ le vacanze estive ho letto tanti libri interessanti.
2. Sono accesi i termosifoni ________ la notte?
3. Non si parla ________ si mangia!
4. L'altra domenica ________ la messa una vecchietta si è sentita male.
5. Signora Rocca, legga questo articolo ________ aspetta.
6. ________ l'operaio stava facendo un buco con il trapano, è andata via la luce.
7. ________ il professore teneva la lezione, gli studenti erano molto attenti.
8. ________ l'incontro d'affari Ernesto ha spento il telefonino.

| | | | |
|---|---|---|---|
| **accendere** | anschalten | **È andata via la luce.** | Das Licht ist ausgefallen. |
| **il termosifone** | der Heizkörper | **tenere** | halten |
| **la vecchietta** | die alte Frau | **attento** | aufmerksam |
| **il buco** | das Loch | **spegnere** | ausschalten |
| **il trapano** | der Bohrer | **il telefonino** | das Handy |

# Präpositionen

Präpositionen (auch „Verhältniswörter" genannt) stellen Beziehungen (räumliche, zeitliche, kausale etc.) zwischen Wörtern und Wortgruppen her. Man unterscheidet zwischen Präpositionen ohne starke Eigenbedeutung (z. B. *di*, *a* und *da*) und solche mit starker Eigenbedeutung (z. B. *sotto, dopo, vicino a*).
Unter den Präpositionen ohne starke Eigenbedeutung gibt es einige, die mit dem bestimmten Artikel verschmelzen. Mit diesen beginnen wir.

◄ Gr LGr S. 419–420 ►

***Preposizioni articolate*** **(Präposition + Artikel)**

Die italienischen Präpositionen *di*, *a*, *da*, *in* und *su* können mit dem bestimmten Artikel verschmelzen. Zum Beispiel:

*La finestra **della** cucina è rotta.* [***della*** ← ***di*** + ***la***] Das Fenster der Küche ist kaputt.

279 a *Lesen Sie die Sätze aufmerksam durch. Unterstreichen Sie die* preposizioni articolate *und tragen Sie sie an der richtigen Stelle in die Tabelle ein.*

1. Jane viene dagli Stati Uniti.
2. Nel giardino c'è un gatto che dorme sulla sedia.
3. Andiamo alla festa del nostro amico.
4. Devo andare dall'otorino.
5. Guarda, hai una macchia sui pantaloni.
6. Al primo piano c'è un grande soggiorno.
7. Gli altoparlanti dello stereo non funzionano bene.
8. Nelle due camere più grandi abbiamo la moquette.

| | il | lo | l' | la | i | gli | le |
|---|---|---|---|---|---|---|---|
| di | | | | | | | |
| a | | | | | | | |
| da | | | | | | *dagli* | |
| in | | | | | | | |
| su | | | | | | | |

279 b *Und jetzt vervollständigen Sie die Tabelle mit den fehlenden Formen.*

| | | | |
|---|---|---|---|
| **la sedia** | der Stuhl | **il soggiorno** | das Wohnzimmer |
| **l'otorino** | der Ohrenarzt | **l'altoparlante** | der Lautsprecher |
| **la macchia** | der Fleck | **lo stereo** | die Stereoanlage |
| **i pantaloni** | die Hose | **la camera** | das Zimmer |
| **il primo piano** | der erste Stock | **la moquette** | der Teppichboden |

280 ***Verschmelzen Sie die Präpositionen in Klammern mit den passenden bestimmten Artikeln.***

1. Io lavoro (da) ______ lunedì (a) ______ giovedì.
2. (In) ______ classe di mio figlio Emilio ci sono alcuni bambini stranieri.
3. Oggi in tv c'è un documentario (su) ______ vulcani.
4. Il cane (di) ______ vicini è molto tranquillo.
5. Matteo è un amante (di) ______ sport.
6. Quanto tempo rimanete (da) ______ zii?
7. (In) ______ ingresso c'è uno specchio antico.
8. Ci incontriamo (a) ______ dieci davanti (a) ______ discoteca, okay?

| | | | |
|---|---|---|---|
| **il lunedì** | der Montag | **l'amante** | der Liebhaber, der Fan |
| **il giovedì** | der Donnerstag | | |
| **il figlio** | der Sohn | **Quanto tempo?** | Wie lange? |
| **alcuni/e** | einige | **rimanere** | bleiben |
| **straniero** | fremd, ausländisch | **lo zio / la zia** | der Onkel / die Tante |
| **il documentario** | der Dokumentarfilm | | |
| | | **l'ingresso** | der Eingang |
| **il vulcano** | der Vulkan | **lo specchio** | der Spiegel |
| **il cane** | der Hund | **incontrarsi** | sich treffen |
| **il vicino** | der Nachbar | **davanti a** | vor |
| **tranquillo** | ruhig | | |

# Präpositionen

◄ Gr LGr S. 425–436 ►

**Die Präpositionen *di, a, da, in, con, su, per, tra/fra***

Ob eine Präposition mit oder ohne Artikel benutzt wird, dafür gibt es meist keine verlässliche Regel. Am besten Sie lernen eine Präposition gleich zusammen mit dem Substantiv und, wenn es erforderlich ist, mit dem dazugehörigen Artikel als feststehenden Ausdruck.

281 *Die Präposition* a *mit oder ohne Artikel? Vervollständigen Sie die Sätze mit den Angaben.*

all' · a · a · al · al · a · a · alle · alla · a

1. Sono ______ Parigi per lavoro.
2. Finisco di lavorare ______ cinque.
3. Voglio comprare una gonna ______ quadri.
4. Mamma e papà vanno ______ cinema stasera.
5. ______ luglio compio ventisette anni.
6. Il fine settimana in genere torniamo ______ mezzanotte.
7. Dove fai la spesa? – ______ supermercato.
8. La nonna porta il solito vestito ______ pois.
9. Quando si mangia? – ______ una.
10. Signora, Lei deve scendere ______ terza fermata.

| | | | |
|---|---|---|---|
| **la gonna** | der Rock | **portare** | *hier* tragen, anhaben |
| **compiere** | *hier* vollenden, werden | **solito** | üblich |
| **in genere** | gewöhnlich | **scendere** | aussteigen |
| **la mezzanotte** | die Mitternacht | **la fermata** | *hier* die Haltestelle |

282 *Ergänzen Sie die Präposition* a. *Wo nötig, verschmelzen Sie* a *mit dem passenden Artikel.*

1. Domenica prossima andiamo ______ mare con gli amici.
2. Devo scrivere un'e-mail ______ Cinzia.
3. Vai ______ festa di Tania?
4. Massimiliano non si iscrive ______ università.
5. I bambini sono già ______ letto.
6. Cesare e Raimondo lavorano ______ Stadio Olimpico.

7. Paolo adora le camicie ______ righe.
8. ______ Pasqua facciamo un viaggio.
9. Ciro fa il cameriere _____ Ischia.
10. Rimaniamo qui fino ______ fine della settimana.

| | | | |
|---|---|---|---|
| **prossimo** | nächste/-r/-s | **la camicia** | das Hemd |
| **iscriversi** | sich anmelden, sich einschreiben | **la Pasqua** | Ostern |
| | | **il cameriere** | der Kellner |
| **già** | schon | **fino a** | bis |
| **adorare** | verehren, besonders lieben | **la fine** | das Ende |

283 *Die Präposition* in *mit oder ohne Artikel? Kreuzen Sie die richtige Form an.*

| | | | |
|---|---|---|---|
| 1. John e Mary vivono ______ Inghilterra. | ☐ in | ☐ nella | ☐ nell' |
| 2. ______ 2010 mi sposo. | ☐ Nell' | ☐ In | ☐ Nel |
| 3. Quest'estate andiamo ______ Sardegna. | ☐ in | ☐ nello | ☐ nella |
| 4. _____ settembre vengono a trovarci gli zii. | ☐ Nel | ☐ Nello | ☐ In |
| 5. Il tuo libro è ______ studio. | ☐ in | ☐ nello | ☐ nell' |
| 6. Ho dei parenti _____ Australia. | ☐ nel | ☐ in | ☐ nell' |
| 7. Vogliamo fare un viaggio ______ Stati Uniti. | ☐ in | ☐ nello | ☐ negli |
| 8. Preferisco viaggiare ______ treno. | ☐ nel | ☐ in | ☐ nello |
| 9. Ci piace andare ______ piscina. | ☐ nella | ☐ nel | ☐ in |
| 10. ______ nostra camera da letto ci sono due finestre. | ☐ Nelle | ☐ In | ☐ Nella |

| | | | |
|---|---|---|---|
| **sposarsi** | heiraten | **la piscina** | das Schwimmbad |
| **venire a trovare** | *hier* besuchen | **la camera da letto** | das Schlafzimmer |
| **i parenti** | die Verwandten | | |

284 *Ergänzen Sie die Präposition* in *oder die Präposition* a *– ohne Artikel.*

1. Dove abiti? - Io abito ____ Spagna, ____ Madrid.
2. Carlo e Rosaria vivono ____ campagna.
3. Non mi piace andare ____ scuola.
4. Non vado mai ____ teatro.
5. Finalmente ____ primavera vado ______ vacanza!
6. Devo andare ____ biblioteca per fare una ricerca.
7. Prendiamo l'autobus o andiamo ____ piedi?

8. ____ Natale vengono tutti i parenti.
9. Mangiamo sempre ____ cucina.
10. Alex e Giusi vanno spesso ____ discoteca.

| | | | |
|---|---|---|---|
| **la campagna** | das Land | **la ricerca** | die Recherche |
| **piacere** | gefallen, mögen | **prendere** | nehmen |
| **il teatro** | das Theater | **il piede** | der Fuß |
| **finalmente** | endlich | **il Natale** | Weihnachten |
| **la primavera** | der Frühling | **tutti i parenti** | alle Verwandten |
| **dovere** | müssen, sollen | **spesso** | oft |

285 *Die Präposition* a *oder* in, *mit oder ohne Artikel? Bilden Sie aus den Satzteilen sinnvolle Sätze. Achtung: Die Präpositionen* a *und* in *können mehrmals verwendet werden.*

| | | |
|---|---|---|
| 1. Qui non si può girare ... | a | ufficio. |
| 2. Mio figlio ha la tosse e quindi devo andare ... | al | fabbrica dei miei genitori! |
| 3. Gabriele è impiegato, lavora ... | alla | sinistra. |
| 4. Per favore, può mandare un fax ... | all' | casa molto tardi. |
| 5. Il lunedì sera, di solito, vado ... | in | farmacia a comprare lo sciroppo. |
| 6. Ernesto è molto occupato, oggi torna ... | nel | macchina! |
| 7. Io odio camminare, infatti esco sempre ... | nella | giardino dei miei genitori. |
| 8. D'estate passiamo le giornate ... | | dottoressa Mazza? |
| 9. I signori Vivarelli si trasferiscono ... | | corso d'italiano. |
| 10. Non ho voglia di lavorare ... | | inizio del mese prossimo. |

| | | | |
|---|---|---|---|
| **girare** | *hier* abbiegen | **la giornata** | der Tag |
| **la tosse** | der Husten | **trasferirsi** | umziehen |
| **l'impiegato** | der Angestellte | **avere voglia** | Lust haben |
| **mandare** | schicken | **lo sciroppo** | *hier* der Hustensaft |
| **occupato** | beschäftigt | **l'inizio** | der Anfang |
| **odiare** | hassen | **il mese** | der Monat |
| **camminare** | laufen | | |

**286** *Die Präposition* di *(oder* d'*) mit oder ohne Artikel? Vervollständigen Sie die Sätze mit den Angaben.*

di · della · di · del · dello · di · d' · di · dei · di · di

1. L'appartamento ______ Rita è molto bello.
2. Bianca è ______ Verona.
3. Questa è la macchina ______ signor De Santis.
4. ______ inverno andiamo a sciare sulle Dolomiti.
5. La porta ______ studio è aperta.
6. ______ sera mi preparo sempre una minestra.
7. Piero e Nadia sono ______ provincia ______ Salerno.
8. Ti piacciono questi pantaloni ______ lino?
9. Organizziamo la festa nel giardino ______ nonni.
10. Vorrei tre etti ______ prosciutto crudo, per cortesia.

| | | | |
|---|---|---|---|
| **l'appartamento** | die Wohnung | **la minestra** | die Suppe |
| **sciare** | Ski fahren | **i pantaloni** | die Hose |
| **lo studio** | *hier* das Arbeitszimmer | **il lino** | das Leinen |
| | | **l'etto** | 100 Gramm |
| **prepararsi** | sich vorbereiten, kochen | **il prosciutto crudo** | der Rohschinken |

**287** *Die Präposition* da *mit oder ohne Artikel? Kreuzen Sie die richtige Form an.*

| | | | |
|---|---|---|---|
| 1. Virginia viene ______ Viterbo. | ☐ dal | ☐ da | ☐ dallo |
| 2. Devo andare ______ medico. | ☐ da | ☐ dai | ☐ dal |
| 3. Siamo invitati a cena ______ Melania. | ☐ da | ☐ dalla | ☐ dall' |
| 4. Lavoro ______ otto alle sedici. | ☐ dall' | ☐ dalle | ☐ da |
| 5. ______ domani non fumo più. | ☐ Da | ☐ Dal | ☐ Dai |
| 6. Paul e Johann vengono ______ Austria. | ☐ dall' | ☐ dal | ☐ da |
| 7. Dove sono le mie scarpe ______ tennis? | ☐ da | ☐ dal | ☐ dai |
| 8. Quando ritornate ______ vacanze? | ☐ dalle | ☐ da | ☐ dalla |

| | | | |
|---|---|---|---|
| **il medico** | der Arzt | **le scarpe** | die Schuhe |
| **essere invitato** | eingeladen sein | **ritornare** | zurückkommen |
| **fumare** | rauchen | **le vacanze** | die Ferien, der Urlaub |

288 *Ergänzen Sie die Präposition* di *(oder* d'*) oder die Präposition* da, *mit oder ohne Artikel.*

1. Sei italiano? - No, io sono portoghese, _____ Lisbona.
2. I viaggiatori scendono ______ treno.
3. Vi piace la villetta ______ amici ______ Patrizia?
4. Io vengo ______ Palermo, e tu?
5. ______ inverno la signora Rosati porta solo pullover ______ lana.
6. Non ricevo più sue notizie ______ mese scorso.
7. Vivo a Londra ______ sei anni.
8. A cena beviamo sempre una bottiglia ______ vino.
9. Ma perché porti gli occhiali ______ sole? Sta piovendo!
10. Che bella collana ______ perle!
11. Mamma, vado ______ Luigi a fare i compiti, okay?
12. A che ora uscite ______ scuola?

| | | | |
|---|---|---|---|
| **il viaggiatore** | der Fahrgast, der Reisende | **ricevere** | bekommen |
| **scendere** | aussteigen | **la notizia** | die Nachricht |
| **la villetta** | die kleine Villa | **gli occhiali** | die Brille |
| **l'inverno** | der Winter | **piovere** | regnen |
| **la lana** | die Wolle | **la collana** | die Halskette |
| | | **i compiti** | *hier* die Hausaufgaben |

289 *Die Präposition* su *mit oder ohne Artikel? Vervollständigen Sie die Sätze mit den Angaben.*

sulla · sulle · su · sugli · sul · su · sulla · su

1. Pino, la tua giacca è lì ______ letto.
2. Vogliamo ritornare ______ Costa Smeralda.
3. Abbiamo trascorso alcuni giorni ______ Appennini. - Dove esattamente?
4. Attento al gatto! Guarda, sta saltando ______ quel mobile.
5. Hai visto il documentario ______ Aldo Moro ieri?
6. Il salotto e la cucina danno ______ strada.
7. Il film dove lo trasmettono? - ______ Rai uno.
8. Ho letto un libro interessantissimo ______ Repubbliche Marinare.

| | | | |
|---|---|---|---|
| **la Costa Smeralda** | *nordöstliche Küste Sardiniens* | **Aldo Moro** | *Politiker (1916–1978), von den linksextremistischen „Roten Brigaden" entführt und später erschossen* |
| **trascorrere** | verbringen | | |
| **gli Appennini** | der Apennin (*Gebirgskette*) | | |
| **esattamente** | genau | **dare** | *hier* gehen |
| **Attento al gatto!** | Achtung, Katze! | **trasmettere** | übertragen |
| **saltare** | springen | **Rai uno** | *öffentlich-rechtliches Fernsehprogramm in Italien* |
| **il documentario** | der Dokumentarfilm | | |
| **il salotto** | das Wohnzimmer | **le Repubbliche Marinare** | die Seerepubliken |

90 *Ergänzen Sie die Präpositionen* con, per *oder* fra/tra.

1. Il gelato lo vuole ______ la panna o senza?
2. Dobbiamo comprare il regalo ______ la zia Carmela.
3. ______ una settimana è Natale.
4. Devo assolutamente prendere il volo delle dodici ______ Milano.
5. Oggi mi incontro ______ un'amica al centro commerciale.
6. La scuola si trova ______ il supermercato e il municipio.
7. Vuoi uscire ______ questo tempo?
8. Vado al concerto ______ Antonio.
9. Quando partite ______ l'Olanda?
10. Mi laureo ______ un anno.
11. Le scarpe ______ i tacchi alti mi piacciono da morire.
12. Tante persone anziane si sono sentite male ______ il caldo.
13. Ti mando il file ______ e-mail domani, va bene?
14. ______ tre mesi finisce la scuola. Che bello!

| | | | |
|---|---|---|---|
| **la panna** | die Sahne | **laurearsi** | das Studium abschließen |
| **senza** | ohne | | |
| **assolutamente** | unbedingt | **i tacchi alti** | hohe Absätze |
| **il volo** | der Flug | **piacere da morire** | sehr gefallen |
| **il centro commerciale** | das Einkaufszentrum | | |
| **il municipio** | das Rathaus | **anziano** | alt, betagt |
| | | **il caldo** | die Hitze |
| **il tempo** | das Wetter | **il file** | die Datei |

291 ***Vervollständigen Sie die Sätze mit den Präpositionen.***

sul · per · a · per · con · in · sul · in · tra · da · sul · di · da · con

1. ______ quale binario parte il treno ______ Bari?
2. ______ il mio compleanno vorrei invitare alcuni amici ______ cena.
3. Mi dispiace, le camere ______ vista ______ mare sono tutte occupate.
4. Scusi, paga ______ contanti o ______ la carta di credito?
5. La camera ______ letto dà ______ cortile interno.
6. Il mio ragazzo lavora ______ banca.
7. I miei amici trascorrono le vacanze ______ lago ______ Garda.
8. La videoteca è lì, guardi, ______ la pasticceria e la profumeria.

| | | | |
|---|---|---|---|
| **il binario** | das Gleis | **trascorrere** | verbringen |
| **il compleanno** | der Geburtstag | **il lago** | der See |
| **la vista** | *hier* der Blick | **lì** | dort |
| **occupato** | belegt | **la pasticceria** | die Konditorei |
| **il cortile interno** | der Innenhof | **la profumeria** | die Parfümerie |

◄ Gr LGr S. 437 ff. ►

**Weitere Präpositionen**

Bei den folgenden Übungen geht es um gebräuchliche Präpositionen, die eine starke Eigenbedeutung aufweisen, z. B. *sotto* (unter), *verso* (gegen), *dopo* (nach), *fa* (vor), und häufig benutzte Doppelpräpositionen wie *dentro a* (in), *vicino a* (nahe bei), *invece di* (statt) usw.

292 *In der Wohnung von Lucia herrscht ein totales Durcheinander. Alles liegt am falschen Platz. Helfen Sie Lucia beim Aufräumen.*

| | |
|---|---|
| Il portasapone è | dentro alla borsa. |
| Le posate sono | sotto il letto. |
| Il computer è | dentro alla credenza. |
| I piatti sono | davanti alla porta d'ingresso. |
| Le chiavi di casa sono | vicino al garage. |
| Le pantofole sono | ~~sopra il lavandino.~~ |
| Il bidone della spazzatura è | dentro al cassetto. |
| Lo zerbino è | sopra la scrivania. |

Il portasapone deve stare *sopra il lavandino*!
Le posate devono stare ____________________!
Il computer deve stare ____________________!
I piatti devono stare ____________________!
Le chiavi di casa devono stare ____________________!
Le pantofole devono stare ____________________!
Il bidone della spazzatura deve stare ____________________!
E lo zerbino deve stare ____________________!

| | | | |
|---|---|---|---|
| **il portasapone** | die Seifenschale | **il lavandino** | das Waschbecken |
| **la borsa** | die Handtasche | **il bidone della spazzatura** | die Mülltonne |
| **le posate** | das Besteck | | |
| **la credenza** | die Anrichte | **il cassetto** | die Schublade |
| **il piatto** | der Teller | **lo zerbino** | der Fußabtreter |
| **davanti a** | vor | **la scrivania** | der Schreibtisch |
| **le chiavi di casa** | die Hausschlüssel | | |

293 *Kreuzen Sie die richtige Präposition an.*

| | | |
|---|---|---|
| 1. Facciamo una passeggiata ________ il fiume? | ☐ sotto | ☐ lungo |
| 2. Ti aspetto ________ alla fermata dell'autobus. | ☐ vicino | ☐ insieme |
| 3. Quattro anni ________ ho frequentato un corso d'inglese a Cambridge. | ☐ secondo | ☐ fa |
| 4. Per favore, il caffè ________ zucchero! | ☐ lungo | ☐ senza |
| 5. ________ te, Gemma si tinge i capelli? | ☐ Senza | ☐ Secondo |
| 6. ________ la settimana non ho molto tempo per fare sport. | ☐ Durante | ☐ Dopo |
| 7. Oggi, ________ del cappuccino vorrei bere una tazza di cioccolata calda. | ☐ invece | ☐ a causa |
| 8. ________ la maturità vado tre mesi negli Stati Uniti. | ☐ Fa | ☐ Dopo |

| | | | |
|---|---|---|---|
| **lungo** | entlang | **tingersi** | sich färben |
| **secondo** | nach | **invece di** | statt |
| **fa** | *hier* vor | **a causa di** | wegen |
| **senza** | ohne | **la maturità** | das Abitur |

294 *Vervollständigen Sie die Sätze mit den Präpositionen.*

fa · vicino a · dopo · sotto · fino a · dietro al · verso · lontano dalla

1. L'ospedale si trova proprio __________ casa mia.
2. Abito piuttosto __________ ditta per cui lavoro.
3. Ci siamo conosciuti in treno molti anni __________.
4. Ho un appuntamento subito __________ pranzo.
5. Il gatto dorme __________ il tavolo.
6. Hai visto le mie scarpe? – Sono lì, guarda, __________ divano.
7. Oggi non posso uscire con voi perché sono di turno. Lavoro __________ mezzanotte.
8. Quando pensate di arrivare? – ________ le otto e mezza.

| | | | |
|---|---|---|---|
| **verso** | gegen | **per cui** | *hier* für die |
| **lontano da** | weit von | **subito** | gleich |
| **l'ospedale** | das Krankenhaus | **il pranzo** | das Mittagessen |
| **piuttosto** | ziemlich | **il divano** | das Sofa |
| **la ditta** | die Firma | **essere di turno** | Dienst haben |

# Zahlen und Zeitangaben

◄ Gr LGr S. 444 ff. ►

## Zahlen

In diesem Kapitel beschäftigen wir uns mit einem sehr praktischen Thema, das man täglich braucht: die Grundzahlen und die Ordnungszahlen. Bevor Sie die Übungen machen, beachten Sie die in den Beispielen hervorgehobenen Besonderheiten.

| | | | |
|---|---|---|---|
| *vent**uno*** | einundzwanzig | *trentatr**é*** | dreiunddreißig |
| *quarant**otto*** | achtundvierzig | | |
| *mille* | tausend | ***duemila*** | zweitausend |
| *un milion**e*** | eine Million | *due milion**i*** | zwei Millionen |
| *un milione **di** euro* | eine Million Euro | | |
| *il prim**o** piano* | der erste Stock | *la prim**a** volta* | das erste Mal |
| *i prim**i** passi* | die ersten Schritte | *le prim**e** esperienze* | die ersten Erfahrungen |

**95** ***Bilden Sie aus den Wortsegmenten Zahlen und schreiben Sie sie neben die Ziffern.***

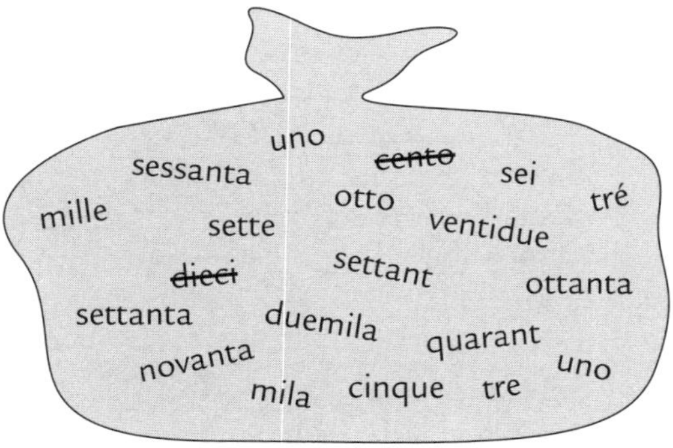


*centodieci* → 110
__________ → 85
__________ → 71
__________ → 48
__________ → 3000
__________ → 66
__________ → 1001
__________ → 93
__________ → 77
__________ → 2022

**96** Quanto fa ...? *Wie viel macht ...? Schreiben Sie die Additionen und Subtraktionen mit den entsprechenden Summen aus.*

**Esempi**

| | |
|---|---|
| 10 + 10 = 20 | *Dieci più dieci fa venti.* |
| 10 – 8 = 2 | *Dieci meno otto fa due.* |

25 + 32 = 57 ____________________
30 + 3 = 33 ____________________
41 – 20 = 21 ____________________

97 - 16 = 81 ______________________
10 + 7 = 17 ______________________
9 + 6 = 15 ______________________
14 + 5 = 19 ______________________
61 - 18 = 43 ______________________
501 + 12 = 513 ______________________
1000 - 70 = 930 ______________________

**297** *Schreiben Sie die Zahlen aus.*

| | | | | | |
|---|---|---|---|---|---|
| 333 | ➛ | *trecentotrentatré* | 6006 | ➛ | ______________ |
| 545 | ➛ | ______________ | 8927 | ➛ | ______________ |
| 777 | ➛ | ______________ | 22.000 | ➛ | ______________ |
| 1448 | ➛ | ______________ | 100.000 | ➛ | ______________ |
| 2001 | ➛ | ______________ | 5.000.000 | ➛ | ______________ |
| 4990 | ➛ | ______________ | 2.000.000.000 | ➛ | ______________ |

**298** *Vervollständigen Sie die Ausdrücke, indem Sie die in Klammern angegebenen Ordnungszahlen ausschreiben.*

| | |
|---|---|
| il (1°) ____________ anniversario | la (2ª) ____________ classe |
| il (50°) ____________ compleanno | l' (8ª) ____________ fila |
| la (3ª) ____________ traversa | il (XV) ____________ secolo |
| la (7ª) ____________ volta | la (6ª) ____________ sinfonia |
| l' (11°) ____________ piano | Papa Benedetto (XVI) ____________ |
| la (4ª) ____________ scena | il (9°) ____________ paragrafo |
| il (10°) ____________ capitolo | Carlo (V) ____________ |

| | | | |
|---|---|---|---|
| **l'anniversario** | der Jahrestag | **il piano** | das Stockwerk |
| **il compleanno** | der Geburtstag | **la fila** | die Reihe |
| **la traversa** | die Querstraße | **il secolo** | das Jahrhundert |

◀ Gr LGr S. 448 ff. ▶

**Zeitangaben**

Und zuletzt üben Sie, wie man die Uhrzeit und das Datum auf Italienisch ausdrückt.

# Zahlen und Zeitangaben

**299** Che ore sono? *Wie spät ist es? Geben Sie die Uhrzeit an.*

ESEMPIO

11.10 ➛ *Sono le undici e dieci.*

| | |
|---|---|
| 7.45 ➛ ____________________ | 00.05 ➛ ____________________ |
| 12.15 ➛ ____________________ | 17.40 ➛ ____________________ |
| 13.00 ➛ ____________________ | 10.20 ➛ ____________________ |
| 7.25 ➛ ____________________ | 22.10 ➛ ____________________ |
| 9.35 ➛ ____________________ | 8.00 ➛ ____________________ |
| 15.30 ➛ ____________________ | 19.55 ➛ ____________________ |

**0 a** *Schreiben Sie das Datum aus und verbinden Sie es mit dem passenden Fest.*

25/12 ➛ *il venticinque dicembre*
08/03 ➛ ____________________
01/01 ➛ ____________________
02/06 ➛ ____________________
15/08 ➛ ____________________
24/12 ➛ ____________________
08/12 ➛ ____________________
14/02 ➛ ____________________
01/11 ➛ ____________________
06/01 ➛ ____________________
01/05 ➛ ____________________
19/03 ➛ ____________________

Ognissanti
San Valentino
la Vigilia di Natale
Natale
la Festa della Repubblica
San Giuseppe/la Festa del Papà
Capodanno
la Festa dei Lavoratori
la Festa della Donna
Ferragosto
la Festa dell'Immacolata
l'Epifania

**0 b** *Welche Monate wurden oben nicht erwähnt? Nennen Sie sie.*

______________________________________________

| | | | |
|---|---|---|---|
| **Ognissanti** | Allerheiligen | **Capodanno** | Neujahr |
| **la vigilia di Natale** | Heiligabend | **il lavoratore** | der Arbeiter |
| | | **Ferragosto** | Mariä Himmelfahrt |
| **la Festa della Repubblica** | *1946 stimmten die Italiener für die Republik* | **l'Immacolata (Concezione)** | die unbefleckte Empfängnis |
| | | **l'Epifania** | das Dreikönigsfest |

# Lösungsschlüssel

**1**

[k] → correre, occhiali, perché, mucca, chi
[tʃ] → ciao, cena, Grecia, vivace
[g] → gatto, funghi, Inghilterra, lungo, portoghese, pregare
[dʒ] → *mangiare*, gelato, giorno, pomeriggio
[gl] → gloria, glassa
[ʎ] → famiglia, abbigliamento, luglio
[sk] → scherzo, scuola, pesca, rischio, dischi, scarpa
[ʃ] → asciugamano, pesce

**2**

1. [k]; 2. [ʎ]; 3. [ʃ]; 4. [tʃ], [k]; 5. [sk]; 6. [dʒ], [g]

**3**

***männlich:*** ragazzo, pane, cellulare, ospedale, lavoro, tavolo, letto, ponte, quartiere, giornale, vento, latte, cappello
***weiblich:*** amica, chiave, piazza, festa, televisione, fame, lingua, camera, moglie, collina, gita, neve, carne

**4**

2. Baum / albero - alberi; 3. Sekt / spumante - spumanti; 4. Messer / coltello - coltelli; 5. Licht / luce - luci; 6. Zitrone / limone - limoni; 7. Tür / porta - porte; 8. Apfel / mela - mele; 9. Duft / profumo - profumi; 10. Buch / libro - libri; 11. Fisch / pesce - pesci; 12. Jahreszeit / stagione - stagioni
Spumante, limone, pesce ***sind männlich.***
Notte, luce, stagione ***sind weiblich.***

**5**

1. Maria, Marta, Ludovico e Paolo sono **nomi**. (m)
2. Il Po, il Tevere e l'Arno sono **fiumi**. (m)
3. La Germania, l'Italia, la Francia e l'Olanda sono **nazioni**. (w)
4. Quella pendente di Pisa e quella di Parigi sono **torri**. (w)
5. Le Alpi e gli Appennini sono formati da montagne. (w)
6. La Sardegna, la Sicilia, Capri e Ischia sono **isole**. (w)
7. Il ragù alla bolognese e la pizza margherita sono **piatti**. (m)
8. La Divina Commedia e il Convivio sono **opere** di Dante Alighieri. (w)
9. Il Tirreno, l'Adriatico e lo Ionio sono **mari**. (m)
10. Quelli Vaticani di Roma e gli Uffizi di Firenze sono **musei**. (m)

**6**

***männlich:*** dentista, sport, computer, dessert, bar, panorama, poema, diploma, artista
***weiblich:*** dentista, crisi, analisi, oasi, artista

**7**

1. tema - temi (m); 2. foto - foto (w); 3. giornalista - giornalisti / giornaliste (m / w); 4. moto - moto (w); 5. yogurt - yogurt (m); 6. metropoli - metropoli (w); 7. sintesi - sintesi (w); 8. telegramma - telegrammi (m); 9. musicista - musicisti / musiciste (m / w); 10. cronista - cronisti / croniste (m / w); 11. biberon - biberon (m); 12. ipotesi - ipotesi (w)

**8**

viaggio - viaggi; città - città; psicologo - psicologi; impiego - impieghi; giacca - giacche; gioco - giochi; farmacia - farmacie; pioggia - piogge; zio - zii; età - età; diplomatico - diplomatici; catalogo - cataloghi; esca - esche; re - re; arancia - arance; ciliegia - ciliegie / ciliege

**9**

1. collega - colleghe; 2. albergo - alberghi; 3. monologo - monologhi; 4. sindaco - sindaci; 5. fiocco - fiocchi; 6. bocca - bocche; 7. verità - verità; 8. bacio - baci;
***Lösungswort:*** amico → amic*i*

**10**

2. membro → membra / membri; 3. dio → dei; 4. ala → ali; 5. migliaio → migliaia; 6. centinaio → centinaia; 7. osso → ossi / ossa; 8. braccio → bracci / braccia; 9. uovo → uova; 10. arma → armi;
***Lösungswort:*** paio → paia

**11**

***Singular***
***männlich:*** *muro*, membro, dio, migliaio, centinaio, osso, braccio, uovo, paio
***weiblich:*** ala, arma

***Plural***
***männlich:*** *muri*, membri, dei, ossi, bracci
***weiblich:*** *mura*, membra, ali, migliaia, centinaia, ossa, braccia, uova, armi, paia

**12**

1. a Ho comprato una bellissima lampada con **i bracci** snodabili.
   b I bambini si sentono protetti tra **le braccia** di mamma e papà.
2. a **Le membra** sono parti del corpo umano.
   b Oggi **i membri** della giuria si riuniscono per prendere una decisione.
3. a Mario è massiccio, ha **le ossa** molto grandi.
   b I cani hanno l'abitudine di nascondere **gli ossi**.
4. a Devo assolutamente rinfrescare **i muri** di casa.
   b La città conserva ancora **le mura** del periodo medioevale.
5. a Rosa muove **le labbra** proprio come sua madre.
   b **I labbri** della ferita devono ancora rimarginarsi.

**13**

1. essere tutto miele con qualcuno ➛ a. jemandem Honig um den Mund schmieren
2. prendere il coraggio a due mani ➛ e. sich ein Herz fassen
3. tagliare i viveri a qualcuno ➛ f. jemandem den Geldhahn zudrehen
4. tenere le redini ➛ b. das Heft in die Hand nehmen
5. avere una fame da lupi ➛ d. einen Bärenhunger haben
6. vendere qualcosa per quattro soldi ➛ c. etwas für ein Butterbrot verkaufen

***Singular:*** fame, miele, coraggio
***Plural:*** soldi, redini, viveri

**14**

padre - madre; fratello - sorella; amico - amica; gatto - gatta; presidente - presidentessa; re - regina; artista - artista; cameriere - cameriera; pittore - pittrice; cantante - cantante; attore - attrice; studente - studentessa

**15**

***Männlich***
***Singular:*** *tabù*, smog, marito, record, clima, latte, bicchiere, giorno, hotel, oculista
***Plural:*** *tabù*, record, funghi, teoremi, teppisti, libri, hotel

***Weiblich***
***Singular:*** paralisi, coperta, unità, novità, canzone, patata, informazione, auto, oculista
***Plural:*** *finestre*, paralisi, mani, colleghe, unità, bocche, novità, auto, domande

***Regelmäßig sind:*** *finestre*, marito, coperta, funghi, latte, bicchiere, libri, canzone, patata, informazione, giorno, domande

**16**

1. tram - tram; 2. sociologo - sociologi; 3. banca - banche; 4. schema - schemi; 5. università - università; 6. lavoro - lavori; 7. lezione - lezioni; 8. sugo - sughi; 9. autista - autisti; 10. uomo - uomini

**17**

1. la porta; 2. il tavolo; 3. il problema; 4. lo pseudonimo; 5. la testa; 6. l'acqua; 7. lo sci; 8. l'aperitivo; 9. lo sgabello; 10. la parola; 11. lo zoccolo; 12. l'olio

**18**

lo scialle - gli scialli; l'ombrello - gli ombrelli; la sedia - le sedie; l'insalata - le insalate; il telefono - i telefoni; l'abito - gli abiti; lo zingaro - gli zingari; l'azienda - le aziende; il pavimento - i pavimenti

**19**

il burro, lo zero, gli amici, le mele, la / le foto, la / le società, il / la giornalista, i giornali, l'aula, lo squillo, l'amore

**20**

il quadro ➛ i quadri; gli scavi ➛ lo scavo; la pianta ➛ le piante; i ragazzi ➛ il ragazzo; l'ospite ➛ gli ospiti; lo sciroppo ➛ gli sciroppi; le fragole ➛ la fragola; il pranzo ➛ i pranzi; l'ape ➛ le api

**21**

1. **L'**amore fa gioire e soffrire milioni di persone.
2. Roberto è stato **il** grande amore della mia vita.
3. Abbiamo diversi problemi con **gli** inquilini del primo piano.
4. Chi si è lamentato questa volta? - **I** soliti inquilini del primo piano.
5. **Lo** specchio che hai nell'ingresso è molto bello.

6. È già **il** terzo specchio che compro!
7. **Il** mese di febbraio è stato molto piovoso.
8. **Lo** scorso mese ho sostenuto due esami all'università.
9. Ti vengo a prendere con **l'**auto di mio padre.
10. Questa è **la** vecchia auto di mio padre.

**22**

1. Gigi e Vincenza vanno a vivere in Spagna.
2. Ti va di giocare a tennis domani?
3. **Lo** spagnolo è una lingua romanza come l'italiano.
4. Oh, sono **le** nove! Devo tornare a casa.
5. Che ne dici di questo pullover di cotone?
6. Conoscete **la** dottoressa Bellini?
7. **La** Francia confina con diverse nazioni.
8. Ti senti meglio? - Veramente no, ho ancora **il** raffreddore.
9. Rossella, **il** verde ti dona molto.
10. Professor Amato, come si trova all'università?

**23**

1. **Il** calcio è lo sport più amato dagli italiani.
2. Giovanni mi ha regalato una catenina di oro.
3. Perché non andate in vacanza in Egitto?
4. **La** Lombardia è una regione dell'Italia settentrionale.
5. Non conosco né **l'**inglese né **il** francese.
6. Monica ha **gli** occhi azzurri e **i** capelli biondi.
7. Signora Frattini, prego si accomodi!
8. Alla fermata dell'autobus incontro sempre **il** dottor Vespa.
9. Lo sai che i figli di Nora hanno **la** varicella?
10. Sono **le** sei e mezza. Presto, comincia la partita!

**24**

**un:** nome, autografo, cortile, vestito, orto
**uno:** spazio, gnomo, zucchino
**una:** scoperta, lezione, cravatta
**un':** elica, aranciata, idea

**25**

1. lo stadio ➛ uno stadio; 2. la macelleria ➛ una macelleria; 3. l'odore ➛ un odore; 4. l'isola ➛ un'isola; 5. lo zio ➛ uno zio; 6. la commessa ➛ una commessa; 7. il vocabolario ➛ un vocabolario; 8. lo straccio ➛ uno straccio; 9. l'arancia ➛ un'arancia; 10. il kiwi ➛ un kiwi

**26**

1. una scuola; 2. un affare; 3. un pettine; 4. una notte

**27**

1. Mi scusi, mi può aiutare? Cerchiamo **un** albergo qui in zona.
2. Signori, è **un** onore avervi a cena da noi stasera.
3. Questa è **una** scelta difficile.
4. Ho freddo ai piedi, probabilmente da sotto la porta viene **uno** spiffero.
5. Riccardo è violinista e suona in **un'**orchestra.
6. Ogni sera seguo **una** trasmissione molto interessante alla TV.
7. Senta, mi può portare **un** bicchiere pulito, per favore?
8. Nella strada dove abita Lucia c'è tutto: **un'**edicola, **un** supermercato, **uno** studio legale, **una** banca e perfino **un** ospedale.

**28**

1. un'auto; 2. una nuova auto; 3. uno spavento; 4. un brutto spavento; 5. un biglietto; 6. un solo biglietto; 7. un segreto; 8. un piccolo segreto; 9. un incontro; 10. uno strano incontro; 11. un'attesa; 12. una breve attesa; 13. uno yacht; 14. un nuovo yacht

**29**

1. Domani c'è **lo** sciopero dei treni.
2. Questi sono **gli** amici di Patrizia.
3. **L'**attacco terroristico alle torri gemelle è stato **uno** shock per tutti.
4. **Il** liceo "Alessandro Manzoni" si trova in **una** strada principale.
5. Scusate, c'è **un'**edicola da queste parti?
6. Signora Bianconi, Le presento **il** signor D'Amico.
7. Voglio comprare **un** maglione di lana.
8. Ti piace **il** vino o preferisci **la** birra?
9. **L'**invenzione dell'aspirina è stata **una** scoperta formidabile.
10. Sono **le** nove, devo andare. Ho **un** appuntamento importante.

**30**

delle carte, dell'aglio, dello spumante, dei cerini, delle sigarette, del vino, della frutta, dell'acqua, dei mandarini, degli ombrelloni, degli spinaci

**31**

- ▶ Maria, esco un attimo a comprare le sigarette. Ci serve qualcosa?
- ■ Sì, senti, compri **degli** elastici?
- ▶ Va bene.
- ■ Ah, aspetta, ci servono anche **dei** cerotti.
- ▶ Sì, certo ...
- ■ Eh ... se passi dal fruttivendolo, compri **delle** albicocche? Lo sai che mi piacciono da morire.
- ▶ Ah, sì ...
- ■ Un momento, aspetta, se vai al supermercato, prendi **della** pasta corta? Mangiamo sempre spaghetti! E poi compra pure **dell'**olio, che è finito, olio extravergine, mi raccomando! Ah, e anche **dello** zucchero. Se poi passi in panetteria, prendi anche **del** pane fresco? Eh ...
- ▶ Maria, io vado all'angolo a comprare le sigarette, non faccio mica il giro della città!

**32**

1. Stasera abbiamo **degli** ospiti a cena.
2. Vorrei mezzo chilo **di** carne macinata.
3. Eleonora ha sempre **delle** idee geniali.
4. Per l'esame di storia devo leggere **dei** libri molto interessanti.
5. Prendi una bottiglia **di** vino rosso in cantina?
6. Mi dà due etti **di** prosciutto crudo, per cortesia?
7. Ci serve **dello** zafferano per il risotto alla milanese.
8. Ho sete. Mi puoi dare **dell'**acqua, per favore?
9. C'è ancora un po' **di** birra. Chi la vuole?
10. Antonietta mi ha regalato una scatola **di** cioccolatini.

**33**

***männlich:*** tipico, scuro, centrale, felice, grande, triste, caldo, irritante, severo
***weiblich:*** centrale, felice, bionda, grande, triste, rossa, corta, irritante

**34**

un uomo affascinante - una donna affascinante; un divano comodo - una poltrona comoda; un fiore profumato - una rosa profumata; un libro particolare - una storia particolare; un pranzo squisito - una torta squisita; un bambino capriccioso - una bambina capricciosa;
un giorno speciale - una vacanza speciale;
uno studente inglese - una studentessa inglese;
un caffè freddo - una birra fredda; un treno veloce - un'auto veloce

**35**

2. grande - piccolo = groß - klein; 3. leggero - pesante = leicht - schwer; 4. freddo - caldo = kalt - warm; 5. dolce - amaro = süß - sauer / bitter; 6. divertente - noioso = lustig - langweilig
il vaso grande, i vasi grandi, la casa grande, le case grandi;
il piatto leggero, i piatti leggeri, la tazza leggera, le tazze leggere;
il tè freddo, i tè freddi, la bibita fredda, le bibite fredde;
il vino dolce, i vini dolci, l'aranciata dolce, le aranciate dolci;
il film divertente, i film divertenti, la storia divertente, le storie divertenti;
il libro noioso, i libri noiosi, la persona noiosa, le persone noiose;
il mobile pesante, i mobili pesanti, la scatola pesante, le scatole pesanti;
il tema difficile, i temi difficili, la questione difficile, le questioni difficili;
il caffè amaro, i caffè amari, la mandorla amara, le mandorle amare;
il naso piccolo, i nasi piccoli, la bocca piccola, le bocche piccole;
il clima caldo, i climi caldi, la stagione calda, le stagioni calde

**36**

1. "Ballarò" è una trasmissione televisiva veramente interessant**e**.
2. Garibaldi e Mazzini sono due personaggi popolar**i** della storia.
3. Mi piace il caffè fredd**o**.
4. Io compro solo scarpe italian**e**.
5. Silvana preferisce gli uomini sportiv**i**.
6. I miei amici alloggiano in un albergo economic**o**.
7. Tuo figlio ha gli occhi molto espressiv**i**.
8. Wanda è una ragazza solar**e**.
9. Quest'anno i turisti giappones**i** hanno affollato le città d'arte.
10. Davide porta sempre una giacca ner**a** di pelle.

**37**

2. l'esercizio complicato ➛ gli esercizi complicati; 3. la macchina lenta ➛ le macchine lente; 4. la ragazza allegra ➛ le ragazze allegre; 5. la colazione abbondante ➛ le colazioni abbondanti; 6. il bambino pigro ➛ i bambini pigri; 7. il calciatore portoghese ➛ i calciatori portoghesi; 8. la sciarpa colorata ➛ le sciarpe colorate; 9. la persona previdente ➛ le persone previdenti; 10. la città francese ➛ le città francesi

**38**
1. La gioielleria in centro ha degli anelli **magnifici** in vetrina!
2. Fate mai delle cene **romantiche** a lume di candela?
3. Sul balcone ho tante piante **verdi**.
4. Come mai hai gli occhi **lucidi**? Hai pianto?
5. Il ristorante all'angolo prepara piatti **tipici** della cucina toscana.
6. Chi frequenta persone **altruiste** è fortunato.
7. In estate porto spesso magliette **rosa**.
8. Mio figlio odia il latino perché ha un'insegnante **severa**.
9. Nel centro storico della città ci sono tanti palazzi **antichi**.
10. Per la laurea mi metto una giacca **grigio chiaro**.

**39**
1. Sono così contento! I miei compagni di scuola sono dei ragazzi proprio **simpatici**.
2. Noi mangiamo solo carne **magra**.
3. Pietro e Saverio pensano sempre e solo a sé stessi. Sono due ragazzi **egoisti**.
4. Mi piacciono i libri ricchi di "suspense". – Ah, quindi ti piacciono i libri **avvincenti**!
5. No, guardi, le scarpe così **larghe** non mi stanno bene. Ho i piedi sottili.
6. Il due è un numero **pari**.
7. Mi dispiace, non so molto dell'incidente. Ho solo notizie **vaghe**.
8. Fa così caldo e porti ancora i pantaloni **lunghi**!
9. John viene da New York. È uno studente **americano**.
10. Per l'inverno ho comprato dei guanti **verde bottiglia** al centro commerciale.

**40**
un manuale pratico – dei manuali pratici; un politico corrotto – dei politici corrotti; una ragazza snob – delle ragazze snob; un turista inglese – dei turisti inglesi; una tenda rosso scuro – delle tende rosso scuro; una finestra aperta – delle finestre aperte; un lavoratore stanco – dei lavoratori stanchi; una gamba lunga – delle gambe lunghe; un problema banale – dei problemi banali; una borsa bianca – delle borse bianche

**41**
1. La commessa è gentile.
2. I bicchieri sono rotti.
3. Il bambino è intelligente.
4. Le sciarpe sono calde.
5. Il dipinto è famoso.
6. La bottiglia è vuota.
7. Gli studenti sono diligenti.
8. Il lavoro è stancante.
9. I turisti sono tedeschi.
10. Le ragazze sono italiane.

**42**
1. I televisori sono vecchi.
2. Il fiume è lungo.
3. I segnali sono deboli.
4. La strada è trafficata.
5. I cellulari sono piccoli.
6. Lo scrittore è francese.
7. La montagna è alta.
8. Gli ingegneri sono competenti.
9. La conduttrice è elegante.
10. Le notizie sono attuali.

**43**
1. La nostra insegnante di fisica è giovan**e** e carin**a**!
2. Oggi papà va al mercato a comprare il pesce fresc**o**.
3. Le figlie dei signori Verdoni sono proprio grazios**e**.
4. Nella mia città ci sono due chiese barocc**he**.
5. I miei amici hanno tante qualità: sono generos**i**, sono sempre disponibil**i** e soprattutto sono sincer**i**.
6. Il tuo amico Romeo, invece, ha tanti difetti: è opportunist**a** e soprattutto è avar**o**.
7. Mi posso mettere i tuoi stivali marron**e** scuro stasera?
8. In vacanza conosco sempre gente interessant**e**.
9. Ieri, alla festa, abbiamo mangiato delle tartine veramente gustos**e**!
10. Gli attacchi sono opera di gruppi estremist**i**!

**44**
1. Vittorio e Rodolfo sono simpatici.
2. Vorrei un pullover / maglione e una gonna sportivi.
3. I signori Lanza hanno un'auto e una casa nuove.
4. Matteo e Carla sono magri.
5. Beviamo un caffè e un tè caldi.
6. Conosco un ragazzo e una ragazza spagnoli.
7. Raffaella e Bianca non sono basse.
8. Tommaso e Giuliana, i figli di Gabriella, sono educati e ubbidienti.

9. La T-shirt / maglietta di Lucia e la borsa di Pina sono verdi.
10. Vado sempre in un bar e in un ristorante italiani.

45

1. a Quel **povero** ragazzo ha perso i genitori in un incidente stradale.
   b Quando ho dei vestiti che non porto più, li do ad una famiglia **povera**.
2. a Roberto è un **caro** amico.
   b Attenzione! Quella lampada è un oggetto **caro** e sopratutto è antico!
3. a L'insegnante di matematica ci ha dato un compito **semplice** oggi.
   b Se non ti va di andare al cinema, non fa niente. Era una **semplice** idea!
4. a Il professore mi ha fatto una **sola** domanda, io non ho saputo rispondere e lui mi ha bocciato!
   b Ernesto non ha amici e nemmeno parenti. È un uomo **solo**.
5. a Con queste cose ci puoi giocare. È roba **vecchia** che non mi serve più.
   b Chi sono quelle persone? - Sono **vecchi** amici dei miei genitori.

46

1. Francesco ha proprio una bella casa.
2. Roberto ha proprio un bel cappotto.
3. Sofia ha proprio dei begli orecchini.
4. Leonardo ha proprio una bella auto / una bell'auto.
5. Massimo ha proprio dei bei capelli.
6. Simona ha proprio una bella pelliccia.
7. Giuliana ha proprio delle belle gambe.
8. Daniele ha proprio dei begli occhi.
9. Patrizia ha proprio un bell'anello.
10. Vittorio ha proprio un bel giardino.

47

1. Buon Natale! ➛ f. Frohe Weihnachten! 2. Buon compleanno! ➛ i. Herzlichen Glückwunsch zum Geburtstag! 3. Buona fortuna! ➛ a. Viel Glück! 4. Buona Pasqua! ➛ d. Frohe Ostern! 5. Buon viaggio! ➛ h. Gute Reise! 6. Buone feste! ➛ j. Frohes Fest! 7. Buon onomastico! ➛ b. Herzlichen Glückwunsch zum Namenstag! 8. Buon giorno! ➛ g. Guten Tag! 9. Buona notte! ➛ e. Gute Nacht! 10. Buon appetito! ➛ c. Guten Appetit!

48

1. Che be**i** fiori! Grazie!
2. Rosa è veramente una buo**na** amica / una buo**n'**amica.
3. I quadri di Guttuso sono molto be**lli**.
4. Il ristorante vicino a casa mia fa un tiramisù particolarmente buo**no**.
5. Renato è un padre premuroso e indulgente. È sicuramente un buo**n** padre.
6. Ehi, guarda quello! Che be**l** tipo! Lo conosci?
7. Facciamo una grigliata stasera? - Sì, questa è proprio una buo**na** idea / una buo**n'**idea!
8. Quel negozio d'abbigliamento in centro ha tante be**lle** cose: dei be**i** cappotti, delle be**lle** giacche, dei be**gli** impermeabili.
9. Orlando e Alessandro sono buo**ni** amici.
10. Barbara, le tue torte sono be**lle** e buo**ne**!

49

1. Andrea è **più alto di** Lia.
2. Vincenzo e Gianna sono **più bassi di** Teresa.
3. Sara è **più magra di** Rita.
4. Massimiliano è **più grande di** Marina.
5. Francesco è **più giovane di** Giuseppe.
6. Carmela è **bruna come** Vera.
7. Serena e Anna sono **toscane come** Davide.
8. Il Tevere è **più lungo dell'**Arno.
9. Roma è **più popolosa di** Napoli.
10. La Sardegna è **più piccola della** Sicilia.
11. Jürgen e Hans sono **tedeschi come** Gabi.
12. L'auto di Aurelio è **più veloce di** quella di Giulio.

50

1. Attualmente viaggiare in aereo è più conveniente **che** andare in treno.
2. Ieri ha fatto molto più caldo **di** oggi.
3. Il nuoto è sicuramente uno sport più completo **del** tennis.
4. Tuo fratello Daniele è meno disordinato **di** te.
5. Tra poco comincia a piovere. Mi sembra più sensato cenare in tinello **che** in giardino.
6. Gli uomini sono più legati alla mamma **delle** donne. Sarà vero?
7. Il supermercato in piazza è più economico **di** quello lì all'angolo.
8. Amedeo è più suscettibile **che** sensibile.

51

Due sorelle a confronto
Marisa e Loredana sono sorelle, eppure hanno veramente poco in comune.
Marisa è più alt**a di** Loredana e anche più robust**a di** lei. Loredana invece è più sportiv**a di** Marisa. Loredana ama sciare, nuotare e fare

jogging. Per Marisa è più interessant**e** leggere un libro **che** sciare o fare jogging! E poi Marisa adora l'opera. Invece Loredana trova più eccitant**e** andare in discoteca **che** a teatro. E all'università? Beh, certamente Marisa è più studios**a** **di** sua sorella. Loredana però non è meno intelligent**e** **di** Marisa. Anche di carattere sono diverse. Marisa appare più riflessiv**a** **che** intuitiv**a**. Loredana è una persona sveglia ed è sicuramente più apert**a** **di** Marisa. Loredana, infatti, ha tanti amici ed è sempre in movimento. Sua sorella Marisa è meno vivac**e** **di** lei. Marisa preferisce andare al cinema e ci va anche da sola.
Ma allora cosa hanno in comune queste due sorelle? ... Beh, sono gemelle!

**52**

1. Senta, vorrei due etti di prosciutto San Daniele tagliato **sottile sottile**, per cortesia.
2. Conosci il romanzo "Due di due" di Andrea De Carlo? Secondo me è un libro **molto interessante**. Lo devi leggere!
3. Oggi Giovanna si è messa dei pantaloni **stretti stretti**. Mamma mia, le stanno proprio male.
4. Quest'anno abbiamo avuto l'estate **più calda** degli ultimi dieci anni.
5. Tra Eduardo, Mimmo, Alba e Maurizio probabilmente sono Mimmo e Alba i **meno flessibili**, perché hanno due figli.
6. Secondo Francesco, Monica Bellucci è la donna **più bella** del mondo!
7. Tommaso è il **più riservato** fra tutti i miei colleghi. Non dice mai una parola!
8. Vuoi preparare la "torta mimosa"? Attenta, però, la ricetta è **assai impegnativa**.
9. Ehi, ragazze, oggi siete **puntualissime**? Come mai?
10. Tuo fratello Gigi è sicuramente la persona **meno adatta** per quel lavoro.

**53**

1. *Qual è la regione più estesa d'Italia?* - La Sicilia. 2. Qual è il lago più grande d'Italia? - Il lago di Garda. 3. Qual è il fiume più lungo d'Italia? - Il Po. 4. Qual è la città più popolosa d'Italia? - Roma. 5. Qual è il vulcano più attivo d'Europa? - L'Etna. 6. Qual è la montagna più alta d'Italia? - Il Monte Bianco. 7. Qual è il lago più profondo d'Italia? - Il lago di Como.
***Lösungswort:*** ENRICO DE NICOLA

**54**

1. Io sono ordinatissimo.
2. Beatrice mette sempre gonne cortissime.
3. Ugo ha un cellulare modernissimo.
4. Mm! queste tagliatelle sono buonissime!
5. Veronica, oggi sei elegantissima!
6. I miei amici sono affidabilissimi.
7. Abbiamo un'insegnante preparatissima.
8. "La dolce vita" è un film famosissimo.
9. Bianca porta scarpe particolarissime.
10. La mia lavatrice è silenziosissima.

**55**

1. Speriamo di avere un futuro **migliore**.
2. Io non ho fratelli **minori**.
3. Devo assolutamente ritornare in banca perché ho bisogno di una somma di denaro **maggiore**.
4. L'insegnante del mio amico non ha un buon metodo d'insegnamento, ma la mia insegnante ha un metodo ancora **peggiore**.
5. Ecco, queste sono le mie sorelle **maggiori**.
6. Gli studenti della vostra scuola sono **migliori** di quelli della nostra scuola.
7. Anche quest'anno ci sono state alluvioni, ma i danni sono stati **minori** dell'anno scorso.
8. Questa stoffa è di qualità **peggiore** dell'altra.

**56**

1. "I promessi sposi" sono l'opera **maggiore** di Alessandro Manzoni.
2. Per questo esame lo sforzo è stato **minimo**.
3. Una cena **ottima**! Complimenti!
4. L'incidente d'auto è stata una delle esperienze **peggiori** della mia vita.
5. Quest'estate abbiamo avuto una temperatura **massima** di 37 gradi.
6. No, guarda, lasciami in pace! Oggi sono di **pessimo** umore.
7. In quel ristorante fanno il **migliore** ragù della zona!
8. Giorgio è il **minore** dei miei fratelli.

**57**

2. improvvisamente ➛ plötzlich; 3. adesso ➛ jetzt; 4. intensamente ➛ intensiv; 5. dopodomani ➛ übermorgen; 6. lontano ➛ weit; 7. attualmente ➛ derzeit; 8. tardi ➛ spät; 9. vicino ➛ in der Nähe; 10. assolutamente ➛ unbedingt

**58**

1. urgente ➛ urgentemente; 2. antico ➛ anticamente; 3. profondo ➛ profondamente; 4. debole ➛ debolmente; 5. particolare ➛ particolarmente; 6. attento ➛ attentamente; 7. felice ➛ felicemente; 8. raro ➛ raramente; 9. finale ➛ finalmente; 10. prudente ➛ prudentemente

**59**

1. **Oggi** non sono andato in ufficio, ma **domani** ci vado.
2. Riccardo, puoi venire **qui** / **qua** , per piacere? Ho bisogno di aiuto.
3. Vado **raramente** al cinema, preferisco prendere in affitto un DVD.
4. Frequentiamo un corso d'inglese e ci andiamo **regolarmente**.
5. **Forse** l'anno prossimo vado a fare un master a Bruxelles.
6. Le lasagne che fa mia moglie sono **veramente** buone, ma le lasagne di mia madre sono migliori!
7. Ragazzi, dovete partecipare **attivamente** alla lezione, **altrimenti** vi annoiate!
8. Sono un po' preoccupato perché mio figlio Mariano mangia **poco**.
9. **Finalmente** siete arrivati!
10. C'è una farmacia **qui** / **qua vicino**? - Sì, guardi, è **lì** / **là**.

**60**

1. La nonna di Luciana è **gravemente** ammalata.
2. Stamattina sull'autostrada c'è stato un **violento** scontro tra un camion e un furgoncino.
3. Eugenio, che brutta faccia! Stai **male**?
4. Aspetto **pazientemente** una conferma dalla banca.
5. I miei genitori sono **felicemente** sposati da 40 anni!
6. Per il pranzo di domani voglio preparare delle pietanze **tipiche** della nostra cucina locale.
7. Ho ereditato una scrivania **autentica** del 1800.
8. Ieri ho incontrato un vecchio compagno di scuola, ma lui mi ha trattato **freddamente**. Non capisco perché!
9. I bambini sono **impazienti** di rivedere i genitori.
10. Linda, c'è qualcosa che non va? - Eh, insomma, sono **leggermente** influenzata.

**61**

1. Oh, queste rose sono **veramente** belle.
2. Per piacere, può parlare **lentamente**? Sono straniero.
3. Adesso arriva una curva **pericolosa**, perciò cerca di andare piano.
4. Alberto e Dino vincono ogni settimana al totocalcio. Sono **fortunati**.
5. Mio figlio è bilingue, parla **perfettamente** l'italiano e il tedesco.
6. Devo tornare **urgentemente** a casa.
7. Ci hanno regalato un vaso davvero **particolare**.
8. **Generalmente** mi alzo alle sei ed esco di casa prima delle sette.
9. Gli inquilini del piano di sopra sono **rumorosi**, soprattutto di notte!
10. Corrado è un tipo **tranquillo**. Non si arrabbia mai.
11. Ti piace la frutta? - Sì, mi piace **specialmente** la frutta estiva.
12. Mi sa dire **cortesemente** dov'è il prossimo distributore di benzina?

**62**

1. Emilio non può giocare con noi a calcio perché non si sente **bene**.
2. Va **bene**, allora ti aspetto come sempre per le cinque.
3. Allora, com'è lo spezzatino? - Veramente **buono**!
4. Catia, questo vestito ti sta proprio **bene**.
5. Signori, tutto **bene**? - Sì, grazie.
6. Assunta è una **buona** madre.
7. Tesoro, mi vuoi **bene**? - Ma certo, lo sai che ti amo!
8. Stasera vengono a cena Ennio e Oscar, due **buoni** amici di mio marito.

**63**

Roma, la città eterna
Roma è una città molt**o** famosa, è forse la città più famosa del mondo.
Ogni anno molt**i** turisti la affollano per ammirare le sue bellezze. A Roma ci sono infatti tant**e** cose da vedere. Chi ha poc**hi** giorni a disposizione, ha sicuramente l'imbarazzo della scelta.
Ti affascina molt**o** il periodo romano? Beh, allora a Roma trovi per esempio tant**i** acquedotti, l'anfiteatro Flavio noto come Colosseo, molt**i** ponti e le terme.
Se invece ti piace tant**o** l'età rinascimentale, allora puoi ammirare parecchi**e** chiese e molt**i** palazzi come i Palazzi Capitolini, i Palazzi Vati-

cani, Palazzo Farnese. Chi ama particolarmente la cultura, può anche visitare tanti musei e molt**e** gallerie.
L'arte e la cultura ti interessano poc**o**? Allora puoi fare shopping, e chiaramente devi andare a Via Condotti, ma fai attenzione a non spendere tropp**o**!
Naturalmente è bello girare la città a piedi, così si possono conoscere molt**e** strade e si possono attraversare tant**e** piazze. Ovviamente si cammina parecchi**o**, perché la città è molt**o** grande. Se poi sei tropp**o** stanco e hai tant**a** sete perché fa molt**o** caldo, ti puoi sedere in un bar a bere un buon cappuccino o una bibita fresca. Così puoi anche osservare la vitalità della città: tant**a** gente indaffarata, molt**i** turisti in giro, parecchi**e** auto e soprattutto tropp**i** motorini!
Allora, vuoi fare una vacanza speciale? ... Quo vadis?

**64**

1. Mia madre cucina **meno volentieri di** mio padre.
2. L'anno scorso l'inverno è arrivato **più tardi di** quest'anno.
3. A letto guardo la TV **più comodamente che** in poltrona.
4. Michele naviga su Internet **raramente come** i suoi amici.
5. Alberto, bravo! ti sei comportato **più intelligentemente di** Nando!
6. Adesso faccio sport **meno spesso di** prima. Non ho tempo!
7. Olga e Salvatore parlano il francese **correntemente come** l'inglese.
8. Stanotte abbiamo dormito **più profondamente di** ieri.

**65**

1. Mio padre torna a casa, la sera, **molto tardi** e quindi non possiamo cenare tutti insieme.
2. Alessandra è una studentessa molto in gamba. Risponde alle domande **più velocemente** di tutti.
3. Abito **vicinissimo** al mio nuovo posto di lavoro. Ci vogliono cinque minuti d'auto.
4. Sono solo le 5.00. È **prestissimo**! Possiamo dormire ancora un po'.
5. Ieri sono arrivato all'ufficio postale un attimo prima della chiusura, ma per fortuna l'impiegata **molto gentilmente** mi ha fatto entrare lo stesso.
6. Orlando ha una salute di ferro. Sta a letto con la febbre **più raramente** di tutti.
7. Andiamo a piedi? – No, dai! il cinema si trova **lontanissimo** da qui. Prendiamo la macchina!
8. Il nostro insegnante di filosofia ci fa addormentare durante la lezione perché parla **lentissimamente**.
9. In ufficio abbiamo un collega un po' superficiale. Lavora **meno accuratamente** di tutti.
10. Mi piace molto la pittura, infatti vado **spessissimo** a vedere delle mostre.

**66**

- ► Io lavoro **meglio** in estate, con il caldo, che in inverno, con il freddo.
- ■ Veramente io lavoro **benissimo** / **molto bene** / **(ottimamente)** soprattutto in inverno.
- ● A me, invece, non interessa com'è il tempo. Io lavoro **più volentieri** con la musica in sottofondo.
- ■ No, no, macché! io rendo **di più** se c'è silenzio assoluto!
- ► Sì, anche io mi concentro **pochissimo** con la musica in sottofondo.
- ■ Mia sorella, che studia ancora, si concentra **moltissimo** di notte.
- ► Anche mio fratello va ancora a scuola, lui studia **spessissimo** con un compagno.
- ● Sì, anche a mia cugina piace studiare in due, secondo lei ci si distrae **di meno**.
- ■ Non sono per niente d'accordo, in due si perde tempo e si impara **molto lentamente** / **(lentissimamente)**.
- ► Vabbè, ... andiamo al mare, che è **meglio**!

**67**

1. Fulvio, esci troppo raramente, dovresti uscire **più spesso**.
2. L'anno scorso guadagnavo poco, adesso invece mi hanno dato un aumento e quindi guadagno **di più**.
3. Vanno bene le scarpe? – Sì, queste qui vanno **meglio**.
4. I figli dei vicini si comportano sempre male, ma oggi si sono comportati **peggio** del solito!
5. Mamma mia! ho mangiato troppo. Domani devo mangiare **di meno**.
6. Senti, ma perché cammini così lentamente? Io ho fretta, potresti camminare **più velocemente**?
7. Signora Rocchetta, si sente ancora male? – No, ora mi sento **molto meglio.**
8. Abitate ancora così lontano dal centro? – No, ora abitiamo **più vicino**.

9. Allora, vengo verso le sette. – No, è troppo presto. Puoi venire **più tardi**?
10. Prima mio padre fumava molto. Adesso, per fortuna, fuma **di meno**.

**68**

1. Vorrei avere una vita **migliore**.
2. Si è fatto buio, è **meglio** tornare a casa.
3. Stanotte con le finestre aperte abbiamo dormito **meglio**.
4. Gli alunni **migliori** hanno avuto un premio.
5. Bravo, hai agito nel modo **migliore**.
6. Oreste ha preso la decisione **peggiore**.
7. Ma come è possibile!? Dopo l'intervento Gabriella sta **peggio**.
8. Il 2004 e il 2005 sono stati gli anni **peggiori** per lui.
9. La nuova lavastoviglie funziona **peggio** della vecchia.
10. Con l'orecchio sinistro sento **peggio** che con il destro.

**69**

il mio cappello – i miei cappelli, la mia cintura – le mie cinture
il tuo orologio – i tuoi orologi, la tua borsa – le tue borse
il suo bicchiere – i suoi bicchieri, la sua tazza – le sue tazze
il nostro amico – i nostri amici, la nostra amica – le nostre amiche
il vostro giornale – i vostri giornali, la vostra rivista – le vostre riviste
il loro cuscino – i loro cuscini, la loro coperta – le loro coperte

**70**

1. Come si chiama **la tua** insegnante d'inglese? – Mary.
2. **I nostri** vicini hanno deciso di cambiare casa.
3. Vivo con **la mia** famiglia a Treviso.
4. Ti piace **il tuo** lavoro? – Sì, abbastanza.
5. **La vostra** auto è molto veloce e confortevole.
6. Ieri sono andato a trovare Arturo e Clelia. **La loro** nuova casa è bellissima.
7. Emanuela è simpatica, ma **le sue** amiche sono invadenti.
8. Diego, Margherita, allora! com'è **il vostro** direttore?
9. Ecco, guarda, qui tengo tutti **i miei** libri dell'università.
10. Flora e Manlio sono molto saggi, io seguo sempre **i loro** consigli.

**71**

1. Una volta al mese mi incontro con **i miei colleghi (di lavoro)** in un locale vicino all'ufficio.
2. Sì, d'accordo, dottor Carrara, accetto **la Sua proposta**.
3. A volte i politici mi danno ai nervi, **i loro discorsi** sono incomprensibili.
4. Finalmente Liliana mi ha risposto. Ho ricevuto **la sua e-mail** proprio ieri sera.
5. **Il tuo impegno** per i problemi sociali è lodevole.
6. Leonardo da Vinci era un noto artista e scienziato. **I suoi interessi** erano estremamente vasti.
7. Bambini, avete messo a posto **i vostri giocattoli**?
8. Prego, signori, **il Vostro tavolo** è qui.
9. Conosci i signori Ferrara? **La loro villa** è quella a due piani con i tetti rossi e le persiane bianche.
10. Vittoria, **le tue feste** hanno sempre molto successo!

**72**

1. Ieri ho visto tu**a** sorella in biblioteca. Era insieme ad un'amica, credo.
2. Mamma mi**a**, che hai combinato!
3. Chi sono questi nella foto? – Questa è Paola e quello è **il** su**o** fratellino.
4. Wanda è pittrice. **Il** su**o** ultimo quadro rivela uno stile più maturo dei quadri precedenti.
5. Vai ancora in vacanza con **i** tuo**i** genitori? Ma hai 30 anni!
6. Per colpa vostr**a**, stasera non posso andare alla partita! Uffa!
7. Questo fine settimana andiamo a trovare due nostr**i** ex-compagni di scuola.
8. Forza! figlia mi**a**! Sono sicuro che ce la fai.
9. Enzo sta giocando con **i** suo**i** cugini in giardino.
10. Oggi pomeriggio abbiamo incontrato Ivana e Barbara che ci hanno invitato a casa lor**o**.
11. Scusa, hai visto per caso **i** mi**ei** occhiali?
12. Gennaro ha prestato alcuni suo**i** cd a Roberta, ma lei non li trova più!

**73**

1. Sua sorella ama la musica.
2. Le nostre cognate parlano bene l'inglese.
3. Tuo nipote ha molti giocattoli.
4. I nostri zii lavorano in banca.
5. I loro genitori non sanno nuotare.

6. Dove abitano i vostri nonni?
7. Mio cugino viene domani.
8. Quanti anni ha la tua mamma?

74

Ciao a tutti!
Mi chiamo Sebastiano e abito in una cittadina vicino a Napoli. **La mia** famiglia non è molto numerosa, ma non è nemmeno tanto piccola. Ho un fratello e una sorella. Io sono il secondo, ho 33 anni. **Mio** fratello è il maggiore, si chiama Matteo e ha 36 anni. **La mia** sorella minore, Stefania, ha 25 anni. **I miei** fratelli e io non abitiamo più con **i nostri** genitori da qualche anno. Matteo si è sposato sette anni fa e vive a Milano. **Sua** moglie, Nicoletta, è milanese, si sono conosciuti in vacanza. Loro hanno un figlio di tre anni che si chiama Simone: **il mio** primo nipotino! Il piccolo Simone viene a trovarci con **sua** madre e **suo** padre tre volte all'anno. Anche Stefania abita fuori perché studia medicina a Pavia. Lei non è sposata e non è nemmeno fidanzata. Io, invece, sono fidanzato e mi sposo fra pochi mesi. **La mia** fidanzata si chiama Orsola ed è molto più giovane di me. Orsola ha 22 anni ed è la primogenita. **Sua** sorella, Angela, ha 16 anni e naturalmente va ancora a scuola.
E voi? Com'è **la vostra** famiglia?

75

1. Alice, non so più dove ho messo gli occhiali. - Nemmeno io trovo **i miei**.
2. Ehi, Gianni, queste sono le mie chiavi! - No, guarda, queste non sono **le tue**!
3. Ma questo non è il cellulare di Liana? - Sì, è vero. È proprio **il suo**.
4. Scusi, qual è il Suo cappotto? - Eccolo là, quello è **il mio**.
5. Il nostro insegnante di matematica è il più severo della scuola. - Sì, è vero. **Il vostro** è il più severo ma è anche il più bravo.
6. Ma perché prendi sempre la mia roba? - E tu, perché prendi sempre **la mia**?
7. Scusi, sono questi i miei documenti? - No, signora ... Ecco, prego, questi sono **i Suoi**.
8. Guarda, quella è la barca di Rosario e Gina! - No, **la loro** è più piccola!
9. Ecco, ragazzi, finalmente vi restituisco i vostri libri. - Eh ... questi, però, non sono **i nostri**.
10. Veramente ... questa è la mia borsa. - Hai ragione. È vero, è **la tua**.

76

***questo:*** cane, problema, cavallo, salame
***quest':*** uccello
***questa:*** matita, mano, posta
***quest':*** atmosfera, ora
***questi:*** suggerimenti, bambini
***queste:*** indicazioni, scoperte, uova, pentole

77

questa candela - queste candele; questo regalo - questi regali; questo tema - questi temi; questo pacco - questi pacchi; questa margherita - queste margherite; quest'orchestra - queste orchestre; questo vestito - questi vestiti; questa pantofola - queste pantofole; quest'ingegnere - questi ingegneri; quest'odore - questi odori; questa foto - queste foto; questa collana - queste collane

78

1. Sono incinta. - Amore mio, **questa** è la notizia più bella del mondo!
2. Ma come sono buoni **questi** cioccolatini! Chi ce li ha regalati?
3. Stasera cosa metto? Il solito vestito bianco o **questo** qui a righe?
4. Chi sono **queste** ragazze nella foto?
5. Allora, quale cappello mi compro? - Io ti consiglio **questo** di lana a tinta unita.
6. Mi dispiace, **questa** proposta non è proprio accettabile.
7. **Quest'**anno mi laureo e poi faccio uno stage all'estero.
8. **Questi** esercizi sono tutti sbagliati! Li devi rifare.
9. Scusa, dove possiamo sederci? - Ecco! **questi** sono i vostri posti.
10. Dunque, io vorrei delle pesche. Mi dà un chilo di **queste** da 3 euro?

**Questo *als Adjektiv:*** 2, 4, 6, 7, 8
**Questo *als Pronomen:*** 1, 3, 5, 9, 10

79

quell'esperienza ➛ quelle esperienze; quelle albicocche ➛ quell'albicocca; quello spettacolo ➛ quegli spettacoli; quella palla ➛ quelle palle; quella commedia ➛ quelle commedie; quei coltelli ➛ quel coltello; quell'aceto ➛ quegli aceti; quegli antipasti ➛ quell'antipasto; quegli scivoli ➛ quello scivolo; quel romanzo ➛ quei romanzi; quelle chiavi ➛ quella chiave

**80**

1. Anna! Pensi ancora a **quel** ragazzo? E basta! È passato un anno!
2. Scusi, posso provare **quegli** occhiali da sole con la montatura marrone?
3. No, senti, **quelle** tende a pois sono orribili! Non le vuoi mica comprare?
4. Come si chiama **quello** sport, tanto alla moda, che fa tua cugina? - Spinning.
5. Ti piace **quella** giacca nera in vetrina? È in svendita.
6. Ho incontrato **quell'**amico di Patrizia che studia informatica. È un tipo simpatico.
7. Mi passi **quel** piatto, per piacere?
8. Non ho più visto **quella** dottoressa che abbiamo conosciuto in treno l'anno scorso.
9. Come sono belli **quei** pantaloni! Chissà quanto costano!?
10. Di chi sono **quegli** asciugamani? - Uno è di Alessandro, l'altro è il mio.

**81**

1. Quali scarpe vuole provare? - **Quelle** blu.
2. Chi sono **quelli**? - Sono i figli di Tiberio e Linda.
3. Da dove vengono **quei** turisti?
4. Enza ha un bel naso, ma **quello** di Cinzia è perfetto!
5. Volete la granita di limone o **quella** di caffè?
6. Prendi l'ombrello, per piacere? - Quale? **Quello** nero?
7. Vedete **quelle** biciclette laggiù?
8. Ma perché grida tanto **quell'**uomo?
9. Puoi togliere **quegli** arnesi, per piacere? Sono pericolosi.
10. **Quello** è il nuovo collega di mio padre.

**Quello *als Adjektiv*:** 3, 7, 8, 9
**Quello *als Pronomen*:** 1, 2, 4, 5, 6, 10

**82**

1. Mi sono diplomato nel 1995. **Quell'**anno per me è stato bellissimo.
2. Quale pigiama ti vuoi mettere? **Questo** a maniche lunghe o **quello** a maniche corte?
3. Ieri siamo andati in **quel** ristorante in via de Carolis con la vista sul lago.
4. Chi sono **queste** ragazze qui nella foto?
5. Ecco qua, **questi** sono proprio gli stivali che fanno per me!
6. Allora, **quest'**inverno vogliamo fare la settimana bianca a Livigno?
7. Guarda qui, ti piacciono **questi** guanti di pelle? - No, sinceramente io preferisco **quelli** di lana.
8. Li vedi **quei** due soldati laggiù? Che carini!
9. Ti ricordi **quella** volta in Grecia ... - Quando abbiamo perso le chiavi dell'auto?
10. **Questi** qui sono i miei genitori e **quelle** lì dietro sono le mie sorelle.

**83**

1. **Ciò** è vero.
2. Mamma mia! ripetete sempre **le stesse** cose!
3. Ehi, guarda che combinazione! Abbiamo avuto **gli stessi** voti.
4. Sabina e sua sorella hanno **la stessa** bocca e **gli stessi** occhi.
5. **Questa** tovaglia è sporca. La devo lavare.
6. Possiamo vederci stasera o rimandare a domani, per me è **lo stesso**.
7. Fate **ciò** che vi sembra più giusto.
8. **Quelle** sono delle care amiche di Teresa.
9. **Ciò** non mi interessa per niente.
10. Mia madre e mio padre svolgono **la stessa** professione.

**84**

1. Sono stato malato **tutta la** settimana. ➛ die ganze Woche
2. Capisci sempre **tutto** tu! ➛ alles
3. Mia madre conosce a memoria **tutte le** poesie di Leopardi. ➛ alle Gedichte
4. Abbiamo provato **tutte** e tre le ricette che ci hai dato. ➛ alle drei Rezepte
5. Oggi ho lavorato al computer **tutto il** giorno. ➛ den ganzen Tag
6. Hai comprato **tutti** questi vestiti? ➛ alle diese Kleider
7. Hanno usato **tutta la** frutta che era in frigo per fare la macedonia. ➛ das ganze Obst
8. Ragazzi, siete **tutti** d'accordo con me? ➛ alle
9. Come sempre, anche quest'anno andiamo in vacanza **tutto il** mese di agosto. ➛ den ganzen Monat
10. Ho scritto **tutta la** lettera, l'ho messa in busta, ho incollato il francobollo e poi ho dimenticato di spedirla. ➛ den ganzen Brief

**85**

1. **Ogni** sei mesi mi incontro con i miei ex-compagni di liceo.
2. **Tutti gli** anni, in primavera, andiamo a trovare gli zii di Lecce.
3. Quando vai a fare fisioterapia? - **Tutti i** giorni.
4. **Ogni** lingua straniera ha le sue difficoltà.
5. **Ogni** sera, alle 19.00, vediamo il telegiornale di RAI tre.

6. Da bambino andavo a pranzo dai miei nonni, insieme a mamma e papà, **tutte le** domeniche.
7. Se avete veramente finito **tutti i** compiti potete andare in cortile a giocare.
8. Signora, deve prendere l'antibiotico **ogni** otto ore.
9. Hai mangiato **tutta la** pasta! 300 grammi di pasta! E io che mangio adesso?
10. Prima andavamo al cinema **ogni** settimana, adesso che abbiamo due figli ci andiamo una volta all'anno!

**86**

1. I ladri hanno rubato **alcuni** oggetti di valore.
2. **Alcune** piante fioriscono tutto l'anno.
3. Avete **qualche** domanda?
4. Ho portato **alcuni** vestiti dalla sarta per farli stringere.
5. L'insegnante mi ha rimproverato senza **alcun** motivo.
6. Durante la finale c'era solo **qualche** persona per la strada.
7. Ho comprato delle fragole e ne ho mangiate **alcune** subito.
8. Non ti preoccupare, non ho **alcuna** fretta.
9. Ho tutti i cd di Celentano. - Io ne ho solo **alcuni**.
10. Avete capito la regola o avete ancora **qualche** dubbio?

**87**

1. Allo stadio c'è **troppa gente**. Non ci vengo.
2. In questa situazione ci vuole coraggio e tu ne hai **parecchio**!
3. L'accusa ha fornito **diverse prove** contro di lui.
4. Hai degli elastici? - Sì, ne ho **tanti**. Se ti servono, li vado a prendere.
5. In vacanza, quest'anno, ho speso **pochi soldi**.
6. Papà ha invitato a cena **certi colleghi** dell'ufficio.
7. Scusi, ci può portare **altri due bicchieri**?
8. Tu hai molta fortuna, io invece ne ho **poca**.
9. Questo libro non mi piace! Me ne presti **un altro**?
10. L'insegnante deve correggere **molti temi**.

**88**

1. d Marcello! tu mangi troppi dolci. Guarda che ti fanno male!
2. h A pranzo non beviamo molto vino. Preferiamo bere l'acqua.
3. a Lina ha trovato un altro lavoro che le piace molto.
4. f Quando si gioca a scacchi ci vuole tanta calma per poter ragionare bene.
5. b Io ho molti capelli, invece Pio ne ha proprio pochi.
6. e All'università ho sostenuto diversi esami di filosofia.
7. j La vita è così: alcuni sono più fortunati di altri.
8. i Soffro di mal di testa. Mi viene parecchie volte al mese.
9. c Luisa ha comprato molte piante per il giardino.
10. g Prima di firmare il contratto devo compilare certi formulari complicatissimi.

**89**

1. Federica è un'amica che non vedo da tanti anni.
2. Il professore ha elogiato gli studenti che hanno superato l'esame.
3. Non mi piacciono i sandali che hai comprato.
4. Hai trovato il telecomando che cercavi?
5. Al corso ho conosciuto un ragazzo che parla cinque lingue.
6. Il ciclismo è uno sport che amo molto.
7. Avete bevuto il vino che vi ho regalato?
8. Il presidente ha tenuto un discorso che è durato due ore.

**90**

1. Questo è il ragazzo con cui ho litigato.
2. Il vigile a cui ho chiesto l'informazione era molto simpatico.
3. Il problema di cui ci hai parlato è serio.
4. Devo chiamare Concetta a cui ho prestato la friggitrice.
5. La malattia di cui soffre Milena è molto rara. / La malattia di cui Milena soffre è molto rara.
6. Questa è la ragazza di cui si è innamorato Alberto. / Questa è la ragazza di cui Alberto si è innamorato.
7. L'albergo in cui abbiamo pernottato era carissimo.
8. Mio nonno, da cui ho imparato tante cose, è morto nel 1996.
9. Il ragazzo a cui ho dato il mio primo bacio era francese.
10. La città in cui vivo è abbastanza grande.

# Lösungsschlüssel

**91**

2. Gli amici con cui faccio il viaggio sono di Firenze.
3. Puoi accendere la lampada che è vicino alla finestra?
4. Qual è il porto in cui avete fatto scalo?
5. Hai messo in frigorifero la torta che dobbiamo portare stasera alla festa?
6. Come si chiama la città in cui è nata Tiziana?
7. Guarda com'è carino il vestitino che ti ha cucito la nonna!
8. Il salmone e la trota sono due pesci che mangio molto volentieri.
9. Ho incontrato Antonio da cui ho saputo che Gino si trasferisce.
10. Qual è l'argomento su cui Renata ha discusso la tesi di dottorato?

**92**

1. Lì c'è una vecchietta **che** sta attraversando la strada, la vedi? Dobbiamo aiutarla.
2. Purtroppo non ho raggiunto l'obiettivo **a cui** miravo.
3. La cassa **che** cerchi di sollevare è troppo pesante per te!
4. Rosalba è una vecchia amica **su cui** posso sempre contare.
5. Ho fatto un errore **di cui** mi pento molto.
6. Il medico **che** ha curato mia madre è molto in gamba.
7. Il paese **da cui** provengono i miei nonni si trova in Calabria.
8. L'automobilista **che** ha provocato il tamponamento si è ferito.
9. Mi dispiace, non sono al corrente della questione **a cui** Lei si riferisce.
10. I ragazzi **con cui** divido l'appartamento sono due.

**93**

1. Verbania, la città **in cui** vive Ugo, si trova sul lago Maggiore.
2. Hai preso tu il mazzo di chiavi **che** era sul tavolo della cucina?
3. Sebastiano **a cui** ho raccontato la mia esperienza è rimasto molto colpito.
4. Loredana, **con cui** sono stato fidanzato dieci anni, all'improvviso mi ha lasciato e ha preso i voti.
5. Le due ditte **a cui** ho mandato il curriculum non mi hanno ancora contattato.
6. Il Trentino-Alto Adige, **che** è una regione dell'Italia nordorientale, confina con l'Austria, la Svizzera, la Lombardia e il Veneto.
7. Siamo stati in Liguria e abbiamo visitato quel paesino **di cui** ci hai tanto parlato.
8. Volevo cambiare la lampadina ma la sedia **su cui** sono salito si è rotta, allora sono caduto e mi sono fatto male al piede.
9. Il treno delle 7.00 **che** prendo per andare al lavoro è sempre affollatissimo.
10. "La traviata" e "Rigoletto", **che** sono due capolavori di Giuseppe Verdi, sono opere di grande concentrazione drammatica.

**94**

1. Il paese **nel quale** abitiamo conta poco più di mille abitanti.
2. I miei genitori **ai quali** ho raccontato delle nostre difficoltà vogliono aiutarci.
3. Niccolò Ammaniti ha scritto il libro **del quale** parla tanto Sabina.
4. Immacolata e Antonella, **le quali** lavorano alla Rinascente, vorrebbero cambiare lavoro.
5. Ho comunicato personalmente le dimissioni al direttore **il quale** è stato molto sorpreso.
6. Serena **con la quale** ho parlato ieri ha deciso di acquistare una casa al mare.
7. Le persone **per le quali** i soldi non sono tutto vivono forse più felicemente.
8. Ho ricevuto un'e-mail dalla mia amica Grazia **la quale** vive in Svizzera con suo marito.

**95**

1. Sono tornati i miei cugini **i quali** hanno fatto il giro del mondo.
2. Ho invitato Rosa a cena **alla quale** ho promesso di preparare la parmigiana di melanzane.
3. Marcello è un caro amico **sul quale** posso sempre contare.
4. Hai detto una bugia **della quale** devi vergognarti.
5. Purtroppo devono vendere la casa **la quale** aveva costruito il nonno dopo la guerra.
6. Il fiume che attraversa la città **nella quale** sono nata si chiama Volturno.
7. Scusi, dov'è diretto il treno **dal quale** Lei è appena sceso?
8. Lo sai che il fratello di Eugenia **al quale** ho venduto la mia vecchia auto non ha ancora preso la patente?

**96**

1. Vorrei sapere **chi** ha bussato alle due di notte!
2. Non conosco la ragazza **che** hai appena salutato.
3. **Chi** disprezza vuol comprare.
4. Il medico da **cui** sono andato due giorni fa mi ha consigliato queste pillole.
5. Non mi ricordo più da **chi** ho sentito questa barzelletta.
6. Quanto costa la scrivania antica **che** hanno comprato i tuoi genitori?
7. **Chi** tace acconsente.
8. Non vi dovete fidare di **chi** vi ha già tradito una volta.
9. Come si chiama l'aeroporto di Londra da **cui** siete partiti?
10. **Chi** tardi arriva, male alloggia.
11. Io esco con **chi** voglio! Hai capito?
12. Il mio migliore amico a **cui** confido tutti i miei segreti si chiama Michele.

***Die Sprichwörter:***
Wer schweigt, stimmt zu. ➛ Chi tace acconsente.
Wer die Ware schilt, hat Lust zu kaufen. ➛ Chi disprezza vuol comprare.
Wer nicht kommt zur rechten Zeit, der muss sehen, was übrig bleibt. ➛ Chi tardi arriva, male alloggia.

**97**

1. Voglio smettere di fumare, **il che** non è facile, ma devo assolutamente riuscirci.
2. Cecilia, **che** ha una grande forza di volontà, è riuscita a smettere di fumare.
3. Per arrivare a casa mia dovete prendere la strada **che** da Capua porta a Caiazzo.
4. Pina ha bisogno di soldi, **il che** mi sembra strano, poiché lei guadagna bene.
5. Dobbiamo provare a convincere tuo padre, **il che** è forse impossibile conoscendo la sua testardaggine.
6. Volete provare a convincere mio padre **che** è più testardo di un mulo?
7. Giampiero ha frainteso le mie parole, **il che** non mi meraviglia conoscendo la sua suscettibilità.
8. Attilio, **che** ha derubato un conoscente per procurarsi la droga, è sotto processo.
9. Alfredo si è rivolto a diversi avvocati per la difesa di suo figlio, **il che** è stato del tutto inutile, infatti lo hanno condannato a due anni di reclusione.
10. Mio cugino dice che ha sostenuto tutti gli esami della sessione, **il che** non mi convince data la sua pigrizia.

**98**

1. Conosci bene la persona **da cui** hai appreso la notizia?
2. Il Monte Bianco, **la cui** vetta è di 4810 metri, fa parte delle Alpi occidentali.
3. Giuliano, **il cui** umorismo è notorio, mette in risalto gli aspetti divertenti di ogni vicenda.
4. Nando, **della cui** bravura eravamo tutti convinti, non ha superato il concorso notarile.
5. Cesare Pavese, **tra le cui** opere ricordiamo "Paesi tuoi", "La bella estate" e "Lavorare stanca", è morto suicida.
6. Dimmi un po', Lorena, ti piace veramente la casa **in cui** abiti? Non è troppo buia?
7. L'avvocato Grosso, **al cui** studio mi sono rivolto in diverse occasioni, non vuole interessarsi del mio caso questa volta.
8. Sai che Vincenza, **i cui** genitori si sono separati poco tempo fa, ha lasciato suo marito e adesso vive con un altro?
9. Le presento il dottor Pirlo, l'ingegnere **per cui** lavoro.
10. Eros Ramazzotti, **le cui** canzoni sono famosissime dappertutto, è nato a Roma nel 1963.

**99**

1. **Chi** è venuto alla riunione? – Solo tre colleghi.
2. **A chi** hai appena telefonato? – Al mio ragazzo.
3. Allora, **chi** ha vinto le elezioni? – La coalizione di centro-sinistra.
4. Ragazzi, **di chi** è questo telefonino? – È il mio.
5. **Da chi** hanno avuto la notizia? – Attilio gli ha raccontato tutta la vicenda.
6. **Con chi** sei andato in vacanza? – Sono andato da solo.
7. La mia migliore amica non mi vuole dire **di chi** è innamorata. – Beh, sono fatti suoi.
8. E voi **chi** siete? – Siamo gli amici di Eugenio.
9. **Chi** hai conosciuto in discoteca? – Un ragazzo carinissimo!
10. Sai **a chi** hanno mandato le partecipazioni Antonella e Silverio? – No, non lo so.

# Lösungsschlüssel

**100**

1. **Che cosa** hai mangiato, oggi, a pranzo? - Solo un piatto di spaghetti aglio e olio.
2. **Chi** vi ha consigliato questo albergo? - Un amico che ci è già stato.
3. **Di che cosa** parla il romanzo che stai leggendo? - È una banalissima storia d'amore!
4. **Con che cosa** vuoi aggiustare l'appendiabiti? - Mi serve un martello e un giravite.
5. **Per chi** è il regalo che hai comprato? - Per mia nonna. Domani è il suo compleanno.
6. **Che cosa** è successo? - Lorenzo e Pasquale hanno litigato.
7. **A chi** dedichi il tuo nuovo libro? - Lo dedico ai miei figli.
8. **Con chi** si è arrabbiato tuo padre? - Con mia sorella.
9. **A che cosa** sta pensando Maria? - Non lo so, è sempre con la testa fra le nuvole!
10. **Di chi** è questo cappello con la visiera? - È il mio.

**101**

1. Che film ti piacciono?
2. Che cosa avete fatto a lezione?
3. Che cosa cucinano Rosanna e Raimondo stasera?
4. A che ora apre il negozio?
5. Con chi sei andato al cinema?
6. Chi ha interrogato l'insegnante?
7. Che bella ragazza!
8. Chi conosce / sa il nome del nuovo presidente del consiglio?
9. Di chi sono quelle scarpe da ginnastica? / A chi appartengono quelle scarpe da ginnastica?
10. Che numero (di scarpe) porta?

**102**

1. **In quale** negozio hai trovato questa bella cornice?
2. **Quali** pantaloni preferisci? Questi a righe o quelli neri a tinta unita?
3. **Qual** è il Suo indirizzo, per piacere?
4. Ecco, questi sono i due modelli che abbiamo. **Quale** preferisce?
5. Scusi, io devo andare in Piazza Plebiscito. **A quale** fermata devo scendere?
6. **Per quale** ragione si è licenziato Livio?
7. Non ho superato l'esame scritto d'inglese. - Mi dispiace. **Quali** errori hai fatto?
8. Guardi, abbiamo guanti di lana e guanti di pelle. **Quali** vuole provare?
9. **In quale** anno vi siete sposati?
10. **Qual** è il tuo colore preferito?

**103**

1. **Quanti** anni hai? - Io ho ventisette anni.
2. **A quanti** anni sei andato a scuola? - A sei anni compiuti.
3. **Quanta** pasta ci vuole per quattro persone? - Circa 400 grammi.
4. Voglio comprare dei carciofi da fare arrostiti. **Quanti** ne prendo?
5. **Quanto** costa il televisore della Panasonic da 45 pollici? - Un attimo che guardo.
6. **Quante** volte ti ho detto che non si marina la scuola! - Scusa, papà, hai ragione!
7. **Di quanti** soldi hai bisogno per la gita scolastica? - Non lo so ancora.
8. **Da quanto** tempo studiate l'italiano? - Da circa un anno.
9. Mamma mia, **quante** storie! Adesso basta! si torna a casa.
10. Posso prendere un po' di cioccolata? - Certo, prendine **quanta** ne vuoi!

**104**

1. **Quali** lingue hai studiato all'università? - Ho studiato l'inglese e lo spagnolo.
2. **A quale** corso ti sei iscritto? - A quello di yoga.
3. **Quanti** mesi di garanzia ha la macchina fotografica? - Ha una garanzia di 24 mesi.
4. **Da quale** parte dell'Italia viene tua cugina? - Lei viene dal Nord.
5. **In quale** regione si trovano i famosi trulli? - In Puglia.
6. Ma **quanto** sale hai messo nell'insalata? È immangiabile. - Scusa, mi dispiace.
7. **Qual** è il capoluogo del Piemonte? - Torino.
8. **Quante** settimane dura il corso di aggiornamento? - Solo una settimana.
9. **Da quanti** anni ci conosciamo? - Da una vita, cara mia!
10. Ci serve la mozzarella per fare la caprese. - Va bene. **Quanta** ne devo prendere?

**105**

1. **Di che cosa** stanno parlando? - Di politica.
2. **Quando** giochiamo di nuovo a dama? - Domenica.
3. Scusi, **dove** si trova la stazione centrale? - Mi dispiace, non lo so. Non sono di qui.
4. Buona sera, Signora Veltroni! **Come** sta? - Bene, e Lei?
5. **Perché** non andiamo a ballare? - Oh, no ..., non mi va.
6. **Come** sono felice! - Bene, mi fa piacere per te.

7. **In quale** cassetto hai messo la camicia bianca? – Nel secondo, credo.
8. **Dove** sono cresciuti i tuoi genitori? – In una cittadina della Basilicata.
9. **Quanto** tempo ci hai messo a preparare l'esame? – Ci ho messo due mesi, ma ho studiato tanto!
10. Non so **perché** Danilo non si è fatto più sentire.

**106**

1. e **Come** si chiama? – Aurelia Grimaldi.
2. c Di **dov'**è / Di **dove** è? – Sono italiana, di Bologna.
3. a **Dove** abita? – A Padova.
4. h A **che** piano abita? – Al quarto. Per fortuna c'è l'ascensore.
5. i **Perché** abita a Padova? – Per lavoro.
6. b **Che** lavoro fa? – Sono impiegata, lavoro al comune.
7. j **Quanto** guadagna al mese? – Mi dispiace, ma non do informazioni sul mio stipendio.
8. g Le posso chiedere **quanti** anni ha? – Sì, certo. Ho trentadue anni.
9. d **Che cosa** / **Cosa** / **Che** fa nel tempo libero? – Faccio sport, leggo, vado al cinema ...
10. f **Qual** è il suo film preferito? – Pretty Woman. L'ho visto almeno cinque volte!

**107**

1. **Io** sono di Vercelli. E **tu** di dove sei?
2. Nemmeno **noi** amiamo sciare.
3. Silvana frequenta la quinta elementare e studia molto volentieri.
4. Abito a Firenze da due anni, lavoro in una banca.
5. Chi va a prendere i bambini a scuola? – Ci vado **io**.
6. Scusi, **Lei** come si chiama?
7. Allora, ragazzi, per il pic-nic **noi** portiamo le bibite e **voi** preparate qualche spuntino.
8. Elisabetta e Renato vogliono andare in vacanza. Domani partono per il mare.
9. **Io** ordino un caffè. Lo vuoi anche **tu**?
10. In agosto Martina, Oscar e Aldo pensano di andare in campeggio in Calabria. E **voi** che pensate di fare?

**108**

1. Domenico **si** annoia durante l'ora di religione.
2. Arturo e Toni non **si** iscrivono all'università, invece **noi ci** iscriviamo.
3. Stasera **ci** incontriamo con alcuni amici in piazza.
4. **Mi** chiamo Anna e sono italiana, di Napoli.
5. Invitate Francesco e Angela al vostro matrimonio?
6. Nemmeno **loro** sanno quali squadre giocano domani.
7. Signora Barbato, come **si** sente oggi? – Bene, grazie, e **Lei** come sta?
8. **Io mi** alzo presto la mattina, e **tu** quando **ti** alzi?
9. Ragazzi, se **vi** lavate le mani, possiamo mangiare.
10. **Io mi** diverto sempre in discoteca, invece Wanda e Mirella non **si** divertono proprio.

**109**

1. Vado in ufficio con la macchina e **la** parcheggio in un autosilo.
2. Sono così infelice! Cristiano non **mi** ama più.
3. Quando fai il trasloco **ti** aiuto volentieri.
4. Mi piacciono molto i libri gialli. **Li** leggo sempre la sera a letto.
5. Sono allergica alle fragole e quindi la mia mamma non **le** compra mai.
6. Quando arrivate all'aeroporto **vi** vengo a prendere io con l'auto.
7. Mia moglie non ama il vino, io invece **lo** bevo molto volentieri.
8. A Leonardo piace la pasta, ma **la** mangia solo con il formaggio.
9. Abbiamo una brava insegnante. Lei **ci** segue con pazienza e passione.
10. Conosco tutte le favole dei fratelli Grimm e **le** racconto sempre ai miei bambini.

**110**

1. No, non lo invito.
2. Sì, li chiamiamo.
3. No, non mi disturbi.
4. Sì, la comprendo.
5. Sì, vi accompagno io.
6. No, non le conosciamo.
7. No, oggi non li cucino.
8. No, non ti riconosco.
9. Sì, lo aspettiamo da un'ora.
10. Sì, La richiamo domani.

**111 a**

1. Lo posso usare? / Posso usarlo?
2. Non li voglio lavare. / Non voglio lavarli.
3. La puoi apparecchiare? / Puoi apparecchiarla?
4. Le dobbiamo fare. / Dobbiamo farle.
5. La può aprire? / Può aprirla?
6. Lo devi spegnere. / Devi spegnerlo.

**111 b**

1. Certo, vi posso accompagnare. / Certo, posso accompagnarvi.
2. Certo, ci puoi aspettare. / Certo, puoi aspettarci.
3. Certo, ti possiamo capire. / Certo, possiamo capirti.
4. Certo, mi potete chiamare. / Certo, potete chiamarmi.

**112**

2. f Valeria e Marco sono due brave persone, io stimo soprattutto <u>lui</u> per la sua correttezza.
3. h Teresa, è vero che il tuo parrucchiere ha una passione per <u>te</u>?
4. i Secondo <u>noi</u>, se vuoi sentirti meglio devi fare la dieta.
5. a Come mai Luca parla sempre e solo con <u>voi</u> e non parla mai con <u>noi</u>?
6. j Mirna, ti ringrazio molto. Ragazzi, devo ringraziare anche <u>voi</u>.
7. d Per <u>Lei</u>, signora, un Martini con ghiaccio, e Lei invece cosa prende?
8. e Quando Lia e Gigi litigano, perché sgridi solo <u>lei</u>?
9. c Catia è innamorata di <u>me</u>, ma invece io amo un'altra donna.
10. g Capisco entrambe le posizioni. Sono d'accordo sia con <u>voi</u> che con <u>loro</u>.

**113**

1. Chi preferisci, Diego o Sara? - Preferisco sicuramente **lei**. Sara è molto aperta e sempre disponibile.
2. Venite a trovarci. Ci fa molto piacere. Potete restare da **noi** quanto volete!
3. I miei cugini vanno una settimana in Portogallo. Vogliamo andare con **loro**?
4 Come sono Fabio e Barbara? - No, guarda, non sopporto né **lui** né **lei**!
5. Mamma, lo so che anche Paolo e Raffaele hanno bisogno di aiuto. Io, però, domani sono da solo. Puoi venire prima da **me**?
6. Maria, questi fiori sono per **te**! - Oh, grazie, che belli!
7. Stasera andiamo in pizzeria, vuoi venire con **noi**?
8. Il professore di latino è proprio strano ... La mia compagna di banco ha copiato la mia versione e lui invece ha rimproverato **me**!
9. Ferdinando è un tipo ambiguo. Non mi fido proprio di **lui**.
10. Liana, sei una ragazza formidabile, proprio come tua sorella. Ammiro molto sia **lei** che **te** / sia **te** che **lei**.

**114**

1. Mi servono dei pomodori, ma **li** vorrei piuttosto maturi.
2. Domenica siamo liberi. Se venite da **noi** facciamo un giro in barca.
3. Guarda, ho comprato un regalo per **te** e uno per tuo fratello.
4. Papà, la bicicletta è rotta! **La** puoi riparare, per piacere?
5. Direttore, perché licenzia proprio **me**?
6. Giampaolo è un mio collega d'università. Con **lui** preparo l'esame di economia.
7. A Caterina non piacciono le collane e infatti non **le** porta mai.
8. Chi di **voi** suona il pianoforte?
9. Vado a trovare i miei genitori ogni due settimane e rimango da **loro** per due giorni.
10. Sei fortunata! Guglielmo è proprio innamorato. **Ti** guarda sempre!

**115**

1. Questa regola la trovo abbastanza facile.
2. Il sigaro lo fumi ancora?
3. Tutti i documenti li conservo in un cassetto.
4. Le lettere le può spedire subito?
5. La macchina la sai guidare?
6. L'ultimo film di Benigni lo devo vedere.
7. Eva e Giuliana le conosciamo da molti anni.
8. Mia madre i tortellini li cucina con la panna.
9. Il gelato lo preferisco alla nocciola.
10. La ricevuta la vuole?

**116**

1. Domani è il compleanno di Luigi. **Gli** regalo un lettore DVD.
2. Il mio ragazzo fa il cantante. Lui **mi** dedica tutte le sue canzoni.
3. Senta, noi non siamo di qui. Che ristorante **ci** consiglia?
4. Giovanni, **ti** piace questo puzzle?
5. Signora Barra, cosa **Le** posso offrire da bere?
6. Marta, i bambini tra poco escono per andare a scuola. **Gli** prepari la merenda?
7. Gentili signori, **Vi** auguriamo una piacevole permanenza nel nostro albergo.
8. Ragazzi, **vi** consiglio di partire presto, altrimenti trovate traffico.
9. Amore, **mi** vuoi veramente bene?
10. Abbiamo appena acquistato un computer. La sua offerta pertanto non **ci** interessa.

**117**

1. La maestra gli spiega una nuova regola.
2. Massimo mi telefona tutti i giorni.
3. Papà ci compra un biliardino.
4. Gli diamo una mano per il trasloco.
5. Non vi piace il gorgonzola, vero?
6. Le serve una padella antiaderente.
7. Gli confido i miei segreti.
8. Mia madre mi manca molto.
9. Quando le spedisci il pacco?
10. Vi prestiamo tutto quello che volete.

**118**

1. Siamo stranieri. **Ci** può dare un'informazione?
   Siamo stranieri. Può darci un'informazione?
2. Se vuole **Le** posso mandare un'e-mail di conferma domani.
   Se vuole, posso mandarLe un'e-mail di conferma domani.
3. Signori, purtroppo **Vi** dobbiamo comunicare una spiacevole notizia.
   Signori, purtroppo dobbiamo comunicarVi una spiacevole notizia.
4. **Mi** vuoi descrivere la strada per arrivare a casa tua? Non conosco la zona.
   Vuoi descrivermi la strada per arrivare a casa tua? Non conosco la zona.
5. Abbiamo tempo, **ci** potete raccontare tutto con calma.
   Abbiamo tempo, potete raccontarci tutto con calma.
6. Mario, **ti** posso prestare io il proiettore per la conferenza.
   Mario, posso prestarti io il proiettore per la conferenza.
7. Allora, ragazzi, quando **vi** devo restituire il gommone?
   Allora, ragazzi, quando devo restituirvi il gommone?
8. Dottor Parisi, **Le** posso dare un consiglio?
   Dottor Parisi, posso darLe un consiglio?

**119**

1. d Scusa, hai visto Eleonora? – No, **mi** dispiace, non la vedo da un pezzo.
2. a Buongiorno! Senta, **Le** posso lasciare questo pacco per i vicini? – Certamente. Devo firmare la ricevuta?
3. f Presto, papà, siamo così curiosi. **Ci** fai vedere i regali? – Un momento, bambini, sono ancora in valigia.
4. b Daniele, sei stato dal medico? – Sì. **Mi** ha detto che devo assolutamente smettere di fumare.
5. h Signori, **Vi** posso portare un aperitivo? – Sì, grazie, è una buona idea.
6. c Giacomino, ma perché metti sempre il sale nel barattolo dello zucchero?! – Scusa, nonna, **ti** prometto che non lo faccio più.
7. j Devo telefonare a Gabriele e Stefania. **Gli** devo ricordare dell'appuntamento. – Se vuoi, li chiamo io.
8. e Secondo te, Arturo ha detto la verità? – Io non **gli** credo. La sua storia è molto strana.
9. g Senti, Annamaria, io amo il pianoforte. **Mi** vuoi insegnare a suonare? – Mah, non lo so. È uno strumento difficile, impegnativo. Io non ho molto tempo.
10. i I miei genitori **mi** hanno vietato di uscire per tre giorni. – Come mai? Cosa hai fatto di male?

**120**

1. Mi piace molto sciare, e <u>a voi</u>?
2. <u>A me</u> interessa particolarmente la pittura contemporanea.
3. Hanno dato proprio <u>a lui</u> la promozione! L'ultimo arrivato!
4. <u>A noi</u> dispiace molto se non vieni alla festa.
5. Le minigonne <u>a te</u> stanno bene. Tu hai delle belle gambe.
6. Carla ha 18 anni. <u>A lei</u> adesso è permesso di tornare a casa tardi.
7. Signora, e <u>a Lei</u> cosa posso offrire? Un prosecco?
8. A Olga e Ezio ho fatto una buona proposta. Ma <u>a loro</u> non interessa.

***unbetont / betont:*** mi – **a me**; ti – **a te**; gli – **a lui**; le – **a lei**; Le – **a Lei**; ci – **a noi**; vi – **a voi**; gli – **a loro**

**121**

1. Io ti penso sempre. E tu **a me** pensi qualche volta?
2. Camilla è gravemente ammalata. Suo marito, Fausto, è un uomo straordinario. Si dedica **a lei** completamente.
3. Enrico mi ha scritto un'e-mail e gli ho già risposto. Anche Bernardo mi ha scritto, ma **a lui** rispondo più tardi.
4. Scusi, permette una domanda? Eh ... Senta, posso fare una domanda anche **a Lei**?

5. Mi presti la tua cravatta grigia? - No, **a te** non presto più niente perché rovini sempre tutto.
6. Voi siete dei veri cinefili, invece **a noi** non piace andare al cinema. Noi preferiamo andare a teatro.
7. Eugenio e Cesare sono sempre molto gentili. **A loro** dobbiamo assolutamente portare un souvenir dall'India.
8. Cari amici, abbiamo vinto un videoregistratore, ma in realtà non ci serve. Serve forse **a voi**?
9. Giacomo, vogliamo andare a giocare a bowling? - Oh, no, **a me** non va.
10. Signora, questa tariffa **a Lei** non conviene. Dobbiamo trovare un'altra soluzione.

**122**

1. Titti, **mi** dai una mano a sparecchiare la tavola, per favore?
2. **Vi** telefoniamo appena atterriamo a Londra.
3. Mi posso fidare di voi? - Ma certo! **A noi** ovviamente puoi raccontare tutto. Siamo una tomba!
4. Guarda, **a te** non regalo più niente. Non sei mai contenta!
5. Oh, com'è carino questo cucciolo! Vito, **gli** fai una foto?
6. Cosa **ci** prepari stasera per cena?
7. Hai fatto vedere la tua collezione di francobolli a Ettore. La fai vedere anche **a me**?
8. Luigi e Matilde vorrebbero comprare un appartamento ma purtroppo **a loro** non bastano i soldi.
9. Signor Barca, **Le** posso dare un consiglio spassionato?
10. **A voi** cosa manca dell'Italia? - Il sole, il mare ...

**123**

1. Elvira, puoi accendere la luce, per cortesia? - Sì, **la** accendo subito.
2. Ercole non può occuparsi dei bambini da solo. **Lo** dobbiamo aiutare.
3. Signora Scala, quando torna la dottoressa Gentili **le** ricorda che la riunione comincia alle tre?
4. Allora, ragazzi, **vi** aspetto domani sera verso le sette. Okay?
5. Faccio i ravioli? - No, i ravioli non **li** voglio, sono troppo pesanti.
6. Belle quelle scarpe nere di pelle lucida! - Ma dove sono? Io non **le** vedo.
7. Io ho un buon rapporto con mio fratello, **gli** scrivo un'e-mail al giorno.
8. Sergio, come **mi** sta questo vestito? - Mah, non è un po' troppo largo?
9. Dottor Bencivenga, **La** disturbo? - Ma no! Prego, si accomodi.
10. Signor Conte, che cosa **Le** posso offrire da bere? - Un caffè, grazie.

**124**

1. Vai spesso da tua madre? - No, però **le** telefono tutti i giorni.
2. Sono stufa di questa situazione. Devo andare dal mio capo e **lo** devo affrontare.
3. Quando hai finito, puoi venire **da me**? Ho bisogno di un piacere.
4. Mia nonna sa raccontare le favole magnificamente. **La** ascolto molto volentieri.
5. Italo, **ti** va di andare a fare immersione? - Noo! **A me** non piace fare immersione.
6. Margherita ha conosciuto Pippo in vacanza. Si è innamorata subito **di lui**.
7. Puoi chiamare un attimo Cesare? **Gli** devo chiedere se ha il trapano.
8. Ragazzi, non sapete risolvere questo problema? Mi meraviglio **di voi**!
9. Maria e Teresa non sono portate per le lingue. **A loro** interessa di più la biologia.
10. Matteo, è mai possibile che mi devo sempre arrabbiare **con te**!
11. Come cucini gli involtini? - Io **li** faccio in umido.
12. Stefania, Veronica, **vi** è piaciuta la cerimonia? - Ah, sì, **a noi** è piaciuta moltissimo.

**125**

**Nel frigorifero di Roberta c'è:** una confezione di burro, un limone, un piede d'insalata, un chilo di melanzane, un pezzo di parmigiano, del prosciutto, un succo d'ananas, un melone.

**Nel frigorifero di Roberta ci sono:** *due bottiglie di latte*, sei uova, degli zucchini, delle carote, dei pomodori, dei peperoni, delle prugne.

**126**

1. A Milano **c'è** un famoso duomo. ➛ vero
2. A Venezia **ci sono** molti ponti. ➛ vero
3. A Firenze **ci sono** gli Uffizi. ➛ vero
4. A Torino **c'è** il famoso Teatro alla Scala. ➛ falso
5. Vicino a Napoli **c'è** l'Etna. ➛ falso
6. In Sicilia, ad Agrigento, **ci sono** diversi templi greci. ➛ vero

7. Nel Lazio, vicino a Roma, **c'è** il lago di Bracciano. ➛ vero
8. A Pisa **ci sono** le torri Garisenda e degli Asinelli. ➛ falso
9. In Lombardia, a Monza, **c'è** un famoso autodromo. ➛ vero
10. In Sardegna **ci sono** i trulli. ➛ falso

a. Il Teatro alla Scala è a Milano.
b. Le torri Garisenda e degli Asinelli sono a Bologna.
c. I trulli sono in Puglia.
d. L'Etna è in Sicilia.

**127**

1. La casa di mia madre e mio padre **è** in riva al mare.
2. Vicino al distributore di benzina **c'è** una scuola.
3. **C'è** un negozio di articoli sportivi da queste parti?
4. I piatti e i bicchieri **sono** nella credenza.
5. **Ci sono** tanti bambini al parco giochi.
6. I cuscini **sono** là sul letto.
7. Non trovo il portafoglio. - Guarda, **è** lì sul comò.
8. Ad Amalfi **c'è** un duomo molto antico.
9. Nella mia città **ci sono** tanti monumenti interessanti.
10. In questo appartamento non **c'è** un balcone. Peccato!

**128**

1. Allora, vieni al cinema con me stasera? - No, non **ci vengo**. Devo studiare per il compito di domani.
2. Quando esci, passi per il centro? - Sì, **ci passo**. Hai bisogno di qualcosa?
3. Da quanto tempo abitate a Roma? - **Ci abitiamo** da un paio d'anni.
4. Hai le chiavi dell'auto? - Sì, **ce le ho** in tasca.
5. Potete venire al seminario? - No, non **ci possiamo venire**. Abbiamo un altro impegno.
6. Giorgina ha il cellulare? - Sì, **ce l'ha**. Vuoi il numero?
7. Hai ancora i libri della scuola? - No, non **ce li ho** più. Li ho buttati.
8. Quando devi andare dal dentista? - **Ci devo andare** domani pomeriggio.
9. Dottor Lanza, lavora ancora in banca? - No, non **ci lavoro** più.
10. Fabrizio e Michela hanno la patente? - No, loro non **ce l'hanno** ancora.

**129**

1. Non sono abituato a questo trattamento. ➛ Non ci sono abituato.
2. Rita non rinuncia alla sua libertà. ➛ Rita non ci rinuncia.
3. Ripensate mai ai giorni trascorsi insieme? ➛ Ci ripensate mai?
4. Non riesco ad aprire la bottiglia. ➛ Non ci riesco.
5. Perché non credete a quello che è successo? ➛ Perché non ci credete?
6. Mia madre ha parlato con la mia insegnante. ➛ Mia madre ci ha parlato.
7. Devo provare a dimagrire assolutamente. ➛ Devo provarci assolutamente.
8. Possiamo contare su mamma e papà in ogni caso. ➛ Possiamo contarci in ogni caso.
9. Faccio dei dolci buonissimi con il forno nuovo. ➛ Ci faccio dei dolci buonissimi.
10. Marisa litiga con suo marito per delle sciocchezze. ➛ Marisa ci litiga per delle sciocchezze.

**130**

Ciao, Miriam!
Lo sai che Paolo non vive più a Londra? È a Madrid adesso. **Ci** abita da poco più di un mese. L'ho chiamato e mi ha detto che dobbiamo andare a trovarlo a Madrid. Che dici, **ci** andiamo? Ma quando?
A proposito di Paolo, ieri ho incontrato suo fratello Saverio e **ci** ho litigato, come sempre! Voleva il numero di telefono di Veronica. Io gli ho detto che non **ce** l'ho. Lui non **ci** ha creduto e si è arrabbiato. Uffa! È proprio insopportabile. Tu non litighi mai con Saverio, anzi **ci** vai d'accordo. Ma come fai?
Domenica prossima Raffaele, Giacomo e gli altri vanno al mare. Il tempo è sicuramente bello. **Ci** andiamo anche noi? Io però devo passare prima un attimo dalla nonna, poi dopo vengo da te. Va bene?
Un'ultima cosa. Ho pensato all'idea del master negli Stati Uniti ma costa troppo. **Ci** rinuncio.
Un bacio, Flora

**131**

1. (lingue) Anche lui ne parla due.
2. (riviste) Anche loro ne vogliono leggere alcune.
3. (esercizi) Anche voi ne fate un paio.
4. (frutta) Anche noi ne mangiamo poca.
5. (zucchini) Anche io ne compro un chilo.
6. (e-mail) Anche lei ne invia tante.

7. (salame) Anche io ne voglio due etti.
8. (prosecco) Anche noi ne beviamo un po'.
9. (proverbi) Anche voi ne conoscete tanti.
10. (sigarette) Anche lui ne fuma un pacchetto al giorno.

**132**

1. Il nonno sta parlando della guerra? - Eh, sì, **ne sta parlando** da due ore!
2. Se avete bisogno del nostro appoggio, ci potete chiamare in ogni momento. - **Ne abbiamo bisogno** sicuramente!
3. Vieni dal lavoro? - Eh sì, **ne vengo** proprio adesso.
4. Vilma si è sposata. Lo sai, vero? - No, non **ne so** niente! E quando?
5. Siete soddisfatti dei risultati? - No, in realtà non **ne siamo soddisfatti**. Siamo anzi piuttosto delusi.
6. Hai voglia di andare in piscina? - Oh, no, oggi non **ne ho voglia**. Sono stanco.
7. Hai notizie di Matteo? - No, da tempo non **ne ho** più **notizie**.
8. Signora Maio, è sicura di volere lasciare l'impiego? - **Ne sono sicura**. Voglio cambiare vita!
9. Dottore, torna dal congresso? - Sì, **ne torno** appena ora.
10. Tutti sono convinti della sua innocenza. - **Ne siamo convinti** anche noi!

**133**

1. Vuoi un tè? - No, grazie. Io non lo bevo. Preferisco il caffè.
2. Alle nove sono andato all'ufficio postale per prelevare lo stipendio. **Ne** sono uscito a mezzogiorno. Ho fatto tre ore di fila!
3. Secondo te Stefania è felice con Eugenio? - Mah, io **ne** dubito. Lui mi sembra ancora troppo immaturo.
4. Mattia si è laureato a pieni voti. Siamo molto orgogliosi di lui.
5. Buongiorno, avete il prosciutto San Daniele? **Ne** vorrei due etti, se possibile.
6. Ti va di fare una passeggiata nel parco? - Oh, no, non **ne** ho proprio voglia.
7. Per piacere, quando torni dal corso, mi dai un colpo di telefono?
8. Porto il nome del mio bisnonno e **ne** sono orgoglioso.
9. Signora, Le posso offrire una fetta di torta? - Sì, grazie. La mangio volentieri.
10. Questo progetto non mi sembra fattibile. Io non **ne** sono per niente convinto.

**134**

1. Nel nostro condominio **ci** sono molte famiglie con bambini.
2. L'estate scorsa mi sono divertita molto a Ibiza. **Ci** voglio tornare anche quest'anno.
3. Possiamo giocare a ramino? Che **ne** dici?
4. Lo sai che Nina ha l'amante? - Non **ci** credo proprio. Non è da lei!
5. Mm! che buone queste albicocche! -**Ne** dai una anche a me?
6. Gabriella ha deciso di trascorrere un periodo in Inghilterra per perfezionare l'inglese. **Ci** vuole rimanere almeno tre mesi.
7. Senti, mi puoi restituire i libri d'informatica? **Ne** ho urgentemente bisogno.
8. Tommaso lavora moltissimo: arriva in ufficio alle otto di mattina e **ne** esce alle sette di sera.
9. Direttrice, volevo esaminare con Lei i dettagli del progetto. - Adesso non ho tempo. **Ne** parliamo domani mattina, va bene?
10. Cari colleghi, per organizzare questa manifestazione è necessaria la collaborazione e la disponibilità di tutti voi. **Ci** posso contare?

**135**

2. Lilli, ho dei colleghi a cena domani. Hai ancora quella bella tovaglia ricamata? Me la puoi prestare? La mia è vecchia.
3. Aurora ha dei bellissimi capelli lunghi. Se li spazzola tutte le mattine prima di uscire.
4. Allora, vi è piaciuto l'arrosto con le patate? Ve ne posso dare ancora?
5. Non conosci le carte da gioco napoletane? Aspetta, te le faccio vedere.
6. Signora, mi dispiace, la merce non è ancora arrivata. Gliela mandiamo appena possibile.
7. Domani dobbiamo andare dalla nonna. Glielo abbiamo promesso.
8. Io ho già cenato, però questa pizza ha proprio un aspetto invitante. Me ne fai assaggiare un pezzettino?
9. Non hai caldo con il maglione? Perché non te lo togli?
10. Se volete la ricetta del pesto, ve la do subito.

| | **mi** | **ti** | **gli/le** | **Le** | **ci** | **vi** | **si** |
|---|---|---|---|---|---|---|---|
| **lo** | me lo | te lo | glielo | Glielo | *ce lo* | ve lo | se lo |
| **la** | me la | te la | gliela | Gliela | ce la | ve la | se la |
| **li** | me li | te li | glieli | Glieli | ce li | ve li | se li |
| **le** | me le | te le | gliele | Gliele | ce le | ve le | se le |
| **ne** | me ne | te ne | gliene | Gliene | ce ne | ve ne | se ne |

**136**

2. f Mamma, il cappotto **me lo** puoi portare in lavanderia?
3. a Ragazzi, è avanzata della pasta, **ve ne** posso dare un altro po'?
4. h Pierino, hai i piedi bagnati, **te li** devi asciugare, sennò ti raffreddi.
5. j Guarda qui quante pustole! Domani vado dal dermatologo e **gliele** faccio vedere.
6. d Nonno, questa novella è così bella, **ce la** leggi un'altra volta?
7. e È meglio nascondere la cioccolata perché se arriva Cristiano **se la** mangia tutta!
8. g Dottor Valle, mi dispiace, l'antenna parabolica non **Gliela** posso montare qui.
9. c Scusate, il frigorifero nuovo quando **ce lo** consegnate?
10. i Vinni, ieri era il compleanno di papà, **te ne** sei dimenticato?

**137**

1. Glielo dovete comprare. / Dovete comprarglielo.
2. Ce le vogliamo lavare? / Vogliamo lavarcele?
3. Ve la devo firmare? / Devo firmarvela?
4. Me lo può riparare? / Può ripararmelo?
5. Me li puoi prestare? / Puoi prestarmeli?
6. Glieli vogliono spedire. / Vogliono spedirglieli.
7. Signora, Glielo posso offrire? / Signora, posso offrirGlielo?
8. Ve lo posso consigliare. / Posso consigliarvelo.
9. Me ne puoi dare un pezzetto? / Puoi darmene un pezzetto?
10. Te ne dobbiamo regalare un esemplare. / Dobbiamo regalartene un esemplare.

**138**

1. Carletto, mi prepari un sandwich? Ho fame. – Certo, cara, **te lo** preparo subito!
2. Signora, la gonna mi va un po' larga. – Guardi, **Gliela** stringo un pochino sui fianchi.
3. Puoi dire a Gennaro che mi serve aiuto? – Se vuoi **glielo** dico. Ma ti posso aiutare anch'io.
4. Giusi, che belle queste piantine di gerani! **Me ne** dai una? La metto sul balcone.
5. Quando sono tornato a casa avevo una sete pazzesca, allora ho preso una bottiglia d'acqua e **me la** sono bevuta tutta d'un colpo.
6. Ragazzi, se vi piace questo cd, **ve lo** masterizzo.
7. Ho comprato due biciclette nuove per i bambini. **Gliele** diamo a Natale.
8. Benedetta, **te lo** ripeto per l'ultima volta. Le prese di corrente non si toccano!
9. Nonna, ci dai i biscottini? – Va bene, visto che siete stati buoni **ve li** do.
10. Io la barba **me la** faccio ogni mattina.

**139 a**

cavarsela ➛ zurechtkommen; mettercela tutta ➛ alles daransetzen; prendersela con qualcuno ➛ jemandem die Schuld geben; avercela con qualcuno ➛ auf jemanden böse sein; farcela ➛ es schaffen; andarsene ➛ weggehen; fregarsene ➛ darauf pfeifen; sentirsela ➛ sich nach etwas fühlen; non poterne più ➛ nicht mehr können;

**139 b**

1. Perché **ve ne andate** già? Rimanete un altro po'.
2. Lo so che l'esame è pesante, ma **se ce la metti tutta** lo superi sicuramente con 30 e lode!
3. Adesso basta! Parlate sempre della stessa cosa. **Non ne posso più**!
4. Oggi i bambini sono stanchi e quindi **se ne stanno** a casa.
5. L'appuntamento è per le dieci. Ora sono le nove, pensi di **farcela**?
6. Come **te la cavi** in cucina? – Sono una frana, non so nemmeno fare un uovo fritto!
7. Il professore **se la prende** sempre con me. Evidentemente gli sono antipatico.
8. Puoi dire quello che vuoi! Non **me ne frega** niente, io faccio quel che mi pare e piace!
9. Franca, alla festa c'è anche il tuo ex ragazzo. **Te la senti** di venire?
10. I miei compagni di scuola **ce l'hanno** con me perché non ho aderito allo sciopero e sono entrato da solo.

**140 a**

**parlare:** parlo, parli, parla, parliamo, parlate, parlano
**credere:** credo, credi, crede, crediamo, credete, credono
**partire:** parto, parti, parte, partiamo, partite, partono
**finire:** finisco, finisci, finisce, finiamo, finite, finiscono

**140 b**

***Folgende Endungen sind bei allen Verbklassen gleich:*** -o (1. Person Singular); -i (2. Person Singular); -iamo (1. Person Plural)

# Lösungsschlüssel

**141 a**

**-are:** canta, saluti, arriviamo, lavorate; **-ere:** vedi, scrive, vendete; **-ire:** capiscono, pulisci, dormiamo, preferisco

**141 b**

capire = verstehen; vedere = sehen; scrivere = schreiben; arrivare = ankommen; cantare = singen; lavorare = arbeiten; preferire = bevorzugen; dormire = schlafen; pulire = putzen; vendere = verkaufen; salutare = (be)grüßen

**142**

1. Signora, dove **abita**?
2. John **parla** molto bene l'italiano.
3. Oscar, che cosa **prendi** da bere?
4. Io non **capisco** il francese, e tu?
5. I bambini **aprono** la finestra.
6. Alberto e Francesca **lavorano** in banca.
7. Sara **prenota** un tavolo in un ristorante cinese.
8. Anche noi **frequentiamo** un corso di tedesco.
9. Ada, ti **telefono** domani mattina, okay?
10. E voi, quando **leggete** il giornale?

**143**

1. **Guardiamo** la televisione solo la sera.
2. Scusi, **permette** una domanda?
3. D'estate Lia e Caio **dormono** con la finestra aperta.
4. Rina, **conosci** i nuovi vicini?
5. Signora, **desidera** un amaro?
6. Marcella **suona** il pianoforte e la chitarra.
7. Purtroppo non **partiamo** per le vacanze.
8. A che ora **pranzate** di solito?
9. Il giovedì **finisco** di lavorare tardi.
10. Quando **chiude** l'ufficio postale?

**144**

1. Lara **canta** nel coro della chiesa.
2. I bambini **tornano** dalla scuola all'una e mezza.
3. Wanda non **legge** libri d'avventura.
4. **Preferite** una camera matrimoniale o una doppia?
5. **Penso** sempre al viaggio in Africa.
6. **Spendiamo** molto in vestiti.
7. Marta e Nello **prendono** la metropolitana per andare in ufficio.
8. Parla più forte, non **sento** niente.
9. Mimmo ed io **viviamo** a Lisbona da due anni.
10. Oggi, a pranzo, cosa **cucini**? – Le lasagne.

**145**

**baciare:** bacio, baci, bacia, baciamo, baciate, baciano
**cercare:** cerco, cerchi, cerca, cerchiamo, cercate, cercano
**assaggiare:** assaggio, assaggi, assaggia, assaggiamo, assaggiate, assaggiano
**avviare:** avvio, avvii, avvia, avviamo, avviate, avviano
**consigliare:** consiglio, consigli, consiglia, consigliamo, consigliate, consigliano
**studiare:** studio, studi, studia, studiamo, studiate, studiano
**litigare:** litigo, litighi, litiga, litighiamo, litigate, litigano

**146**

1. Senta, ci può dare un'informazione? **Cerchiamo** una farmacia.
2. Lo spettacolo **finisce** alle sette.
3. Quando **invii** il pacco ai tuoi parenti in Ungheria?
4. Lilli e Massimiliano **abitano** a Istanbul.
5. Al totocalcio io non **vinco** mai!
6. Che cosa **mangiamo** stasera?
7. Perché **coprite** questo pavimento così bello con un tappeto?
8. Simona, sei bravissima! Quando fai un esercizio, non **sbagli** mai.
9. Ma come mai **perdete** sempre tutto?
10. Quanto **paghi** per la permanente dalla parrucchiera?

**147**

2. vanno ➛ andare = gehen; 3. beviamo ➛ bere = trinken; 4. dice ➛ dire = sagen; 5. hai ➛ avere = haben; 6. vengono ➛ venire = kommen; 7. esco ➛ uscire = ausgehen; 8. diamo ➛ dare = geben; 9. sono ➛ essere = sein; 10. facciamo ➛ fare = machen; 11. scelgo ➛ scegliere = wählen; 12. conducete ➛ condurre = führen; 13. proponete ➛ proporre = vorschlagen; 14. riesce ➛ riuscire = gelingen

**148**

**essere:** sono, sei, è, siamo, siete, sono
**avere:** ho, hai, ha, abbiamo, avete, hanno
**andare:** vado, vai, va, andiamo, andate, vanno
**fare:** faccio, fai, fa, facciamo, fate, fanno
**stare:** sto, stai, sta, stiamo, state, stanno
**bere:** bevo, bevi, beve, beviamo, bevete, bevono
**dire:** dico, dici, dice, diciamo, dite, dicono
**venire:** vengo, vieni, viene, veniamo, venite, vengono
**salire:** salgo, sali, sale, saliamo, salite, salgono

# Lösungsschlüssel

**149**

1. D'estate, in campagna, **raccolgo** le more.
2. Vera, con chi **esci** in genere?
3. I miei nonni **stanno** bene.
4. Quanti giorni **rimangono** gli ospiti?
5. Per l'abito da sposa Liliana **sceglie** una stoffa pregiata.
6. Peppe, **vai** all'inaugurazione?
7. Non **riesco** ad aprire la bottiglia.
8. I viaggiatori **salgono** sul treno per Milano.
9. **Facciamo** una passeggiata sul lungomare?
10. Amici, mi **date** un consiglio?

**150**

1. Vittorio **conduce** un'azienda agricola.
2. Signori, cosa **bevete**? Un vino bianco secco o un rosé?
3. Domani **propongo** a Dino di lavorare insieme al progetto.
4. Dove **siedono** Luca e Matteo? – Qui, accanto a te.
5. A settembre **vado** in montagna con tutta la famiglia.
6. Valeria e io **siamo** amiche per la pelle!
7. Signor Ventre, come **sta**? – Abbastanza bene, grazie. E Lei?
8. Cecilia **fa** puzzle di mille pezzi. – A dieci anni!? È un mostro!
9. Io **ho** un gatto siamese.
10. Rosario, **vieni** con noi a vedere la mostra? – Penso di sì.

**151**

1. Sara **va** sicuramente in centro perché oggi cominciano le svendite.
2. I miei nonni mi **danno** mille euro per le vacanze. – Che fortuna che hai!
3. Lucia, passo stasera da te ma non **rimango** a cena.
4. **Vieni** con noi quest'anno all'Oktoberfest?
5. I signori Brambilla **scelgono** sempre un albergo a quattro stelle. Beati loro!
6. Non **bevo** alcolici perché sono astemia.
7. Cosa mi **dici** dei tuoi studi? – Purtroppo sono fuori corso.
8. I bambini **escono** dalla scuola all'una.
9. Se non piove sabato sera **faccio** una grigliata in giardino.
10. La mia famiglia **produce** olio extravergine di oliva biologico.

**152 a**

2. f E tu di dove **sei**? – Io **sono** di Vienna. ➛ Und wo bist du her? – Ich bin aus Wien.
3. h Quanti anni **avete**? – Io **ho** venti anni e lei ventidue. ➛ Wie alt seid ihr? – Ich bin zwanzig Jahre alt und sie ist zweiundzwanzig.
4. i Lei **ha** un bel lavoro, **è** consulente legale in un'azienda. ➛ Sie hat einen schönen Job, sie ist Rechtsberaterin in einer Firma.
5. a **Hai** freddo? – Sì, molto. ➛ Ist es dir kalt? – Ja, sehr.
6. j Dove **sono** i libri? – Sul tavolo. ➛ Wo sind die Bücher? – Auf dem Tisch.
7. e I bambini **sono** stanchi e **hanno** anche sonno. ➛ Die Kinder sind müde und möchten schlafen.
8. d Gli ospiti **hanno** caldo. – Allora accendo l'aria condizionata. ➛ Den Gästen ist es warm. – Dann schalte ich die Klimaanlage an.
9. g **Avete** fame? – Sì, e **abbiamo** anche sete. ➛ Habt ihr Hunger? – Ja, und wir haben auch Durst.
10. c Mio marito e io **siamo** contenti della nuova casa. ➛ Mein Mann und ich sind mit dem neuen Haus zufrieden.

**152 b**

3. h; 5. a; 7. e (*nur* avere); 8. d

**153**

**volere:** voglio, vuoi, vuole, vogliamo, volete, vogliono
**dovere:** devo, devi, deve, dobbiamo, dovete, devono
**potere:** posso, puoi, può, possiamo, potete, possono
**sapere:** so, sai, sa, sappiamo, sapete, sanno

**154**

1. **Posso** chiudere le finestre? Si sentono molto i rumori della strada.
2. **Volete** venire in pizzeria con noi domani? – No, purtroppo non **possiamo**. La babysitter è malata.
3. Franco **deve** assolutamente telefonare ad Annarita per sapere come sta.
4. Mamma, ho fame, **voglio** mangiare qualcosa.
5. Susanna ha un valore del colesterolo piuttosto elevato, perciò non **può** mangiare cibi troppo grassi.

6. La macchina si è rotta e quindi la **devo** portare dal meccanico.
7. Allora, vengo la settimana prossima a trovarti? - **Puoi** venire quando **vuoi**.
8. Stanotte partite per la Grecia per un mese e **dovete** fare ancora i bagagli!?
9. Scusi, dove ci **possiamo** sedere? - Dove **volete**. I tavoli sono tutti liberi.
10. Vito e Cinzia amano la natura, infatti **vogliono** comprare un casale in Toscana.

**155**

1. Scusi, **sa** dov'è la stazione? - No, mi dispiace, non lo **so**.
2. Marilena, mi **puoi** dare un bicchiere d'acqua, per piacere?
3. Antonio ha quattro anni e **sa** già leggere. - Eh, non ci credo!
4. Senta, Lei qui non **può** fumare. È vietato.
5. Facciamo la settimana bianca insieme? - No, noi non **sappiamo** sciare.
6. Scusate, **sapete** quando passa l'autobus? - Il prossimo passa alle otto e un quarto.
7. Oggi non **posso** mangiare niente perché domani devo fare la colonscopia.
8. Maurizio e Stefano **possono** frequentare un master a Londra perché usufruiscono di una borsa di studio.
9. Scusa, **sai** se c'è un ufficio postale nella zona?
10. Umberto e Pia non vanno mai al mare perché non **sanno** nuotare.

**156**

**lavarsi:** mi lavo, ti lavi, si lava, ci laviamo, vi lavate, si lavano
**nascondersi:** mi nascondo, ti nascondi, si nasconde, ci nascondiamo, vi nascondete, si nascondono
**vestirsi:** mi vesto, ti vesti, si veste, ci vestiamo, vi vestite, si vestono
**stabilirsi:** mi stabilisco, ti stabilisci, si stabilisce, ci stabiliamo, vi stabilite, si stabiliscono
**piegarsi:** mi piego, ti pieghi, si piega, ci pieghiamo, vi piegate, si piegano
**sedersi:** mi siedo, ti siedi, si siede, ci sediamo, vi sedete, si siedono

**157**

1. Allora, Gigi, come **ti senti**? - Oggi, va meglio, grazie.
2. L'appuntamento è alle cinque. **Ci incontriamo** davanti al liceo.
3. Dopo pranzo **mi riposo** sempre una mezz'ora e poi ricomincio a lavorare.
4. Antonella e Silverio **si sposano**. Il matrimonio è in dicembre.
5. Scusi, Lei come **si chiama**? - Aurelio Romano.
6. Mamma, **ci annoiamo**! Qui non c'è niente da fare.
7. Da quanto tempo **vi conoscete**?
8. Mariella ha proprio buon gusto. **Si veste** sempre in modo impeccabile.
9. Ogni volta che Ettore e Andrea giocano a calcio con gli amici, **si fanno** male.
10. Alle sagre di paese non **mi diverto** mai. È solo un'occasione per mangiare.

**158**

▸ Pronto!
▪ Ciao, Giulia, sono Monica. Come va?
▸ Ah, ciao, Monica! Lo so, lo so... non **ci vediamo** da tanto, ma qui **siamo** in piena emergenza. **Abbiamo** gli operai in casa per dei lavori di ristrutturazione. Guarda, un caos!
▪ Ti **capisco** ... E come **vi organizzate** la mattina?
▸ Beh, io **mi sveglio** alle cinque e mezza, **mi alzo** subito e **mi faccio** la doccia. Anche Carlo **si sveglia** alle cinque e mezza, ma **rimane** a letto ancora un po'. Poi **si alza** anche lui e **si lava** in fretta. Eh, sì ... E io nel frattempo **preparo** la colazione.
▪ E i bambini?
▸ Eh ... i bambini **dormono** fino alle sei e mezza, poi **si alzano** anche loro e **vanno** a lavarsi. Poi tutti insieme **facciamo** colazione. Alle sette e mezza i bambini **sono** pronti per andare a scuola. A quell'ora **vengono** gli operai. Carlo e i bambini **escono** immediatamente e io **rimango** a casa tutto il giorno perché **devo** controllare i lavori. Un rumore assordante per ore e polvere dappertutto!
▪ Giulia, **posso** aiutarti in qualche modo?
▸ Eh, forse ... **hai** una maschera antigas?

**159**

***Regelmäßige Verben auf* -are:** *mangiato*, parlato, camminato; ***auf* -ere:** avuto, venduto, creduto; ***auf* -ire:** dormito, uscito, partito

**Unregelmäßige Verben:** leggere - letto, venire - venuto, vincere - vinto, offrire - offerto, bere - bevuto, scoprire - scoperto, vedere - visto, aprire - aperto, prendere - preso, rimanere - rimasto, nascere - nato

**160**

speso ➛ spendere = ausgeben; cambiato ➛ cambiare = ändern; pianto ➛ piangere = weinen; chiuso ➛ chiudere = schließen; guardato ➛ guardare = sehen; scritto ➛ scrivere = schreiben; detto ➛ dire = sagen; andato ➛ andare = gehen; fatto ➛ fare = machen; pulito ➛ pulire = putzen; successo ➛ succedere = passieren; morto ➛ morire = sterben; chiesto ➛ chiedere = fragen; capito ➛ capire = verstehen

**161**

1. Hai **trovato** gli occhiali?
2. L'anno scorso abbiamo **conosciuto** tante persone in vacanza.
3. Liana, quando sei **ritornata** dal viaggio in Australia?
4. Venerdì scorso i bambini sono **andati** al circo con la scuola.
5. Ti è **piaciuto** il film?
6. Le mie sorelle sono **nate** negli Stati Uniti.
7. Perché non mi avete **avvisato**?
8. Finalmente ho **scoperto** la verità.
9. Che cosa hai **visto** all'opera? – Il barbiere di Siviglia.
10. Orsola ha **partecipato** a un concorso di bellezza.

**162**

1. L'anno scorso Marcello **è andato** all'autodromo di Monza per vedere il Gran Premio di Formula 1.
2. Renato ed io **abbiamo chiesto** un prestito alla banca per comprare una casa.
3. L'altro giorno **ho sentito** una barzelletta divertentissima. Te la racconto?
4. Sono al settimo cielo. Ieri Oscar mi **ha baciato** per la prima volta!
5. Olga, Achille, **siete riusciti** a vendere l'auto?
6. La scorsa settimana il mio ragazzo **ha firmato** il suo primo contratto di lavoro. Che bello!
7. Sabina e Flora non **sono venute** al concerto di Nek. Peccato!
8. Ehi, ragazzi, che brutta faccia! Che cosa vi **è successo**?
9. A carnevale mi maschero da torero. Mia nonna mi **ha cucito** il vestito.
10. Roberta, dove **sei stata**? – Da un'amica.

**163 a**

Mario ha *guardato,* incontrato, fatto, abitato, detto, nuotato, giocato, riso, visto.
Mario è rimasto, partito, dimagrito, stato, arrivato.

**163 b**

giocare = spielen, incontrare = treffen, fare = machen, abitare = wohnen, nuotare = schwimmen, rimanere = bleiben, dimagrire = abnehmen, partire = abfahren, essere = sein, ridere = lachen, arrivare = ankommen, vedere = sehen, dire = sagen

**164**

La famosa diva italiana **è nata** a Roma il 20 settembre 1934, ma **è cresciuta** a Pozzuoli, vicino a Napoli, dove **ha trascorso** l'infanzia in condizioni disagiate. Prima di diventare famosa **ha partecipato** a concorsi di bellezza, **ha recitato** in fotoromanzi e **ha avuto** piccole parti in diversi film. Nel 1952 **ha conosciuto** il produttore Carlo Ponti, suo futuro marito, il quale le **ha aperto** le grandi porte del cinema. Pochi anni dopo **è diventata** famosa sia in Italia che all'estero per la sua bravura ma anche grazie alla sua prorompente bellezza.
Dall'unione con il produttore Carlo Ponti **sono nati** due figli: Carlo jr nel 1968 ed Edoardo nel 1973.
Tra i suoi film più conosciuti si ricordano: "L'oro di Napoli", "Orchidea nera", "La Ciociara", "Matrimonio all'italiana", "La contessa di Hong Kong", "Una giornata particolare".
Negli Stati Uniti lei **ha lavorato** insieme a star americane come Cary Grant, Clark Gable e Marlon Brando.
A partire dagli anni ottanta **si è ritirata** in parte dai set cinematografici e **si è dedicata** fondamentalmente alla televisione.
Nel corso della sua carriera **ha ottenuto** ambiti riconoscimenti: nel 1960 con il film "La Ciociara", diretto da Vittorio De Sica, **ha vinto** il premio Oscar e il premio per la migliore interpretazione al Festival di Cannes; **ha ricevuto** un secondo Oscar alla carriera nel 1991 e il David di Donatello sempre alla carriera nel 1999.
Il suo vero nome è Sofia Villani Scicolone. Qual è il suo nome d'arte?

***Il suo nome d'arte è*** Sophia Loren.

**165**

1. c I miei genitori **si sono arrabbiati** perché io **ho preso** la loro auto senza permesso.
2. a Che bel tappeto! Quanto **è costato**? – Oh, molto! **Abbiamo pagato** 1500 euro.
3. i Alfonso, ti **è piaciuta** la finale Italia – Francia? – Beh, così così ... La partita non **è stata** brillante.
4. g Gabriella è molto raffreddata perciò non **si è lavata** i capelli.

5. b Allora, **siete andati** / **andate** sulle Dolomiti? – Sì, certo, **abbiamo sciato** tutto il tempo!
6. h Tiberio **ha partecipato** al gioco televisivo “L'Eredità” ma non **ha vinto** niente!
7. e Nadia, perché poi non **sei venuta** ieri? – Non **ho avuto** proprio tempo.
8. f Allora, ragazzi, **vi siete divertiti** alla gita scolastica? – Chiaro! I professori invece **si sono stancati**!
9. j Ieri **ha nevicato** tutto il santo giorno e perciò **siamo rimasti** bloccati in casa!
10. d Tania e Serena **si sono conosciute** in discoteca e **sono diventate** subito amiche.

**166**

1. Caterina ha dovuto pagare una multa.
2. Non siamo voluti / volute uscire.
3. Ho potuto ottenere un anticipo.
4. Sono dovuti / dovute restare in ufficio più a lungo.
5. Ci siamo voluti sposare in settembre.
6. Marina si è dovuta trasferire. / Marina ha dovuto trasferirsi.
7. Sei dovuto / dovuta tornare prima.
8. Vera non ha potuto completare gli studi.
9. I bambini si sono potuti alzare tardi. / I bambini hanno potuto alzarsi tardi.
10. Purtroppo ho dovuto licenziare un collaboratore.
11. Mirco, perché non ti sei voluto lavare le mani? / Mirco, perché non hai voluto lavarti le mani?
12. Sono voluti / volute partire alle cinque del mattino.

**167**

1. Quando sono andato a trovare Enzo, **ho salito** le scale a piedi.
2. Enzo abita al quinto piano! Perché non **sei salito** con l'ascensore?
3. Mi passi la marmellata? – La marmellata **è finita**.
4. **Hai già finito** tutta la marmellata?
5. Francesca **ha cambiato** tutto l'arredamento.
6. Eh, sì, da quando ha sposato quel riccone, Francesca **è cambiata**!
7. Lo sai che il preside **ha diminuito** il numero delle classi per mancanza di iscritti?
8. Per forza! Le nascite **sono diminuite**.

**168**

1. Devi lavorare ancora molto? – No, **ho finito**!
2. Il prezzo del petrolio **è aumentato** ancora!
3. Mia madre ha fatto una bella dieta ed **è scesa** di peso.
4. Il seminario **è finito** alle cinque.
5. Oggi la giornata **è iniziata** male! Non ho sentito la sveglia e sono arrivata tardi al lavoro.
6. A Napoli Gennaro, per la fretta, **è saltato** dal tram in corsa e si è slogato la caviglia.
7. Sono andato in banca e **ho cambiato** i 500 dollari che mi ha regalato lo zio John.
8. Questa casa mi sembra una bisca. **Avete finito** di giocare a carte?
9. Sta meglio il bambino? – No, la febbre **è salita** di nuovo.
10. Quando **hai cominciato** a suonare il clarinetto? – Due anni fa.

**169**

▸ Carmela, hai portato le mie pillole?
● Sì, certo, **le** ho portat**e**.
▸ Hai preso il mio cappellino giallo?
● **L'**ho pres**o**.
▸ E gli occhiali?
● Sì, **li** ho pres**i**!
▸ Hai chiuso la chiave d'arresto dell'acqua?
● **L'**ho chius**a**.
▸ Hai abbassato tutte le tapparelle?
● Sissignore, **le** ho abbassat**e**.
▸ Hai chiuso il gas?
● Certo che **l'**ho chius**o**!
▸ Hai spento tutte le luci?
● Le luci **le** ho spent**e**.
▸ Hai ritirato i biglietti in agenzia?
● Sì, **li** ho ritirat**i** ieri.
▸ Hai inserito l'allarme?
● Sìiii, **l'**ho inserit**o**. Saverio, ho fatto tutto! ... E tu hai preso i passaporti nel cassetto della scrivania?
▸ Ehh ... no, non **li** ho pres**i**. ... Ma è mai possibile che devo pensare a tutto io!

**170**

1. Dov'è il mio cappotto? – **L'ho messo** io nell'armadio.
2. Dobbiamo comprare lo spumante per la festa? – **L'ho comprato** io.
3. Al supermercato ho incontrato Michele e Fabrizio e **li ho invitati** per domani a cena.
4. Puoi chiudere la porta? – **L'ho** già **chiusa**.
5. Signora De Nicola, la lettera **l'ha scritta**? – Mi dispiace non ho avuto tempo.
6. Ho portato il vino a tavola e gli ospiti **ne hanno bevute** due bottiglie a testa!

7. I nonni non **li abbiamo salutati**.
8. Ci servono le uova per la torta. - **Ne ho comprate** sei. Bastano?
9. Dal fruttivendolo ho visto i lamponi e ne **ho comprati** due chili!
10. Le fotografie **le hai fatte**? - Sì, certo.

171

**parlare:** parlavo, parlavi, parlava, parlavamo, parlavate, parlavano
**vivere:** vivevo, vivevi, viveva, vivevamo, vivevate, vivevano
**capire:** capivo, capivi, capiva, capivamo, capivate, capivano
**dire:** dicevo, dicevi, diceva, dicevamo, dicevate, dicevano
**fare:** facevo, facevi, faceva, facevamo, facevate, facevano
**bere:** bevevo, bevevi, beveva, bevevamo, bevevate, bevevano
**essere:** ero, eri, era, eravamo, eravate, erano
**condurre:** conducevo, conducevi, conduceva, conducevamo, conducevate, conducevano

***Verben mit unregelmäßigen Stämmen***: dire, fare, bere, essere, condurre
***Das Verb*** essere ***ist ganz unregelmäßig***.

172

uscire ➛ (lui) usciva; finire ➛ (loro) finivano; mettere ➛ (tu) mettevi; alzarsi ➛ (noi) ci alzavamo; produrre ➛ (io) producevo; avere ➛ (lei) aveva; prendere ➛ (voi) prendevate; essere ➛ (io) ero; fare ➛ (noi) facevamo; venire ➛ (tu) venivi; addormentarsi ➛ (loro) si addormentavano; sapere ➛ (Lei) sapeva; dire ➛ (io) dicevo; partire ➛ (voi) partivate; scrivere ➛ (noi) scrivevamo; lavorare ➛ (loro) lavoravano; aiutare ➛ (lui) aiutava; ballare ➛ (io) ballavo; bere ➛ (voi) bevevate

173

1. Prima **praticavo** molto sport, ora non vado nemmeno in bicicletta.
2. Quando Loredana **era** piccola, **amava** dipingere.
3. Vi ricordate quando a Natale **giocavamo** a tombola con i nonni che **capivano** sempre i numeri sbagliati?
4. La mamma ci **preparava** sempre la merenda da portare a scuola.
5. Da piccoli **bevevate** la coca-cola?
6. Clelia **vedeva** tutte le soap opera che **c'erano** sul mercato!
7. Quando i miei figli **andavano** all'asilo, **si ammalavano** sempre.
8. Prima si **camminava** molto a piedi, oggi si prende la macchina anche per fare dieci metri.
9. Da ragazza Federica **portava** i capelli lunghi.
10. La domenica **facevamo** sempre una passeggiata in campagna.

174

Le nostre vacanze in Grecia
Da ragazzi di solito **passavamo** le vacanze in Grecia. **Facevamo** campeggio perché i miei genitori **avevano** la roulotte. Ai miei fratelli **piaceva** molto pescare, invece io **preferivo** nuotare.
Il primo anno **siamo stati** a Corfù e lì **abbiamo trascorso** delle bellissime giornate di mare. Poi **ci siamo imbarcati** per Patrasso e **abbiamo visitato** il Peloponneso.
Un altr'anno, invece, **siamo andati** ad Atene e naturalmente **siamo saliti** sull'Acropoli per vedere il famoso Partenone. **Faceva** un caldo terribile. **C'erano** almeno 40 gradi all'ombra! Nonostante il caldo quell'anno **abbiamo fatto**, però, un'esperienza indimenticabile.

175

1. Vittoria, **sei andata** alla festa di Maria ieri sera? - Sì, ma **c'era** poca gente.
2. Da piccolo Luca **era** molto permaloso perché **aveva** le lentiggini e **portava** gli occhiali.
3. Quando **vivevo** a Madrid **ho visto** più volte la corrida.
4. L'altra sera non **avevamo** voglia di vedere la televisione e quindi **abbiamo deciso** di giocare a scacchi.
5. Mio nonno **amava** festeggiare il compleanno solo con la famiglia. Ma una volta, per i suoi settanta anni, mia nonna gli **ha organizzato** una festa a sorpresa con tutti gli amici.
6. Stamattina **mi sono alzato** / **alzata** prestissimo, **ho fatto** colazione e **sono uscito** / **uscita** già alle sette.
7. Mariano, ti **piaceva** andare a scuola? - Certo! **Ero** anche il più bravo della classe!
8. Prima Anna e Veronica **vestivano** sempre alla moda, adesso, chissà perché, a loro la moda non interessa più.
9. Ragazzi, vi ricordate quella volta che **abbiamo dormito** in macchina perché non **avevamo** i soldi nemmeno per andare in un ostello?

10. Paolo e Cristina **si sono sposati** nel 1998 e **hanno trascorso** la luna di miele nei Caraibi.
11. Mattia **ha seguito** un corso di francese per due anni e adesso parla la lingua perfettamente.
12. Da bambina **ero** molto timida, infatti **rimanevo** sempre a casa, da sola, a leggere o a disegnare.

**176**

1. Mentre **scrivevo** al computer, **ascoltavo** la radio.
2. Mentre Lina **tornava** dal lavoro, **ha incontrato** Giulio.
3. L'ultimo libro di Susanna Tamaro l'**ho letto** mentre **prendevo** il sole sulla spiaggia.
4. A che **pensavi** mentre la professoressa **spiegava** "I Sepolcri"?
5. Mio marito **si è fratturato** un dito mentre **giocava** a calcio.
6. Nella semifinale Germania-Italia 2006 mentre i tedeschi già **speravano** nei calci di rigore, gli italiani **hanno segnato** due gol.
7. Durante la gita mentre l'autista **guidava**, i ragazzi **cantavano** le canzoni di Baglioni.
8. Mentre Francesco **faceva** i compiti, la mamma **puliva** i vetri.

**177**

1. Sandra è incinta! - Ah, non lo **sapevo**.
2. Al corso di aggiornamento **ho conosciuto** una persona veramente interessante.
3. Per l'esame d'inglese **abbiamo dovuto** studiare tutte le opere di Shakespeare.
4. Pino non **ha potuto** partecipare alla maratona perché si è fratturato un ginocchio.
5. I turisti **volevano** visitare una chiesa celebre ma purtroppo era chiusa.
6. Da Tiziana **abbiamo saputo** che Peppe si vuole separare dalla moglie.
7. **Dovevo** andare a una conferenza ma mi è venuta l'influenza e quindi sono rimasto a casa.
8. Allora, come sono i vostri consuoceri? - Simpatici. Comunque noi li **conoscevamo** già!
9. Ieri sono andato all'ospizio ma mio nonno non mi **ha voluto** vedere: non si ricordava più di avere un nipote.
10. Me lo **potevi** dire che non hai fame. Ho cucinato inutilmente.

**178**

1. Ornella, Vanessa e Adina **dovevano** andare all'ultima manifestazione di Umbria Jazz ma la macchina non è partita.
2. Cara Anna, non **ho potuto** fare la marmellata di more perché l'incendio ha bruciato tutti i rovi. Baci, mamma.
3. Signora Adua, lo **sapeva** che il macellaio ha chiuso?
4. **Volevamo** fare un picnic sul fiume ma è venuto a piovere.
5. Gli antichi romani non **conoscevano** l'uso delle posate.
6. Durante i suoi viaggi mio zio **ha conosciuto** gente d'ogni Paese.
7. All'improvviso il frigorifero si è rotto e quindi **abbiamo dovuto** comprarne uno nuovo.
8. Congratulazioni! **Abbiamo saputo** che hai vinto il concorso.
9. **Avete voluto** ristrutturare la casa senza un preventivo, e ora siete rimasti senza una lira.
10. Cinzia, Pasquale, **potevate** venire alla presentazione del libro. È stata molto interessante.

**179**

1. **Avevo sconsigliato** al mio amico di comprarsi un'auto a quattro ruote motrici ma lui non mi ha dato ascolto.
2. Ti **avevo detto** di toglierti le scarpe prima di entrare. Guarda qui, hai sporcato tutto il pavimento.
3. Quando ieri Gabriele è tornato a casa, era infuriato a causa di un problema in ufficio. Non lo **avevo mai visto** così.
4. Il campionato del mondo di Formula 1 **era cominciato** con un predominio della Renault, ma poi la Ferrari ha recuperato.
5. **Avevamo appena finito** di innaffiare il giardino quando è scoppiato un temporale.
6. Quando la mamma è tornata a casa, ha trovato che Luigino e Michele **avevano chiuso** il gatto nella lavatrice.
7. **Ero appena salito** sull'autobus, quando ho notato di non avere il portafoglio.
8. Pino e Achille **non si erano più visti** dalla fine del liceo.
9. Poiché **eravamo tornati** da un lungo viaggio e il frigorifero era vuoto, abbiamo ordinato una pizza da asporto.
10. Quando ho visto che il galleggiante della lenza affondava, ho capito che un pesce **aveva abboccato**.

**180**

Liliana ha da qualche giorno un cucciolo di pastore tedesco, Kevin. Un animale delizioso! Ieri è dovuta uscire urgentemente per delle commissioni e lo ha lasciato solo nell'appartamento.
Quando è tornata ha trovato che Kevin **aveva mangiucchiato** i calzini del marito, **aveva lacerato** i cuscini del divano e le piume **si erano sparpagliate** dovunque; **aveva scovato** il sacco con il suo mangime, lo **aveva strappato** e il mangime **era rotolato** su tutto il pavimento; **aveva rovesciato** la scodella dell'acqua e con le zampe bagnate **si era disteso** sul letto; e per finire **aveva scavato** le begonie dai vasi e **aveva fatto** la pipì nella terra.
Ma chi l'ha detto che il cane è il miglior amico dell'uomo?

**181**

**parlare:** parlai, parlasti, parlò, parlammo, parlaste, parlarono
**vendere:** vendei / vendetti, vendesti, vendé / vendette, vendemmo, vendeste, venderono / vendettero
**capire:** capii, capisti, capì, capimmo, capiste, capirono
**amare:** amai, amasti, amò, amammo, amaste, amarono
**credere:** credei / credetti, credesti, credé / credette, credemmo, credeste, crederono / credettero
**sentire:** sentii, sentisti, sentì, sentimmo, sentiste, sentirono

**182**

**avere:** ebbi, avesti, ebbe, avemmo, aveste, ebbero
**essere:** fui, fosti, fu, fummo, foste, furono
**chiedere:** chiesi, chiedesti, chiese, chiedemmo, chiedeste, chiesero
**rispondere:** risposi, rispondesti, rispose, rispondemmo, rispondeste, risposero
**fare:** feci, facesti, fece, facemmo, faceste, fecero
**scrivere:** scrissi, scrivesti, scrisse, scrivemmo, scriveste, scrissero
**dire:** dissi, dicesti, disse, dicemmo, diceste, dissero
**venire:** venni, venisti, venne, venimmo, veniste, vennero

**183**

Giuseppe Verdi **nacque** da modestissima famiglia a Le Roncole (oggi Roncole Verdi), presso Parma, nel 1813.
**Si accostò** molto giovane alla musica incoraggiato da suo padre. Grazie all'appoggio di Antonio Barezzi, commerciante e amante di musica, nel 1823 **cominciò** a frequentare il ginnasio e nel frattempo **studiò** musica privatamente.
Non **poté** frequentare il Conservatorio di Milano avendo superato l'età adatta e allora **prese** lezioni private da un maestro che insegnava lì.
Nel 1836 **sposò** la figlia di Barezzi, Margherita. Dalla loro unione **nacquero** due figli. La moglie Margherita **morì** improvvisamente nel 1840, in seguito **morirono** anche i figli.
Nel 1839 Giuseppe Verdi **debuttò** alla Scala di Milano con l'opera "Oberto, conte di San Bonifacio" e **fu** un successo. Il primo grande trionfo lo **ottenne**, però, nel 1842 con l'opera "Nabucodonosor", successivamente chiamata "Nabucco". Da allora **compose** circa un'opera all'anno.
Nel 1859 **si unì** in matrimonio con il soprano Giuseppina Strepponi, con la quale viveva già da alcuni anni.
Tra i suoi capolavori si ricordano: "Rigoletto", "Il trovatore", "La traviata", "Aida"; tra le opere non teatrali la "Messa di Requiem" scritta per la morte di Alessandro Manzoni.
Verdi **fu** anche molto impegnato politicamente e socialmente. **Sostenne** in particolar modo i moti risorgimentali. **Morì** a Milano nel 1901.

**184**

Breve storia di un gambero
C'era una volta un gambero. Lo sai che i gamberi camminano all'indietro?
Un giorno il gambero **incontrò** ad una festa sottomarina una graziosa tartarughina di mare e **se ne innamorò**.
"Vuoi fare una passeggiata con me?" le **chiese**.
"Con piacere." **rispose** vezzosa la tartarughina e **si incamminarono.**
Ma la tartarughina sia pure lentamente **camminò** in avanti, il gambero invece **si spostò** all'indietro.
Fatti due passi **si separarono** e non **si videro** più.
E ancora oggi sono là in fondo al mare che si cercano.

# Lösungsschlüssel

**185**

1. Quando Cartagine, nel III secolo a. C., **ebbe conquistato** anche le coste della Sicilia e della Sardegna, Roma fu in pericolo.
2. Dante Alighieri (1265–1321) compose la Divina Commedia dopo che **se ne fu andato** in esilio.
3. Dopo che il Re di Napoli, nel 1647, **ebbe imposto** una tassa sulla frutta, scoppiò la rivolta guidata da Tommaso Aniello, detto Masaniello.
4. Quando, il 2 giugno 1946, gli Italiani **ebbero scelto** la repubblica con il referendum, il re Umberto di Savoia fu costretto ad andare in esilio.
5. Lo scrittore Gabriele D'Annunzio, dopo che **si fu arruolato** volontario durante la prima guerra mondiale, partecipò attivamente a diverse azioni belliche.
6. Dopo che gli Italiani **ebbero confermato** con due referendum popolari le leggi sul divorzio (1970) e sull'aborto (1978), la Chiesa cattolica perse il ruolo dominante nel Paese.
7. Dopo che con il suo assassinio (44. a. C.) Giulio Cesare **fu uscito** dalla scena politica, Roma piombò nella guerra civile.
8. Dopo che Giuseppe Garibaldi, nel 1860, **ebbe guidato** con successo la spedizione dei Mille, si giunse facilmente all'unificazione del Regno d'Italia.

**186**

***Regelmäßige Verben:*** *io parlerò*, voi telefonerete, noi scriveremo, io leggerò, tu capirai, loro finiranno, loro aiuteranno, tu perderai, noi apriremo, noi augureremo

***Unregelmäßige Verben:*** *noi vedremo*, tu farai, voi potrete, tu vorrai, io saprò, lui / lei berrà, noi saremo, io avrò, voi rimarrete, noi staremo, loro daranno, voi andrete

**187**

1. d Massimo non sa perdere, non **giocherò** mai più con lui!
2. h Alla festa **ci saranno** tante cose buone da mangiare e **assaggeremo** sicuramente un po' di tutto.
3. b Come **trascorrerete** le feste natalizie?
4. f I miei superiori non **accetteranno** una simile proposta in nessun caso.
5. c Quante uova **ci vorranno** per fare gli spaghetti alla carbonara per quattro persone?
6. g Ragazzi, se **continuerete** così vi **prenderete** una bella sospensione.
7. a Vi **verrò** a trovare appena possibile.
8. e Quando ti **vestirai** in modo più adatto alla tua età?

**188**

Europaradiso: sì o no?
La Regione Calabria **esaminerà** alla fine dell'estate il progetto Europaradiso. Si **deciderà** se aprire i cantieri oppure no.
Il progetto Europaradiso fa capo a una società composta da israeliani ed europei.
Si **realizzerà** una città faraonica che **occuperà** oltre un milione e mezzo di metri quadrati della costa ionica vicino a Crotone. Ci **saranno** alberghi, si **creeranno** parchi a tema, si **costruirà** addirittura uno stadio da 30 mila posti. La struttura alberghiera **permetterà** di ospitare migliaia di turisti. Il progetto **prevederà** anche un'offerta turistica rivoluzionaria: volo, camera e prima colazione **saranno** gratuiti, si **pagheranno** invece i vari servizi a disposizione, quali ristoranti, campi da golf, piscine, negozi.
Favorevoli al progetto sono in molti. Si pensa che questa superstruttura **produrrà** oltre diecimila posti di lavoro e **determinerà** uno sviluppo maggiore del turismo in Calabria.
Ma la costa ionica in quel tratto è zona protetta. Gli ambientalisti infatti sono contrari al progetto.
Secondo le voci più scettiche, in quella zona, **sorgerà** un paradiso di cemento stimato in quattro milioni di metri cubi di edifici. Il progetto non **porterà** effettivamente sviluppo come previsto e la ricchezza **resterà** nelle mani di pochi. Gli imprenditori locali non **riceveranno** infatti alcun vantaggio perché i turisti **rimarranno** all'interno del villaggio. Inoltre la popolazione locale non **avrà** più accesso libero alle spiagge.
Come **andrà** a finire questa vicenda?

**189**

1. e Appena **avrò finito** la specializzazione, farò uno stage a Parigi in una ditta.
2. c Mamma mia, Francesca com'è dimagrita, **avrà perso** almeno 15 chili!
3. a In questa foto la nonna **avrà avuto** meno di vent'anni.
4. g Farò una bella festa quando **avrò superato** l'esame di laurea.

5. b Quando il mare **si sarà calmato** andremo in barca.
6. f Appena la babysitter **sarà arrivata** potremo uscire.
7. h Appena **avremo ricevuto** i contributi statali cominceremo il restauro della facciata.
8. d Appena tutti gli ospiti **saranno arrivati** offriremo gli aperitivi.

**190**

1. Che cosa **farai** quando arrivano i tuoi parenti dall'America?
2. Vogliamo regalare a Giovanna una camicetta? Ma che taglia **avrà**?
3. Dopo che **avremo imparato** bene l'inglese, **andremo** a fare un giro in Scozia.
4. Francesco ha promesso al padre che d'ora in poi **righerà** diritto.
5. Appena **sarà finita** la riunione, **andremo** a mangiare una pizza.
6. Ho incontrato Giuliana l'altro giorno in farmacia. L'ho trovata cambiata. Non **si sarà fatta** mica la plastica al naso?
7. L'anno prossimo i miei suoceri **affitteranno** una casa sul litorale ligure.
8. Sai dove sono andate a finire le chiavi della cantina? - Le **avrai dimenticate** come sempre vicino alla porta.
9. Dove **si terranno** le prossime Olimpiadi?
10. A quest'ora papà **sarà** già **atterrato** a Fiumicino.

**191**

**amare:** ami, ami, ami, am**iamo**, am**iate**, am**ino**
**vendere:** vend**a**, vend**a**, vend**a**, vend**iamo**, vend**iate**, vend**ano**
**aprire:** apr**a**, apr**a**, apr**a**, apr**iamo**, apr**iate**, apr**ano**
**capire:** capisc**a**, capisc**a**, capisc**a**, cap**iamo**, cap**iate**, capisc**ano**

**192**

**avere:** abbia, abbia, abbia, abbiamo, abbiate, abbiano
**essere:** sia, sia, sia, siamo, siate, siano
**andare:** vada, vada, vada, andiamo, andiate, vadano
**fare:** faccia, faccia, faccia, facciamo, facciate, facciano
**stare:** stia, stia, stia, stiamo, stiate, stiano
**bere:** beva, beva, beva, beviamo, beviate, bevano
**uscire:** esca, esca, esca, usciamo, usciate, escano
**venire:** venga, venga, venga, veniamo, veniate, vengano

**193**

1. Io non credo che tu **capisca** la gravità della situazione!
2. Hai visto Marcella? Pare che **abbia** un nuovo amore.
3. Pensi che Luigi **sia** soddisfatto del nuovo incarico?
4. Leonardo, non credo che tutti questi dolci ti **facciano** bene!
5. Spero che Vincenzo **si riprenda** presto dall'intervento.
6. Pensi che **vengano** anche Liliana e Alessio a messa con noi?
7. Lilli, è necessario che tu **ti cerchi** una cameriera. Da sola non ce la puoi fare a portare avanti una casa così grande.
8. Sebbene **conoscano** alla perfezione la grammatica, non sono in grado di parlare l'inglese.
9. Suppongo che tu **sappia** quello che fai.
10. Caro Mimì, ti mando questo assegno affinché tu e Liuccia **possiate** affrontare le spese del trasloco.

**194**

1. Non voglio assolutamente che il lavoro **diventi** più importante della famiglia.
2. Abbiamo paura che nostra madre **stia** troppo tempo da sola.
3. I negozi stanno facendo le svendite. Danno tutto a prezzi stracciati. Penso proprio che ci **convenga** andare a dare un'occhiata.
4. Speriamo che il processo **finisca** al più presto.
5. Dubito che l'indulto **risolva** i problemi carcerari in Italia.
6. Non vediamo l'ora che voi ci **veniate** a trovare nella casa al mare.
7. Luca e Grazia sperano che il figlio **guarisca** presto dalla depressione.
8. Pensi che un solo babà **basti** per dodici persone? - Beh, dipende dalla grandezza ...
9. Credete che questa composizione floreale **possa** piacere a Marina?
10. I miei genitori non vogliono che io **mi iscriva** all'Accademia di Belle Arti.

**195**

1. Pensi che il divano sia abbastanza grande?
2. Credo che Adina e Giulio convivano.
3. Abbiamo l'impressione che Paolo non si fidi di te.
4. Gianna crede di avere ragione.
5. Penso di fermarmi da voi qualche giorno.
6. Mi sembra che i signori Catalano abbiano tre figli.
7. Riteniamo che facciate poco sport.
8. Giuseppe e Ugo credono di essere divertenti.
9. Mia sorella pensa che (io) abbia un debole per Fiorello.
10. Pensiamo di non parlare bene lo spagnolo.

**196**

1. Non credo che **convenga** uscire con questo tempaccio.
2. È sicuro che Lina **viene** a vedere la mostra?
3. Sai che gli zii **arrivano** lunedì sera? - Davvero? Bello!
4. Ci auguriamo che la camera **sia** di vostro gradimento.
5. Hai sempre mal di testa? Sono convinto che l'agopuntura ti **possa** aiutare.
6. Secondo noi le votazioni non si **devono** / **debbono** ripetere.
7. Con tre figli, cari miei, penso proprio che **abbiate** bisogno di un appartamento più grande!
8. Secondo te come mi **sta** questo vestito? - Bene!
9. Per me l'omeopatia non **serve** a niente. - Non sono d'accordo.
10. Non ci aspettiamo che (tu) **capisca** le nostre ragioni.

**197**

1. È un peccato che Marco e Lucia **siano arrivati** quando la festa era quasi finita.
2. Non pensi che **sia stato** imbarazzante per l'onorevole Trombetta sentire parlare tutta la sera della corruzione del mondo politico?
3. Temo che ormai il film **sia già cominciato** da almeno mezz'ora. Non ha più senso andare.
4. Sebbene mi **sia capitato** di incontrare Carlo Tanzi più volte, nessuno me lo ha mai presentato.
5. Non sperare che ti **abbia già perdonato**. È stato proprio uno scherzo di cattivo gusto.
6. Nonostante **abbia pensato** più volte di iscrivermi a un corso di balli latino-americani, non si è mai presentata l'occasione adatta.
7. Siamo lieti che **abbiate accettato** il nostro invito. Vi aspettiamo con ansia.
8. Strano che zia Concetta **abbia beneficato** nel suo testamento proprio Marcello, quel buono a nulla!

**198**

1. È probabile che l'hotel dove siamo stati l'anno scorso **abbia chiuso**.
2. È il giallo più avvincente che (io) **abbia letto** in questi ultimi tempi.
3. Sono convinta che Alessandro ci **abbia detto** una bugia.
4. Mi dispiace che non **vi siate rilassati** in vacanza. Avete sicuramente fatto una brutta esperienza.
5. Hai saputo che commento ha fatto Rosa sull'eutanasia? È la cosa più cretina che (io) **abbia** mai **sentito**.
6. Sai come mai Manuele non si è visto ieri sera? - Credo che **sia dovuto** rimanere a casa a badare ai fratellini.
7. Dubito che **abbiano apprezzato** la nostra offerta.
8. Nonostante a Miriam **sia capitato** diverse volte di inciampare, continua a portare scarpe con i tacchi altissimi.

**199**

1. Penso che il film sia stato bello.
2. Suppongo che Germano sia andato al mare.
3. È possibile che i bambini non abbiano ancora mangiato.
4. Roberto pensa di aver perso circa dieci chili.
5. Credo di aver rotto la videocamera.
6. Pensi che Eliseo abbia interrotto gli studi?
7. Pare che Maria sia diventata buddista.
8. Ada e Lia temono di essersi arrabbiate troppo.
9. Credo che la tua orchidea sia fiorita prima del solito.
10. Abbiamo paura che Marco si sia fatto veramente male.

**200 a**

**io:** *decidessi*, bevessi, fossi, calmassi, fabbricassi
**tu:** *decidessi*, bevessi, fossi, calmassi, fabbricassi
**lui, lei, Lei:** desse, fingesse, ottenesse, producesse
**noi:** facessimo, dicessimo, ci rilassassimo
**voi:** steste, bussaste, distruggeste, saltaste
**loro:** asciugassero, mentissero, nascondessero, vedessero

**200 b**

***Unregelmäßig sind die Verben:*** bere, essere, dare, produrre, fare, dire, stare.

**201**

mangiare ➛ (lui) mangiasse; partire ➛ (noi) partissimo; scappare ➛ (tu) scappassi; condurre ➛ (voi) conduceste; bere ➛ (loro) bevessero; pregare ➛ (io) pregassi; raccogliere ➛ (noi) raccogliessimo; poltrire ➛ (lei) poltrisse; nutrirsi ➛ (voi) vi nutriste; stare ➛ (io) stessi; dare ➛ (loro) dessero; dedicare ➛ (tu) dedicassi; preferire ➛ (Lei) preferisse; essere ➛ (noi) fossimo; avere ➛ (loro) avessero

**202**

1. Perché mi hai regalato quest'anello? – Perché immaginavo che ti **piacesse.**
2. Luigi pensava che la gomma **fosse** solo sgonfia e invece era bucata.
3. Crescenzo ha sbagliato strada perché credeva che la casa **sorgesse** proprio sul mare.
4. Anselmo era il ragazzo più borioso che **conoscessimo** ai tempi dell'università.
5. Pensavamo che anche quest'anno (tu) **andassi** in villeggiatura in Turchia, e invece sei stato in Irlanda. Come mai?
6. Non le ho detto niente perché avevo paura che **si offendesse**.
7. Quando ero piccolo non spendevo mai i soldi della paghetta perché non volevo che **finissero**. E poi mio fratello me li rubava.
8. Sebbene Michele e Tiziana **usassero** sempre la metropolitana, avevano una Ferrari in garage.
9. A causa dell'epidemia di morbillo non ho portato Daniele all'asilo perché temevo che **si contagiasse**.
10. Bravi! Non mi aspettavo che **riusciste** a fare un puzzle di cinquemila pezzi in così breve tempo.

**203**

1. Eravamo contenti **di trascorrere** un periodo al mare.
2. Speravo **di fare un salto** da te nel pomeriggio, ma non ce l'ho fatta.
3. Temevamo **che decidessero** di operare la nonna d'urgenza.
4. Nina, non sapevo **che ti piacessero** i colori forti.
5. Si auguravano **di fare** una bella figura regalando agli sposi un vaso d'argento.
6. Eravamo tutti del parere **che Valerio dovesse** cercare un lavoro nel settore tecnologico.
7. Renata era felice **di partecipare** per la prima volta a una trasmissione televisiva.
8. Complimenti, non immaginavamo **che apriste** un negozio di articoli sportivi così fornito.

**204**

1. Sebbene ci **avessero consigliato** l'albergo più bello della città, non siamo stati soddisfatti del servizio.
2. Credevo che quel tipo mi **avesse fermato** per chiedere un'informazione e invece aveva cercato di derubarmi.
3. Per la popolazione era importantissimo che il comune **avesse stabilito** di togliere la discarica dei rifiuti dalle vicinanze della zona abitata.
4. Maria non pensava che tu **avessi colto** le amarene anche per lei.
5. Speravo che i colleghi con i quali avevo l'appuntamento non **fossero** già **arrivati** visto che ero in ritardo.
6. Ieri mi sono fermata un attimo per comprare le sigarette. Quando sono tornata non mi è sembrato possibile che il vigile mi **avesse** già **multato** per divieto di sosta.
7. Avrei potuto esprimere il mio voto per corrispondenza ammesso che mi **fossero pervenuti** i documenti.
8. Non riuscivo a credere che il mio partito **avesse subito** una sconfitta così eclatante alle ultime elezioni amministrative.
9. Perché non riuscivate a credere che io **fossi stato** / **stata** capace di un'azione tanto audace?
10. Sono partito sperando che le autorità non **avessero** ancora **abbandonato** le ricerche dei superstiti.

**205**

1. Sono arrivato alla stazione pensando **di aver perso** il treno, ma poi hanno annunciato che viaggiava con dieci minuti di ritardo.
2. Ho fatto gli auguri a Cecilia e Alessio perché credevo **che si fossero** già **sposati** e poi ho scoperto che il matrimonio è l'anno prossimo.
3. Non mi sembrava possibile **che avessero cambiato** nel giro di pochi giorni tutti i sensi unici della città. Un caos totale!
4. Catia, non mi sono fatta viva prima perché pensavo **che tu fossi andata** in vacanza.

5. Serena credeva **di aver rispettato** i termini di presentazione dei documenti e invece i termini erano già scaduti da due giorni.
6. Zaccaria sperava **di aver migliorato** la sua posizione sociale cambiando lavoro.
7. Teo e Nicoletta pensavano **di essere riusciti** a superare l'esame scritto di spagnolo.
8. Conoscevo bene Maria e mi sembrava impossibile **che avesse commesso** un'azione così indegna.

**206**

***Regelmäßige Verben:*** *io guarderei*, tu laveresti, noi canteremmo, loro amerebbero, io mi vestirei, noi dipingeremmo, voi leggereste, tu sceglieresti, loro soffrirebbero, lui / lei / Lei benedirebbe

***Unregelmäßige Verben:*** voi berreste, tu faresti, noi sapremmo, io andrei, lui / lei / Lei terrebbe, loro vorrebbero, voi sareste, tu verresti, io avrei, lui / lei / Lei rimarrebbe, noi potremmo

**207 a**

**avere:** avrei, avresti, avrebbe, avremmo, avreste, avrebbero
**essere:** sarei, saresti, sarebbe, saremmo, sareste, sarebbero
**ballare:** ballerei, balleresti, ballerebbe, balleremmo, ballereste, ballerebbero
**fare:** farei, faresti, farebbe, faremmo, fareste, farebbero
**mangiare:** mangerei, mangeresti, mangerebbe, mangeremmo, mangereste, mangerebbero
**scrivere:** scriverei, scriveresti, scriverebbe, scriveremmo, scrivereste, scriverebbero
**cucire:** cucirei, cuciresti, cucirebbe, cuciremmo, cucireste, cucirebbero
**volere:** vorrei, vorresti, vorrebbe, vorremmo, vorreste, vorrebbero

**207 b**

***Regelmäßig sind die Verben*** ballare, mangiare, scrivere, cucire.

**208**

1. Ragazzi, mi **aiutereste** a spostare il mobile del soggiorno?
2. Tesoro, che ne **diresti** di andare a cena fuori stasera?
3. Al posto suo io **indosserei** abiti meno attillati.
4. Chissà, forse i miei genitori ci **presterebbero** l'auto per una settimana.
5. Scusi, mi **potrebbe** dare un'informazione?
6. Gli **piacerebbe** molto imparare a suonare il violino.
7. Teresa, Rossana, Vincenzo, **avreste** voglia di fare una grigliata sulla spiaggia stasera?
8. Il pacco **dovrebbe** arrivare entro tre giorni.

**209**

Ciao, Guglielmo!
Come va? Come stanno zio Andrea e zia Carla? Io sto abbastanza bene e anche i miei vecchi tirano avanti!
A proposito del tuo problemuccio... ti capisco perfettamente. **Piacerebbe** anche a me avere una casa tutta mia! E tu questo sogno **potresti** realizzarlo veramente, ormai hai un lavoro. È vero che hai appena cominciato, ma perché non **dovrebbe** andare bene?! Io, al posto tuo, non mi **farei** tanti problemi, anzi mi **metterei** subito alla ricerca di un appartamento.
E poi, perché dici che i tuoi genitori non ti **appoggerebbero**? Pensi che non ti **aiuterebbero** economicamente ad affrontare le prime spese? Non credo. Beh, certo **preferirebbero** avere il loro caro Guglielmo ancora a casa. Ma, insomma, ormai hai 32 anni! Mi sembra proprio arrivata l'ora di staccare questo cordone ombelicale, no?
In fondo non **sarebbe** una cattiva idea cercare un appartamento ammobiliato, così non **spenderesti** tanti soldi per comprare i mobili. D'altra parte, però, non è necessario arredare tutto l'appartamento subito. Io **comprerei** i mobili poco alla volta e **andrei** a prenderli da IKEA. Ci sono cose carine, giovanili e i prezzi sono abbordabili. Se vuoi, quando è il momento ti accompagno. Fammi sapere. A presto! Ernesto

**210**

1. **Dovremmo** organizzarci subito per le vacanze, altrimenti non troviamo più posto.
2. Gentile Signor Consigliere, **gradirei** ricevere una risposta a stretto giro di posta.
3. **Verremmo** volentieri al battesimo ma abbiamo già un altro impegno che non possiamo rimandare.
4. Io e Ludovico siamo fidanzati da tre anni e **ci sposeremmo** anche subito, ma non riusciamo a trovare casa.
5. Visto che hai i reumatismi, ti **farebbero** bene i fanghi. Perché non vai alle terme di Casamicciola, a Ischia?

6. Mamma mia, che freddo! Non **sarebbe** il caso di spegnere l'aria condizionata?
7. Scusa, ma perché corri tanto? **Consumeresti** meno benzina moderando la velocità.
8. L'Umbria è una regione incantevole; mi **trasferirei** volentieri in quella zona.
9. Arturo, guarda, lì vicino al frigorifero c'è il mio pacchetto di sigarette, me lo **prenderesti** per favore?
10. **Mangerei** formaggi a pranzo e a cena, ma il dottore mi ha prescritto una dieta ferrea perché ho il colesterolo alto.

**211**

1. Orsella, Pietro, **avreste** voglia di fare una gita in montagna il prossimo fine settimana?
2. Gigi, dici che Vincenzo mi **presterebbe** il camioncino per il trasloco?
3. Preferisco che **veniate** prima di ferragosto, perché subito dopo ho altri ospiti.
4. Non pensare che **sia** facile per me affrontare la separazione da mia moglie, ma è una cosa inevitabile.
5. Dario conosce molto bene il Powerpoint e poi è molto disponibile. Penso che ci **aiuterebbe** a preparare la relazione. Che dite, lo chiamiamo?
6. Non credo che ai bambini **faccia** bene mangiare tanta cioccolata.
7. **Vorrei** tanto viaggiare, ma attualmente le mie finanze non me lo permettono.
8. Al posto suo io **mi taglierei** i capelli corti corti per farli infoltire un po'.
9. Speriamo che **sia** ancora aperta la macelleria. Altrimenti che mangiamo stasera? Il frigorifero è vuoto.
10. Suppongo che tu **sappia** quello che fai. Comunque io, al posto tuo, non **lascerei** così su due piedi un lavoro sicuro e ben pagato.

**212**

1. c Non **saresti dovuto** essere così aggressivo con Carmela. – Sì, lo so, hai ragione, ma mi ha fatto proprio arrabbiare.
2. f Al posto di Franco non **mi sarei iscritto** a scienze politiche. – Ma perché, scusa, in fondo si studiano delle belle materie.
3. a Ieri siamo rimasti fermi sull'autostrada con l'auto in panne. – Oh, e perché non ci avete chiamato? Vi **saremmo venuti** a prendere.
4. b Tania avrebbe voluto studiare canto. – Ma se è stonata come una campana!
5. h Beh, com'è stato lo spettacolo? – Bello! Peccato che non siete venuti, **vi sareste divertiti**.
6. d Ieri **sarei andato** a vedere volentieri l'ultimo film di Tom Cruise. – Come mai non ci sei andato?
7. j Scusa, non siamo più venuti, perché mia madre non poteva stare con i bambini. – Beh, ma li **avreste potuti** portare con voi!
8. e Ortensio, scusami, ti **avrei chiamato** dal cellulare, ma mi trovavo in una zona senza campo. – Non fa niente, peraltro non mi **avresti trovato** a casa.
9. g Guarda, si sono seccate tutte le piante! – Le **avresti dovute** innaffiare più spesso.
10. i La bolletta **l'avrei pagata** io, ma non ho fatto in tempo. – Non ti preoccupare, l'ho pagata io oggi pomeriggio.

**213**

1. Ho un terribile mal di testa. – Al posto tuo **mi prenderei** subito un'aspirina.
2. Marcella è molto portata per lo sport. A lei **piacerebbe** fare atletica leggera.
3. Peccato che ti sei svegliato tardi. **Saresti potuto** partire con noi.
4. I figli di Angelo e Benedetta prendono sempre dei brutti voti in matematica. **Dovrebbero** proprio andare a ripetizione da un professore.
5. Marizia, mi **passeresti** il sale e il pepe, per favore?
6. **Avrei mangiato** volentieri una bella mela, ma nel frigorifero c'erano solo pere!
7. Il pandispagna **sarebbe cresciuto** benissimo, ma mio marito involontariamente ha aperto il forno e ora il mio povero dolce sembra una pizza.
8. Ragazzi, che ne **direste** di andare a giocare a bowling?
9. Ma, cara nipote, non **avresti dovuto** fare una scenata a tuo padre prima di sapere come stavano veramente le cose!
10. Chiediamo a Ugo e Armando se vengono con noi in Croazia? – Noo, quelli non **farebbero** campeggio mai e poi mai. Loro hanno bisogno di tutte le comodità.

**214**

**guardare:** guarda, guardi, guardiamo, guardate, guardino
**dare:** da' / dai, dia, diamo, date, diano
**fare:** fa' / fai, faccia, facciamo, fate, facciano
**bere:** bevi, beva, beviamo, bevete, bevano

**chiudere:** chiudi, chiuda, chiudiamo, chiudete, chiudano
**aprire:** apri, apra, apriamo, aprite, aprano
**finire:** finisci, finisca, finiamo, finite, finiscano
**venire:** vieni, venga, veniamo, venite, vengano

***Unregelmäßig sind die Verben*** dare, fare, bere, venire.

**215**

1. Spedisci la lettera entro domani.
2. Prova questo cocktail, è proprio buono.
3. Di' a Vittorio che lo cerco.
4. Chiama papà sul cellulare.
5. Spazza il pavimento.
6. Scegli il regalo più bello.
7. Bevi tutto il latte, mi raccomando.
8. Sii gentile con gli ospiti.
9. Abbi pazienza con i bambini.
10. Fa' / Fai il biglietto di andata e ritorno.

**216**

1. Spenga la luce, per favore.
2. Mandi un fax di conferma.
3. Invii per raccomandata la disdetta.
4. Faccia le fotocopie al più presto.
5. Firmi questo modulo.
6. Accenda il televisore, per cortesia.
7. Aggiunga un posto a tavola.
8. Finisca pure il dolce.
9. Dica a Fabio che lo aspetto.
10. Parta domani, c'è meno traffico.

**217**

1. Ragazzi, per piacere, **apparecchiate** la tavola. Tra poco si mangia.
2. Signora, **scusi**, mi sa dire che ore sono?
3. **Favoriscano** i documenti, per cortesia.
4. Francesco, **senti**, te l'ho spiegato mille volte che la roba mia non la devi toccare!
5. Noi siamo pronti. - Bene! Allora, **andiamo**!
6. Grazia, Davide, **venite** qua, per favore.
7. Mi sa dire dov'è la fermata dell'autobus? - **Chieda** al vigile, è lì, vede?
8. Signora, oggi, **pulisca** bene il bagno e la cucina, per piacere.
9. Marco, **sta'** / **stai** tranquillo, ti accompagno io alla stazione.
10. **Cominciamo**! Chi vuole venire alla lavagna?

**218 b**

Allora, Emanuela, lava le melanzane e tagliale a pezzetti di circa un centimetro. Riscalda l'olio in una padella e friggici le melanzane. Nel frattempo fa' / fai imbiondire uno spicchio d'aglio in un po' d'olio, aggiungi i pomodori a pezzetti, salali e lasciali cuocere per una ventina di minuti. Versa le melanzane fritte nel sugo e falle insaporire un pochino. Cuoci la pasta e condiscila con il sugo. Poi taglia la mozzarella a pezzetti e aggiungila alla pasta condita. Infine, prima di servire, tagliuzza il basilico e mescolalo al tutto.

**219**

1. Il videoregistratore lo faccia riparare subito.
2. Si ricordi di avvisare gli altri colleghi.
3. A Milano ci vada in aereo, è meglio.
4. Ne prenda ancora un bicchiere.
5. Il tavolo me lo prenoti per le sette.
6. Mi dia pure il soprabito, lo appendo io.
7. Il giornale lo legga pure con calma.
8. Si vesta in modo elegante per l'inaugurazione.
9. Con l'avvocato ci parli Lei.
10. L'appuntamento lo fissi per lunedì.

**220**

1. Flora, guarda, la porta è rimasta aperta. **Chiudila**, per piacere.
2. Pino, **dimmi**, che cosa è successo? Ti posso aiutare?
3. Questo poster non mi piace più. **Buttiamolo**. - No, perché? A me piace.
4. Signora Ferrara, ecco, questi sono gli articoli. **Li restituisca** all'ingegnere Mercaldo.
5. Signori, mi dispiace, questo non è l'ufficio competente. **Rivolgetevi** / **Si rivolgano** al comune per informazioni più dettagliate.
6. Dove ci sediamo? - Prego, **sedetevi** pure qui.
7. Allora, vai in farmacia a prendere gli antibiotici? - No, senti, **vacci** tu, perché io non faccio in tempo.
8. Luigia, **calmati**! Non è successo niente. Il piccolo sta bene.
9. Vogliamo bere il vino che ci ha portato Filippo dalla Francia? - No, **beviamolo** a Natale. È un vino speciale!
10. Ehi, Peppe, Cesare, **alzatevi**, che è tardi!

**221**

2. **Non mangiare** cibi troppo grassi!
3. **Non spenderli** in cose inutili!
4. **Non ci andare**, tanto lui è comprensivo.
5. Allora **non berne** troppo!
6. **Non sforzarla** sollevando cose pesanti!
7. Beh, **non parcheggiarla** sempre in divieto di sosta!

8. **Non scegliere** sempre la donna che non fa per te!
9. Allora **non giocare**!
10. E **non ti lamentare** sempre di tutto!

222

1. Ragazzi, per cortesia, **non alzatevi** sempre così tardi la mattina! Affollate tutti il bagno alla stessa ora!
2. Basta! **Non parliamo** male degli assenti! Non è corretto!
3. **Non siate** troppo severi con i vostri figli!
4. **Non incontriamoci** sempre nello stesso bar. Che noia!
5. Signor Nugnes, domani **non venga** così presto. Non è necessario.
6. **Non abbiate** paura di affrontare le difficoltà della vita.
7. Se vede la signora De Rosa, **non le dica** ancora niente dell'incontro.
8. Signora Maria, **non pulisca** le scale oggi. Questa settimana tocca ai vicini.
9. Ragioniere, ci serve carta da stampa. **Non ne ordini** troppa, però, perché non c'è posto in magazzino.
10. Quel dentista è un macellaio! **Non ci mandi** più nessuno.

223

1. La nonna mi ha chiesto **di farle** compagnia domani sera.
2. Dimmi un po', quando avete imparato **a giocare** a ping-pong così bene?
3. Ho dimenticato **di avvisare** la dottoressa Tolomei che l'appuntamento è stato rimandato a venerdì.
4. Dobbiamo assolutamente **risolvere** la questione entro domani.
5. Nella nostra cittadina non c'è molto **da fare**. Noi giovani ci annoiamo a morte!
6. Martina, mi fai **richiamare** da Oscar quando rientra?
7. Non ti vengo **a prendere** alla stazione perché non ho l'auto a disposizione. Prendi un tassì.
8. Non vi permetto **di parlarmi** con questo tono!
9. Preferiamo **rimanere** a casa stasera. Comunque grazie dell'invito.
10. Frequento la facoltà di giurisprudenza **per diventare** notaio.
11. Io non sono abituato **a studiare** insieme a qualcuno.
12. Avete finito **di mettere** in ordine la vostra camera?

224

1. *Maria ha voglia* ***di mangiare*** *un gelato.*
2. Il professore di matematica ci ha insegnato **a fare** le equazioni.
3. Puoi comprare qualche bottiglia di vino **da portare** alla festa di Lia?
4. Maurizio e Roberta sono andati a Parigi solo **per visitare** il Louvre.
5. Dovreste leggere di più **invece di giocare** per ore con la Playstation.
6. Franco aveva paura **di viaggiare** in aereo.
7. Ho risposto a tutti i test **senza sbagliare** nemmeno un quesito!
8. Sono curioso **di vedere** l'ultimo film di Woody Allen.
9. Mi presti qualche libro **da leggere** quando vado in vacanza?
10. Gabriella ha continuato **a fumare** anche con la bronchite.
11. Mi sono vaccinato contro la malaria **prima di partire** per l'Africa.
12. Ieri siamo andati **a ballare** in una bella discoteca.

225

1. Mentre stava andando in ufficio Federico ha notato **di aver(e) dimenticato** il cellulare a casa.
2. Ho deciso di fare la dieta **dopo essere ingrassato** di venti chili.
3. Lo so **di non esserti** di grande aiuto ultimamente. Mi dispiace.
4. L'hanno saputo **dopo essere partiti**.
5. Giovanni dice **di saper(e)** giocare bene a poker.
6. Ho saputo ieri **di aver(e) vinto** il primo premio alla lotteria parrocchiale.
7. **Dopo aver(e) mangiato** tutti gli yogurt abbiamo notato che erano scaduti.
8. Ti verrò a trovare **dopo essermi ripreso** dall'influenza.

226

2. Cara Vittoria, desidero **ringraziarti** per il sostegno e l'affetto che mi hai dimostrato in quest'occasione.
3. Dopo **essermi infortunato** al ginocchio ho dovuto camminare due settimane con le stampelle.
4. Gino, tu eri un fumatore accanito! Dimmi, quando hai smesso di **fumare**?
5. Lo sapete che Liliana ha cominciato a **studiare** l'olandese? Pare che abbia conosciuto in vacanza un ragazzo per il quale ha perso la testa!

6. Guarda, Serena, con i bambini bisogna **avere** molta pazienza e tanta fantasia.
7. Roberto è un tipo veramente sportivo, va a **correre** ogni mattina nel parco.
8. Non è facile **andare** d'accordo con Amelia. Lei si offende piuttosto facilmente.
9. Pensavo di **aver fatto** un affare in quel negozio e invece poi ho trovato lo stesso articolo, in un altro negozio, a prezzo notevolmente inferiore.
10. Signori, posso offrirvi qualcosa da **bere**? Un caffè, un tè o un succo di frutta?

**227**

parlante - parlato; vedente - visto; cantante - cantato; obbediente - obbedito; conoscente - conosciuto; dormente / dormiente - dormito; conducente - condotto; ridente - riso; offerente - offerto; rimanente - rimasto; preoccupante - preoccupato; facente - fatto

**228**

1. Quest'albergo ha una **vista** incantevole sul golfo.
2. Annamaria lavora come **insegnante** in un liceo.
3. La storia è la memoria del **passato**.
4. Non parlate al **conducente**.
5. Le onde **spumeggianti** del mare in tempesta raggiungevano le prime case del litorale.
6. Ho tanti **conoscenti** ma pochi amici.
7. **Tornati** a casa l'abbiamo trovata svaligiata.
8. Nella casa di campagna di Simone non c'è nemmeno l'acqua **corrente**!
9. Non sopporto la pasta **riscaldata**!
10. Un tetto così **spiovente** è adatto a una casa di montagna e non al mare.
11. **Finita** l'università sono andata all'estero per perfezionare l'inglese e il tedesco.
12. Il nonno racconta sempre degli aneddoti **divertenti**.

**229**

1. **Tornando** dall'ufficio Corrado ha incontrato un amico che non vedeva da un po'.
2. **Vedendo** le prime scene del film mi sono reso conto che avevo già letto il libro.
3. **Facendo** ginnastica spero di tonificare i muscoli addominali.
4. **Andando** in crociera Giuliana spera di incontrare l'uomo dei suoi sogni!
5. Pur **sapendo** di essere astemio ho bevuto un bicchiere di champagne e mi sono ubriacato immediatamente.
6. **Dovendo** andare negli Stati Uniti per un viaggio d'affari ho rinnovato il passaporto.
7. **Partendo** la mattina presto dovremmo essere da voi per le dieci.
8. **Vestendosi** in modo casual Manuela si sente più a suo agio.

**230**

1. A volte scherzando si dice la verità.
2. Pur conoscendo bene l'inglese Nico a New York ha avuto difficoltà a comunicare.
3. Avendo tradotto bene la versione di greco Gianni ha avuto il suo primo otto.
4. Togliendo la teglia dal forno Maria si è scottata il polso.
5. Essendo arrivati tardi in banca non abbiamo più potuto fare il versamento.
6. Clelia si rende antipatica correggendo sempre gli errori a tutti.
7. Essendo andati al mare in Sardegna Vito e Luca hanno potuto fare molto surf.
8. Quando zia Cecilia è stata scippata, piangendo gridava: "Al ladro! Al ladro!".

**231**

1. Vinni, ma che cosa **stai facendo**? - Niente di particolare.
2. Patrizia e Fernando **stanno ristrutturando** un casale in campagna.
3. In questo momento **sto bevendo** un caffè, poi esco.
4. Ma che **stai dicendo**? Non è vero niente!
5. Fa' silenzio, per favore, i bambini **stanno** già **dormendo**.
6. Gabi e Hans **stanno frequentando** un corso d'italiano a Firenze.
7. No, non **sto lavorando**, **sto navigando** in Internet. Perché? Ti serve qualcosa?
8. Ci possiamo risentire tra due settimane? **Stiamo partendo** per le vacanze proprio ora.
9. Dove **state andando**? - In piscina. Vuoi venire anche tu?
10. Vi va di giocare a biliardo? - No, guarda, **stiamo vedendo** un film.

**232**

1. Adesso non posso venire. **Sto riparando** una lampada.
2. La domenica **andiamo** a pranzo dai nonni.
3. Durante la settimana non **faccio** mai sport perché non ho tempo.
4. Senti, **stiamo cenando**. Puoi chiamarmi più tardi?

5. No, guarda, adesso Davide **sta riposando**. Torna fra un'ora.
6. Di solito **mi alzo** alle sei e mezza. E tu?
7. A che ora **uscite** dall'ufficio in genere?
8. Ma non vedi che **sto leggendo** il giornale? Parliamo dopo, okay?
9. Che genere di musica **ascoltano** i tuoi figli?
10. Sebastiano non ama camminare, infatti **prende** sempre l'auto.

**233**

1. Quando il telefono ha squillato, **stavo montando** degli scaffali e quindi non ho potuto rispondere.
2. Ma che **stai combinando**!? Lascia stare i miei libri! Me li hai messi tutti in disordine!
3. Lunedì prossimo, alle cinque, **staremo firmando** il contratto di acquisto della casa. Che bello!
4. **Stavo correggendo** i compiti in classe dei miei studenti quando è arrivata una visita inaspettata.
5. E Veronica? - Penso che **stia lavando** i piatti. Vai a vedere in cucina.
6. Pronto! Alberto? Ma dove sei? Credevo che **stessi tornando** a casa!
7. **Stavamo già dormendo** quando è cominciato il temporale, quindi non ci siamo accorti di niente.
8. Olga, Teresa, vi **stiamo aspettando** da almeno mezz'ora. Quando arrivate?
9. Nonno, non **starai mangiando** un'altra volta i cioccolatini di nascosto?
10. Pino **stava appendendo** un quadro quando si è dato il martello sul dito fratturandoselo!

**234**

1. Mi hanno appena comunicato che i clienti francesi non **arrivano** più.
2. Mi hanno appena comunicato che i clienti francesi **stanno arrivando** in tassì.
3. Mi hanno appena comunicato che i clienti francesi **sono** già **arrivati** all'aeroporto.
4. Hai visto che l'ultimo treno per Roma **parte** tra un'ora?
5. Hai visto che l'ultimo treno per Roma **è partito** due ore fa?
6. Hai visto che l'ultimo treno per Roma **sta partendo** proprio ora?
7. Lo sai che ieri Nino e Bea non **sono venuti** al concerto perché non avevano i soldi?
8. Lo sai che, oggi, anche Nino e Bea **vengono** al concerto?
9. Lo sai che il mese prossimo **verranno** anche Nino e Bea al concerto?

**235**

1. Quando mia madre si è resa conto che non **avevo** più intenzione di comprare la moto, si è tranquillizzata.
2. Sapevo che alcuni giorni prima i vicini **erano partiti**, perciò mi sono preoccupato quando ho visto la porta aperta.
3. Ho appena incontrato Annarita, la quale mi ha raccontato che il mese scorso Michela **si è sposata**. Tu lo sapevi?
4. Quando l'ho conosciuto, sulla spiaggia, sapevo che, due giorni dopo, la mia vacanza **sarebbe finita** e che probabilmente non l'**avrei** più **visto**.
5. Bravo! Lo sapevo che cambiando lavoro **avresti fatto** / **facevi** carriera!
6. Quando sono andato alla posta per ritirare la raccomandata, l'impiegato allo sportello mi ha spiegato che i termini per il ritiro **erano scaduti** il giorno prima e che perciò **avevano rispedito** la lettera al mittente.
7. Pino ha appena sentito al telegiornale che domani **c'è** / **ci sarà** lo sciopero dei treni.
8. Mi è appena venuto in mente che **potremmo** / **possiamo** farci prestare la tenda canadese da Lello. Che dici, lo chiamo e glielo chiedo?
9. Sapevo che in quel periodo Susanna **faceva** la dieta e quindi, quando quella volta è venuta a cena, le ho preparato delle pietanze molto leggere alle verdure.
10. Ho letto da qualche parte che, stasera, su Rai tre **trasmettono** / **trasmetteranno** quel vecchio film, "Vacanze romane", te lo ricordi?, quello con Gregory Peck. Ce lo vediamo?

**236**

1. Mi sembra che tra un mese **aprano** / **apriranno** un pub irlandese in centro.
2. Carla ha ricevuto un'ottima offerta di lavoro e si trasferisce in Turchia. Non credo però che **parli** la lingua.
3. Sebbene Alfredo **abbia** appena **imparato** a guidare, è bravissimo al volante.
4. Questo è il complimento più bello che **abbia** mai **ricevuto**!
5. Pensi che il capo mi **conceda** / **concederà** le ferie in agosto quest'anno?

6. Vuoi andare in bicicletta senza casco? Non credo che questa **sia** una buon'idea. È pericoloso, piccolo mio!
7. Domani è domenica. Speriamo che i bambini **dormano** / **dormiranno** più a lungo.
8. Piera ha un aspetto raggiante. Credo proprio che **aspetti** un bambino.
9. Immagino che ieri voi **abbiate trascorso** una bella giornata al mare, vero?
10. Ida soffre di vertigini. Non penso che **sia salita** sulla torre Eiffel, quando è andata a Parigi.

**237**

1. Vorrei tanto che mi **veniste** a trovare. Avete tempo il mese prossimo?
2. Pensavo che **avessi** già **finito** di studiare. Peccato! Saremmo potuti andare a fare una passeggiata in centro.
3. Quella sera, sebbene **nevicasse** / **avesse nevicato**, non faceva per niente freddo.
4. Avrei desiderato che, quella volta, i miei genitori mi **avessero dato** il permesso di partecipare al gioco a premi. Chissà, forse avrei vinto.
5. Daniele non era riuscito a finire i preparativi per la festa e perciò sperava che gli invitati **arrivassero** / **sarebbero arrivati** un po' più tardi.
6. L'altro giorno, per strada, c'erano due grossi cani randagi. All'improvviso si sono avvicinati e io ho avuto paura che mi **aggredissero** / **avrebbero aggredito**. In realtà cercavano solo qualcosa da mangiare.
7. Eravamo felici che Giulio **avesse ottenuto** il giusto riconoscimento per il lavoro svolto per la sua azienda.
8. Nonostante **avessimo lasciato** tutte le finestre aperte, quella notte non siamo riusciti a dormire per il gran caldo.
9. Speravamo che alla fine mio padre e mia madre **decidessero** / **avrebbero deciso** di acquistare quella bella villetta in Liguria, sulla Riviera di Ponente.
10. Era probabile che il progetto di legge non **fosse passato** in parlamento a causa dei franchi tiratori.

**238**

1. Molti temono che la situazione in Medio Oriente **possa** peggiorare.
2. Ci piacerebbe che la nostra città **avesse** un'offerta culturale migliore.
3. Mi pare che stamattina gli operatori ecologici **abbiano** già **ritirato** i bidoni della spazzatura.
4. Non sapevo che Sophia Loren **avesse ricevuto** nel 1999 anche il David di Donatello alla carriera.
5. Alcuni turisti hanno paura, andando a Napoli, che i borseggiatori li **derubino**.
6. Credevamo che ci **avrebbero consegnato** i mobili entro la fine della settimana.
7. Non siamo sicuri se, con un'estate così piovosa, il vino di quest'anno **sarà** buono.
8. Mi pare che da bambina Clelia **andasse** male in matematica.
9. Credo che la zia Elvira **conosca** bene il nuovo sindaco.
10. Penso proprio che, a questo punto, **abbiate imparato** la concordanza dei tempi in italiano.

**239**

Franca! ti ha appena telefonato Gabriella. Ha detto che le dispiace, ma domani non ti può più accompagnare dall'avvocato. Si è rotta la macchina e deve portarla urgentemente dal meccanico. E poi la babysitter è malata e i suoi suoceri sono in vacanza, quindi dovrebbe comunque rimanere con i bambini. Ha chiesto se puoi cercare di spostare l'appuntamento alla prossima settimana. Oppure ha detto di chiedere a Bernardo se ti può accompagnare con la sua macchina. Ha detto di farle sapere.

**240**

1. Enza ha detto a Paolo che se ne era andata via prima perché era molto stanca.
2. L'insegnante ha ordinato agli studenti: "State zitti".
3. Gli ho chiesto se aveva una sigaretta.
4. Le ho detto che ero molto offeso a causa del comportamento di Giusi.
5. Ci hanno raccontato: "Andremo a villeggiare in un agriturismo in Toscana".
6. Gli aveva detto che lo aveva chiamato per avvisarlo dell'accaduto.
7. Mi hanno chiesto: "Hai voglia di cenare da noi stasera?".
8. Avevano detto che gli sarebbe piaciuto festeggiare il matrimonio in una villa antica.
9. Ha detto che era contenta di ricominciare a lavorare dopo il periodo di aspettativa.
10. Gli ho chiesto: "Sei andato a ritirare il certificato di nascita al comune?".

**241**
1. Lucia dice di cominciare a pelare le cipolle e l'aglio per il sugo.
2. Enza chiede a Davide se può cambiare la lampadina del lampadario del salotto.
3. La segretaria mi disse che mi aveva fissato un appuntamento per il giorno dopo dal dentista.
4. Papà e mamma dissero che avremmo dovuto ascoltare il consiglio del nonno.
5. Bianca disse che da quel momento in poi non avrebbe più trascurato la sua famiglia per il lavoro.
6. Giampiero dice che ama leggere libri fantasy.
7. Laura disse che quel vaso di porcellana era proprio bello.
8. Gina disse alla sua amica che non pensava che i pantaloni a vita bassa le stessero bene.
9. I turisti dissero che gli sarebbe piaciuto visitare il museo di arte antica.
10. Gli invitati raccontarono che lo sposo e la sposa erano molto emozionati.

**242**
1. f Se prendiamo l'autostrada, troviamo certamente meno traffico.
2. h Se ti senti stanca, riposati un pochino.
3. a Se avete difficoltà a trovare la strada in una zona che non conoscete, compratevi il navigatore satellitare.
4. c Se sarai promosso, ti regaleremo una bicicletta nuova.
5. i Senti, se vedi Elisabetta, le dici di chiamarmi sul cellulare?
6. j Alessandro, guarda che ti prendi un brutto raffreddore, se continui a giocare con le mani nell'acqua fredda!
7. d Se cambierò lavoro, sarò costretto a trasferirmi a Milano.
8. b Se mi date una mano, facciamo prima e poi possiamo uscire.
9. g Questo film te lo posso prestare, se non l'hai ancora visto.
10. e Mandami un SMS, se cambi idea e decidi di venire allo stadio.

**243**
1. Se non la smetti di prendermi in giro, **me ne vado** e ti lascio a piedi!
2. Se **continuerà** a fare questo caldo, resteremo in casa tutta l'estate con l'aria condizionata accesa giorno e notte.
3. Se i pantaloni sono troppo lunghi, **falli** accorciare dalla sarta.
4. Se metterete a posto la vostra cameretta, dopo **potrete** vedere i cartoni animati alla televisione.
5. **Strariperà** il fiume se pioverà in questo modo tutta la notte.
6. Se l'aereo **parte** alle dieci, bisogna stare in aeroporto per le otto e mezza.
7. Se anche voi **partecipate** al regalo, gli possiamo comprare un servizio di posate da dodici.
8. Se hai mal di denti, **va'** / **vai** subito dal dentista.
9. Se **prende** questo autobus, arriva direttamente alla stazione centrale.
10. **Mangia** qualcos'altro, se hai ancora fame.

**244**
1. Nora e Vittorio **prenderebbero** lezioni private di tedesco, se trovassero un'insegnante di madrelingua.
2. Se **avessi** più tempo a disposizione, mi piacerebbe imparare a suonare la chitarra.
3. **Compreremmo** tante piante verdi se il nostro appartamento fosse più luminoso.
4. Se **lavorassi** di meno, non ti sentiresti sempre così stressato.
5. Se riuscissi ad avere quattro settimane di ferie, **farei** un bel viaggio in Sudamerica.
6. Se Carla ed Ettore **arrivassero** in orario, potremmo trovare dei posti in prima fila.
7. Se facessi un po' di attività fisica dopo il lavoro, non **soffriresti** così spesso di mal di schiena.
8. Se i miei amici Fabio e Renato non **dovessero** studiare tanto, potremmo giocare a calcetto ogni pomeriggio.
9. Se **sapessi** cucire, farei dei rivestimenti per i cuscini del divano.
10. Che fareste se **vinceste** alla lotteria di capodanno?

**245**
1. Se i tuoi figli **andassero** alla scuola materna, **avrebbero** più possibilità di stare con altri bambini.
2. Se **pitturassi** la tua stanza di giallo, **sembrerebbe** più calda e luminosa.
3. Le colline della nostra zona **sarebbero** più rigogliose se **piovesse** di più.
4. Se **ereditassi** dai miei zii, **darei** in beneficenza una consistente somma di denaro.
5. Se **avessero** un po' di buon senso, **comprerebbero** solo prodotti biologici.

6. **Dovremmo** cercarci un appartamento più grande se **avessimo** figli.
7. Se **sapessi** cavalcare, **trascorrerei** le vacanze in una fattoria per equitazione.
8. Se a Luca **piacesse** il gioco d'azzardo, mi **accompagnerebbe** al casinò di Sanremo.
9. **Acquisterei** una roulotte, se mia moglie **amasse** fare campeggio.
10. Se Lucia **studiasse** con più impegno, **andrebbe** meglio in tutte le materie.

**246**

1. Se i tuoi figli **fossero andati** alla scuola materna, **avrebbero avuto** più possibilità di stare con altri bambini.
2. Se **avessi pitturato** la tua stanza di giallo, **sarebbe sembrata** più calda e luminosa.
3. Le colline della nostra zona **sarebbero state** più rigogliose se **avesse** / **fosse piovuto** di più.
4. Se **avessi ereditato** dai miei zii, **avrei dato** in beneficenza una consistente somma di denaro.
5. Se **avessero avuto** un po' di buon senso, **avrebbero comprato** solo prodotti biologici.
6. **Avremmo dovuto** cercarci un appartamento più grande se **avessimo avuto** figli.
7. Se **avessi saputo** cavalcare, **avrei trascorso** le vacanze in una fattoria per equitazione.
8. Se a Luca **fosse piaciuto** il gioco d'azzardo, mi **avrebbe accompagnato** al casinò di Sanremo.
9. **Avrei acquistato** una roulotte, se mia moglie **avesse amato** fare campeggio.
10. Se Lucia **avesse studiato** con più impegno, **sarebbe andata** meglio in tutte le materie.

**247**

1. Se da bambino ti fossi lavato i denti, non avresti avuto tutte queste carie.
2. Se il governo varava una legge antievasione, i cittadini onesti pagavano meno tasse.
3. Se non aveste dimenticato di inserire l'allarme, probabilmente i ladri non sarebbero entrati.
4. Se fossi arrivato / arrivata in orario al vernissage, ti avrei presentato lo scultore.
5. Se Liana si laureava in tempo, poteva partecipare all'ultima abilitazione all'insegnamento.
6. Se ieri venivate a pranzo da me, vi preparavo la polenta taragna.
7. Se fossi andato più piano con l'auto, forse non avrei fatto l'incidente.
8. Se era una bella giornata, andavamo a passeggio sul lago di Como.
9. Se avevamo tempo, andavamo a fare una visita ai nostri amici pescatori.
10. Se avessi guardato sulla cartina, non mi sarei perso.

**248**

1. Probabilmente **ho perso** le chiavi. Non le trovo più!
2. Laura, a che ora **ti sei alzata** stamattina?
3. E Lei, come **si chiama**? - Armando Ricci.
4. Poiché non conoscevano la strada **si sono persi**.
5. Quando andiamo a lavorare, dobbiamo **svegliarci** piuttosto presto.
6. Il pranzo è pronto. **Chiamate** i bambini.
7. Quando il nonno dorme, non **sente** nemmeno le cannonate.
8. Il testimone **alzi** la mano destra e dica: "Lo giuro".
9. Ragazzi, **vi sbrigate**, per favore? È tardissimo!
10. Bettina, **ti senti** meglio oggi?
11. Tania, **sveglia** papà, perché tra poco arrivano i suoi clienti.
12. Prima di partire devo assolutamente **sbrigare** una faccenda.

**249 a**

1. Scusi, Lei come **si** chiama? - Guglielmo Perrotta.
2. Adesso basta! Guarda, **ti** sei bagnato tutto!
3. Dobbiamo ringraziare Teresa e Cesare per il bel regalo.
4. I bambini sono migliorati molto in inglese da quando prendono lezioni private.
5. La sera io **mi** addormento sempre davanti alla televisione.
6. Mio figlio **si** sveglia spesso di notte perché fa dei brutti sogni.
7. Bernardo non **si** è pentito del lavoro che ha scelto.
8. I vicini **si** sono trasferiti fuori città.
9. La mia amica e io parliamo di tutto.
10. Ma lo sai che il farmacista **si** è ammalato di nuovo?
11. **Si** è rotto il televisore che avevamo comprato appena l'anno scorso.
12. Ilaria è molto suscettibile, **si** offende per la minima cosa!

**249 b**

svegliarsi - aufwachen; parlare - sich unterhalten; addormentarsi - einschlafen; ringraziare - sich bedanken; chiamarsi - heißen; trasferirsi - umziehen; pentirsi - bereuen; rompersi - kaputtgehen; migliorare - sich bessern; ammalarsi - krank werden; bagnarsi - nass werden

**250**

2. Domani mattina **bisogna** partire piuttosto presto per evitare il traffico.
3. Poiché **aveva** / **era piovuto** tutta la settimana ininterrottamente, si è allagata la cantina.
4. Non **conviene** ancora comprare il televisore nuovo, dato che probabilmente i prezzi scenderanno ulteriormente.
5. Non credo che questi pannolini **basteranno** per due settimane. Dobbiamo comprarne ancora un pacco.
6. Non **serve** andare in agenzia, puoi prenotare anche in Internet.
7. Questo inverno è stato molto rigido, **ha** / **è nevicato** per diversi mesi consecutivi.
8. Considerando il carattere difficile di Giampaolo non **sarà facile** dirgli la verità.

**251**

1. A Patrizia non piace lo sport.
2. Ti piacciono le cozze.
3. Ci piace andare al cinema.
4. A Mirco e Teo non piace leggere (i) romanzi.
5. A Martina non piace stirare.
6. Le piace / Gli (= a loro) piace il vino rosso.
7. Gli piacciono le bevande analcoliche.
8. Mi piace giocare a carte.
9. A Massimo non piacciono gli spinaci.
10. A Veronica piace vedere (i) film d'azione.

**252**

1. Allora, Vittorio, ti **è piaciuto** fare kyte surf?
2. Questa primavera abbiamo visitato l'Irlanda. - Ah, e vi **è piaciuta**?
3. A Ilaria non **sono piaciuti** i cannelloni che ha preparato la nonna.
4. Professoressa Ricci, la Sua lezione **è piaciuta** a tutti!
5. A mio marito non **è** mai **piaciuto** cantare e nemmeno ballare.
6. La Sardegna ci **è piaciuta** moltissimo. Pensiamo di ritornarci l'anno prossimo.
7. Ho comprato delle bellissime coperte della Bassetti per mia figlia, ma non le **sono piaciute**!
8. Vi **è piaciuto** il film?
9. A me non **è piaciuta** affatto l'esposizione. E a te?
10. Beh, ai bambini **sono piaciuti** i regali?

**253**

1. Aspetto **l'autobus** da un'ora.
2. D'estate Mirna aiuta **gli zii** nel loro campeggio in Calabria.
3. Hai chiamato **il medico** per disdire l'appuntamento?
4. Per piacere, ricorda **alla mamma** di ritirare il pacco alla posta oggi.
5. Hai ringraziato **Carlo** per il regalo di compleanno?
6. Il compito in classe è andato bene. Ho risposto **a tutte** le domande.
7. Devo chiedere **a Lorenzo** se mi presta la sua moto.
8. Puoi ricordare **a Barbara** di passare in farmacia?

**254**

1. Hai visto il nuovo appartamento / l'appartamento nuovo di Marizia?
2. Ho scritto un'e-mail a Bernardo.
3. Abbiamo già telefonato ai clienti.
4. A Melania interessa la storia greca.
5. Devo dare 20 euro al fruttivendolo.
6. Lisa pensa a Carlo.
7. Nino e Paola aspettano una risposta.
8. Avete detto la verità a Lorenzo?

**255**

1. Ci dobbiamo abituare **alla** nuova situazione.
2. I miei genitori mi hanno obbligato **a** iscrivermi all'università.
3. Il marito di Franca si occupa **di** cinema.
4. Gli operai dubitano **di** finire il lavoro entro sabato.
5. Non riesco **a** chiudere la finestra. Mi puoi aiutare?
6. Non mi fido **di** nessuno.
7. Alberto ha rinunciato **alla** promozione per rimanere vicino alla famiglia.
8. Quando hai imparato **a** cucinare così bene?

**256**

1. Grazie! **Da** Lei, don Carlo, **ho imparato** molto.
2. Mi **sono innamorata di** Clemente subito. È stato amore a prima vista!
3. Miriam non è mai contenta, **si lamenta** sempre **di** tutto!

4. Devo **tradurre** un catalogo **dall'**inglese in italiano.
5. I nostri mariti **parlano di** politica per ore.
6. Scusa, **ho dimenticato di** registrare la partita di calcio.
7. Quando ho visto Clelia in metropolitana, **l'ho riconosciuta dalla** camminata.
8. Ragazzi, oggi **cominciamo da** pagina ventidue.

**257**

2. Nando spera di sposarsi presto.
3. Questo attrezzo serve a levigare il legno.
4. Mia sorella soffre di mal di testa.
5. L'autore ha dedicato le sue poesie ai suoi figli.
6. Non mi sono mai vergognato tanto di me stesso.
7. Ci siamo iscritti a un corso di francese.
8. Devo coprire la bicicletta per proteggerla dalla neve.

**258**

1. Dove **si gioca** a calcio? - Allo stadio.
2. Dove **si vendono** frutta e verdura? - Al mercato.
3. Dove **si impara** a leggere e scrivere? - A scuola.
4. Dove **si compra** la carne? - In macelleria.
5. Dove **si dorme**? - Nel letto.
6. Dove **si spediscono** le lettere? - All'ufficio postale.
7. Dove **si prende** il treno? - Alla stazione.
8. Dove **si curano** i malati? - All'ospedale.

**259**

**A Natale:** *si gioca a tombola*, si mangia il panettone, ci si scambiano i regali, si addobba l'albero, si fa il presepe, si va a messa.
**La notte di Capodanno:** *si gioca a tombola*, si aspetta la mezzanotte, si brinda al nuovo anno, si indossa biancheria rossa.
**A carnevale:** ci si maschera, si organizzano feste in costume, si fanno tanti scherzi.
**A Pasqua:** si mangia la colomba, si regalano le uova di cioccolato, si va a messa.

**260**

1. Dopo una doccia calda ci si sente meglio.
2. D'estate si va al mare.
3. Quando si è stanchi, ci si addormenta subito.
4. Oggi ci si sposa di meno.
5. Dopo un po' di sport si è più rilassati.
6. Il giorno della prima comunione si è emozionati.

**261**

1. Per la realizzazione del progetto **si è lavorato** molto.
2. Quest'estate con le zanzariere **si è dormito** meglio.
3. Alla festa **ci si è divertiti** molto.
4. Quest'inverno, in parrocchia, **si sono organizzate** tante attività ludiche.
5. Alla fiera non **si sono venduti** molti prodotti.
6. Con quella compagnia aerea **si è** sempre **viaggiato** bene.

**262**

2. L'università di Napoli **è stata creata** da Federico II.
3. Il trattato "Il principe" **è stato scritto** da Niccolò Machiavelli.
4. Le opere "La Bohème" e "Tosca" **sono state composte** da Giacomo Puccini.
5. Gli affreschi della Cappella Sistina **sono stati realizzati** da Michelangelo.
6. L'America **è stata scoperta** da Cristoforo Colombo.
7. Il campanile del duomo di Firenze **è stato progettato** da Giotto.
8. I film "La strada" e "La dolce vita" **sono stati diretti** da Federico Fellini.

**263**

**Tre adolescenti sono stati denunciati dai carabinieri** per aver assalito un ragazzo di dodici anni. **Il dodicenne era stato spinto dai tre aggressori** in un fosso pieno di fango ed **era stato colpito** alla testa con delle pietre. Gli assalitori se ne erano quindi andati. Fortunatamente il ragazzo era riuscito a tornare a casa ma non aveva detto niente ai genitori. **Il ragazzino però era stato convinto a parlare dalla nonna**, la quale aveva notato le ferite. A quel punto sono intervenuti i carabinieri che hanno cominciato le ricerche. Qualche giorno dopo **i giovani aggressori sono stati rintracciati dai carabinieri e sono stati denunciati / i giovani aggressori sono stati rintracciati e denunciati dai carabinieri.**

**264**

1. L'anno prossimo la banca vicino a casa mia **verrà** chiusa.
2. Al posto della banca **verrà** aperto un discount enorme.
5. Non **veniamo** mai invitati a cena dai vicini.

**265**

2. Il frigorifero va pulito.
3. Le piante vanno innaffiate.
4. Il gatto va portato ai vicini.
5. Il riscaldamento va spento.
6. Le finestre vanno chiuse bene.
7. La spazzatura va buttata via.
8. L'allarme va attivato.

**266**

1. I turisti visitano le città d'arte.
2. Io pago il conto con la carta di credito.
3. I nipoti regalano una sciarpa alla nonna.
4. Bea telefona a sua zia.
5. Paolo presta il suo videogioco a un amico.
6. *Stasera* noi guardiamo la partita di calcio.

**267**

1. Oggi Dario ha chiamato **Sasà**.
2. L'insegnante assegna **i compiti** agli alunni.
3. **Noi** abbiamo perso il treno ieri.
4. Gli zii spediscono un pacco **a Ciro**.
5. John parla l'italiano e **l'inglese**.
6. Domani **io** vado a Venezia.

**268**

1. Domani **non** vado a lavorare.
2. Marina partecipa al regalo? - Penso di **no**.
3. Mi puoi aiutare un momento? - Scusa, oggi **non** ho tempo.
4. Hai voglia di andare al cinema? - Eh, perché **no**!
5. Mi sa dire dov'è Piazza di Spagna? - **No**, mi dispiace, **non** sono di qui.
6. Tania **non** è una brava babysitter. **Non** ha pazienza.
7. Hai finito? - **Non** ancora.
8. Allora, vieni o **no**?

**269**

1. Non lo amo.
2. Raquel non è messicana.
3. Speriamo di no.
4. Anna e Dino non hanno voglia di uscire.
5. No, non sono stato ad Ancona.
6. Stasera non possiamo venire.
7. Non mi piace ballare.
8. No, non ho paura.

**270**

1. La sera noi **non** guardiamo **mai** la televisione, preferiamo leggere.
2. Alla festa di Francesca **non** conoscevo **nessuno**.
3. Ieri, a cena, **non** ho mangiato **niente**.
4. Michele **non** va **né** a caccia **né** a pesca.
5. Come mai **non** studi **più** l'inglese? Ti piaceva tanto?
6. Wanda, se tu non fai il corso di yoga, **non** lo faccio **nemmeno** io!
7. Hai raccontato a qualcuno dell'incidente? - No, io **non** l'ho detto a **nessuno**!
8. Sandra ed Edoardo **non** cucinano **mai**. Vanno sempre a pranzo fuori.

**271**

1. Non usciamo mai la domenica.
2. Non ho più tempo.
3. Nessuno mi vuole aiutare.
4. Non ho conosciuto nessuno.
5. Vai a correre? - Mai.
6. Maria non sa né cantare né ballare.
7. Che cosa è successo? - Niente. Perché?
8. Non hanno ancora telefonato.
9. Perché non siete più venuti?
10. Non voglio fare più niente.

**272**

1. A me piace molto cucinare**.** - Anche a me.
2. Come ti chiami**?** - Pasquale.
3. Domani vogliamo andare in pizzeria**?** - Volentieri**.**
4. Al concerto viene anche Italo**?** - Penso di sì**.**
5. Roberta è molto simpatica**.** - Ed è anche molto carina!
6. Conosci Francesco Russo**?** - No, non mi pare**.**
7. I bambini sono in palestra**?** - Sì, perché**?**
8. Chi vuole venire alla lavagna**?** - Io!
9. Noi andiamo al cinema stasera**.** - Posso venire anch'io**?**
10. È arrivato Lorenzo**?** - Arriva verso le sei.

**273**

oppure, perciò, anche, sia ... sia, né ... né, allora, però, cioè

**274**

1. Antonio, sabato prossimo ti va di andare al concerto **oppure** preferisci restare a casa?
2. Oggi Immacolata ha lavato i vetri e **anche** tutte le porte.
3. Non amo la musica: non mi piace **né** la musica leggera **né** la musica classica.
4. Passo da te verso le cinque, **però** rimango poco.
5. Oggi fa molto freddo, **perciò** mettiti la giacca pesante.
6. Mirella sa suonare **sia** la chitarra **sia** il pianoforte.

7. L'appuntamento è per dopodomani, **cioè** mercoledì.
8. Se ti fa piacere, **allora** vengo a trovarti domani.

**275**

1. **Se** la partita finisce presto riusciamo a fare un giro in centro.
2. Il quadro possiamo restituirlo **se** non ti piace.
3. **Se** non c'è molto traffico faccio un salto da te.
4. **Quando** studio ho bisogno di silenzio assoluto.
5. Non lo so **se** abbiamo ancora delle bottiglie di vino bianco in cantina.
6. **Quando** siamo andati in Italia, abbiamo avuto un guasto all'auto.
7. Fammi sapere esattamente **quando** arrivi.
8. **Se** vedi Marco, gli dici di chiamarmi a casa?
9. **Se** vincessimo alla lotteria, ci compreremmo una casa in campagna.
10. Gaia aveva tredici anni **quando** si è messa con Fabio.
11. Devo telefonare all'asilo per chiedere **quando** c'è il prossimo incontro con i genitori.
12. **Se** la mia squadra dovesse perdere, sarei triste per tutta la settimana.

**276**

1. Studio l'italiano **perché** voglio andare a vivere in Italia.
2. Ci dai un colpo di telefono **appena** arrivi in albergo?
3. Aldo non lo sa ancora **se** viene a giocare a pallavolo con noi domani.
4. **Mentre** Sandra si vestiva, canticchiava una vecchia canzone di Morandi.
5. **Dato che** Umberto mette spesso le camicie, regaliamogli una bella cravatta per il suo compleanno.
6. Mi ero appena addormentato, **quando** è squillato il telefono.

**277 a**

1. **Anche se** non amo guidare, sono costretto a usare la macchina tutti i giorni per andare al lavoro.
2. Ieri sera ho lavorato fino a tardi **sebbene** fossi stanchissimo.
3. **Qualora** ci fossero delle novità, mandami un SMS.
4. Dobbiamo tornare a casa **prima che** faccia buio.
5. Ho cambiato facoltà **perché** a biologia non mi trovavo bene.
6. Gli ho dovuto raccontare tutto, **affinché** capisse le mie ragioni.
7. **Da quando** è partito, Roberto non si è fatto più sentire.
8. La mattina, **appena** mi alzo, ho bisogno di un caffè per svegliarmi.

**277 b**

***Die Konjuktionen*** sebbene, qualora, prima che ***und*** affinché ***ziehen den Gebrauch des*** **congiuntivo** ***nach sich.***

**278**

1. L'anno scorso **durante** le vacanze estive ho letto tanti libri interessanti.
2. Sono accesi i termosifoni **durante** la notte?
3. Non si parla **mentre** si mangia!
4. L'altra domenica **durante** la messa una vecchietta si è sentita male.
5. Signora Rocca, legga questo articolo **mentre** aspetta.
6. **Mentre** l'operaio stava facendo un buco con il trapano, è andata via la luce.
7. **Mentre** il professore teneva la lezione, gli studenti erano molto attenti.
8. **Durante** l'incontro d'affari Ernesto ha spento il telefonino.

**279 a**

2. <u>Nel</u> giardino c'è un gatto che dorme <u>sulla</u> sedia.
3. Andiamo <u>alla</u> festa <u>del</u> nostro amico.
4. Devo andare <u>dall'</u>otorino.
5. Guarda, hai una macchia <u>sui</u> pantaloni.
6. <u>Al</u> primo piano c'è un grande soggiorno.
7. Gli altoparlanti <u>dello</u> stereo non funzionano bene.
8. <u>Nelle</u> due camere più grandi abbiamo la moquette.

a / b

**di:** del, dello, dell', della, dei, degli, delle; **a:** al, allo, all', alla, ai, agli, alle; **da:** dal, dallo, dall', dalla, dai, *dagli*, dalle; **in:** nel, nello, nell', nella, nei, negli, nelle; **su:** sul, sullo, sull', sulla, sui, sugli, sulle

**280**

1. Io lavoro **dal** lunedì **al** giovedì.
2. **Nella** classe di mio figlio Emilio ci sono alcuni bambini stranieri.
3. Oggi in tv c'è un documentario **sui** vulcani.

4. Il cane **dei** vicini è molto tranquillo.
5. Matteo è un amante **dello** sport.
6. Quanto tempo rimanete **dagli** zii?
7. **Nell'**ingresso c'è uno specchio antico.
8. Ci incontriamo **alle** dieci davanti **alla** discoteca, okay?

**281**

1. Sono **a** Parigi per lavoro.
2. Finisco di lavorare **alle** cinque.
3. Voglio comprare una gonna **a** quadri.
4. Mamma e papà vanno **al** cinema stasera.
5. **A** luglio compio ventisette anni.
6. Il fine settimana in genere torniamo **a** mezzanotte.
7. Dove fai la spesa? - **Al** supermercato.
8. La nonna porta il solito vestito **a** pois.
9. Quando si mangia? - **All'**una.
10. Signora, Lei deve scendere **alla** terza fermata.

**282**

1. Domenica prossima andiamo **al** mare con gli amici.
2. Devo scrivere un'e-mail **a** Cinzia.
3. Vai **alla** festa di Tania?
4. Massimiliano non si iscrive **all'**università.
5. I bambini sono già **a** letto.
6. Cesare e Raimondo lavorano **allo** Stadio Olimpico.
7. Paolo adora le camicie **a** righe.
8. **A** Pasqua facciamo un viaggio.
9. Ciro fa il cameriere **a** Ischia.
10. Rimaniamo qui fino **alla** fine della settimana.

**283**

1. John e Mary vivono **in** Inghilterra.
2. **Nel** 2010 mi sposo.
3. Quest'estate andiamo **in** Sardegna.
4. **In** settembre vengono a trovarci gli zii.
5. Il tuo libro è **nello** studio.
6. Ho dei parenti **in** Australia.
7. Vogliamo fare un viaggio **negli** Stati Uniti.
8. Preferisco viaggiare **in** treno.
9. Ci piace andare **in** piscina.
10. **Nella** nostra camera da letto ci sono due finestre.

**284**

1. Dove abiti? - Io abito **in** Spagna, **a** Madrid.
2. Carlo e Rosaria vivono **in** campagna.
3. Non mi piace andare **a** scuola.
4. Non vado mai **a** teatro.
5. Finalmente **in** primavera vado **in** vacanza!
6. Devo andare **in** biblioteca per fare una ricerca.
7. Prendiamo l'autobus o andiamo **a** piedi?
8. **A** Natale vengono tutti i parenti.
9. Mangiamo sempre **in** cucina.
10. Alex e Giusi vanno spesso **in** discoteca.

**285**

2. Mio figlio ha la tosse e quindi devo andare in farmacia a comprare lo sciroppo.
3. Gabriele è impiegato, lavora in ufficio.
4. Per favore, può mandare un fax alla dottoressa Mazza?
5. Il lunedì sera, di solito, vado al corso d'italiano.
6. Ernesto è molto occupato, oggi torna a casa molto tardi.
7. Io odio camminare, infatti esco sempre in macchina!
8. D'estate passiamo le giornate nel giardino dei miei genitori.
9. I signori Vivarelli si trasferiscono all'inizio del mese prossimo.
10. Non ho voglia di lavorare nella fabbrica dei miei genitori!

**286**

1. L'appartamento **di** Rita è molto bello.
2. Bianca è **di** Verona.
3. Questa è la macchina **del** signor De Santis.
4. **D'**inverno andiamo a sciare sulle Dolomiti.
5. La porta **dello** studio è aperta.
6. **Di** sera mi preparo sempre una minestra.
7. Piero e Nadia sono **della** provincia **di** Salerno.
8. Ti piacciono questi pantaloni **di** lino?
9. Organizziamo la festa nel giardino **dei** nonni.
10. Vorrei tre etti **di** prosciutto crudo, per cortesia.

**287**

1. Virginia viene **da** Viterbo.
2. Devo andare **dal** medico.
3. Siamo invitati a cena **da** Melania.
4. Lavoro **dalle** otto alle sedici.
5. **Da** domani non fumo più.
6. Paul e Johann vengono **dall'**Austria.
7. Dove sono le mie scarpe **da** tennis?
8. Quando ritornate **dalle** vacanze?

**288**

1. Sei italiano? - No, io sono portoghese, **di** Lisbona.
2. I viaggiatori scendono **dal** treno.

3. Vi piace la villetta **degli** amici **di** Patrizia?
4. Io vengo **da** Palermo, e tu?
5. **D'**inverno la signora Rosati porta solo pullover **di** lana.
6. Non ricevo più sue notizie **dal** mese scorso.
7. Vivo a Londra **da** sei anni.
8. A cena beviamo sempre una bottiglia **di** vino.
9. Ma perché porti gli occhiali **da** sole? Sta piovendo!
10. Che bella collana **di** perle!
11. Mamma, vado **da** Luigi a fare i compiti, okay?
12. A che ora uscite **dalla** scuola?

**289**

1. Pino, la tua giacca è lì **sul** letto.
2. Vogliamo ritornare **sulla** Costa Smeralda.
3. Abbiamo trascorso alcuni giorni **sugli** Appennini. - Dove esattamente?
4. Attento al gatto! Guarda, sta saltando **su** quel mobile.
5. Hai visto il documentario **su** Aldo Moro ieri?
6. Il salotto e la cucina danno **sulla** strada.
7. Il film dove lo trasmettono? - **Su** Rai uno.
8. Ho letto un libro interessantissimo **sulle** Repubbliche Marinare.

**290**

1. Il gelato lo vuole **con** la panna o senza?
2. Dobbiamo comprare il regalo **per** la zia Carmela.
3. **Tra** / **Fra** una settimana è Natale.
4. Devo assolutamente prendere il volo delle dodici **per** Milano.
5. Oggi mi incontro **con** un'amica al centro commerciale.
6. La scuola si trova **tra** / **fra** il supermercato e il municipio.
7. Vuoi uscire **con** questo tempo?
8. Vado al concerto **con** Antonio.
9. Quando partite **per** l'Olanda?
10. Mi laureo **tra** / **fra** un anno.
11. Le scarpe **con** i tacchi alti mi piacciono da morire.
12. Tante persone anziane si sono sentite male **per** il caldo.
13. Ti mando il file **per** e-mail domani, va bene?
14. **Tra** / **Fra** tre mesi finisce la scuola. Che bello!

**291**

1. **Da** quale binario parte il treno **per** Bari?
2. **Per** il mio compleanno vorrei invitare alcuni amici **a** cena.
3. Mi dispiace, le camere **con** vista **sul** mare sono tutte occupate.
4. Scusi, paga **in** contanti o **con** la carta di credito?
5. La camera **da** letto dà **sul** cortile interno.
6. Il mio ragazzo lavora **in** banca.
7. I miei amici trascorrono le vacanze **sul** lago **di** Garda.
8. La videoteca è lì, guardi, **tra** la pasticceria e la profumeria.

**292**

Le posate devono stare **dentro al cassetto**!
Il computer deve stare **sopra la scrivania**!
I piatti devono stare **dentro alla credenza**!
Le chiavi di casa devono stare **dentro alla borsa**!
Le pantofole devono stare **sotto il letto**!
Il bidone della spazzatura deve stare **vicino al garage**!
E lo zerbino deve stare **davanti alla porta d'ingresso**!

**293**

1. Facciamo una passeggiata **lungo** il fiume?
2. Ti aspetto **vicino** alla fermata dell'autobus.
3. Quattro anni **fa** ho frequentato un corso d'inglese a Cambridge.
4. Per favore, il caffè **senza** zucchero!
5. **Secondo** te, Gemma si tinge i capelli?
6. **Durante** la settimana non ho molto tempo per fare sport.
7. Oggi, **invece** del cappuccino vorrei bere una tazza di cioccolata calda.
8. **Dopo** la maturità vado tre mesi negli Stati Uniti.

**294**

1. L'ospedale si trova proprio **vicino a** casa mia.
2. Abito piuttosto **lontano dalla** ditta per cui lavoro.
3. Ci siamo conosciuti in treno molti anni **fa**.
4. Ho un appuntamento subito **dopo** pranzo.
5. Il gatto dorme **sotto** il tavolo.
6. Hai visto le mie scarpe? - Sono lì, guarda, **dietro al** divano.
7. Oggi non posso uscire con voi perché sono di turno. Lavoro **fino a** mezzanotte.
8. Quando pensate di arrivare? - **Verso** le otto e mezza.

# Lösungsschlüssel

**295**

ottantacinque ➛ 85; settantuno ➛ 71;
quarantotto ➛ 48; tremila ➛ 3000;
sessantasei ➛ 66; milleuno ➛ 1001;
novantatré ➛ 93; settantasette ➛ 77;
duemilaventidue ➛ 2022

**296**

25 + 32 = 57 ➛ venticinque più trentadue fa cinquantasette;
30 + 3 = 33 ➛ trenta più tre fa trentatré;
41 - 20 = 21 ➛ quarantuno meno venti fa ventuno;
97 - 16 = 81 ➛ novantasette meno sedici fa ottantuno;
10 + 7 = 17 ➛ dieci più sette fa diciassette;
9 + 6 = 15 ➛ nove più sei fa quindici;
14 + 5 = 19 ➛ quattordici più cinque fa diciannove;
61 - 18 = 43 ➛ sessantuno meno diciotto fa quarantatré;
501 + 12 = 513 ➛ cinquecentouno più dodici fa cinquecentotredici;
1000 - 70 = 930 ➛ mille meno settanta fa novecentotrenta

**297**

545 ➛ cinquecentoquarantacinque;
777 ➛ settecentosettantasette;
1448 ➛ millequattrocentoquarantotto;
2001 ➛ duemilauno;
4990 ➛ quattromilanovecentonovanta;
6006 ➛ seimilasei;
8927 ➛ ottomilanovecentoventisette;
22.000 ➛ ventiduemila;
100.000 ➛ centomila;
5.000.000 ➛ cinque milioni;
2.000.000.000 ➛ due miliardi

**298**

il **primo** anniversario; la **seconda** classe; il **cinquantesimo** compleanno; l'**ottava** fila; la **terza** traversa; il **quindicesimo** secolo; la **settima** volta; la **sesta** sinfonia; l'**undicesimo** piano; Papa Benedetto **sedicesimo**; la **quarta** scena; il **nono** paragrafo; il **decimo** capitolo; Carlo **quinto**

**299**

7.45 ➛ Sono le otto meno un quarto. / Sono le sette e quarantacinque. / Sono le sette e tre quarti.
00.05 ➛ È mezzanotte e cinque.
12.15 ➛ Sono le dodici e un quarto. / Sono le dodici e quindici. / È mezzogiorno e un quarto.
17.40 ➛ Sono le sei meno venti. / Sono le diciassette e quaranta.
13.00 ➛ È l'una. / Sono le tredici.
10.20 ➛ Sono le dieci e venti.
7.25 ➛ Sono le sette e venticinque.
22.10 ➛ Sono le dieci e dieci. / Sono le ventidue e dieci.
9.35 ➛ Sono le nove e trentacinque.
8.00 ➛ Sono le otto.
15.30 ➛ Sono le tre e mezza. / Sono le tre e trenta. / Sono le quindici e trenta.
19.55 ➛ Sono le otto meno cinque. / Sono le diciannove e cinquantacinque.

**300 a**

08/03: L'otto marzo ➛ la Festa della Donna;
01/01: Il primo gennaio ➛ Capodanno;
02/06: Il due giugno ➛ la Festa della Repubblica;
15/08: Il quindici agosto ➛ Ferragosto;
24/12: Il ventiquattro dicembre ➛ la Vigilia di Natale;
08/12: L'otto dicembre ➛ la Festa dell'Immacolata;
14/02: Il quattordici febbraio ➛ San Valentino;
01/11: Il primo novembre ➛ Ognissanti;
06/01: Il sei gennaio ➛ l'Epifania;
01/05: Il primo maggio ➛ la Festa dei Lavoratori;
19/03: Il diciannove marzo ➛ San Giuseppe / la Festa del Papà

**300 b**

***Die oben nicht erwähnten Monate sind*** aprile, luglio, settembre ***und*** ottobre.

# Register

Die Zahlen geben die Seite an, auf der die Behandlung des jeweiligen Grammatikthemas beginnt.

# Register

# Register

## Grammatische Fachbegriffe

| deutsche Begriffe | italienische Begriffe |
|---|---|
| Adjektiv / Eigenschaftswort | *aggettivo* |
| Adverb / Umstandswort | *avverbio* |
| Aktiv / Tätigkeitsform | *forma attiva* |
| Akzent / Betonung | *accento* |
| Artikel / Geschlechtswort | *articolo* |
| Demonstrativa / hinweisende Fürwörter | *aggettivi e pronomi dimostrativi* |
| direkte Objektpronomen / persönliche Fürwörter (4. Fall) | *pronomi personali diretti* |
| direktes Objekt / Ergänzung im Akkusativ (4. Fall) | *complemento oggetto* |
| Femininum / weiblich | *femminile* |
| finite Modi / konjugierte Formen | *modi finiti* |
| Genus / Geschlecht | *genere* |
| Hilfsverb / Hilfszeitwort | *verbo ausiliare* |
| Imperativ / Befehlsform | *imperativo* |
| Indefinita / unbestimmte Fürwörter | *aggettivi e pronomi indefiniti* |
| Indikativ / Wirklichkeitsform | *indicativo* |
| indirekte Objektpronomen / persönliche Fürwörter (3. Fall) | *pronomi personali indiretti* |
| indirektes Objekt / Ergänzung im Dativ (3. Fall) | *complemento di termine* |
| infinite Modi / nicht konjugierte Formen | *modi indefiniti* |
| Infinitiv / Grundform des Zeitworts | *infinito* |
| Interrogativa / Fragewörter | *pronomi interrogativi* |
| Komparativ / 1. Steigerungsstufe | *comparativo* |
| Konditional / Konjunktiv II / Bedingungsform | *condizionale* |
| Konjunktion / Bindewort | *congiunzione* |
| Konjunktiv / Möglichkeitsform | *congiuntivo* |

# Grammatische Fachbegriffe

| **deutsche Begriffe** | **italienische Begriffe** |
|---|---|
| Maskulinum / männlich | *maschile* |
| Modalverb / Zeitwort der Art und Weise | *verbo modale* |
| Modus / Aussageweise | *modo* |
| Numerus / Zahl | *numero* |
| Partizip Perfekt / Mittelwort der Vergangenheit | *participio passato* |
| Partizip Präsens / Mittelwort der Gegenwart | *participio presente* |
| Passiv / Leideform | *forma passiva* |
| Plural / Mehrzahl | *plurale* |
| Possessiva / besitzanzeigende Fürwörter | *aggettivi e pronomi possessivi* |
| Präposition / Verhältniswort | *preposizione* |
| Präsens / Gegenwartform | *presente* |
| Relativpronomen / bezügliche Fürwörter | *pronomi relativi* |
| reflexives Verb / rückbezügliches Zeitwort | *verbo riflessivo* |
| Reflexivpronomen / rückbezügliche Fürwörter | *pronomi riflessivi* |
| Singular / Einzahl | *singolare* |
| Subjekt / Satzgegenstand | *soggetto* |
| Subjektpronomen / persönliche Fürwörter (1. Fall) | *pronomi personali soggetto* |
| Substantiv / Hauptwort | *sostantivo* |
| Superlativ / 2. Steigerungsstufe | *superlativo* |
| Verb / Tätigkeitswort / Zeitwort | *verbo* |